中国外交

China's Foreign Affairs

2024年版

中华人民共和国外交部
政策规划司/主编

世界知识出版社
北京·2024

图书在版编目（CIP）数据

中国外交：2024年版 / 中华人民共和国外交部政策规划司主编. -- 北京：世界知识出版社，2024.11.
ISBN 978-7-5012-6852-8

Ⅰ.D82

中国国家版本馆CIP数据核字第2024YB5366号

中国外交 / 2024年版
Zhongguo Waijiao / 2024 Nian Ban

主　　编 / 中华人民共和国外交部政策规划司

责任编辑 / 侯奕萌　刘　喆　张子悦
文字编辑 / 华子然
责任出版 / 赵　玥
责任校对 / 陈可望

出版发行 / 世界知识出版社
地址邮编 / 北京市东城区干面胡同51号（100010）
网　　址 / www.ishizhi.cn
电　　话 / 010-65233645（市场部）
经　　销 / 新华书店
印　　刷 / 河北新华第一印刷有限责任公司
开本印张 / 720mm×1020mm　1/16　26¾印张
字　　数 / 507千字
版次印次 / 2024年11月第一版　2024年11月第一次印刷
标准书号 / ISBN 978-7-5012-6852-8
定　　价 / 98.00元

版权所有　翻印必究

《中国外交》（2024年版）指导委员会

主 任 委 员：王　毅
副主任委员：齐　玉　　马朝旭　　苗得雨
委　　　员：孙祥华　　王　昱　　周景兴　　崔　春

《中国外交》（2024年版）编辑委员会

主 任 委 员：苗得雨
副主任委员：李　凡
委　　　员：（按姓氏笔画为序排列）

马升琨	王　刚	毛　宁
冉　波	刘江平	李晗璐
杨　欣	余　勇	汪　琴
张茂明	张徐民	苟海波
孟宇宏	姜学斌	姚　明
姚绍俊	夏　天	曹　蕾
董　斌	曾　嵘	檀勃生
瞿瑜辉		

政策规划司编辑小组 / 张颖　贾媛　黄磊　黄雪青　张琦

序　言

2023年是国际关系发生重大深远演变的一年，是中国式现代化扎实推进的一年。对于中国外交来说，也是开拓之年、收获之年。

这一年，百年变局加速演进，世界进入新的动荡变革期。冷战思维阴魂不散，地缘冲突延宕加剧，保护主义拖累全球经济复苏，霸权霸道威胁世界和平安全。与此同时，"全球南方"发展壮大、联合自强的势头更加鲜明，各国人民对团结合作、公平正义的呼声日益高涨。无论国际风云如何变幻，人类发展进步的大方向不会改变，世界历史曲折前进的大逻辑不会改变，国际社会命运与共的大趋势不会改变。

这一年，新征程上的中国昂扬奋进，全面贯彻党的二十大精神实现良好开局。在以习近平同志为核心的党中央坚强领导下，全党全国各族人民凝心聚力、顽强拼搏，实现疫情防控平稳转段，推动经济回升向好。高质量发展扎实推进，新质生产力加速形成，全面建设社会主义现代化国家迈出坚实步伐。实践充分证明，"两个确立"对我们应对各种风险挑战、推进党和国家事业发展具有决定性意义。

这一年，中国外交坚持习近平外交思想科学指引和元首外交战略引领，高举构建人类命运共同体光辉旗帜，守正创新，砥砺奋进，为国内改革发展稳定营造有利外部环境，为促进人类进步事业作出新的重要贡献。第三届"一带一路"国际合作高峰论坛成功举行，推动共建"一带一路"迈入高质量发展新阶段。金砖机制实现历史性扩员，开启"全球南方"联合自强新纪元。中国—中亚峰会成功举办，打造区域睦邻友好合作新平台。促成沙特和伊朗历史性和解，树立中国特色热点问题解决之道新典范。2023年底，中央外事工作会议胜利召开，确立了新时代中国特色大国外交追求的崇高目标，形成了新征程上中国外交战略的顶层设计，引领中国特色大国外交进入一个可以更有作为的新阶段。

2024年是中华人民共和国成立75周年，也是全面推进中国式现代化的关键一年。外交战线坚持以习近平新时代中国特色社会主义思想特别是习近平外交思想为指导，深入贯彻落实中央外事工作会议精神，以更加积极主动的历史担当、更加富有活力的创新精神，不断开创中国特色大国外交新局面，为以中国式现代化全面推进强国建设、民族复兴伟业营造更有利国际环境，提供更坚实战略支撑。

2024年版《中国外交》白皮书，深入回顾分析过去一年的国际形势，全面梳理总结中国外交丰富实践，为读者系统了解新时代中国外交政策提供权威参考。谨以此书向长期以来关心支持中国外交事业的各界朋友致以诚挚谢意，期待大家继续为中国特色大国外交提供宝贵支持。

中共中央政治局委员
中华人民共和国外交部长
2024年7月

目 录

第一章 2023年的国际形势

（一）概述 1
   1. 国际格局深刻调整 1
   2. 世界经济复苏乏力 2
   3. 热点问题多点爆发 2
   4. 全球挑战交织难解 2
   5. 理念思潮激荡交锋 2

（二）全球各地区形势 3
   1. 亚洲地区形势 3
   2. 西亚北非地区形势 3
   3. 撒哈拉以南非洲地区形势 4
   4. 欧亚地区形势 4
   5. 欧洲地区形势 5
   6. 北美大洋洲地区形势 6
   7. 拉丁美洲和加勒比地区形势 11

（三）专题评述 12
   1. 世界经济在不均衡中缓慢复苏 12
   2. 乌克兰危机持续延宕外溢 14
   3. 巴以冲突大规模升级 14
   4. 中央外事工作会议成功召开 15

1

5. 构建人类命运共同体取得重要进展..18

第二章 2023年的中国外交

（一）概述..21
 1. 元首外交精彩纷呈，引领开创外交新局..21
 2. 促进大国良性互动，维护全球战略稳定..22
 3. 坚定深化开放合作，促进世界共同繁荣..23
 4. 积极践行亲诚惠容，共建友好共生家园..24
 5. 坚定团结"全球南方"，提振联合自强信心......................................24
 6. 推动完善全球治理，合力应对全球挑战..25
 7. 积极斡旋热点问题，守护世界和平安宁..26
 8. 坚定捍卫国家利益，用心践行外交为民..26

（二）中国与各地区国家关系..27
 1. 中国与亚洲地区国家关系..27
 2. 中国与西亚北非地区国家关系..28
 3. 中国与撒哈拉以南非洲地区国家关系..30
 4. 中国与欧亚地区国家关系..31
 5. 中国与欧洲地区国家关系..32
 6. 中国与北美大洋洲地区国家关系..33
 7. 中国与拉丁美洲和加勒比地区国家关系..34

（三）专题评述..36
 1. 习近平主席对俄罗斯进行国事访问..36
 2. 习近平主席主持首届中国—中亚峰会..38
 3. 习近平主席出席上海合作组织成员国元首理事会第二十三次会议...39
 4. 习近平主席出席第31届世界大学生夏季运动会开幕式并举行
   系列外事活动..40
 5. 习近平主席对南非进行国事访问并主持召开中非领导人对话会...41
 6. 习近平主席出席金砖国家领导人第十五次会晤..............................42
 7. 习近平主席出席第十九届亚洲运动会开幕式并举行系列外事活动...44
 8. 习近平主席出席第三届"一带一路"国际合作高峰论坛..............45
 9. 习近平主席出席亚太经合组织第三十次领导人非正式会议..........46
 10. 习近平主席同美国总统拜登在旧金山举行会晤............................47
 11. 习近平主席出席金砖国家领导人巴以问题特别视频峰会............49
 12. 习近平总书记、国家主席对越南进行国事访问............................50

13. 第二十四次中国—欧盟领导人会晤在北京举行 52
14. 李强总理出席博鳌亚洲论坛2023年年会 52
15. 李强总理对德国进行正式访问并举行第七轮中德政府磋商 53
16. 李强总理对法国进行正式访问并出席新全球融资契约峰会 55
17. 李强总理出席2023年夏季达沃斯论坛 56
18. 李强总理出席东亚合作领导人系列会议 57
19. 李强总理出席二十国集团领导人第十八次峰会 59
20. 李强总理出席上海合作组织成员国政府首脑（总理）理事会
    第二十二次会议 60
21. 李强总理出席二十国集团领导人视频峰会 61
22. 李强总理同俄罗斯总理米舒斯京共同主持中俄总理
    第二十八次定期会晤 62
23. 李强总理出席澜沧江—湄公河合作第四次领导人会议 63
24. 王毅出席第59届慕尼黑安全会议并发表主旨讲话 64
25. 王毅出席东亚合作系列外长会 65
26. 王毅出席第十三次金砖国家安全事务高级代表会议 68
27. 王毅访问新加坡、马来西亚和柬埔寨 70
28. 王毅出席中国—南亚博览会开幕式并致辞 71
29. 王毅赴俄罗斯举行中俄第十八轮战略安全磋商 72
30. 王毅出席纪念亲诚惠容周边外交理念10周年国际研讨会开幕式 ... 73
31. 王毅访问美国 75
32. 王毅出席第十次中日韩外长会 77
33. 王毅主持联合国安理会巴以问题高级别会议 78
34. 王毅赴越南主持中国—越南双边合作指导委员会第十五次会议 ... 80
35. 王毅出席澜沧江—湄公河合作第八次外长会 81
36. 中国促成沙特和伊朗实现和解 82
37. 中国和洪都拉斯建立外交关系 83
38. 深入参与全球人权治理，坚定维护国家利益和形象 84
39. 积极参与人工智能全球治理，发布《全球人工智能治理倡议》... 86
40. 加强海外安全保障能力建设，维护海外人员机构安全与
    合法权益 86
41. 统筹高质量发展与高水平安全，积极促进中外人员往来 87
42. 气候变化国际合作 88
43. 推动中国特色大国公共外交进入更加有为的新阶段 89
44. 继续巩固国际社会坚持一个中国原则的大格局 90

45. 坚持守正创新，开辟外交外事协同新局面 91
46. 积极推进落实全球安全倡议 92
47. 全力做好涉外安全工作，坚决维护国家主权、安全和海外利益 93

第三章　中国与各建交国家的关系

阿富汗(Afghanistan) 95

阿尔巴尼亚(Albania) 96

阿尔及利亚(Algeria) 96

安道尔(Andorra) 97

安哥拉(Angola) 97

安提瓜和巴布达(Antigua and Barbuda) 98

阿根廷(Argentina) 99

亚美尼亚(Armenia) 99

澳大利亚(Australia) 100

奥地利(Austria) 101

阿塞拜疆(Azerbaijan) 101

巴哈马(The Bahamas) 102

巴　林(Bahrain) 103

孟加拉国(Bangladesh) 103

巴巴多斯(Barbados) 104

白俄罗斯(Belarus) 104

比利时(Belgium) 105

贝　宁(Benin) 106

玻利维亚(Bolivia) 106

波斯尼亚和黑塞哥维那(Bosnia and Herzegovina) 107

博茨瓦纳(Botswana) 107

巴　西(Brazil) 108

文　莱(Brunei Darussalam) 109

保加利亚(Bulgaria) 109

布基纳法索(Burkina Faso) 110

布隆迪(Burundi) 110

佛得角(Cabo Verde) 111

柬埔寨(Cambodia) 112

喀麦隆(Cameroon) 113

加拿大(Canada)	113
中　非(Central African Republic)	114
乍　得(Chad)	114
智　利(Chile)	115
哥伦比亚(Colombia)	116
科摩罗(Comoros)	116
刚果（布）(Congo)	117
库克群岛(Cook Islands)	117
哥斯达黎加(Costa Rica)	118
科特迪瓦(Côte d'Ivoire)	118
克罗地亚(Croatia)	119
古　巴(Cuba)	120
塞浦路斯(Cyprus)	121
捷　克(Czechia)	121
丹　麦(Denmark)	122
吉布提(Djibouti)	122
多米尼克(Dominica)	123
多米尼加(Dominican Republic)	123
朝　鲜(DPRK)	124
刚果（金）(D.R. Congo)	125
厄瓜多尔(Ecuador)	126
埃　及(Egypt)	126
萨尔瓦多(El Salvador)	127
赤道几内亚(Equatorial Guinea)	128
厄立特里亚(Eritrea)	128
爱沙尼亚(Estonia)	129
埃塞俄比亚(Ethiopia)	129
斐　济(Fiji)	130
芬　兰(Finland)	130
法　国(France)	131
加　蓬(Gabon)	133
冈比亚(The Gambia)	134
格鲁吉亚(Georgia)	134
德　国(Germany)	135
加　纳(Ghana)	136

希　腊(Greece)	137
格林纳达(Grenada)	138
几内亚(Guinea)	138
几内亚比绍(Guinea-Bissau)	139
圭亚那(Guyana)	139
洪都拉斯(Honduras)	140
匈牙利(Hungary)	141
冰　岛(Iceland)	141
印　度(India)	142
印度尼西亚(Indonesia)	143
伊　朗(Iran)	144
伊拉克(Iraq)	145
爱尔兰(Ireland)	145
以色列(Israel)	146
意大利(Italy)	146
牙买加(Jamaica)	147
日　本(Japan)	147
约　旦(Jordan)	148
哈萨克斯坦(Kazakhstan)	149
肯尼亚(Kenya)	150
基里巴斯(Kiribati)	150
科威特(Kuwait)	151
吉尔吉斯斯坦(Kyrgyzstan)	152
老　挝(Laos)	152
拉脱维亚(Latvia)	154
黎巴嫩(Lebanon)	154
莱索托(Lesotho)	155
利比里亚(Liberia)	155
利比亚(Libya)	156
列支敦士登(Liechtenstein)	156
立陶宛(Lithuania)	157
卢森堡(Luxembourg)	157
马达加斯加(Madagascar)	157
马拉维(Malawi)	158
马来西亚(Malaysia)	158

马尔代夫(Maldives)	159
马　里(Mali)	160
马耳他(Malta)	161
毛里塔尼亚(Mauritania)	161
毛里求斯(Mauritius)	162
墨西哥(Mexico)	162
密克罗尼西亚联邦(Micronesia)	163
摩尔多瓦(Moldova)	164
摩纳哥(Monaco)	164
蒙古国(Mongolia)	165
黑　山(Montenegro)	165
摩洛哥(Morocco)	166
莫桑比克(Mozambique)	166
缅　甸(Myanmar)	167
纳米比亚(Namibia)	168
尼泊尔(Nepal)	168
荷　兰(The Netherlands)	169
新西兰(New Zealand)	170
尼加拉瓜(Nicaragua)	171
尼日尔(Niger)	172
尼日利亚(Nigeria)	172
纽　埃(Niue)	173
北马其顿(North Macedonia)	173
挪　威(Norway)	174
阿　曼(Oman)	174
巴基斯坦(Pakistan)	175
巴勒斯坦(Palestine)	176
巴拿马(Panama)	177
巴布亚新几内亚(Papua New Guinea)	177
秘　鲁(Peru)	178
菲律宾(The Philippines)	179
波　兰(Poland)	179
葡萄牙(Portugal)	180
卡塔尔(Qatar)	180
韩　国(ROK)	181

罗马尼亚(Romania) 182

俄罗斯(Russia) 182

卢旺达(Rwanda) 184

萨摩亚(Samoa) 185

圣马力诺(San Marino) 185

圣多美和普林西比(Sao Tome and Principe) 185

沙特阿拉伯(Saudi Arabia) 186

塞内加尔(Senegal) 187

塞尔维亚(Serbia) 187

塞舌尔(Seychelles) 188

塞拉利昂(Sierra Leone) 189

新加坡(Singapore) 189

斯洛伐克(Slovakia) 190

斯洛文尼亚(Slovenia) 191

所罗门群岛(Solomon Islands) 191

索马里(Somalia) 192

南　非(South Africa) 192

南苏丹(South Sudan) 193

西班牙(Spain) 194

斯里兰卡(Sri Lanka) 194

苏　丹(Sudan) 195

苏里南(Suriname) 196

瑞　典(Sweden) 196

瑞　士(Switzerland) 197

叙利亚(Syria) 197

塔吉克斯坦(Tajikistan) 198

坦桑尼亚(Tanzania) 199

泰　国(Thailand) 199

东帝汶(Timor-Leste) 200

多　哥(Togo) 201

汤　加(Tonga) 202

特立尼达和多巴哥(Trinidad and Tobago) 202

突尼斯(Tunisia) 203

土耳其(Türkiye) 203

土库曼斯坦(Turkmenistan) 204

乌干达(Uganda) 205
乌克兰(Ukraine) 205
阿联酋(United Arab Emirates) 206
英　国(United Kingdom) 206
美　国(United States of America) 207
乌拉圭(Uruguay) 211
乌兹别克斯坦(Uzbekistan) 211
瓦努阿图(Vanuatu) 213
委内瑞拉(Venezuela) 213
越　南(Vietnam) 214
也　门(Yemen) 215
赞比亚(Zambia) 216
津巴布韦(Zimbabwe) 216

第四章　中国与国际和地区组织的关系

（一）中国与联合国 218
 1. 政治安全领域 218
  （1）积极参与联合国维持和平行动 218
  （2）安理会处理的有关热点问题 219
  （3）积极参与联合国反恐工作 234
  （4）安理会改革 235
 2. 可持续发展领域 236
  （1）联合国可持续发展目标峰会 236
  （2）第78届联合国大会第二委员会会议 236
  （3）联合国经济及社会理事会和联合国可持续发展高级别
    政治论坛 237
 3. 人权领域 237
  （1）积极参与联合国人权机构工作 237
  （2）开展国际人权交流与合作 240
 4. 社会领域 240
  （1）社会发展 240
  （2）妇女发展及权益保护 241
  （3）残疾人权益保护 242
  （4）文明交流互鉴 242

（5）难民和移民问题 243
5. 中国与联合国专门机构 244
  （1）世界卫生组织 244
  （2）国际电信联盟 244
  （3）国际海事组织 245
  （4）国际民用航空组织 245
  （5）联合国教育、科学及文化组织 245
  （6）世界知识产权组织 246
  （7）国际劳工组织 247
  （8）联合国世界旅游组织 247
  （9）万国邮政联盟 248
  （10）联合国开发计划署 248
  （11）联合国工业发展组织 249
  （12）联合国人口基金 249
  （13）联合国人类住区规划署 249
  （14）联合国儿童基金会 250
  （15）联合国环境规划署 250
  （16）联合国粮食及农业组织 251
  （17）国际农业发展基金 251
  （18）世界粮食计划署 251
  （19）世界气象组织 252
  （20）世界贸易组织 252

（二）中国与其他国际和地区组织、会议 253
  1. 国际红十字组织 253
  2. 国际刑事警察组织 254
  3. 国际可再生能源署 254
  4. 二十国集团 255
  5. 金砖国家 256
  6. 亚太议会论坛 256
  7. 亚太经济合作组织 257
  8. 新开发银行 257
  9. 77国集团 258
  10. 各国议会联盟 258
  11. 上海合作组织 259
  12. 亚洲相互协作与信任措施会议 260

  13. 东南亚国家联盟 260
  14. 南亚区域合作联盟 261
  15. 阿拉伯国家联盟 261
  16. 海湾阿拉伯国家合作委员会 264
  17. 非洲联盟 264
  18. 欧洲联盟 264
  19. 美洲国家组织 265
  20. 中美洲议会 266
  21. 拉美和加勒比国家共同体 266
  22. 南方共同市场 267
  23. 太平洋联盟 267
  24. 美洲开发银行 268
  25. 拉丁美洲议会 268
  26. 东亚—拉美合作论坛 268
  27. 亚欧会议 269
  28. 东亚峰会 269
  29. 中日韩合作 269
  30. 东盟与中日韩（10+3）合作 270
  31. 博鳌亚洲论坛 270
  32. 东盟地区论坛 271
  33. 亚洲合作对话 271
  34. 亚洲议会大会 272
  35. 澜沧江—湄公河合作 272
  36. 太平洋岛国论坛 273
  37. 拉丁美洲社会科学院 274

第五章　中国外交中的国际安全、军控与防扩散工作

（一）概述 275
（二）中国参与联合国框架内的国际安全与军控工作 276
  1. 联合国大会第一委员会 276
  2. 日内瓦裁军谈判会议 278
  3. 联合国裁军审议委员会 278
  4. 联合国常规武器登记册 279
  5. 联合国军事开支标准报告制度 279

6.《武器贸易条约》..280
7.《枪支议定书》..280
（三）中国履行国际军控和防扩散法律文书的工作..............281
  1.《不扩散核武器条约》...281
  2. 国际原子能机构..283
  3.《全面禁止核试验条约》..283
  4.《禁止生物武器公约》...284
  5.《禁止化学武器公约》...285
  6.《特定常规武器公约》...286
（四）中国在防扩散方面的工作..289
（五）中国与有关国家开展战略安全、军控与防扩散磋商.........290
（六）中国积极开展网络外交工作..291

第六章　中国外交中的条约法律工作

（一）中国对外缔结条约情况..293
  1. 中国对外缔结条约概况..293
  2. 涉及香港特区和澳门特区的条约法律事务................294
（二）中国在联合国机构的法律工作....................................294
  1. 第78届联合国大会的法律议题..............................294
  2. 国际法委员会第74届会议情况..............................300
  3. 联合国和平利用外层空间委员会...........................301
（三）中国参与国际司法机构"三大咨询意见案"..................303
  1. 国际海洋法法庭气候变化与海洋咨询意见案............303
  2. 国际法院巴勒斯坦问题咨询意见案........................303
  3. 国际法院气候变化问题咨询意见案........................304
（四）中国在打击跨国犯罪领域的法律工作...........................305
  1.《联合国打击跨国有组织犯罪公约》......................305
  2.《联合国反腐败公约》..306
（五）中国在国际人权条约领域的工作................................307
  1. 履行国际人权条约..307
  2. 参加跨国公司与人权法律文书谈判.......................307
（六）中国在国际私法领域的工作——海牙国际私法会议.......308
（七）中国与外国的司法协助和法律合作.............................309
  1. 涉及香港特区和澳门特区的条约法律事务..............309

2. 与外国缔结双边司法协助类条约状况...........................309
（八）中国在国际海洋法领域的工作...........................310
　　1. 多边海洋法和极地事务...........................310
　　2. 双边海洋法和极地事务对话...........................312
（九）中国在国际气候变化领域的工作...........................313
　　《联合国气候变化框架公约》第二十八次缔约方大会...........................313
（十）中国在网络领域的条法外交工作...........................314
　　联合国打击网络犯罪公约政府间特设委员会...........................314
（十一）中国在国际人道法领域的工作...........................314
　　中国积极参与国际人道法相关国际进程...........................314
（十二）"一带一路"法治合作...........................315
（十三）其他条约法律工作...........................316
　　1. 国际刑事法院...........................316
　　2. 国际法院...........................316
　　3. 国际调解院...........................317
　　4. 亚洲—非洲法律协商组织...........................318
　　5. "发展中国家与国际法"论坛...........................318

第七章　中国外交中的边界与海洋工作

（一）概述...........................320
（二）陆地边界问题工作...........................321
　　1. 中印边界问题...........................321
　　2. 中不边界问题...........................322
　　3. 中哈国界第一次联合检查...........................322
　　4. 中缅边界第三次联合检查...........................322
（三）陆地边界管理与合作开发...........................323
　　1. 中俄边界联合委员会会议...........................323
　　2. 中哈吉俄塔"两个协定"履约工作联合监督小组会议...........................323
　　3. 中缅《边境管理与合作协定》执行情况司局级会晤...........................323
　　4. 中老边界联合委员会会议...........................323
　　5. 中越陆地边界联合委员会会议...........................324
（四）与周边国家间海洋问题工作...........................324
　　1. "海洋合作与治理论坛"...........................324
　　2. 中美海洋事务磋商...........................324

3. 中日海洋事务高级别磋商 324
4. 中韩涉海问题磋商 325
5. 中韩海域划界谈判 325
6. 中菲南海问题双边磋商机制会议 325
7. 中越政府级边界谈判代表团团长会晤 326
8. 中越海上低敏感领域合作专家工作组磋商 326
9. 中越北部湾渔业可持续发展合作协定磋商 327
10. 中越北部湾湾口外海域工作组磋商和海上共同开发磋商
    工作组磋商 327
11. 中越北部湾渔业资源增殖放流活动 327
12. 中越北部湾联合巡逻 327
13. 中国—巴基斯坦海上合作对话 328
14. 落实《南海各方行为宣言》和"南海行为准则"磋商活动 328

第八章　中国外交中的新闻和公共外交工作

（一）阐述外交政策 329
　　1. 介绍国家领导人出访和出席国际会议情况 329
　　2. 举行例行记者会 330
（二）外国记者工作 331
　　1. 外国常驻记者概况 331
　　2. 国家领导人会见外国记者及接受外国媒体采访情况 331
　　3. 组织外国驻华记者赴地方采访情况 332
（三）对外新闻交往 333
（四）公共外交 333
　　1. 公共外交活动 333
　　2. 外交部网站群建设 336
　　3. 新媒体公共外交 336

第九章　中国外交中的领事工作

（一）概述 337
　　1. 构建中外人员往来新秩序 337
　　2. 坚决维护海外中国公民和机构安全及合法权益 338
　　3. 全面深化中外领事关系与合作 338

目 录

  4. 提升领事服务水平..338
 （二）领事保护..338
  1. 聚焦机制建设..339
  2. 聚焦应急处突..339
  3. 聚焦宣传预防..339
 （三）领事证件..339
  1. 护照方面..339
  2. 签证方面..340
  3. 亚太经合组织商务旅行卡方面...340
  4. 公证认证和婚姻登记工作方面...340
 （四）领事磋商..341
 （五）海外侨务..342
  1. 持续提高为侨服务水平..342
  2. 积极开展慰侨暖侨活动..343
  3. 加强与海外侨胞联络联谊..343
 （六）涉及外国驻华领事机构事务和涉外案件..343
  1. 外国驻华领事机构事务处理情况..343
  2. 涉外案（事）件处理情况..343
 （七）互免签证协定..344
 （八）领事机构..344

附　录

（一）2023年中华人民共和国外交部组织机构表..346
（二）中华人民共和国外交部领导成员名单..348
（三）同中国建交的国家、建交日期和2023年中国驻外使节一览表.........................349
（四）中华人民共和国常驻联合国、驻其他国际组织代表团（处）
　　　名称、驻地和2023年常驻代表（团长）一览表......................................357
（五）中国与外国互设领事机构一览表..359
（六）中国与外国互免签证协议（协定）或安排一览表....................................388
（七）2023年中国参加或签署的多边条约一览表...397
（八）2023年中国对外缔结的主要双边条约一览表...398

后　记

后　记..400

第一章

2023年的国际形势

（一）概述

2023年，世界百年未有之大变局加速演进，世界之变、时代之变、历史之变正以前所未有的方式展开，世界进入新的动荡变革期，但人类发展进步的大方向不会改变，世界历史曲折前进的大逻辑不会改变，国际社会命运与共的大趋势不会改变。

1. 国际格局深刻调整 新兴市场国家和发展中国家群体性崛起势不可当，"全球南方"声势卓然壮大，深刻改变全球政治经济版图。金砖机制实现历史性扩员，凝聚了发展中国家团结合作的力量，展现了推动世界多极化、国际关系民主化的信心。与此同时，个别国家抱持冷战思维，大搞霸权主义、强权政治，挑动阵营对立，冲击国际秩序。站在历史的十字路口，团结与分裂、合作与对抗、零和与共赢两大政策取向激烈较量，各国人民对和平安宁的期盼更加强烈，对发展进步的追求更加坚定。

2. 世界经济复苏乏力

世界银行测算，2023年世界经济增长2.6%，预计2024年和2025年增速分别只有2.4%和2.7%。美西方将经济和科技问题泛政治化、泛安全化，鼓动"脱钩断链""去风险"，冲击全球产业链供应链安全稳定。国际货币基金组织预估，贸易碎片化可能使世界经济产出萎缩0.2%—7%不等。主要发达经济体激进加息导致国际金融市场持续动荡，加剧发展中国家投资外流压力和债务负担，进一步拉大发展鸿沟。据统计，60%的低收入国家和25%的新兴市场经济体已陷入或濒临债务困境。

3. 热点问题多点爆发

乌克兰危机持续延宕，和平前景晦暗不明，但国际社会对于止战和谈的共识和呼声不断积聚。巴以冲突骤然升级，造成大量平民伤亡和人道主义灾难，出现扩大外溢趋势，引发红海局势紧张。苏丹、缅甸北部等多地爆发武装冲突，非洲多国发生政变，朝鲜半岛各方对立对抗加剧。据联合国统计，世界上有55场冲突正在进行，为二战以来最多。联合国秘书长古特雷斯表示，当今世界最明显缺失的就是和平。

4. 全球挑战交织难解

气候变化形势严峻，极端天气频发，2023年成为有气象记录以来最热的一年，利比亚洪灾导致1万多人死亡。恐怖主义、网络攻击、跨国犯罪、生物安全等非传统安全挑战上升，能源、粮食、难民等危机加剧，深海、极地、外空、人工智能等治理新课题不断涌现，团结应对的紧迫性更为突出。个别大国奉行双重标准，对国际规则合则用、不合则弃，加重全球治理赤字。坚持真正的多边主义、改革完善全球治理体系的呼声持续高涨。

5. 理念思潮激荡交锋

一些国家深陷政治失能、社会失和、治理失灵的困境，贫富分化、社会撕裂、身份政治等问题愈演愈烈，民粹主义、排外主义大行其道。西式"普世价值"遭受广泛质疑，"民主对抗威权"的虚假叙事越来越没有市场。与之形成鲜明对比的是，中国式现代化蓬勃发展，制度优越性充分彰显，中国道路、中国理念、中国方案的吸引力、影响力、感召力与日俱增。国际思潮大浪淘沙，广大发展中国家纷纷"向东看"，交流治国理政经验，更加积极探索符合本国国情的现代化道路。

（二）全球各地区形势

1. 亚洲地区形势

2023年，亚洲地区总体保持和平稳定，地区国家求和平、谋发展、促合作的意愿更加强烈。地区经济保持复苏发展势头，区域合作和地区经济一体化持续推进。中国—东盟（10+1）合作不断深化，双方推动"一带一路"倡议同东盟印太展望开展互利合作。东亚合作稳步推进。澜沧江—湄公河合作第四次领导人会议和第八次外长会顺利举行。《区域全面经济伙伴关系协定》全面生效。地区热点问题总体可控，保持在政治解决轨道上运行。亚洲仍是全球最稳定板块，是最具活力和潜力的发展高地。

同时，亚洲地区进入深度调整变革期，大国竞争加剧，地缘政治复杂敏感性上升，不稳定、不确定和难预料因素增多。一些域外国家在本地区组建小圈子、强化军事部署、推行"脱钩断链"、制造分裂对抗，抬升地缘冲突、阵营对立风险。解决朝鲜半岛、缅甸、阿富汗等地区热点问题，应对恐怖主义、自然灾害、跨国犯罪等非传统安全挑战任重道远，需要地区国家协力同行。

2. 西亚北非地区形势

2023年，西亚北非地区形势复杂深刻变化。美国继续调整地区政策，新一轮巴以冲突爆发后，美国国务卿布林肯、总统国家安全事务助理沙利文多次访问地区国家。地区国家对话和解势头持续强化。沙特和伊朗复交带动地区和解潮，叙利亚重返阿拉伯国家联盟，卡塔尔与巴林、阿联酋复交。伊朗正式加入上海合作组织（简称"上合组织"），沙特、阿联酋成为上合组织对话伙伴国，沙特、埃及、伊朗、阿联酋获邀加入金砖国家合作机制。

地区热点问题依旧复杂难解。巴以冲突剧烈爆发，加剧人道主义危机，外溢影响持续扩散。美西方继续加大对伊朗制裁，伊朗核问题全面协议恢复履约谈判仍然深陷僵局。苏丹武装冲突延宕。叙利亚局势总体改善，但仍面临单边制裁、外部干预等威胁。也门、利比亚、南苏丹等国政治过渡进程不顺。阿尔及利亚同摩洛哥因西撒哈拉问题关系紧张。

世界经济疲弱、能源和粮食价格上涨等因素加剧地区国家民生压力。部分国家特别是非产油国经济结构失衡，一些国家政局不稳。巴以冲突冲击地区安全稳定，影响地区国家经济发展。

3. 撒哈拉以南非洲地区形势

2023年，撒哈拉以南非洲形势总体稳定，受内外因素叠加影响，部分国家政治安全挑战上升，局部地区安全形势脆弱，经济展现较强韧性，独立自主、联合自强意识不断增强。

刚果（金）、津巴布韦、马达加斯加、利比里亚等国顺利举行总统或议会选举，谋和平、促发展、稳民生成为各国主要任务。同时，部分国家和地区安全形势引发关注，非洲之角和大湖地区局势复杂，萨赫勒地区和索马里恐怖活动增多。尼日尔、加蓬发生政变，几内亚、马里、布基纳法索等国继续推进政治过渡进程。

撒哈拉以南非洲宏观经济基本面持续改善，积极推进非洲大陆自由贸易区建设，促进能源转型和数字经济发展。根据世界银行报告，2023年撒哈拉以南非洲经济增长2.6%。同时，债务风险、货币贬值、产业基础薄弱仍制约非洲可持续发展，2023年撒哈拉以南非洲平均通货膨胀率达16.2%，粮食安全问题更加突出，经济复苏动力有待进一步激活。

2023年是非洲联盟（简称"非盟"）前身——非洲统一组织成立60周年，非盟加入二十国集团，埃塞俄比亚成为金砖国家成员，非洲国家在推动政治解决全球热点问题中发挥独特作用，在应对气候变化、安理会改革、国际金融机构改革等全球事务中继续展现集体影响力，国际地位进一步提升。非盟及有关次区域组织积极致力于自主解决地区热点问题。

域外大国同非洲互动增多。美国副总统、国务卿、国防部长、财政部部长等政要陆续访非，举办美非商业峰会、《非洲增长与机遇法案》论坛。俄罗斯举办第二届俄非峰会，聚焦粮食、安全、科教等领域提出一系列对非合作举措。沙特举办首届沙特—非洲峰会，宣布未来10年向非洲提供310亿美元融资和援助。德国举办第五届二十国集团"非洲契约"峰会。欧盟、法国、日本、印度尼西亚、巴西等国家和地区的领导人访非。

4. 欧亚地区形势

2023年，欧亚地区形势加速演变，大国博弈交织激荡。

俄罗斯对乌克兰特别军事行动进入第二年。俄宏观经济指标第二季度开始止跌回升，全年经济增长3.6%。其中，工业增长3.5%，为近年来最高增长；失业率降至3.2%，为历史新低。然而，在战事长期延宕、美西方制裁不断加码的背景下，俄经济发展仍面临不少困难和挑战。俄国内政局总体稳定，统一俄罗斯党在地方选举中大胜，俄总统普京民众支持率为80%左右。俄依托独联体、欧亚经济联盟和集体安全条约组织，在地区发挥大国影响力。

欧亚地区国家政局总体稳定。哈萨克斯坦总统托卡耶夫、乌兹别克斯坦总统米尔济约耶夫连任后全力推进改革，建设"新哈萨克斯坦""新乌兹别克斯坦"。吉尔吉斯斯坦同塔吉克斯坦边境冲突有所缓解，塔吉克斯坦同阿富汗塔利班关系仍较紧张。乌克兰、白俄罗斯、阿塞拜疆等国政局总体平稳，但地区部分国家仍存在安全风险。乌克兰深陷战事，安全形势严峻。阿塞拜疆同亚美尼亚围绕"纳卡"问题爆发冲突。摩尔多瓦政府在"德左"问题上立场趋于强硬。

5. 欧洲地区形势

2023年，欧洲地区形势总体保持稳定，但面临多重挑战。

应对地缘冲突成为外交优先议程。乌克兰危机延宕、巴以冲突升级对欧洲的影响加大。欧洲持续为乌克兰提供军事、经济等各方面的援助，同意乌克兰成为欧盟候选国。欧盟不断追加对俄罗斯制裁，截至12月，欧盟理事会共通过12轮对俄制裁。欧洲国家在巴以问题上立场有差异，欧盟既谴责哈马斯对以袭击，也要求以方行使自卫权时遵守国际法。

政局稳中有变。英国首相苏纳克三次调整内阁。德国社民党、绿党、自民党组成的执政联盟施政压力增大。荷兰联合政府因难民政策分歧集体辞职。芬兰右翼民族联合党赢得大选，极右翼芬兰人党跃升议会第二大党并再次入阁。西班牙首相桑切斯提前大选并获胜。波兰公民纲领党时隔八年重新执政，同其他三党组成联合政府。塞尔维亚提前选举，武契奇总统巩固执政地位。保加利亚、黑山、波黑举行议会选举，组建新政府。

经济疲软。2023年，欧元区和欧盟国内生产总值均增长0.4%，欧元区和欧盟通货膨胀率分别为5.4%和6.4%，德国经济陷入技术性衰退。欧元利率升至有史以来最高点，推升融资成本。欧盟聚焦去风险、多元化，推出首份经济安全战略，加速出台《芯片法案》《关键原材料法案》《净零工业法案》等带有保护主义色彩的产业政策；酝酿强化出口管制和双向投资审查，碳边境调节机制、《新电池法》、《反胁迫条例》正式生效，限制性立法增多。

一体化有所进展。欧盟坚持加强团结，通过建设欧洲单一市场、共同防务等推进战略自主，在联合采购武器、举行独立军演等方面实现突破；持续推进安全防务建设，积极落实"战略指南针"行动计划，制定"2023军事能力建设规划"，推出"永久结构性合作"框架下的新项目。欧盟扩员提速，乌克兰、摩尔多瓦、格鲁吉亚获得候选国地位。

欧美加强政策协调。欧洲国家在北约、七国集团等双多边平台与美国频繁互动。欧美举行峰会、贸易与技术理事会会议及能源、网络、空间、"印太"事务等各领域对话，加强在新兴技术、能源、产业链、数据领域政策协调，达成跨大西洋数据传输新协议《欧盟—美国数据隐私框架》。英国宣布"欧盟—美国数据隐私框架的英国扩展"生效。同时，欧美围绕"全球可持续钢铝协议""关键矿产协议"等问题仍有分歧。

6. 北美大洋洲地区形势

2023年，北美大洋洲地区形势继续发生深刻复杂演变。

美国总统拜登继续推行"投资、联盟、竞争"战略，落实《基础设施投资与就业法案》《通胀削减法案》《芯片与科学法案》，加大投资基础设施以提振经济，重振汽车、制药等产业，但受到两党争斗升级、政治极化加剧影响，施政面临重重困难。共和党自1月掌控众议院起，加大对拜登政府内外施政的掣肘，并就美军撤离阿富汗、移民问题、援助乌克兰资金、拜登私存机密文件、拜登次子亨特涉嫌腐败等发起近50项调查，启动对拜登弹劾调查。众议长历史上首次遭到罢免。美枪支、毒品、移民、劳工等社会问题频发，民意进一步分裂。

美国提前进入2024年大选政治周期。民主党共3人宣布参选总统，包括拜登总统（联袂副总统哈里斯）、民主党明尼苏达州联邦众议员菲利普斯、女作家威廉姆森。共和党共15人宣布参选总统，其中多人后续退选。截至2023年底，前总统特朗普、佛罗里达州州长德桑蒂斯、前常驻联合国代表黑利、新泽西州前州长克里斯蒂、印度裔企业家拉马斯瓦米、阿肯色州前州长哈钦森、商人宾克利共7人仍在参选。第三方参选人有前总统肯尼迪之侄小肯尼迪、政治活动家韦斯特、绿党参选人斯泰因共3人。

美国经济基本实现软着陆。2023年下半年增长高于市场普遍预期，第三、第四季度美国内生产总值按年率计算分别环比增长4.9%和3.2%。全年美国经济增长2.5%，较2022年的1.9%有所提速；国内生产总值超27万亿美元，创历史新高。通货膨胀率从年初的6.4%下降至3.4%，失业率保持低位。同时，美经济仍存在高通胀、高利率、高债务隐患，以及经济脱实向虚、贫富差距扩大等结构性问题。12月，消费者价格指数同比上涨3.4%，高于美联储2%的调控目标。美联储、高盛集团、国际货币基金组织分别预计2024年美国经济增速为2.1%、2.3%、2.6%。

拜登政府加速推进"印太战略"落地走实。2月，美国务院发布"印太战略"出台一周年事实清单，宣称该战略取得历史性进展。美国务卿布林肯、国防部长奥斯汀、商务部部长雷蒙多等高官多次访问日本、韩国及东南亚国家。美日印澳"四方安全对话"5月在日本广岛举行第三次线下领导人峰会；3月、9月分别在印度新德里、美国纽约举行外长会，加速推进在基础设施建设、清洁能源、产业供应链、网络安全、关键及新兴技术、海域态势感知、气候变化等领域合作，并向太平洋岛国、环印度洋国家辐射。美英澳"三边安全伙伴关系"（简称"奥库斯"）3月在美举行领导人会晤，宣布第一支柱核潜艇合作具体方案；12月举行防长会晤，公布第二支柱先进军事能力合作计划。美国会12月正式批准包含"奥库斯"合作的2024财年《国防授权法案》，允许对澳大利亚出售核动力潜艇并大幅扩大对澳敏感军事技术出口管制豁免权。"印太经济框架"年内共举行7轮谈判。5月，"印太经济框架"成员国在美国底特律举行第二次部长级会议，宣布达成供应链支柱协议，成立供应链理事会、供应链危机响应网络和劳工权利咨询委员会。11月，美国总统拜登在旧金山亚太经合组织领导人非正式会议期间召开"印太经济框架"领导人会议，宣布完成清洁能源支柱、税收和反腐败支柱的实质性谈判，正式签署供应链支柱协议，并设立理事会、联合委员会两个常设机构。美还倡导同"印太经济框架"成员国设立"投资加速器""关键矿产对话"等。

美国同俄罗斯关系持续紧张。拜登总统突访乌克兰，在参加二十国集团领导人新德里峰会、七国集团广岛峰会、第78届联合国大会等活动期间密会盟伴国领导人，强化对俄谴责施压。美颁布多项制裁措施，打击俄及第三国实体和个人规避制裁行为，首次将俄方被扣押资产转至乌；驱逐俄驻美外交官，指责俄加剧粮食危机、犯下"反人类罪"，要求他国不得向俄提供武器装备。同时，美俄进行有限接触，就维护核安全、避免直接冲突、被俄拘留美公民等问题保持沟通。

美国与欧洲密切交往。美欧强调价值观同盟，拉紧跨大西洋伙伴关系。拜登总统三次到访欧洲，参加北约领导人维尔纽斯峰会、欧洲理事会会议。欧洲理事会主席米歇尔、欧盟委员会主席冯德莱恩访美。10月，美国—欧盟峰会在华盛顿举行，强调美欧在应对全球挑战、捍卫民主和国际秩序等方面的共同领导作用。美国—欧盟贸易与技术理事会会议举行。美欧达成跨大西洋数据传输新协议，强化在新兴技术、能源、产业链、数据领域政策协调；重启对华政策对话，开展"印太"事务磋商，就对华政策加大协调力度；以援助乌克兰为由强化北约在欧洲军事存在，鼓动瑞典、芬兰加入北约。同时，美欧未能就彻底解决"全球可持续钢铝协议""关键矿产协议"等达成一致。

美日韩合作提质升级。1月，拜登总统会见赴美访问的日本首相岸田文雄，美日举行外长防长"2+2"会议，美防长奥斯汀访韩。2月，韩外长朴振访美，美国务卿布林肯、日外相林芳正、韩外长朴振在慕尼黑安全会议期间就朝鲜问题举行会晤。4月，美国务卿布林肯赴日参加七国集团外长会并会见日外相林芳正。同月，拜登总统会见赴美国事访问的韩总统尹锡悦，双方发表《华盛顿宣言》，启动"核磋商小组"，强化对朝"延伸威慑"。5月，拜登总统赴日参加七国集团广岛峰会并举行美日韩三国领导人会晤。6月，美总统国家安全事务助理沙利文、日国家安全保障局局长秋叶刚男、韩国家安保室室长赵太庸举行三方国安事务高官会。7月，美日韩外长在东盟外长会期间举行三方会晤。8月，美总统拜登、日首相岸田文雄、韩总统尹锡悦举行戴维营峰会，推进美日韩合作机制化。9月，美国务卿布林肯同日新任外相上川阳子举行会谈。11月，美国务卿布林肯赴日出席第二次七国集团外长会并访问日韩。同月，美参谋长联席会议主席布朗访问日韩，美防长奥斯汀访韩，美日举行经济政策协调委员会"2+2"会议。美同朝鲜对话停滞，朝频繁试射弹道导弹、侦察卫星。拜登政府在军演、制裁、人权等问题上维持对朝施压。

美国加大诱拉东南亚国家力度。美方多次宣称美尊重东盟的中心地位，美国"印太战略"愿与东盟印太展望对接。美加大对东盟轮值主席国印尼的投入。9月，美副总统哈里斯赴印尼出席美国—东盟峰会及东亚合作领导人系列会议；11月，美总统拜登在旧金山亚太经合领导人非正式会议期间同印尼总统佐科举行会谈，双方宣布将美印尼关系提升至"全面战略伙伴关系"；美国务卿布林肯多次同印尼外长蕾特诺通电话。10月，美总统拜登对越南进行国事访问，宣布将美越关系定位提升为"致力于和平、合作与可持续发展的全面战略伙伴关系"。美还借中菲海上争议持续拉拢菲律宾。4月，美国防部宣布根据美菲《加强防务合作协议》，菲向美新开放4个军事基地的准入权。美防长奥斯汀、贸易代表戴琪、"印太司令"阿奎利诺密集访菲。5月，菲总统马科斯访美，加速推进美菲同盟现代化。美多次策应支持菲向仁爱礁非法"坐滩"军舰运补行动，声称坚定支持"南海仲裁案裁决"，持续推动美菲海上合作。美持续介入湄公河次区域事务，就缅甸问题向东盟及缅甸军政府加大施压。

美国加大对南亚介入力度。美与印度高层互动频繁。6月，印度总理莫迪访美，双方宣布推进防务和高科技合作。9月，美总统拜登出席二十国集团领导人新德里峰会并顺访印度，美印发表联合声明，宣称将继续推动两国战略伙伴关系转型；美还在二十国集团峰会上宣布启动建设"印度—中东—欧洲经济走廊"，进一步开发洛比托走廊。10月，美国务卿布林肯和防长奥斯汀与印度外长苏杰生和防长辛格举行"2+2"部长级对话。美对斯里兰卡、尼泊尔、孟加拉国等国加大诱压干涉。美继续拒绝承认阿富汗塔利班政权，拒绝解冻阿70亿美元海外资产。

美力图在中东进行战略收缩，新一轮巴以冲突爆发后又不得不回摆，重新加大对中东的投入。1月，美总统国家安全事务助理沙利文访问以色列、约旦河西岸，美中央情报局局长伯恩斯访问以色列，美国务卿布林肯访问埃及、以色列及巴勒斯坦。2月，美国务卿布林肯访问土耳其，同土外长查武什奥卢举行会谈，与土总统埃尔多安简短会见。3月，美国防部长奥斯汀访问伊拉克，重申美方在伊拉克保持军事存在的承诺。4月，巴以局势骤然升温，美国防部长奥斯汀与以色列国防部长加兰特通电话，表达对以的支持；美中央情报局局长伯恩斯突访沙特，就沙伊、沙叙和解向沙特表达不满。5月，阿拉伯国家联盟宣布同意恢复叙利亚的阿盟成员资格，美于次日宣布对叙利亚的制裁延长一年；美总统国家安全事务助理沙利文到访沙特，同沙特王储兼首相以及阿联酋、印度国家安全顾问举行会晤，商谈中东局势。6月，美国务卿布林肯访问沙特并出席美国—海湾阿拉伯国家合作委员会部长级会议，会见以色列总理内塔尼亚胡。7月，美总统拜登与土耳其总统埃尔多安通电话，表达了美希望看到瑞典"尽快入约"。9月，美总统拜登在纽约会见以色列总理内塔尼亚胡。

10月7日，新一轮巴以冲突爆发。美总统拜登与以总理内塔尼亚胡多次通电话，并于18日访以，重申美对以坚定支持，谴责哈马斯恐怖主义行径。20日，美总统拜登向国会申请1060亿美元"补充支出"，其中143亿美元用于援助以。同月，美国务卿布林肯访问中东，首站为以色列，会见以总理内塔尼亚胡、总统赫尔佐格，明确表示美与以站在一起；美防长奥斯汀访问以色列，会见以总理内塔尼亚胡、防长加兰特及战时内阁，宣称美将加快向以提供精确制导弹药、防空弹药等安全援助。11月，美国务卿布林肯访问以色列、约旦，并与以总理内塔尼亚胡举行会谈，讨论打击哈马斯的行动、确保人道主义援助进入加沙、确保外国公民安全撤离加沙。11月30日，美国务卿布林肯访问中东，分别会见以色列总理内塔尼亚胡和巴勒斯坦总统阿巴斯，重申美对以在国际人道法规定下进行自卫表示支持。12月，美防长奥斯汀宣布在红海组织代号"繁荣卫士"的多国护航行动，确保商船在红海水域安全航行。

伊朗核问题全面协议恢复履约谈判持续陷入僵局。1月，美国务卿布林肯表示伊朗核问题全面协议不再是拜登政府的重点。6月，美伊达成"非正式谅解"，伊朗承诺"不提升铀浓缩水平、不增加浓缩铀库存"换取美"不增加对伊制裁"。8月，美伊达成换囚协议，美解冻伊朗约60亿美元的石油收入。9月，被美方冻结的60亿美元转入伊朗在卡塔尔的银行账户，美伊完成"换囚"。10月18日，美财政部外国资产控制办公室以支持伊朗伊斯兰革命卫队、国防部生产并扩散弹道导弹和无人机为由，对来自伊朗、中国内地和香港、委内瑞拉等11名个人、8家实体和1艘船只实施制裁。

美国延续对拉美政策，持续制裁古巴、委内瑞拉、尼加拉瓜等国。拜登总统赴墨西哥出席第十届北美领导人峰会，国务卿布林肯、商务部部长雷蒙多等访问拉美多国。巴西总统卢拉、阿根廷总统费尔南德斯等先后访美。美同哥斯达黎加共同主办第二届"领导人民主峰会"；成立"北美生产进口替代委员会"，筹办美墨加半导体论坛，举办美洲国家组织第53届年会、首届"美洲经济繁荣伙伴关系"领导人峰会，发起"大西洋合作伙伴关系"。

美国继续加大对非洲投入。美国17位高官访非，覆盖非洲26国，创下近年纪录。安哥拉总统访美，拜登总统与其举行会晤。美国务卿布林肯同非盟委员会主席在华盛顿举行高级别对话。美启动"21世纪非洲安全伙伴关系"，常态化开展"非洲雄狮"联合军演，主办首届非洲海事力量峰会。美非贸易和投资项目全年促成547项，成交总额142亿美元，较2022年增加67%。美推进"洛比托走廊"能矿通道建设，加大参与非洲多国路桥建设；建立非洲数据中心，向非洲多国提供"星链"服务；同非洲疾控中心启动联合行动计划；举办第一届非洲青年峰会；推动国际货币基金组织增加第三名非洲董事席位，继续明确支持非洲获得联合国安理会常任理事国席位。

美国推进民主和人权外交，加大多边投入。美线下举办第二届"领导人民主峰会"，组建"全球民主联盟"；重返气候变化《巴黎协定》、联合国教科文组织，推动改革联合国等多边机构。

2023年，加拿大政府对内聚焦经济复苏、解决民生问题，对外着力巩固同美盟友关系。加拿大总理特鲁多大幅改组内阁，为竞选连任做准备。主要反对党保守党围绕"外国干涉"、住房短缺、通货膨胀、碳税、移民等议题加大对自由党攻击施压，两党党争态势激烈。经济上，加延续纾困刺激政策，出台总额4905亿加元、为期6年的财年预算案，聚焦民生、医疗和清洁经济，重点解决住房紧缺、医疗改革等问题；加央行多次加息，通胀问题虽有缓解，经济增长仍显乏力。外交上，加与美欧盟友"看齐"，突出价值观外交，出台"印太战略"，高调介入乌克兰危机、巴以冲突；因"外国干涉"问题同印度发生外交争端；重视气候变化、生物多样性、粮食安全等议题，寻求提高国际影响。

2023年，澳大利亚政治经济形势总体保持稳定。澳大利亚总理阿尔巴尼斯领导的工党政府执政地位总体稳固，各项内外政策稳步推进。2023年，澳大利亚国内生产总值约1.69万亿美元，同比增长1.5%，澳央行预测

2023—2024财年澳经济增速约为1.5%。澳政府积极广泛开展对外接触，继续加强同美国的同盟关系，加大对东盟和太平洋岛国的投入；积极参与联合国、二十国集团、亚太经合组织、东亚峰会等多边机制以及《全面与进步跨太平洋伙伴关系协定》《区域全面经济伙伴关系协定》等区域自贸安排。

2023年，新西兰政治经济形势总体稳定。1月，阿德恩宣布辞去总理及工党党魁职务。工党推举教育和警察部长希普金斯担任该党党魁，随后希普金斯宣誓就任新西兰总理。10月，新西兰举行全国大选，国家党、行动党、优先党联合组阁，国家党党魁拉克森出任政府总理。2023年，新西兰国内生产总值增长0.6%，其中第三季度和第四季度国内生产总值连续下滑，陷入技术性衰退。新西兰继续巩固同澳大利亚、美国关系，加大对太平洋岛国援助，加强同亚太地区国家合作；支持多边主义和自由贸易，积极参与应对气候变化等领域合作；致力于推动贸易多元化，与英国签署的自由贸易协定生效，与欧盟签署自由贸易协定。

2023年，太平洋岛国地区形势总体稳定。个别岛国政局波动，瓦努阿图政权两次更迭。经济脆弱性有所增加，经济复苏疲软，火山、地震、干旱等自然灾害频发。地区主义有所恢复，新冠疫情后首次举行线下太平洋岛国论坛领导人会议，承诺继续推进《蓝色太平洋2050战略》，持续高度关注应对气候变化问题，呼吁国际社会加大对岛国支持，基里巴斯重返太平洋岛国论坛。美国、澳大利亚等国加大对岛国关注。美连续两年同岛国举行峰会，在巴布亚新几内亚同岛国领导人集体会晤，在南太重设、新开3家使馆，同密克罗尼西亚联邦、帕劳、马绍尔群岛就未来20年美对上述国家援助安排签署有关协议。

7. 拉丁美洲和加勒比地区形势

2023年，作为"全球南方"重要组成部分，拉丁美洲和加勒比地区形势在保持总体稳定的同时，发生深刻复杂调整变化。

政治局势稳中有变。路易斯·伊纳西奥·卢拉·达席尔瓦开启第三个巴西总统任期，就职伊始发生巴西版"国会山事件"。厄瓜多尔大选提前举行，丹尼尔·诺沃亚当选。阿根廷、危地马拉朝野更替，哈维尔·米莱、贝尔纳多·阿雷瓦洛分别胜选。智利新宪法草案再度在公投中被否决。一些国家发生暴力游行活动。

经济低速增长。据联合国拉丁美洲和加勒比经济委员会统计，2023年地区经济增速仅为1.7%，2014—2023年地区经济增长滞缓，年均增速仅为0.8%。地区贫困和不平等现象加剧，贫困率29%，贫困人口1.81亿，赤贫率11.2%，赤贫人口7000万。多国面临较大财政和债务压力。

联合自强迈出新步伐。拉美和加勒比国家共同体（简称"拉共体"）第七届峰会通过《布宜诺斯艾利斯宣言》。巴西主持召开南美国家领导人会议并推动签署《巴西利亚共识》，重启南美一体化进程。古巴成功举办"77国集团和中国"峰会，巴西、阿根廷、委内瑞拉、哥伦比亚、多米尼加等地区国家领导人出席。中美洲一体化体系第34次成员国首脑会议、首届亚马孙峰会、南方共同市场第62届和第63届峰会及加勒比国家联盟第七届国际合作会议相继召开。加勒比国家联盟第九届首脑会议、加勒比共同体第44届和第45届政府首脑会议及加勒比共同体成立50周年庆祝活动举行。洪都拉斯加入拉美和加勒比开发银行。

美国强化与拉美国家关系，地区国家积极推行自主多元外交。美总统、副总统、国务卿、总统国家安全事务助理等频密开展对拉交往。哥伦比亚、哥斯达黎加、厄瓜多尔、多米尼加、巴巴多斯、智利、乌拉圭、秘鲁、墨西哥、巴拿马等参加首届"美洲经济繁荣伙伴关系"领导人峰会。但在"门罗主义"发表200周年之际，地区多国领导人发声批判。墨西哥、委内瑞拉、古巴、洪都拉斯、哥伦比亚等国要求美国停止对地区国家实施"单边强制措施"，同时敦促美方解除对古巴、委内瑞拉制裁。尼加拉瓜正式退出美洲国家组织。巴西总统卢拉提议南方共同市场创立共同货币，维护货币主权。拉美国家积极加强同欧洲和亚太国家合作。拉共体成员国领导人或代表出席第三届欧拉峰会，会后发表联合声明等成果文件。

（三）专题评述

1. 世界经济在不均衡中缓慢复苏

2023年，世界经济在不均衡中缓慢复苏。根据国际货币基金组织统计，2023年世界经济增速为3.3%。其中，发达经济体经济增速为1.7%，新兴市场和发展中经济体经济增速为4.4%。根据联合国贸易和发展会议、世界银行、经济合作与发展组织统计，2023年世界经济增速则分别为2.4%、2.6%、2.9%。同时，世界经济下行风险依然存在，今后几年世界经济增速很可能低于新冠疫情前20年3.8%的平均增速，低增长已成当前世界经济最突出特点。

世界主要经济体复苏表现分化。亚洲主要经济体保持较高经济增速，区域经济表现好于其他地区。其中，中国经济增速为5.2%，印度经济增速为7.7%，日本经济增速为1.9%左右。美国经济未出现衰退，经济增速为2.5%左右。欧洲经济复苏乏力。德国经济负增长；英国受顽固通货膨胀拖累，经济增速仅为0.5%左右；法国、意大利和西班牙经济增速分别为0.9%、0.9%、2.5%。

全球通货膨胀压力有所缓解，但仍居高位。2023年以来，由于各国央行快速收紧货币政策，产业链供应链逐步恢复正常，粮食和能源市场趋于稳定，全球整体通货膨胀压力有所缓解。根据国际货币基金组织统计，2023年全球通货膨胀率为6.9%。其中，发达经济体为4.7%，新兴市场和发展中经济体为8.3%。各国核心通货膨胀率仍然高于预期，核心通货膨胀下行速度慢于整体通货膨胀，且比预期的可能更加持久。

全球贸易增长乏力。2023年，全球货物贸易量同比增长1.7%，全球贸易额约为31万亿美元。全球外国直接投资约为1.37万亿美元，同比增长3%。发达国家中，欧盟外国直接投资为1410亿美元，但主要流入卢森堡和荷兰，流入欧盟其他国家的资金实际减少23%。北美地区资金流入增长停滞，其他发达国家则出现下滑趋势。与此同时，流入发展中国家的外国直接投资降至8410亿美元，同比减少9%。

全球债务风险高位累积。2023年，全球债务水平持续攀升，尤其是美国等主要发达国家债务规模屡创新高。全球公共债务达97万亿美元，较2022年增加5.6万亿美元。新增债务中约70%来自发达经济体，其中美国、日本、英国和法国增幅最大，美国负债已突破34万亿美元。在发达经济体的货币政策持续紧缩影响下，很多新兴市场国家出现资本外流和货币贬值，债务风险急剧上升。一些外债占比高、金融体系较为脆弱的新兴市场国家面临较高的债务违约风险，部分国家已经出现债务危机。

全球能源价格总体回落。2023年，布伦特油价下降17%。石油价格下降约20%，天然气和煤炭价格下降超过50%。

全球粮食价格持续走弱。谷物方面，小麦价格下跌20.71%，玉米价格下跌31%，糙米价格下跌4.73%。油料方面，芝加哥大豆期货跌幅达14.8%，豆粕期货下跌18.05%，豆油期货下跌24.8%。

人工智能等新技术为世界经济带来深刻复杂影响。2023年，以ChatGPT为代表的人工智能大模型取得重大突破，成为全球经济增长的重要驱动力。主要经济体不断加大对人工智能投入和支持力度，推进人工智能与实体经济融合发展，增强生产端与消费端协同，加快改造传统产业，带动新兴产业蓬勃发展。与此同时，国际社会对人工智能的担忧也与日俱增。人工智能存在固化社会歧视、侵犯个人隐私、引发大规模失业、发展中国家缺乏代表性和发言权、违反战争准则等问题。2023年10月，中国发布《全球人工智能治理倡议》，对促进各国在人工智能领域加强信息交流和技术合作，共同做好风险防范具有重要意义。

2. 乌克兰危机持续延宕外溢

乌克兰危机在2023年持续延宕，俄乌在战场上进入相持阶段。

2023年春，俄军发动新一轮攻势。5月，俄军在东线夺取顿涅茨克重镇巴赫穆特，在南线扎波罗热方向有所推进。俄军还对乌全境关键基础设施发动大规模打击，一度导致乌境内大量能源基础设施瘫痪。自6月起，乌军发动夏季反攻，主攻南线扎波罗热，辅攻东线巴赫穆特。7月，乌军袭击克里米亚大桥。反攻持续近半年，但未达到预期效果。到2023年底，乌军总体转入战略防御。俄军逐步加大战场攻势，于12月占领控制乌东重镇马林卡。双方在战场上继续相持，战场外加大对彼此境内远程袭打力度。

乌克兰危机延宕外溢给全球经济发展、产业链稳定等带来了冲击。黑海港口农产品外运协议失效、扎波罗热核电站遭袭、俄乌双方袭打波及平民，由此导致的核安全、粮食安全以及人道主义问题引发各方担忧。同时，危机升级风险依然高企。在乌克兰问题上，中方始终秉持客观公正立场，坚持劝和促谈。危机全面升级以来，国家主席习近平亲自同包括俄罗斯、乌克兰在内的各国领导人深入沟通，中方专门就此发布立场文件，多次派出特使穿梭斡旋，彰显负责任大国担当，为推动政治解决乌克兰危机贡献了中国智慧。

3. 巴以冲突大规模升级

2023年10月7日，巴勒斯坦加沙地带武装组织哈马斯对以色列发动大规模袭击。以色列随即展开猛烈报复，持续轰炸加沙地带，并对加沙开展大规模地面军事行动，当地人道主义局势不断恶化。截至2023年底，冲突已造成巴方2万余人死亡，6万余人受伤，190余万平民流离失所。以军控制加沙约60%的区域，基本摧毁加沙北部哈马斯军事体系。哈马斯坚持抵抗，最大程度拖延以军行动、杀伤以军人员。此外，冲突外溢影响持续扩散，黎（巴嫩）以、叙（利亚）以边境和红海局势明显升温。

国际社会高度关注本轮巴以冲突。10月21日，巴勒斯坦问题峰会在埃及举行，约30个国家的领导人和联合国等国际和地区组织负责人参会，讨论如何解决本轮冲突升级问题，推动停火止战。10月27日，联合国大会紧急特别会议以压倒性多数通过决议，谴责所有针对巴勒斯坦和以色列平民的暴力行为，呼吁立即实行持久和持续的人道主义休战。11月11日，阿拉伯—伊斯兰国家领导人联合特别峰会在沙特举行，阿拉伯国家联盟和伊斯兰合作组织成员国元首、政府首脑和高级别代表等参会，会后发表关于巴勒斯坦问题的声明，谴责以色列对加沙地带和约旦河西岸等地发动袭击，强调巴勒斯坦问题是阿拉伯、伊斯兰国家关注的核心问题。11月21日，金砖国家领导人召开巴以问题特别视频峰会，呼吁冲突各方立即停火止战，保障人道主义救援。12月12日，联合国大会再次以压倒性多数通过决议，要求巴以冲突双方立即停火。

本轮巴以冲突爆发以来，中方同有关各方特别是广大阿拉伯、伊斯兰国家开展密切沟通，积极参与联合国安理会磋商，全力劝和促谈，推动局势降温。11月，国家主席习近平出席金砖国家领导人巴以问题特别视频峰会。同月，中国在担任联合国安理会轮值主席国期间，推动安理会通过本轮冲突以来首份涉巴以问题决议，中共中央政治局委员、外交部长王毅主持安理会巴以问题高级别会议，并向安理会提交了《中国关于解决巴以冲突的立场文件》。中国政府中东问题特使翟隽多次赴地区国家斡旋。中方还向巴政府和联合国近东巴勒斯坦难民救济和工程处分别提供紧急现汇援助，通过埃及向加沙地带提供多批紧急人道主义物资援助，并将根据巴方需要继续提供。

国际社会特别是广大阿拉伯国家高度评价中方秉持的公正立场和发挥的负责任大国作用，普遍认为习近平主席倡导的构建人类命运共同体理念为解决巴以问题指明方向，认为中方提出的平息巴以冲突有关主张具有针对性，期待中方为推动政治解决巴勒斯坦问题、维护中东和平稳定发挥更大作用。

4. 中央外事工作会议成功召开

2023年12月27日至28日，中央外事工作会议在北京举行。中共中央总书记、国家主席、中央军委主席习近平出席会议并发表重要讲话。中共中央政治局常委李强、赵乐际、王沪宁、蔡奇、丁薛祥、李希，国家副主席韩正出席会议。

习近平在重要讲话中系统总结新时代中国特色大国外交的历史性成就和宝贵经验，深刻阐述新征程对外工作面临的国际环境和肩负的历史使命，对当前和今后一个时期的对外工作作了全面部署。李强在主持会议时强调，要以习近平外交思想为指导做好新征程上的对外工作，并就学习领会和贯彻落实习近平总书记重要讲话精神提出要求。

会议认为，党的十八大以来，在推进新时代中国特色社会主义事业的伟大征程中，对外工作取得历史性成就、发生历史性变革。一是创立和发展了习近平外交思想，开辟了中国外交理论和实践的新境界，为推进中国特色大国外交提供了根本遵循。二是彰显了中国外交鲜明的中国特色、中国风格、中国气派，树立了自信自立、胸怀天下、开放包容的大国形象。三是倡导构建人类命运共同体，指明了人类社会共同发展、长治久安、文明互鉴的正确方向。四是坚持元首外交战略引领，在国际事务中日益发挥重要和建设性作用。五是全面运筹同各方关系，推动构建和平共处、总体稳定、均衡发展的大国关系格局。六是拓展全方位战略布局，形成了范围广、质量高的全球伙伴关系网络。七是推动高质量共建"一带一路"，搭建了世界上范围最广、规模最大的国际合作平台。八是统筹发展和安全，以坚定意志和顽强斗争有效维护国家主权、安全、发展利益。九是积极参与全球治理，引领国际体系和秩序变革方向。十是加强党中央集中统一领导，巩固了对外工作大协同格局。

会议强调，新时代十年，中国在对外工作中经历了不少大风大浪，战胜了各种困难挑战，开创了中国特色大国外交新局面，中国外交的战略自主性和主动性显著增强。中国已成为更具国际影响力、创新引领力、道义感召力的负责任大国。

会议指出，在新时代外交工作实践中，中国积累了一系列宝贵经验。必须做到坚持原则，在关乎人类前途命运和世界发展方向的重大问题上，要旗帜鲜明、站稳立场，牢牢占据国际道义制高点，团结争取世界大多数。必须体现大国担当，坚持弘扬独立自主精神，坚持引领和平发展，坚持促进世界稳定和繁荣。必须树立系统观念，以正确的历史观、大局观把握大势、统筹兼顾、掌握主动。必须坚持守正创新，坚守中国外交的优良传统和根本方向，同时开拓进取，推动理论和实践创新。必须发扬斗争精神，坚决反对一切强权政治和霸凌行径，有力捍卫国家利益和民族尊严。必须发挥制度优势，在党中央集中统一领导下，各地区各部门协同配合，形成强大合力。

会议指出，世界大变局加速演进，世界之变、时代之变、历史之变正以前所未有的方式展开，世界进入新的动荡变革期，但人类发展进步的大方向不会改变，世界历史曲折前进的大逻辑不会改变，国际社会命运与共的大趋势不会改变，对此中国要有充分的历史自信。

会议认为，展望未来，中国发展面临新的战略机遇。新征程上，中国特色大国外交将进入一个可以更有作为的新阶段。要紧紧围绕党和国家中心任务，稳中求进、守正创新，坚定维护国家主权、安全、发展利益，开辟中国外交理论与实践新境界，塑造中国和世界关系新格局，把中国国际影响力、感召力、塑造力提升到新高度，为以中国式现代化全面推进强国建设、民族复兴伟业营造更有利国际环境、提供更坚实战略支撑。

会议指出，构建人类命运共同体是习近平外交思想的核心理念，是中国不断深化对人类社会发展规律认识，对建设一个什么样的世界、怎样建设这个世界给出的中国方案，体现了中国共产党人的世界观、秩序观、价值观，顺应了各国人民的普遍愿望，指明了世界文明进步的方向，是新时代中国特色大国外交追求的崇高目标。新时代以来，构建人类命运共同体从中国倡议扩大为国际共识，从美好愿景转化为丰富实践，从理念主张发展为科学体系，成为引领时代前进的光辉旗帜。概括地讲，构建人类命运共同体，是以建设持久和平、普遍安全、共同繁荣、开放包容、清洁美丽的世界为努力目标，以推动共商共建共享的全球治理为实现路径，以践行全人类共同价值为普遍遵循，以推动构建新型国际关系为基本支撑，以落实全球发展倡议、全球安全倡议、全球文明倡议为战略引领，以高质量共建"一带一路"为实践平台，推动各国携手应对挑战、实现共同繁荣，推动世界走向和平、安全、繁荣、进步的光明前景。

会议指出，针对当今世界面临的一系列重大问题重大挑战，中国倡导平等有序的世界多极化和普惠包容的经济全球化。平等有序的世界多极化，就是坚持大小国家一律平等，反对霸权主义和强权政治，切实推进国际关系民主化。要确保多极化进程总体稳定和具有建设性，就必须共同恪守《联合国宪章》宗旨和原则，共同坚持普遍认同的国际关系基本准则，践行真正的多边主义。普惠包容的经济全球化，就是顺应各国尤其是发展中国家的普遍要求，解决好资源全球配置造成的国家间和各国内部发展失衡问题。要坚决反对逆全球化、泛安全化，反对各种形式的单边主义、保护主义，坚定促进贸易和投资自由化便利化，破解阻碍世界经济健康发展的结构性难题，推动经济全球化朝着更加开放、包容、普惠、均衡的方向发展。

会议要求，当前和今后一个时期，对外工作要以习近平新时代中国特色社会主义思想特别是习近平外交思想为指导，对标中国式现代化目标任务，坚持自信自立、开放包容、公道正义、合作共赢的方针原则，围绕推动构建人类命运共同体这条主线，与时俱进加强战略部署，深化完善外交布局，突出问题导向，运用系统思维，更加立体、综合地明确外交战略任务，以更加积极主动的历史担当、更加富有活力的创造精神，开创中国特色大国外交新局面。

会议指出，外交守正创新是新征程上开创中国特色大国外交新局面的必然要求，是更好支撑中国式现代化的必然要求。要加强思想理论武装，深化体制机制改革，推动外交队伍建设，不断增强对外工作的科学性、预见性、主动性、创造性。

会议强调，必须毫不动摇坚持外交大权在党中央，自觉坚持党中央集中统一领导，进一步强化党领导对外工作的体制机制。各地区各部门要胸怀大局、协同配合，不折不扣贯彻落实党中央对外工作决策部署。

中共中央政治局委员、外交部长王毅作总结讲话。中央宣传部、中央对外联络部、商务部、中央军委联合参谋部、云南省负责同志及常驻联合国代表团代表作交流发言。

中共中央政治局委员、中央书记处书记，全国人大常委会有关领导同志，国务委员，最高人民法院院长，最高人民检察院检察长，全国政协有关领导同志出席会议。

中央外事工作委员会委员，各省、自治区、直辖市和计划单列市、新疆生产建设兵团，中央和国家机关有关部门、有关人民团体、中央军委机关有关部门，部分中管金融机构主要负责同志，驻外大使、大使衔总领事、驻国际组织代表等参加会议。

5. 构建人类命运共同体取得重要进展

构建人类命运共同体是习近平外交思想的核心理念，是习近平总书记从世界前途命运的高度，提出并回答了"人类向何处去"这一时代之问，对"建设一个什么样的世界、怎样建设这个世界"给出的中国方案，体现了中国共产党人的世界观、秩序观、价值观，顺应了各国人民的普遍愿望，指明了世界文明进步的方向，是新时代中国特色大国外交追求的崇高目标。

2023年是命运共同体建设大踏步前进的一年。土库曼斯坦、吉尔吉斯斯坦、塔吉克斯坦加入构建命运共同体的行列，实现中亚地区全覆盖。习近平总书记对越南进行历史性国事访问，双方达成的最重要政治成果就是将两国关系提升为具有战略意义的中越命运共同体，这一定位标志着命运共同体建设在中南半岛实现了全覆盖。中国同柬埔寨、老挝打造命运共同体新一轮五年行动计划，继泰国、印度尼西亚之后，又同马来西亚达成共建命运共同体共识，更为紧密的中国—东盟命运共同体建设蹄疾步稳，一路向前。习近平主席访问南非时，同拉马福萨总统宣布携手构建高水平中南命运共同体，中非关系进入共筑高水平命运共同体新阶段。中阿、中拉、中国—太平洋岛国等区域性命运共同体建设也展现出新气象。

2023年是习近平主席倡导构建人类命运共同体十周年。十年奋斗，十年有成。新时代以来，构建人类命运共同体从中国倡议扩大为国际共识，从美好愿景转化为丰富实践，从理念主张发展为科学体系，展现出越来越强大的影响力、生命力、感召力，成为引领时代前进的光辉旗帜。

十年来，构建人类命运共同体的理论内涵日臻完善。2023年底召开的中央外事工作会议，对构建人类命运共同体十年来的丰富实践进行系统阐述、全面概括，明确了构建人类命运共同体作为一个科学体系的"四梁八柱"，那就是：以建设持久和平、普遍安全、共同繁荣、开放包容、清洁美丽的世界为努力目标，以推动共商共建共享的全球治理为实现路径，以践行全人类共同价值为普遍遵循，以推动构建新型国际关系为基本支撑，以落实全球发展倡议、全球安全倡议、全球文明倡议为战略引领，以高质量共建"一带一路"为实践平台。在此基础上，中国提出倡导平等有序的世界多极化和普惠包容的经济全球化，推动各国携手应对挑战、实现共同繁荣，形成了新征程上中国外交战略的顶层设计。

十年来，构建人类命运共同体的外交实践硕果累累。从双边到多边，从区域到全球，中国同数十个国家和地区构建了不同形式的命运共同体，推动在卫生健康、人与自然、网络、海洋等领域开展了命运共同体建设，为人类社会共同发展、长治久安、文明互鉴明确了努力方向。在构建人类命运共同体框架下，共建"一带一路"搭建起世界范围最广、规模最大的国际合作平台，全球发展倡议、全球安全倡议、全球文明倡议落地生根，给世界带来了繁荣稳定的巨大红利，创造了扎扎实实的民生福祉。

十年来，构建人类命运共同体的国际共识日益扩大。构建人类命运共同体多次写入联大决议，以及上海合作组织、金砖国家等多边机制决议或宣言，获得国际社会特别是广大发展中国家的理解和支持。2023年9月，国务院新闻办公室发布《携手构建人类命运共同体：中国的倡议与行动》白皮书，中共中央政治局委员、外交部长王毅出席发布会，介绍白皮书情况并回答中外记者提问，中共中央对外联络部、国家发展和改革委员会、文化和旅游部及国家国际发展合作署有关领导出席。《人民日报》、新华社、中央广播电视总台等中国主流媒体连续数日进行系列报道。国际社会高度关注并积极评价，认为构建人类命运共同体理念意义重大、成果丰硕，体现了中国在解决攸关人类前途命运的全球性问题上的突出贡献和历史担当，形成了关注解读习近平外交思想和中国外交政策理念的新一波热潮。

当前，世界大变局加速演进，世界之变、时代之变、历史之变正以前所未有的方式展开，世界进入新的动荡变革期，但人类发展进步的大方向不会改变，世界历史曲折前进的大逻辑不会改变，国际社会命运与共的大趋势不会改变。

新征程上，中国特色大国外交将进入一个可以更有作为的新阶段。中国外交将以习近平新时代中国特色社会主义思想特别是习近平外交思想为指导，高高举起构建人类命运共同体这面旗帜，正确引领世界大变局的发展走向，把中国的发展和世界的发展进一步结合起来，把中国人民的利益和世界人民的利益进一步结合起来，推动世界走向和平、安全、繁荣、进步的光明前景。

第二章

2023年的中国外交

（一）概述

2023年，在以习近平同志为核心的党中央坚强领导下，中国外交守正创新，砥砺奋进，为强国建设、民族复兴营造有利环境，为维护世界和平、促进共同发展作出新的贡献。

1. 元首外交精彩纷呈，引领开创外交新局

习近平主席亲自擘画、亲力亲为，主持两大主场外交，出席三场多边峰会，开展四次重要出访，进行百余场会见、通话，以大党大国领袖的襟怀气度同各方共话友好合作、共商天下大计。从克里姆林宫长谈到广州松园会晤，从"长安复携手"到"同志加兄弟"，从"彩虹之国"的金砖时刻到"阳光之乡"的亚太蓝图，从"成都成就梦想"到"潮起钱塘江，澎湃亚细亚"，展现了新时代中国的万千气象，推动了中国与世界的双向奔赴，打开了中国对外关系的崭新局面。

元首外交既有极具战略性的高层对话，也有饱含人情味的心灵沟通。习近平主席亲切会见并宴请基辛格博士，特地将地点安排在他50多年前首次访华时下榻的钓鱼台国宾馆5号楼，展现了中国不忘老朋友的优良传统。习近平主席面向美国人民发表重要演讲，同越南青年开展亲切交流，向希腊学者、孟加拉国儿童、南非大学生、古巴科学家等友好人士发去饱含深情和鼓励的回信，浇灌友谊之树、播种友谊之花，书写了相知相亲的新篇章。

以元首外交为引领，人类命运共同体建设大踏步前进。中国同越南关系提升为具有战略意义的中越命运共同体，土库曼斯坦、吉尔吉斯斯坦、塔吉克斯坦加入构建命运共同体行列，实现构建人类命运共同体在中南半岛和中亚地区全覆盖。中国同柬埔寨、老挝打造命运共同体新一轮五年行动计划，继泰国、印度尼西亚之后，又同马来西亚达成共建命运共同体共识，更为紧密的中国—东盟命运共同体建设蹄疾步稳，一路向前。习近平主席访问南非时，同拉马福萨总统宣布携手构建高水平中南命运共同体，中非关系进入共筑高水平命运共同体新阶段。中阿、中拉、中国—太平洋岛国等区域性命运共同体建设也展现出新气象。构建人类命运共同体提出十年来，已从理念主张发展为科学体系，从中国倡议扩大为国际共识，从美好愿景转化为丰富实践，连续七年写入联大决议，不断拓展延伸到各个地区、各个领域，成为引领时代前进的光辉旗帜。

2. 促进大国良性互动，维护全球战略稳定

大国关系牵动世界格局，大国肩负特殊责任。中国坚定做加法、求正和，旗帜鲜明反对大国竞争对抗，致力于推进大国协调合作，推动构建和平共处、总体稳定、均衡发展的大国关系格局。

中美两国如何相处，事关人类前途和世界未来。中美关系年初遭遇严重困难，中方表明严正立场，要求美方改变对华错误认知，回归理性务实对华政策。经过艰苦努力，双方重构沟通与对话，双边关系实现止跌企稳。11月，习近平主席应邀同拜登总统在旧金山举行历史性会晤，双方就事关中美关系的战略性、全局性、方向性问题坦诚深入交换意见。习近平主席深刻指出，中美不打交道是不行的，想改变对方是不切实际的，冲突对抗的后果是谁都不能承受的，正确的做法是相互尊重、和平共处、合作共赢。拜登总统重申巴厘岛会晤五点承诺，强调美国乐见中国发展富裕，不寻求打压遏制中国发展，不寻求同中国"脱钩"，不支持"台独"。双方达成20多项成果共识，恢复和建立一系列对话沟通机制，开辟了面向未来的"旧金山愿景"。

中俄持续深化新时代全面战略协作伙伴关系，助力各自国家发展振兴，支持世界走向多极化，推动国际关系实现民主化。习近平主席2023年首次出访选择了俄罗斯，年内与普京总统两度会晤，以中俄元首的高度互信和战略引领，践行真正的多边主义，深化各领域务实合作，维护全球的战略稳定。中欧全面战略伙伴关系已走过20个年头。习近平主席同法国、德国等欧洲多国及欧盟机构领导人多次深入沟通，推动战略、经贸、绿色、数字领域高层对话取得丰硕成果，坚持中欧关系不针对、不依附，也不受制于第三方的战略共识。中澳关系重回正轨，两国全面战略伙伴关系重整行装再出发，呈现健康、稳定发展的良性循环。中日两国领导人确认全面推进战略互惠关系，愿意妥处存在的问题，构建契合新时代要求的建设性、稳定的中日关系。

3. 坚定深化开放合作，促进世界共同繁荣

世界经济复苏乏力，逆全球化、泛安全化倾向抬头，但经济全球化进程不可逆转，开放合作是唯一正确选择。中国持续扩大高水平对外开放，不断以中国新发展为世界提供新机遇。

推动共建"一带一路"迈入高质量发展新阶段。2023年是习近平主席提出共建"一带一路"十周年。十年来，共建"一带一路"从亚欧大陆延伸到非洲、拉美，从"硬联通"扩展到"软联通""心联通"，搭建起世界上范围最广、规模最大的国际合作平台，成为共建国家携手发展的合作之路、机遇之路、繁荣之路。10月，第三届"一带一路"国际合作高峰论坛在北京举行，这是2023年中国最重要的主场外交。习近平主席发表主旨演讲，从十年成就中总结成功经验，提出八项行动展现中国担当，宣布共建"一带一路"进入高质量发展新阶段，倡导各国携手实现世界现代化。来自151个国家、41个国际组织的上万名代表来华参会，各方共形成458项重要成果、达成972亿美元的合作协议。众人拾柴火焰高，共建"一带一路"必将为推动世界经济增长、促进全球共同发展提供源源不断的动力。

中国还积极搭建各种开放平台，恢复线下举行进博会、消博会、服贸会、广交会等各大展会，与各国共享中国发展机遇。中国全力优化对外资和知识产权保护，加快建设市场化、法治化、国际化营商环境。同时，持续拓展同各国基础设施、产业、经贸、科技创新等领域合作，为各国创造更多就业和收入。此外，中国不断便利中外人员往来，对多国实行单方面免签，简化来华签证手续，增加国际航班数量，为外国游客提供更多便利。中国正在用实实在在的行动，把对外开放的大门越开越大。

4. 积极践行亲诚惠容，共建友好共生家园

中国与周边国家山水相连，人文相通，利益相融，命运与共。在亲诚惠容周边外交理念提出十周年之际，习近平主席进一步倡导和平、合作、包容、融合的亚洲价值观，擘画和平安宁、繁荣美丽、友好共生的亚洲家园新愿景。

中国—中亚峰会成功举办，打造区域睦邻友好合作新平台。在国际形势发展的关键节点，习近平主席同中亚五国元首齐聚古都西安，在古丝绸之路起点发起首届中国—中亚峰会，具有重大历史和现实意义。习近平主席全面阐述中国对中亚外交政策，同五国元首共同决定构建更加紧密的中国—中亚命运共同体，正式建立中国—中亚元首会晤机制，设立中国—中亚机制常设秘书处。峰会各方签署了一系列多双边文件，擘画了各领域合作蓝图，就建立中国—中亚能源发展伙伴关系、支持跨里海国际运输走廊建设等重大合作达成共识。这一历史性峰会，为中国—中亚合作完成了平台建设和全面布局，开辟了新的上升通道，必将成为中国—中亚关系史上新的丰碑。双方合作基于平等尊重、开放包容、彼此支持，为地区乃至世界注入了正能量和稳定性。

中国东盟全面战略伙伴关系日益紧密、走在前列。习近平总书记对越南进行历史性国事访问，体现了中越"同志加兄弟"关系的新高度。中国同印度尼西亚取得雅万高铁建成通车等标志性成果，同新加坡关系定位提升为全方位高质量的前瞻性伙伴关系，澜沧江—湄公河合作脚踏实地、日新月异。中国首次发布《新时代中国的周边外交政策展望》，昭示同周边国家在风云变幻中守护地区安宁，在危机挑战中建设发展高地的信念与决心。

5. 坚定团结"全球南方"，提振联合自强信心

中国始终是"全球南方"的天然一员，始终是发展中国家大家庭的中坚力量，始终同其他发展中国家同呼吸、共命运，致力于维护共同利益、促进共同发展。

推动金砖机制实现历史性扩员，凝聚发展中国家团结合作的新力量。2022年中国担任金砖国家轮值主席国时，习近平主席提出，金砖国家要敞开大门谋发展、张开怀抱促合作，呼吁吸纳新成员、汇聚新力量。各方一致同意以金砖中国年为契机启动扩员进程。经过一年的筹备磋商，在约翰内斯堡峰会期间，五国领导人作出政治决断，金砖大家庭正式迎来新成员。此次扩员缔造了金砖机制发展的里程碑，开启了"全球南方"联合自强的新纪元。扩员后的"大金砖"

必将更有力推动全球治理体系朝着公正合理方向发展，必将更有力提升"全球南方"在国际事务中的代表性和发言权。

坚持立己达人，同广大发展中国家并肩推进现代化事业。习近平主席时隔五年再次踏上非洲热土，主持召开中非领导人对话会，宣布中方发起"支持非洲工业化倡议"，实施"中国助力非洲农业现代化计划"和"中非人才培养合作计划"，规划了中非合作新蓝图。不断提升中阿战略互信水平，加紧落实首届中阿、中海峰会成果。成功接待十余位拉美国家领导人访华，出席"77国集团和中国"哈瓦那峰会，中拉关系加速提质升级。亚非拉的复兴、发展中国家的群体性崛起、"全球南方"的新一轮觉醒，正在开启世界现代化的崭新篇章。

| 6. 推动完善全球治理，合力应对全球挑战 | 面对国际社会不断加剧的治理赤字、信任赤字，中国坚持践行真正的多边主义，坚定支持以联合国为核心的国际体系，遵守以《联合国宪章》宗旨和原则为基础的国际关系准则，秉持共商共建共享理念，积极提供国际公共产品，推动国际社会共谋发展、共筑安全、共兴文明。|

积极推动落实全球发展倡议，70多个国家加入"全球发展倡议之友小组"，200多个合作项目落地生根，40亿美元的全球发展和南南合作基金投入运作，全球发展促进中心网络建设全面铺开。针对气候变化影响加剧，中国发挥积极作用，推动联合国气候变化大会达成"阿联酋共识"，助力发展中国家提高能力建设。

全球安全倡议影响与日俱增，获得100多个国家及国际和地区组织支持，写入多份双多边文件，《全球安全倡议概念文件》明确20项国际安全重点合作领域，共同、综合、合作、可持续安全观日益深入人心，北京香山论坛、全球公共安全合作论坛（连云港）汇聚合作共识。习近平主席提出《全球人工智能治理倡议》，推动人工智能安全发展。

全球文明倡议从理念转为实践，中希文明互鉴中心在雅典大学落成，"读懂中国"国际会议、"良渚论坛"成功举办，中华文明与不同文明交流互鉴、美美与共，不断书写世界文明多彩新篇。

7. 积极斡旋热点问题，守护世界和平安宁

中国作为联合国安理会常任理事国，建设性参与解决国际热点。中国促成沙特和伊朗历史性和解，树立了政治解决热点问题新典范。习近平主席与沙特、伊朗领导人深度沟通，促成沙伊两国跨越恩怨、相向而行。在中方大力支持下，三方达成《北京协议》，沙伊宣布恢复外交关系，进而在中东地区掀起"和解潮"。叙利亚重返阿拉伯国家联盟大家庭，卡塔尔与巴林、阿联酋，叙利亚与突尼斯、沙特，伊朗与苏丹，土耳其与埃及等纷纷复交或实现关系正常化，中东的命运正在重回地区各国人民的手中。

乌克兰危机爆发以来，习近平主席先后提出"四个应该""四个共同"和"三点思考"，亲自同各国及联合国等多边机构领导人深入沟通，明确指出中国坚定劝和促谈，决不拱火牟利。中方发布《关于政治解决乌克兰危机的中国立场》文件，派出政府特使同相关各方广泛接触，在尊重各国主权、摒弃冷战思维上旗帜鲜明，在推动重启和谈、恢复和平上积极作为，不断为止战和谈积累条件。

巴以冲突牵动中东全局。习近平主席多次阐明中方立场，呼吁当务之急是停火止战，防止冲突扩大，切实保护平民，加强人道主义救援，强调根本出路是落实"两国方案"，推动巴勒斯坦问题早日得到全面、公正、持久解决。中方同阿拉伯、伊斯兰国家团结一致，召集安理会巴以问题高级别会议，派出特使劝和促谈，同时加大人道主义援助，向危难中的加沙人民伸出援手。作为安理会轮值主席国，中国成功推动安理会通过冲突爆发以来首份决议，发布《中国关于解决巴以冲突的立场文件》，得到国际社会高度赞赏。

中方支持阿富汗包容建政、温和施政、和平重建，斡旋缅北冲突走向和解，坚决维护边境和平稳定，持之以恒推动政治解决朝鲜半岛以及伊朗核问题，是维护世界和平安宁不可或缺的建设性力量。

8. 坚定捍卫国家利益，用心践行外交为民

中国坚定维护国家主权、民族尊严和领土完整，面对外部干涉挑衅开展坚决有力斗争，针对各种无理打压采取正当合理反制。国际社会的一个中国格局更加巩固，14亿中华儿女推进国家统一的决心坚如磐石。

中国外交是人民的外交，时刻牢记为人民服务的初心使命。随着新冠疫情防控转段，更多中国老百姓走出国门，走向世界，外交领事保护和服

务也紧紧跟上。《中华人民共和国领事保护与协助条例》启动实施,"中国领事"小程序上线,12308领事保护热线全年受理求助来电53万余通,处理各类领事保护与协助案件8万余起,为海外同胞提供全天候、零时差服务。从全球战乱之地撤离数千名中国公民,再次打通"万里归途"。中国外交主动对标党和国家中心工作,致力于为国内发展建设创造有利条件,为促进国际合作牵线搭桥,为增进人民福祉不懈努力。

2023年12月底,中央外事工作会议胜利召开。习近平总书记发表重要讲话,全面总结新时代中国特色大国外交的历史性成就和宝贵经验,深刻阐述新征程对外工作面临的国际环境和肩负的历史使命,对当前和今后一个时期的对外工作作出全面部署。这次会议明确了推动构建人类命运共同体这一外交工作主线,确立了中国特色大国外交要追求的崇高目标,形成了新征程上中国外交战略的顶层设计。中国外交将以习近平新时代中国特色社会主义思想特别是习近平外交思想为指导,以更加积极主动的历史担当、更加富有活力的创新精神,不断开创中国特色大国外交新局面,为以中国式现代化全面推进强国建设、民族复兴伟业营造更有利国际环境、提供更坚实战略支撑。

(二)中国与各地区国家关系

1. 中国与亚洲地区国家关系

2023年是亲诚惠容周边外交理念提出10周年。在这一理念引领下,中国坚持与邻为善、以邻为伴周边外交方针,深化同周边国家友好互信和利益融合,携手构建和平安宁、繁荣美丽、友好共生的亚洲家园和亚洲命运共同体。

元首外交和高层交往推动周边关系新发展。中共中央总书记、国家主席习近平对越南进行国事访问,推动中越关系定位实现历史性提升,开启两党两国关系发展新阶段。习近平主席同亚洲周边18国领导人在多个场合会见会谈。中国成功接待周边10余国领导人访华。蒙古国、越南、柬埔寨、印度尼西亚、老挝、泰国、巴基斯坦、斯里兰卡等8国国家元首或政府首脑出席第三届"一带一路"国际合作高峰论坛,印度尼西亚总统出席成都大运会,柬埔寨、尼泊尔、东帝汶、韩国、马来西亚等5国国家元首、政府首脑或国会议长出席杭州亚运会。国务院总理李强出席东亚合作领导人系列会议并访问印度尼西亚,赴印度出席二十国集团领导人新德里峰会。

周边命运共同体建设迈出新步伐。中国同马来西亚、越南达成构建双边命运共同体共识，实现同中南半岛双多边命运共同体建设全覆盖。中柬（埔寨）、中老（挝）签署构建命运共同体新一轮五年行动计划。中新（加坡）关系定位提升为全方位高质量的前瞻性伙伴关系，中东（帝汶）关系定位提升为全面战略伙伴关系。

高质量共建"一带一路"取得新进展。中老（挝）、中缅（甸）、中巴（基斯坦）经济走廊建设有序推进；中柬（埔寨）"钻石六边"合作架构不断充实，"工业发展走廊"和"鱼米走廊"加速建设。印度尼西亚雅万高铁正式开通运营，载客量破百万人次。中老（挝）铁路及中新（加坡）"陆海新通道"运量屡创新高。马来西亚东海岸铁路顺利推进。巴基斯坦瓜达尔港及配套基础设施项目取得阶段性进展。斯里兰卡科伦坡港口城、汉班托塔综合开发项目双引擎作用不断显现。中印尼、中马（来西亚）、中菲（律宾）"两国双园"，中泰（国）罗勇工业园成效显著。

区域合作迈上新高度。李强总理出席东亚合作领导人系列会议，提出39项合作倡议，达成8份成果文件。中国与东盟就"一带一路"倡议同东盟印太展望互利合作发表联合声明，就2024年底前结束中国—东盟自贸区3.0版谈判达成共识。中国成功举办中国—东盟农业发展和粮食安全合作年、东盟与中日韩（10+3）中小企业数字供应链论坛和东亚论坛，推动中国—东盟清洁能源合作中心建设取得实质性进展。中国成功举办澜沧江—湄公河合作第四次领导人会议和第八次外长会，以及中日韩合作国际论坛。《区域全面经济伙伴关系协定》全面生效。中国积极拓展同地区国家电动汽车、数字经济、光伏和人工智能等新兴产业合作。

热点问题中国特色解决之道发挥新作用。中国全力开展缅北应急处突和止战促谈工作，成功促推缅甸军方同果敢、德昂、若开等三个缅北民地武组织达成停火协议，大力斡旋若开邦避乱民众遣返问题。中国外交部发布《关于阿富汗问题的中国立场》文件，为推动阿富汗问题政治解决贡献中国智慧和中国方案。中国按照"双轨并进"思路和分阶段、同步走原则，致力于推动朝鲜半岛地区的和平稳定和长治久安。

2. 中国与西亚北非地区国家关系

2023年，中国同西亚北非地区国家关系健康稳定发展。双方政治互信不断增强，务实合作成果丰硕，人文交流欣欣向荣。

中国同地区国家保持高层交往，深化战略互信。国家主席习近平接待来华进行国事访问的伊朗总统莱希、巴勒斯坦总统阿巴斯、阿尔及利亚总统特本；会见来华出席成都大运会开幕式并访华的毛里塔尼亚总统加兹瓦尼，出席杭州亚运会开幕式的叙利亚总统巴沙尔、科威特王储米沙勒，出席第三届"一带一路"国际合作高峰论坛的埃及总理马德布利；在出席金砖国家领导人第十五次会晤期间同伊朗总统莱希会见；同沙特王储兼首相穆罕默德通电话，同地区国家领导人多次互致函电。国务院总理李强会见伊朗第一副总统穆赫贝尔。全国人大常委会委员长赵乐际访问摩洛哥，同来华访问的阿联酋联邦国民议会议长萨格尔、阿拉伯议会议长欧舒米举行会谈。国务院副总理丁薛祥赴阿联酋出席联合国气候变化迪拜大会世界气候行动峰会。中共中央政治局常委、中央纪委书记李希访问埃及。中共中央政治局委员、外交部长王毅访问土耳其，年内同10余国外长等高官以及阿盟秘书长会晤、通话。国务院副总理张国清会见来华出席第六届中国国际进口博览会的伊朗第一副总统穆赫贝尔。

中国同地区国家在涉及彼此核心利益和重大关切问题上坚定相互支持。中方支持地区人民独立自主探索发展道路，支持地区国家团结协作解决地区安全问题，通过对话协商化解矛盾分歧。地区国家在涉疆、涉港、台湾、人权等问题上有力支持中方。中国同阿拉伯国家举办中阿合作论坛第十八次高官会和第七次高官级战略政治对话，凝聚中阿双方维护《联合国宪章》宗旨和原则、携手构建中阿命运共同体、提升中阿集体合作水平的共识。

中国同地区国家加强发展战略对接，扩大务实合作。各方加紧落实首届中阿、中海峰会成果，推动各项合作举措取得积极进展。中方同地区国家高质量共建"一带一路"，实现阿拉伯国家同中方签署共建"一带一路"合作文件全覆盖。地区12国加入"全球发展倡议之友小组"。中国同地区国家贸易额达4754.23亿美元，从地区进口原油2.65亿吨。埃及新行政首都中央商务区项目、中沙福建古雷乙烯项目、中阿（联酋）产能合作示范园等重点项目有序推进。中方同地区国家在能源、金融、通信技术、航空航天、人工智能等领域稳步开展相关合作，举办中阿合作论坛第十届企业家大会暨第八届投资研讨会、第七届中阿能源合作大会、第四届中阿北斗合作论坛、第五届中阿技术转移与创新合作大会。

中国建设性参与解决地区热点问题，发挥负责任大国作用。中国成功斡旋沙特和伊朗复交，促进地区对话和解潮。习近平主席连续11年向联合国"声援巴勒斯坦人民国际日"纪念大会致贺电，出席金砖国家领导人巴以问题特别视频峰会，阐明中方在巴勒斯坦问题上的原则立场。王毅主持联合国安理会巴以问题高级别会议，在北京同阿拉伯、伊斯兰国家外长联合代表团举行会谈。中国政府通过多种渠道向巴勒斯坦提供紧急人道主义援助。中国政府中东问题特使翟隽等访问地区多国。中方坚持中国特色热点问题解决之道，建设性参与叙利亚、伊朗核、利比亚、也门、苏丹、南苏丹等问题，为地区和解、和平、和谐作出中国贡献。

中国同地区国家积极开展治国理政经验交流，深化文明互鉴，促进民心相通。在中阿合作论坛框架下，双方成功举办第十届中阿关系暨中阿文明对话研讨会、第四届中阿改革发展论坛、第六届中国—阿拉伯广播电视合作论坛、第五届中国与阿拉伯国家图书馆及信息领域专家会议、首届中阿青年发展论坛。中方举办阿拉伯国家官员、阿拉伯国家驻华外交官研修班；组织地区国家驻华使节参访海南，组织世界知名伊斯兰宗教人士和学者代表团、阿拉伯国家联盟代表团、伊斯兰合作组织代表团及西亚北非国家宗教、媒体、网络大V代表团等参访新疆。

土耳其、叙利亚、摩洛哥等国发生强烈地震，利比亚遭受严重飓风灾害，中方第一时间提供紧急人道主义援助，帮助地区国家人民战胜灾害，重建家园。

3. 中国与撒哈拉以南非洲地区国家关系

2023年，中国同撒哈拉以南非洲地区国家不断巩固政治互信，深化务实合作，密切国际事务中协调配合，推动中非全面战略合作伙伴关系深入发展。

高层交往频繁。国家主席习近平接待来华进行国事访问的刚果（金）、厄立特里亚、贝宁、赞比亚等国领导人；在第三届"一带一路"国际合作高峰论坛期间同肯尼亚、刚果（布）、埃塞俄比亚、莫桑比克、尼日利亚等国领导人举行会谈；赴南非进行国事访问，其间与南非总统拉马福萨共同主持召开中非领导人对话会，与非方一道擘画中非合作新蓝图。全国人大常委会委员长赵乐际、副委员长彭清华、副委员长洛桑江村，全国政协副主席穆虹、副主席周强等党和国家领导人访非。王毅先后访问埃塞俄比亚、肯尼亚、南非，在北京接待安哥拉、乌干达等多国外长。

务实合作坚韧有力。中非双方以"九项工程"为重点，加快推进中非合作论坛第八届部长会成果落实，成功举办论坛第十六届高官会。中国连续15年成为非洲第一大贸易伙伴国，中国与非洲贸易额达到2821亿美元的历史峰值。援非洲疾控中心总部一期项目竣工移交。中非经贸深度合作先行区加快建设，肯尼亚鲜食鳄梨等12国18项农产品通过"绿色通道"完成输华准入，在莫桑比克等国建设5个国际技术转移离岸中心。中非绿色低碳合作持续推进，塞舌尔低碳示范区建设等一批绿色环保和清洁能源合作项目有序实施。中非成功举办中非青年大联欢、中非未来领袖对话、中非智库论坛、首届中非文明对话大会，"我的梦想上太空——中国航天员与非洲青少年连线"等活动。中方积极落实二十国集团暂缓最贫困国家债务偿付倡议，向非洲国家提供粮食援助，获得非方高度评价。

国际协作更加密切。中非双方携手推进习近平主席提出的高质量共建"一带一路"、全球发展倡议、全球安全倡议、全球文明倡议，在涉及彼此核心利益和重大关切问题上坚定站在一起，共同捍卫发展中国家利益和国际公平正义。中方率先支持非洲联盟加入二十国集团，推动金砖机制实现历史性扩员，坚定支持非洲国家联合自强和自主解决非洲问题的努力，坚定支持非洲反单边制裁、反干涉内政等正义诉求。

4. 中国与欧亚地区国家关系

2023年，中国同欧亚地区国家关系稳步发展，各领域合作成果丰硕。

中国同地区各国高层交往良好势头进一步加强。国家主席习近平同俄罗斯总统普京两次线下会晤，为中俄关系发展掌舵领航。习近平主席以视频方式出席欧亚经济联盟第二届欧亚经济论坛全会开幕式并致辞。习近平主席与普京总统还分别向第五届中俄能源商务论坛、中俄执政党对话机制第十次会议致贺信。两国总理保持密切交往。俄罗斯总理米舒斯京对中国进行首次正式访问。国务院总理李强在比什凯克出席上海合作组织成员国政府首脑（总理）理事会第二十二次会议期间会见米舒斯京总理，在北京同米舒斯京总理共同主持中俄总理第二十八次定期会晤。全国人大常委会委员长赵乐际先后在北京同俄罗斯联邦委员会主席马特维延科、俄罗斯国家杜马主席沃洛金举行会谈。中俄能源、人文、地方等领域高层交往保持良好势头，双边机制性会议顺利召开。两国外交部长全年五次会晤、两次通话，深入落实两国元首各项共识，就双边关系、各领域合作及共同关心的国际和地区问题及时对表。

习近平主席同哈萨克斯坦、乌兹别克斯坦、土库曼斯坦、塔吉克斯坦、吉尔吉斯斯坦、白俄罗斯、阿塞拜疆、格鲁吉亚等地区国家领导人举行双边会见，同乌克兰总统泽连斯基通电话，在陕西省西安市主持首届中国—中亚峰会，以视频方式出席上海合作组织成员国元首理事会第二十三次会议。李强总理在比什凯克出席上海合作组织成员国政府首脑（总理）理事会第二十二次会议并对吉尔吉斯斯坦进行访问。

中国同欧亚地区国家务实合作持续深化。2023年，中俄双边贸易额达2401亿美元，同比增长26.3%，提前一年超额完成两国元首提出的2000亿美元贸易目标。中国连续14年稳居俄罗斯第一大贸易伙伴国地位，2023年俄罗斯成为中国第八大贸易伙伴。两国地方合作日益密切，人文交流热度不减。中国与中亚五国贸易额达894亿美元，中国—中亚天然气管道、中哈原油管道稳定运营，过境中亚的中欧班列开行量和货运量均保持增长势头。中国同地区国家共建"一带一路"合作扎实推进，中方企业承建项目进展顺利。

5. 中国与欧洲地区国家关系

2023年，中欧全面重启各层级面对面交流，全面激活各领域对话合作，中欧关系呈现稳中向上的良好势头。

高层交往频密。国家主席习近平接待法国总统马克龙来华进行国事访问，同德国总理朔尔茨、捷克总统泽曼举行视频会晤，同法国总统马克龙、欧盟委员会主席冯德莱恩举行中法欧三方会晤，在北京会见塞尔维亚总统武契奇、塞尔维亚总理布尔纳比奇、匈牙利总理维克多、西班牙首相桑切斯、希腊总理米佐塔基斯、欧洲理事会主席米歇尔和欧盟委员会主席冯德莱恩，同法国总统马克龙通电话。

国务院总理李强对法国、德国进行正式访问并同朔尔茨总理共同主持第七轮中德政府磋商，在北京同欧洲理事会主席米歇尔、欧盟委员会主席冯德莱恩共同主持第二十四次中国—欧盟领导人会晤，在新德里出席二十国集团领导人第十八次峰会期间会见英国首相苏纳克、意大利总理梅洛尼、欧洲理事会主席米歇尔、欧盟委员会主席冯德莱恩，会见来华访问或出席会议的法国、西班牙、希腊、塞尔维亚、匈牙利等欧洲国家领导人，同荷兰首相吕特通电话。国家副主席韩正、国务院副总理孙春兰、国务院副总理刘鹤分别赴英国、荷兰、葡萄牙、希腊、瑞士访问或出席活动。

中共中央政治局委员、中央外事工作委员会办公室主任、外交部长王毅访问法国、意大利、匈牙利、马耳他，在出席慕尼黑安全会议、东亚合作系列外长会、二十国集团外长会以及赴纽约主持安理会会议期间会见英国、德国、爱尔兰、荷兰、比利时、奥地利、斯洛文尼亚等欧洲国家领导人、外长。此外，王毅多次同欧洲国家外长会见、通话。

各层级对话磋商稳步推进。第二十四次中国—欧盟领导人会晤、中欧气候与环境高层对话、中欧数字领域高层对话、中欧经贸高层对话、中欧高级别战略对话、中法战略对话、中法高级别经济财金对话、中法人文交流机制第六次会议、中德高级别财金对话、中意政府间委员会第十一次联席会议等机制性交往成功举行。

务实合作成果丰硕。2023年，中国与欧盟贸易额达7829.9亿美元，双方互为第二大贸易伙伴。中国对欧盟新增投资82.1亿美元，同比增长17.4%。欧盟新增对华投资105.8亿美元，同比增长5.5%。法国空中客车天津A320新总装线项目正式开工。匈塞铁路匈牙利段项目建设稳步推进。东航开通宁波至布达佩斯直航班次。中国企业承建的欧洲E763号高速公路新贝尔格莱德—苏尔钦段、贝尔格莱德绕城公路斯特拉热维察隧道—布巴尼波托克段通车。

人文交流丰富多彩。中国对法国、德国、意大利、荷兰、西班牙持普通护照人员试行单方面免签政策。"欢乐春节"活动在欧洲多国举行。比利时布鲁塞尔中国文化中心举办"听瓷语 观世界——宋韵龙泉青瓷展"。中意世界文化遗产地结好论坛在杭州举办。第十七届"中法文化之春"在中国20多座城市展开。爱尔兰踢踏舞《舞之魂》《大河之舞》，奥地利维也纳交响乐团来华巡演。

6. 中国与北美大洋洲地区国家关系

2023年，中国与美国关系遭遇困难、历经曲折。中方始终坚持相互尊重、和平共处、合作共赢原则，致力于增进互信、管控分歧、深化合作，推动中美关系逐步实现止跌企稳。

11月，国家主席习近平同美国总统拜登在旧金山举行会晤，就事关中美关系战略性、全局性、方向性问题深入交换意见，在政治外交、经贸金融、人文交流、全球治理、军事安全等领域达成20多项共识和成果，形成了面向未来的"旧金山愿景"。在元首外交引领下，双方在外交、两军、经贸、财金、禁毒、执法、科技、农业、卫生、气候变化等领域开展了一系列对话沟通，并推动了一些务实合作。在乌克兰危机、巴以冲突等国际和地区问题上保持沟通。

同时，美国继续将中国视为最主要竞争对手、最重大的地缘政治挑战，继续全方位对华遏制打压，在台湾、经贸、科技、南海、涉疆、涉藏、人权等问题上不断干涉中国内政、损害中国利益，打造各种反华遏华排华"小圈子"。中方表明严正立场，进行坚决斗争，坚定维护自身主权、安全、发展利益。

2023年，中国和加拿大关系因加方的一系列消极涉华言行仍未走出低谷。同时，双方在环境、气候变化、教育人文等领域保持一定交往合作。

2023年，中国与澳大利亚关系进一步改善，各领域交往与合作逐步恢复。中国继续保持澳大利亚第一大贸易伙伴、第一大进口来源地和第一大出口市场地位。同时，针对澳方一系列涉华错误言行，中方进行了严正交涉和坚决斗争。

2023年，中国与新西兰关系保持稳定发展势头。两国保持各层级交往。中国继续保持新西兰第一大贸易伙伴、第一大出口市场和第一大进口来源地地位。中新在人文、司法执法、多边等领域务实合作不断深化。

2023年，中国同太平洋岛国关系发展良好。双方高层和各级别交往频繁。7月，所罗门群岛总理梅纳西·索加瓦雷对中国进行正式访问。10月，巴布亚新几内亚总理詹姆斯·马拉佩出席第三届"一带一路"国际合作高峰论坛，并对中国进行正式访问。11月，习近平主席在旧金山出席亚太经合组织第三十次领导人非正式会议期间会见斐济总理西蒂维尼·兰布卡。全国人大常委会委员长赵乐际分别同基里巴斯议长坦加丽基·里特、萨摩亚议长帕帕利·里奥·泰乌·马西帕乌会见。

双方在经贸、防灾减灾、警务执法、教育、卫生、文化等各领域交流合作成果丰硕。为帮助瓦努阿图应对飓风灾害，中方提供紧急人道主义物资援助。所罗门群岛2023年太平洋运动会体育场馆、瓦努阿图塔纳岛和马勒库拉岛公路二期等中方援建项目竣工移交。中国—太平洋岛国防灾减灾合作中心、菌草技术示范中心和农业合作示范中心先后启用。首届中国—太平洋岛国教育部长会、第二次中国—太平洋岛国执法能力与警务合作部级对话及中国—太平洋岛国农渔业部长会等重要多边会议成功召开。海军"和平方舟"号医院船、"戚继光"号训练舰、"长白山"号综合登陆舰访问多个岛国。广东、山东、福建、江苏、浙江等省市同太平洋岛国地方交往合作不断深入，太平洋岛国驻华使节、高级官员、留学生等赴广东、浙江、西藏等地考察交流。

7. 中国与拉丁美洲和加勒比地区国家关系

2023年，中拉关系继续保持良好发展势头，政治互信不断提升，务实合作稳步推进，新时代平等、互利、创新、开放、惠民的中拉关系持续推进，中方同拉方携手推动构建人类命运共同体。

政治互信不断提升。国家主席习近平应邀向拉美和加勒比国家共同体第七届峰会作视频致辞，分别同到访的巴西、洪都拉斯、圭亚那、委内瑞拉、哥伦比亚、智利、阿根廷、乌拉圭总统以及古巴、巴巴多斯总理举行会谈会见，同尼加拉瓜总统通电话，在出席亚太经合组织第三十次领导人非正式会议期间分别会见墨西哥、秘鲁总统。中洪（都拉斯）正式建交，中委（内瑞拉）提升至全天候战略伙伴关系，中乌（拉圭）提升至全面战略伙伴关系，中尼（加拉瓜）、中哥（伦比亚）提升至战略伙伴关系。中美洲议会取消台湾地区"立法院"所谓"常驻观察员"地位并接纳中国全国人大为常驻观察员。

全国人大常委会委员长赵乐际分别同乌拉圭、阿根廷、巴西、洪都拉斯等国议会领导人以及中美洲议会议长举行线上线下会晤。国务院副总理丁薛祥在出席《联合国气候变化框架公约》第二十八次缔约方大会（COP28）

期间会见古巴国家主席。中共中央政治局常委、中央纪委书记李希作为习近平主席特别代表出席"77国集团和中国"哈瓦那峰会并访问古巴、巴西。中共中央政治局委员、全国政协副主席石泰峰访问古巴、哥斯达黎加。习近平主席特别代表、国家副主席王岐山赴巴西出席卢拉总统就职仪式。习近平主席特使、全国人大常委会副委员长武维华赴阿根廷出席阿新任总统米莱就职仪式。全国人大常委会副委员长肖捷访问巴哈马、墨西哥。阿根廷和智利总统来华出席第三届"一带一路"国际合作高峰论坛，圭亚那总统出席成都第31届世界大学生夏季运动会开幕式，古巴总理出席第六届中国国际进口博览会，玻利维亚总统在2023年全球贸易促进峰会开幕式发表视频致辞，巴巴多斯总理出席2023年夏季达沃斯论坛。巴西总统首席特别顾问以及多米尼克、巴西、洪都拉斯、墨西哥、安提瓜和巴布达、格林纳达、苏里南、乌拉圭等国外长分别访华。

务实合作稳步推进。洪都拉斯同中方签署共建"一带一路"谅解备忘录，中阿（根廷）、中智（利）、中乌（拉圭）签署"一带一路"建设合作规划，地区加入"一带一路"朋友圈的国家增至22个。中国同厄瓜多尔、尼加拉瓜签署双边自由贸易协定。中阿（根廷）续签本币互换协议，人民币已被纳入阿银行系统允许开户及存取的币种。双方基础设施建设、矿产、农业、电信等领域合作项目稳步推进。中国海关总署数据显示，2023年中拉双边贸易额为4890.47亿美元，其中中方出口额为2450.66亿美元，进口额为2439.81亿美元，同比分别增长1.1%、–2.4%、4.9%。

整体合作蓬勃发展。中国共产党与世界政党高层对话会以视频方式举行，习近平主席在北京出席并发表题为《携手同行现代化之路》的主旨讲话。尼加拉瓜、委内瑞拉、古巴等国领导人，玻利维亚等国执政党主席以视频方式出席并高度评价全球文明倡议。2023中拉青年发展论坛、第九届中拉基础设施合作论坛、2023中国—拉美和加勒比国家数字技术合作论坛、第十六届中国—拉美企业家高峰会、第三届中拉减贫与发展论坛、首届中拉民营经济合作论坛、2023年中拉论坛青年外交官研修班、中国—拉美和加勒比国家技术转移中心揭牌启动仪式等成功举行。

国际事务沟通协调顺畅。中拉在涉及各自核心利益和重大关切问题上继续相互理解、相互支持，在推动全球治理体系变革、应对气候变化等多边议程上加深共识密切配合。中国积极支持拉美和加勒比国家维护主权和领土完整，探索符合本国国情的发展道路。拉美和加勒比建交国普遍尊重、支持中国在台湾、涉疆、涉藏、人权等问题上的立场。地区多国呼应、支持、参加全球发展倡议、全球安全倡议、全球文明倡议等中方重大倡议和主张。

人文交流亮点纷呈。中方同有关国家热烈庆祝中安（提瓜和巴布达）建交40周年、中乌（拉圭）建交35周年、中多（米尼加）建交5周年。中国在巴西巴伊亚联邦大学开设孔子学院。新华社、中央广播电视总台在洪都拉斯设站并同洪相关部门签署媒体合作协议，古巴拉美通讯社同中国多家媒体签署合作备忘录。湖南省同巴巴多斯首都布里奇顿签署建立友好省市关系协议；广州市与牙买加首都金斯敦线上签署加强交流合作备忘录；南京市同尼加拉瓜马萨亚市线上签署建立友好城市关系意向书；南通市同洪都拉斯科尔特斯港市签署友好交流城市合作备忘录；中国（重庆）与墨西哥达成建立拉美地区首个鲁班工坊的意向。2023拉美和加勒比地区日暨江苏（南通）—拉美和加勒比国家合作交流会、2023"未来之桥"中拉青年领导人培训交流营、2023东莞—拉美经贸文化合作交流节、2023"拉美艺术季"之"拉美和加勒比音乐节"等活动成功举办。巴西累西腓市将春节设立为官方节日。

（三）专题评述

1. 习近平主席对俄罗斯进行国事访问

2023年3月20日至22日，国家主席习近平对俄罗斯进行国事访问。

3月20日，在赴莫斯科对俄罗斯进行国事访问之际，习近平主席在《俄罗斯报》和俄新社网站发表题为《踔厉前行，开启中俄友好合作、共同发展新篇章》的署名文章。

习近平主席在文章中指出，10年前，他当选中国国家主席后，俄罗斯是他访问的首个国家。10年来，他8次到访俄罗斯，每次都乘兴而来，满载而归，同普京总统一道开启了中俄关系新篇章。中俄两国互为最大邻国和全面战略协作伙伴，同为世界主要大国和联合国安理会常任理事国。两国都奉行独立自主的外交政策，都将中俄关系置于本国外交优先方向。中俄关系发展有着清晰的历史逻辑和强大的内生动力。10年来，双方各领域合作得到长足发展，阔步迈入新时代。他即将对俄罗斯的访问，是一次友谊之旅、合作之旅、和平之旅。他期待同普京总统一道，共同擘画未来一个时期中俄全面战略协作伙伴关系发展新愿景、新蓝图、新举措。

3月20日至22日访问期间，习近平主席同普京总统举行正式国事活动，包括欢迎仪式，小范围、大范围会谈，签字仪式，共见记者，欢迎宴会等。

习近平主席表示，中俄互为彼此最大邻国，同俄罗斯巩固和发展长期睦邻友好关系，符合历史逻辑，是中方的战略抉择，不会因一时一事而改变。自他10年前首次对俄进行国事访问起，中俄双方相互尊重、相互信任、互利互惠，两国关系历久弥坚，呈现更加全面、更加务实、更具战略性的特点。此访期间，中方车队途经之处，很多俄罗斯民众自发挥手致意，让他深切感到中俄关系具有深厚民意基础。不管国际风云如何变幻，中方都将继续致力于推进中俄新时代全面战略协作伙伴关系。他此次对俄罗斯的国事访问是友谊之旅、合作之旅、和平之旅。中方愿同俄方一道，继往开来，丰富中俄新时代全面战略协作伙伴关系内涵，为两国人民创造更多福祉，为促进人类进步事业作出更大贡献。

习近平主席指出，在双方共同努力下，两国政治互信、利益交融、民心相通不断深化，经贸、投资、能源、人文、地方等领域合作持续推进，合作领域不断扩大，共识进一步加强。2023年是中国全面贯彻落实党的二十大精神的开局之年，中国将加快构建新发展格局，着力推动高质量发展，全面推进中国式现代化。中俄合作潜力和空间很大，具有战略性、可靠性、稳定性。双方要加强统筹协调，扩大能源、资源、机电产品等传统贸易，持续增强产业链供应链韧性，拓展信息技术、数字经济、农业、服务贸易等领域合作。要加大创新领域合作，畅通跨境物流运输。要夯实人文交流基础，推动友好省州、友城扩大交流，继续办好中俄体育交流年，为促进两国人员往来创造便利条件。

习近平主席表示，当前，百年变局加速演进，国际力量对比深刻演变。作为联合国安理会常任理事国和世界主要大国，中俄责无旁贷，应该共同努力，引导和推动全球治理朝着符合国际社会期待的方向前进，推动构建人类命运共同体。双方要在涉及彼此核心利益问题上相互支持，共同抵制外部势力干涉内政。要加强在国际事务特别是联合国、上海合作组织、金砖国家合作机制等多边框架内的沟通协调，践行真正的多边主义，反对霸权主义和强权政治，促进全球疫后经济复苏，推动多极化趋势发展，推动全球治理体系变革完善。

普京总统表示，俄方对习近平主席全票再次当选中国国家主席、中国新一届政府组成表示热烈祝贺。当前，俄中关系发展非常好，两国各领域合作取得长足进展，政府、立法机构以及各层级、各领域交流合作十分活跃，在新冠疫情等复杂外部环境下，俄中双边贸易实现逆势增长。希望双方充分发挥两国既有交流渠道作用，推动两国经贸、投资、能源、航天、跨境交通物流等领域务实合作取得新进展，体育、旅游、地方等人文交流达到新水平。俄方坚定支持中方在台湾、涉港、涉疆等问题上维护自身正当利益。祝贺中方成功推动沙特和伊朗北京对话取得历史性成果，这充分彰显了中国作为全球大国的重要地位和积极影响。俄方赞赏中方始终在国际事务中秉持客观公正立场，支持中方提出的全球发展倡议、全球安全倡议、全球文明倡议，愿同中方进一步密切国际协作。

会谈后，两国元首共同签署了《中华人民共和国和俄罗斯联邦关于深化新时代全面战略协作伙伴关系的联合声明》和《中华人民共和国主席和俄罗斯联邦总统关于2030年前中俄经济合作重点方向发展规划的联合声明》，对下阶段两国关系发展和各领域合作作出规划和部署。访问期间，双方还签署了农业、林业、基础科研、市场监管、媒体等领域多项双边合作文件。

此访系习近平主席再次当选中国国家主席后首次出访和对俄罗斯进行国事访问，是一次具有历史意义的友谊之旅、合作之旅、和平之旅，续写了中俄元首外交的又一段佳话。两国元首就中俄关系及共同关心的重大国际和地区问题进行了真挚友好、富有成果的会谈，达成许多新的重要共识。双方一致认为，两国关系远远超出双边范畴，对世界格局和人类前途命运至关重要。双方本着睦邻友好、合作共赢原则推进各领域交往合作。在新的历史条件下，双方将以宽广视野、长远眼光看待和把握中俄关系，为人类进步事业作出更大贡献。

2. 习近平主席主持首届中国—中亚峰会

2023年5月19日，习近平主席在陕西省西安市主持首届中国—中亚峰会。哈萨克斯坦总统托卡耶夫、吉尔吉斯斯坦总统扎帕罗夫、塔吉克斯坦总统拉赫蒙、土库曼斯坦总统别尔德穆哈梅多夫、乌兹别克斯坦总统米尔济约耶夫出席。

习近平主席发表题为《携手建设守望相助、共同发展、普遍安全、世代友好的中国—中亚命运共同体》的主旨讲话，就如何建设中国—中亚命运共同体提出"四个坚持"，即坚持守望相助，坚持共同发展，坚持普遍安全，坚持世代友好，就中国同中亚国家合作提出"八点建议"，即加强机制建设，拓展经贸关系，深化互联互通，扩大能源合作，推进绿色创新，提升发展能力，加强文明对话，维护地区和平。习近平主席强调，这次峰会为中国同中亚合作搭建了新平台，开辟了新前景。中方愿以举办这次峰会为契机，同各方密切配合，将中国—中亚合作规划好、建设好、发展好。

中亚五国元首积极评价中亚国家同中国全方位合作取得的丰硕成果，并表示，进一步深化中亚五国同中国的关系符合各国人民共同愿望，符合各国根本和长远利益。各方愿充分发挥元首外交战略引领作用，做大做强中国—中亚峰会机制，加强顶层设计和统筹规划，深化中亚国家同中国全方位务实合作，携手构建更加紧密的中国—中亚命运共同体。

习近平主席同中亚五国元首签署了《中国—中亚峰会西安宣言》，并通过《中国—中亚峰会成果清单》。各方商定由哈萨克斯坦于2025年举办第二届中国—中亚峰会，同意在中国设立中国—中亚机制常设秘书处。习近平主席还同中亚五国元首共同会见了记者。

峰会结束后，习近平主席和中亚五国元首共同种下六棵石榴树，既见证中国同中亚千年友好交往，也象征中国同中亚紧密团结合作，更寄托对中国—中亚关系美好未来的期待。

3. 习近平主席出席上海合作组织成员国元首理事会第二十三次会议

2023年7月4日，国家主席习近平在北京以视频方式出席上海合作组织成员国元首理事会第二十三次会议。上海合作组织成员国、观察员国领导人，主席国客人土库曼斯坦总统，以及联合国秘书长等国际和地区组织负责人出席。

与会领导人积极评价上海合作组织发展取得的显著成就，欢迎伊朗正式成为成员国，期待白俄罗斯尽快完成加入上海合作组织程序。成员国领导人签署并发表《上海合作组织成员国元首理事会新德里宣言》，共同发表关于打击极端化合作的声明、关于数字化转型领域合作的声明，批准关于给予伊朗上海合作组织成员国地位、关于签署白俄罗斯加入上海合作组织义务备忘录、关于上海合作组织至2030年经济发展战略等一系列决议。

习近平主席发表题为《牢记初心使命　坚持团结协作　实现更大发展》的重要讲话，提出五点重要合作倡议。一是把牢正确方向，增进团结互信。各方要加强战略沟通和协作，切实尊重彼此核心利益和重大关切，高度警惕外部势力在本地区煽动"新冷战"、制造阵营对抗，把本国发展的前途命运牢牢掌握在自己手中。二是维护地区和平，保障共同安全。中方愿同各方一道落实全球安全倡议，提升上海合作组织安全合作水平，加紧完善执法安全合作机制，拓展非传统安全领域合作，筑牢地区安全屏障。三是聚焦务实合作，加快经济复苏。中方愿同各方一道落实全球发展倡议，加强高质量共建"一带一路"同各国发展战略和地区合作倡议对接，积极发挥现有务实领域合作机制及平台作用，深入推进贸易和投资自由化便利化，保障区域产业链供应链稳定畅通，促进各国经济高质量发展。四是加强交流互鉴，促进民心相通。中方欢迎各方一道落实全球文明倡议，宣布未来

3年中方将向本组织国家提供1000个国际中文教师奖学金名额和3000个"汉语桥"夏令营名额，邀请100名青年科学家来华参加科研交流，举办乡村振兴、气候变化等主题活动。五是践行多边主义，完善全球治理。要弘扬全人类共同价值，坚定维护以联合国为核心的国际体系和以国际法为基础的国际秩序，推动全球治理朝着更加公正合理的方向发展。习近平主席强调："大道不孤，众行致远。上海合作组织顺应当今时代潮流、契合人类进步方向，一定能够在我们的共同努力下不断发展壮大。"

4. 习近平主席出席第31届世界大学生夏季运动会开幕式并举行系列外事活动

2023年7月28日晚，第31届世界大学生夏季运动会在四川省成都市隆重开幕。国家主席习近平出席开幕式并宣布本届大运会开幕。

印度尼西亚总统佐科和夫人伊莉亚娜、毛里塔尼亚总统加兹瓦尼、布隆迪总统恩达伊施米耶、圭亚那总统阿里、格鲁吉亚总理加里巴什维利出席开幕式。

2023年7月28日中午，习近平主席和夫人彭丽媛在四川省成都市金牛宾馆举行宴会，欢迎出席成都第31届世界大学生夏季运动会开幕式的国际贵宾。印度尼西亚总统佐科和夫人伊莉亚娜、毛里塔尼亚总统加兹瓦尼、布隆迪总统恩达伊施米耶、圭亚那总统阿里、格鲁吉亚总理加里巴什维利以及国际大学生体育联合会代理主席艾德出席。

习近平主席发表致辞，代表中国政府和中国人民对来华出席成都第31届世界大学生夏季运动会开幕式的国际贵宾表示热烈欢迎。

习近平主席指出，中国秉持简约、安全、精彩的办赛理念，克服新冠疫情等不利因素影响，认真兑现庄严承诺，确保成都大运会顺利举办，为国际青年体育事业发展作出新贡献。

习近平主席强调，世界大学生运动会自诞生以来，就一直是青春的盛会、团结的盛会、友谊的盛会。要携手世界青年，以青春的活力促进世界和平与发展，把成都大运会办成一届具有中国特色、时代气息、青春风采的国际体育盛会，让来自世界各地的青年朋友因成都大运会相聚相知，增进理解，为促进人类进步事业提供新动力；要弘扬大运会宗旨，以团结的姿态应对全球性挑战，为国际社会汇聚正能量，合作开创美好未来；要深化交流互鉴，以包容的胸怀构建和而不同的精神家园，用欣赏、互学、互鉴的态度对待多种文化，弘扬全人类共同价值，谱写推动构建人类命运共同体新篇章。

习近平主席指出，成都是历史文化名城，也是中国最具活力和幸福感的城市之一。欢迎大家到成都街头走走看看，体验并分享中国式现代化的万千气象。

5. 习近平主席对南非进行国事访问并主持召开中非领导人对话会

2023年8月21日至22日，国家主席习近平对南非共和国进行国事访问。此次访问正值中南建交25周年，是金砖国家领导人第十五次会晤期间南非安排的唯一国事访问。此次访问推动中南战略互信达到新高度，为中南关系发展指明方向并注入强劲动力。

习近平主席同南非总统拉马福萨举行了富有成果的会谈，就新时代两国关系发展以及共同关心的国际和地区问题交换意见，达成重要共识。双方一致同意，中南两国要做高度互信的战略伙伴、共同进步的发展伙伴、相知相亲的友好伙伴、维护正义的全球伙伴，携手构建高水平中南命运共同体。两国元首重申，将继续在涉及彼此核心利益和重大关切问题上相互支持，推动中南全面战略伙伴关系在新时代实现更大发展。

访问取得丰硕成果。双方发表联合声明，两国元首见证签署一系列重要双边合作文件，涵盖共建"一带一路"、新能源电力、农产品、经济特区和工业园区、蓝色经济、科技创新、高等教育等领域。

2023年8月24日，习近平主席和拉马福萨总统在南非约翰内斯堡共同主持中非领导人对话会。非盟轮值主席、科摩罗总统阿扎利，中非合作论坛非方共同主席国塞内加尔总统萨勒，非洲次区域代表赞比亚总统希奇莱马、布隆迪总统恩达伊施米耶、吉布提总统盖莱、刚果（布）总统萨苏、纳米比亚总统根哥布、乍得总理凯布扎博、利比亚总统委员会副主席库尼、尼日利亚副总统谢蒂马，以及非盟委员会代表穆昌加等出席。

习近平主席发表题为《携手推进现代化事业 共创中非美好未来》的主旨讲话，宣布中方发起"支持非洲工业化倡议"，实施"中国助力非洲农业现代化计划"和"中非人才培养合作计划"。会议通过并发表《中非领导人对话会联合声明》。非方领导人高度评价这次对话会，认为中国是非洲实现现代化不可缺少的重要合作伙伴。非方高度赞赏并欢迎习近平主席提出的"支持非洲工业化倡议""中国助力非洲农业现代化计划"和"中非人才培养合作计划"，全力支持习近平主席提出的共建"一带一路"、全球发展倡议、全球安全倡议和全球文明倡议，表示愿同中方坚定支持彼此维护国家主权、安全和发展利益。

6. 习近平主席出席金砖国家领导人第十五次会晤

2023年8月23日，金砖国家领导人第十五次会晤在南非约翰内斯堡杉藤会议中心举行。国家主席习近平出席会晤并发表重要讲话。巴西总统卢拉、印度总理莫迪和俄罗斯总统普京（以视频方式）出席，南非总统拉马福萨主持会晤。

习近平主席发表题为《团结协作谋发展 勇于担当促和平》的重要讲话。

习近平主席指出："当前，世界进入新的动荡变革期，正在经历大调整、大分化、大重组。金砖国家是塑造国际格局的重要力量。我们自主选择发展道路，共同捍卫发展权利，共同走向现代化，代表着人类社会前进方向，必将深刻影响世界发展进程。回首历史，我们始终秉持开放包容、合作共赢的金砖精神，不断推动金砖合作迈上新台阶，助力五国发展；始终秉持国际公平正义，在重大国际和地区问题上主持公道，提升新兴市场国家和发展中国家发言权和影响力。金砖国家一直是独立自主外交政策的倡导者、践行者，在重大国际问题上坚持从事情本身的是非曲直出发，说公道话、办公道事，不拿原则做交易，不屈从外部压力，不做别国的附庸。金砖国家有广泛共识和共同目标，无论国际形势如何变幻，合作初衷、共同愿望不会变。"

习近平主席强调，金砖合作正处于承前启后、继往开来的关键阶段。各方要把握大势，引领方向，坚守联合自强的初心，加强各领域合作，推进高质量伙伴关系，推动全球治理变革朝着更加公正合理的方向发展，为世界注入更多确定性、稳定性、正能量。

各方要深化经贸、财金合作，助力经济发展。发展是各国不可剥夺的权利，不是少数国家的"专利"。当前，世界经济复苏势头不稳。发展中国家面临的挑战更为严峻，实现可持续发展目标任重道远。金砖国家要做发展振兴道路上的同行者，反对"脱钩断链"、经济胁迫。要聚焦务实合作，特别是数字经济、绿色发展、供应链等领域，促进经贸和财金领域往来与交流。中国将设立"中国—金砖国家新时代科创孵化园"，为科技创新成果转化提供支撑；依托金砖国家遥感卫星星座合作机制，探索建立"金砖国家全球遥感卫星数据与应用合作平台"，为各国农业、生态、减灾等领域发展提供数据支持。中方愿同各方共建"金砖国家可持续产业交流合作机制"，为落实联合国2030年可持续发展议程提供产业对接和项目合作平台。

各方要拓展政治安全合作，维护和平安宁。"利莫大于治，害莫大于乱。"当前，冷战思维阴魂不散，地缘政治形势严峻。各国人民都期盼良好的安全环境。国际安全不可分割，牺牲别国利益、谋求自身绝对安全，最终会伤及自身。乌克兰危机走到今天这一步有错综复杂的成因，当务之急是劝和促谈，推动缓和止战、实现和平，决不能"拱火浇油"、让局势恶化下去。金砖国家要坚持和平发展的大方向，巩固金砖国家战略伙伴关系。要用好金砖国家外长会晤、安全事务高级代表会议等机制，在涉及彼此核心利益问题上相互支持，就重大国际和地区问题加强协调。要积极斡旋热点问题，推动政治解决，给热点问题降温去火。人工智能是人类发展新领域。金砖国家已经同意尽快启动人工智能研究组工作。要充分发挥研究组作用，进一步拓展人工智能合作，加强信息交流和技术合作，共同做好风险防范，形成具有广泛共识的人工智能治理框架和标准规范，不断提升人工智能技术的安全性、可靠性、可控性、公平性。

各方要加强人文交流，促进文明互鉴。文明多姿多彩、发展道路多元多样，这是世界应有的样子。人类历史不会终结于一种文明、一种制度。金砖国家要弘扬海纳百川的精神，倡导不同文明和平共处、和合共生，尊重各国自主选择的现代化道路。要用好金砖国家治国理政研讨会、人文交流论坛、女性创新大赛等机制，深化人文交流，增进民心相通。中方提议，金砖国家拓宽教育领域合作，发挥好职业教育联盟作用，探索建立数字教育合作机制，打造全方位教育合作格局。同时，加强传统文化交流，促进优秀传统文化传承和创新。

各方要坚持公平正义，完善全球治理。加强全球治理是国际社会共享发展机遇、应对全球性挑战的正确选择。国际规则要依据《联合国宪章》宗旨和原则，由大家共同书写、共同维护，不能谁的胳膊粗、嗓门大，谁就说了算。更不能拉帮结伙，把自己的"家法帮规"包装成国际规则。金砖国家要践行真正的多边主义，维护以联合国为核心的国际体系，支持并加强以世界贸易组织为核心的多边贸易体制，反对搞"小圈子""小集团"。要充分发挥新开发银行的作用，推动国际金融货币体系改革，提升发展中国家的代表性和发言权。

习近平主席表示，他高兴地看到，发展中国家参与金砖合作的热情高涨，很多发展中国家申请加入金砖合作机制。各国要秉持开放包容、合作共赢的金砖精神，让更多国家加入到金砖大家庭，集众智、汇群力，推动全球治理朝着更加公正合理的方向发展。

习近平主席最后强调，古老的非洲大陆蕴藏着朴素而深邃的智慧。非洲有句谚语："独行快，众行远。"乌班图精神倡导"我们在故我在"，强调人们彼此依存、密不可分。和合共生、天下大同是中华民族千百年来的美好追求。中方愿同金砖伙伴一道，秉持人类命运共同体理念，加强战略伙伴关系，深化各领域合作，以金砖责任应对共同挑战，以金砖担当开创美好未来，共同驶向现代化的彼岸！

南非总统拉马福萨、巴西总统卢拉、俄罗斯总统普京、印度总理莫迪高度评价金砖合作机制取得的积极进展。各方认为，受地缘政治冲突、世界经济困难等影响，新兴市场国家和发展中国家面临日益严重的贫穷、不平等、不公平等挑战，实现可持续发展目标任重道远。金砖国家致力于深化战略伙伴关系，促进全球和平稳定和公平发展。20多个国家申请加入金砖，充分彰显了金砖合作机制的生命力、吸引力以及在国际事务中的战略价值。金砖国家应该加强团结，继续秉持开放包容、合作共赢的精神，加速金砖扩员进程，推动全球治理体系变革朝着更加包容、更加公平、更加合理的方向发展，重振并改革多边体制，推进世界多极化进程，使之更加符合代表世界大多数人民的发展中国家利益。金砖国家应该在涉及彼此核心利益问题上相互支持，尊重各国自主选择符合本国国情的现代化道路。国际金融体系不应成为地缘政治竞争的工具，应该加快推动国际金融货币体系改革，提高新兴市场国家和发展中国家的代表性和发言权，推动实现可持续发展和包容性增长，造福五国和广大发展中国家人民。

会晤期间，五国领导人还听取了金砖国家相关机制负责人工作汇报，并集体合影。

7. 习近平主席出席第十九届亚洲运动会开幕式并举行系列外事活动

2023年9月23日晚，第十九届亚洲运动会在浙江省杭州市隆重开幕。国家主席习近平出席开幕式并宣布本届亚运会开幕。

柬埔寨国王西哈莫尼、叙利亚总统巴沙尔和夫人阿斯玛、科威特王储米沙勒、尼泊尔总理普拉昌达、东帝汶总理夏纳纳、韩国总理韩德洙、马来西亚下议院议长佐哈里和夫人诺莱妮，以及文莱苏丹代表苏弗里亲王、卡塔尔埃米尔代表焦安亲王、约旦亲王费萨尔、泰国公主希里婉瓦丽等王室代表出席开幕式。

9月23日中午，习近平主席和夫人彭丽媛在浙江省杭州市西子宾馆漪园举行宴会，欢迎来华出席杭州第十九届亚运会开幕式的国际贵宾。柬埔寨国王西哈莫尼、叙利亚总统巴沙尔和夫人阿斯玛、科威特王储米沙勒、尼泊尔总理普拉昌达、东帝汶总理夏纳纳、韩国总理韩德洙、马来西亚下议院议长佐哈里和夫人诺莱妮、亚奥理事会代理主席辛格和夫人维尼塔、国际奥委会主席巴赫，以及文莱苏丹代表苏弗里亲王、约旦亲王费萨尔、泰国公主希里婉瓦丽等王室代表出席。

习近平主席发表致辞，代表中国政府和中国人民对来华出席杭州第十九届亚运会开幕式的国际贵宾表示热烈欢迎。

习近平主席指出，这一天是中国农历的秋分节气。在这个寓意丰收和团圆的日子，亚运会圣火将再次在中国点燃。中国愿同亚奥理事会和各国各地区代表团共同努力，为世界呈现一届"中国特色、亚洲风采、精彩纷呈"的体育盛会，为亚洲和国际奥林匹克运动发展作出新贡献。

习近平主席强调，亚运会承载着亚洲人民对和平、团结、包容的美好向往。过去几十年，亚洲地区总体保持稳定，经济持续快速增长，成就了"风景这边独好"的亚洲奇迹。作为山海相连、人文相亲的命运共同体，各方要以体育促和平，坚持与邻为善和互利共赢，抵制冷战思维和阵营对抗，将亚洲打造成世界和平的稳定锚。各方要以体育促团结，把握历史机遇，合作应对挑战，践行"永远向前"的亚奥理事会格言，把共同发展、开放融通的亚洲之路越走越宽。各方要以体育促包容，增强文明自信，坚持交流互鉴，续写亚洲文明新辉煌。

习近平主席指出，浙江坚持改革开放，跑出了高质量发展的加速度，正在建设共同富裕示范区，是中国式现代化的先行者。祝愿大家在诗画浙江度过难忘的时光，在亚运会圣火下留下美好的记忆。

8. 习近平主席出席第三届"一带一路"国际合作高峰论坛

2023年10月17日至18日，第三届"一带一路"国际合作高峰论坛在北京成功举行，论坛以"高质量共建'一带一路'，携手实现共同发展繁荣"为主题，主要活动包括开幕式、欢迎晚宴、三场高级别论坛、六场专题论坛和企业家大会等。来自150多个国家、40多个国际组织的代表来华参加，注册总人数超过1万。论坛发表了主席声明，并形成了458项成果的清单。

10月18日，国家主席习近平出席第三届"一带一路"国际合作高峰论坛开幕式，并发表题为《建设开放包容、互联互通、共同发展的世界》的主旨演讲。习近平主席在主旨演讲中提出同伙伴国一起推动共建"一带一路"进入高质量发展的新阶段，同时提出中方愿同各国一道推进世界现代化。习近平主席还宣布了支持高质量共建"一带一路"八项行动，包括构建立体互联互通网络、建设开放型世界经济、开展务实合作、促进绿色发展、推动科技创新、支持民间交往、建设廉洁之路、完善"一带一路"国际合作机制。

"一带一路"国际合作高峰论坛是"一带一路"框架下最高规格的国际活动。第三届"一带一路"国际合作高峰论坛是共建"一带一路"进程中又一个重要里程碑。本届论坛巩固了共建"一带一路"的国际共识，丰富了共建"一带一路"的合作成果，拓展了共建"一带一路"的光明前景，为"一带一路"明确了新方向，开辟了新愿景，注入了新动力。

9. 习近平主席出席亚太经合组织第三十次领导人非正式会议

2023年11月16日至17日，国家主席习近平在美国旧金山出席亚太经合组织第三十次领导人非正式会议并发表题为《坚守初心 团结合作 携手共促亚太高质量增长》的重要讲话，在亚太经合组织工商领导人峰会上发表题为《同心协力 共迎挑战 谱写亚太合作新篇章》的书面演讲。

2023年是亚太经合组织领导人第三十次聚首，亚太合作下一个30年将走向何方，各方都在深入思考。习近平主席在会议上重温亚太经合组织机制初心，再次为亚太合作指明方向、擘画蓝图。在有关讲话中，习近平主席深刻总结了亚太合作历程的有益启示，指出开放包容是亚太合作的主旋律，共同发展是亚太合作的总目标，求同存异是亚太合作的好做法。面对亚太合作下一个30年将走向何方这一新的时代之问，"我们要秉持亚太经合组织初心，牢记历史赋予我们的使命，推动亚太合作再出发"。要坚持创新驱动、坚持开放导向、坚持绿色发展、坚持普惠共享，以高质量增长推动构建亚太命运共同体，打造亚太下一个"黄金30年"。

习近平主席深入阐释中国经济发展和对外开放政策主张，指出中国具有社会主义市场经济的体制优势、超大规模市场的需求优势、产业体系配套完整的供给优势、大量高素质劳动者和企业家的人才优势，经济发展具备强劲的内生动力、韧性、潜力。中国深入贯彻创新、协调、绿色、开放、共享的新发展理念，坚定不移推进高质量发展，经济增长的含金量更高、绿色成色更浓。中国坚持敞开大门搞建设，坚定不移推进高水平对外开放。无论国际形势如何变化，中国打造市场化、法治化、国际化营商环境的决心不会变，一视同仁为外商投资提供优质服务的政策不会变。中国式现代化的出发点和落脚点是让14亿多中国人民过上更加美好的生活。对世界来说，这意味着更加广阔的市场和前所未有的合作机遇，也将为世界现代化注入强大动力。

会议发表了《2023年亚太经合组织领导人旧金山宣言》，体现了中方关于构建亚太共同体、建设亚太自贸区、包容可持续发展、互联互通等理念主张。

10. 习近平主席同美国总统拜登在旧金山举行会晤

2023年11月15日，国家主席习近平在美国旧金山斐洛里庄园同美国总统拜登举行中美元首会晤。两国元首就事关中美关系的战略性、全局性、方向性问题以及事关世界和平和发展的重大问题坦诚深入地交换了意见。

习近平主席抵达斐洛里庄园时，受到拜登总统热情迎接。

习近平主席指出，当今世界正经历百年未有之大变局，中美有两种选择：一种是加强团结合作，携手应对全球性挑战，促进世界安全和繁荣；另一种是抱持零和思维，挑动阵营对立，让世界走向动荡和分裂。两种选择代表着两个方向，将决定人类前途和地球未来。作为世界上最重要的双边关系，中美关系要放在这个大背景下思考和谋划。中美不打交道是不行的，想改变对方是不切实际的，冲突对抗的后果是谁都不能承受的。大国竞争解决不了中美两国和世界面临的问题。这个地球容得下中美两国。中美各自的成功是彼此的机遇。

习近平主席深刻阐释了中国式现代化的本质特征和内涵意义，以及中国的发展前景和战略意图。习近平主席指出，中国的发展有自身的逻辑和规律，中国正在以中国式现代化全面推进中华民族伟大复兴，中国不走殖民掠夺的老路，不走国强必霸的歪路，也不搞意识形态输出。中国没有超越或者取代美国的规划，美国也不要有打压遏制中国的打算。

习近平主席指出，相互尊重、和平共处、合作共赢，这既是从50年中美关系历程中提炼出的经验，也是历史上大国冲突带来的启示，应该是中美共同努力的方向。这次旧金山会晤，中美应该有新的愿景，共同努力浇筑中美关系的五根支柱。

一是共同树立正确认知。中国始终致力于构建稳定、健康、可持续的中美关系。同时，中国有必须维护的利益、必须捍卫的原则、必须坚守的底线。希望两国做伙伴，相互尊重、和平共处。

二是共同有效管控分歧。不能让分歧成为横亘在两国之间的鸿沟，而是要想办法架起相向而行的桥梁。双方要了解彼此的原则底线，不折腾、不挑事、不越界，多沟通、多对话、多商量，冷静处理分歧和意外。

三是共同推进互利合作。中美在诸多领域存在广泛共同利益，既包括经贸、农业等传统领域，也包括气候变化、人工智能等新兴领域。当前形势下，两国共同利益不是减少了，而是更多了。双方要充分用好在外交、经济、金融、商务、农业等领域恢复或建立的机制，开展禁毒、司法执法、人工智能、科技等领域合作。

四是共同承担大国责任。解决人类社会面临的麻烦离不开大国合作。中美应该做表率，加强在国际和地区问题上的协调合作，向全球提供更多公共产品。双方提出的倡议要彼此开放，也可以协调对接，形成合力，造福世界。

五是共同促进人文交流。要增加两国航班，促进旅游合作，扩大地方交往，加强教育、残疾人事务合作，减少阻碍人文交流的负面因素，鼓励和支持两国人民多来往、多沟通，为中美关系健康发展夯实基础。

习近平主席深入阐述了台湾问题上的原则立场，指出台湾问题始终是中美关系中最重要、最敏感的问题。中方重视美方在巴厘岛会晤中作出的有关积极表态。美方应该将不支持"台独"的表态体现在具体行动上，停止武装台湾，支持中国和平统一。中国终将统一，也必然统一。

习近平主席指出，美方在出口管制、投资审查、单边制裁方面不断采取针对中国的举措，严重损害中方正当利益。中国的发展是以创新驱动的，打压中国科技就是遏制中国高质量发展，剥夺中国人民的发展权利。中国的发展壮大有内生逻辑，是外部力量阻挡不了的。希望美方严肃对待中方关切，采取行动，取消单边制裁，为中国企业提供公平、公正、非歧视的环境。

拜登总统对习近平主席应邀赴美出席美中元首会晤表示热烈欢迎。拜登总统表示，2022年他同习近平主席在巴厘岛进行了重要会晤。旧金山是华人最先抵达美国的地方，是美中共同参与签署《联合国宪章》的地方，也是美中最早建立友城的地方。在旧金山再次面对面会晤具有特殊重要意义，他期待在巴厘岛会晤基础上取得新的共识和成果。

拜登总统表示，美中关系是世界上最重要的双边关系，美中冲突并非不可避免，一个稳定和发展的中国符合美国和世界的利益，中国经济增长有利于美国，也有利于世界。美中关系保持稳定，防止冲突，管控分歧，并在符合双方利益的领域开展合作，有助于两国更好应对各自和共同面临的问题。他愿重申在巴厘岛会晤中作出的五点承诺，即：美国不寻求"新冷战"，不寻求改变中国体制，不寻求通过强化同盟关系反对中国，不支持"台湾独立"，无意同中国发生冲突。美中经济相互依赖，美国乐见中国发展富裕，不寻求打压遏制中国发展，不寻求同中国"脱钩"。美方恪守一个中国政策，欢迎双方各部门各层级开展对话，愿继续同中方保持开放坦诚的沟通，增进了解，避免误解，管控分歧。美方愿同中方持续发展经贸关系，在气候变化、禁毒、人工智能等重要领域加强合作，乐见两国增加直航航班，扩大教育科技交流和人员往来。

两国元首认可双方团队自巴厘岛会晤以来讨论确立中美关系指导原则所作努力，强调要相互尊重、和平共处、保持沟通、防止冲突、恪守《联合国宪章》，在有共同利益的领域开展合作，负责任地管控双边关系中的竞争因素。两国元首欢迎双方团队继续就此讨论。

两国元首同意推动和加强中美各领域对话合作，包括：建立人工智能政府间对话；成立中美禁毒合作工作组，开展禁毒合作；在平等和尊重基础上恢复两军高层沟通、中美国防部工作会晤、中美海上军事安全磋商机制会议，开展中美两军战区领导通话；同意2024年早些时候进一步大幅增加航班；扩大教育、留学生、青年、文化、体育和工商界交流；等等。

两国元首强调在当下关键10年中美加快努力应对气候危机的重要性，欢迎两国气候特使近期开展的积极讨论，包括：21世纪20年代国内减排行动，共同推动《联合国气候变化框架公约》第二十八次缔约方大会取得成功，启动中美"21世纪20年代强化气候行动工作组"以加快具体气候行动。

会谈后，拜登总统为习近平主席举行午宴。两国元首就共同关心的巴以冲突等国际和地区问题交换了意见。

拜登总统还邀请习近平主席一道在斐洛里庄园中散步，并亲自将习近平主席送到上车处道别。

这次会晤积极、全面、富有建设性，为改善和发展中美关系指明了方向。旧金山应该成为稳定中美关系的新起点。两国元首责成双方团队在落实好巴厘岛会晤共识基础上，及时跟进和落实本次会晤达成的新愿景。两国元首同意继续保持经常性联系。

11. 习近平主席出席金砖国家领导人巴以问题特别视频峰会

2023年11月21日，国家主席习近平出席金砖国家领导人巴以问题特别视频峰会。南非总统拉马福萨主持峰会，巴西总统卢拉、俄罗斯总统普京、沙特王储穆罕默德、埃及总统塞西、伊朗总统莱希、阿联酋总统穆罕默德、埃塞俄比亚总理阿比以及印度外交部长苏杰生、阿根廷外交部长卡菲耶罗与会。

习近平主席发表题为《推动停火止战　实现持久和平安全》的重要讲话。

习近平主席指出，本次峰会是金砖扩员后的首场领导人会晤。当前形势下，金砖国家就巴以问题发出正义之声、和平之声，非常及时、非常必要。加沙地区的冲突已持续一个多月，造成大量平民伤亡和人道主义灾难，并出现扩大外溢趋势，中方深表关切。当务之急，一是冲突各方要立即停火止战，停止一切针对平民的暴力和袭击，释放被扣押平民，避免更为严重的生灵涂炭。二是要保障人道主义救援通道安全畅通，向加沙民众提供更多人道主义援助，停止强制迁移、断水、断电、断油等针对加沙民众的集体惩罚。三是国际社会要拿出实际举措，防止冲突扩大、影响整个中东地区稳定。中方支持10月27日联合国大会紧急特别会议就巴以冲突通过的决议。中国作为联合国安理会轮值主席，主持通过了安理会第2712号决议。各方应该将决议要求落到实处。

习近平主席强调，巴以局势发展到今天，根本原因是巴勒斯坦人民的建国权、生存权、回归权长期遭到漠视。他多次强调，解决巴以冲突循环往复的根本出路是落实"两国方案"，恢复巴勒斯坦民族合法权利，建立独立的巴勒斯坦国。不公正解决巴勒斯坦问题，中东就没有持久的和平稳定。中方呼吁尽快召开更具权威性的国际和会，凝聚国际促和共识，推动巴勒斯坦问题早日得到全面、公正、持久解决。

习近平主席指出，本轮巴以冲突爆发以来，中方积极劝和促谈，推动停火止战。为缓解加沙人道主义局势，中国已通过巴勒斯坦民族权力机构和联合国机构提供了200万美元紧急人道主义援助，通过埃及向加沙地带提供了价值1500万元人民币的食品、药品等紧急人道主义物资，并将根据加沙人民需要，继续提供物资援助。中国作为11月联合国安理会轮值主席，已经推动安理会通过相关决议，要求延长人道主义暂停和人道主义走廊的期限，保护平民，开展人道主义援助等。

习近平主席强调，金砖合作机制是新兴市场国家和发展中国家加强团结合作、维护共同利益的重要平台。今天，各方就巴以问题协调立场、采取行动，为扩员后的"大金砖合作"开了个好头。中方赞赏南非作为2023年主席国为推进金砖事业发展作出的重要贡献。俄罗斯2024年将接任主席国，中方愿同其他成员一道，共同支持俄方工作，开创金砖合作新时代。

与会领导人对巴以局势表示严重关切，谴责一切针对平民的暴力行为，强调必须根据国际人道法保护平民，呼吁立即实行持久和持续的人道主义休战，提供人道主义援助，强调通过对话解决争端，支持一切有利于和平解决危机的努力。与会领导人呼吁国际社会支持公正解决巴勒斯坦问题，推动实现"两国方案"，建立一个具有完全主权、独立的巴勒斯坦国。

12. 习近平总书记、国家主席对越南进行国事访问

2023年12月12日至13日，中共中央总书记、国家主席习近平对越南进行国事访问。访问期间，习近平总书记、国家主席分别同越共中央总书记阮富仲、越南国家主席武文赏举行会谈，会见越南总理范明政、国会主席王庭惠。双方发表联合声明，宣布中越两党两国关系新定位,在深化中越全面战略合作伙伴关系基础上,携手构建具有战略意义的中越命运共同体。双方签署了涵盖共建"一带一路"、检验检疫、发展合作、数字经济、绿色发展、防务和执法安全合作、海上合作等方面的30多项合作协议。

习近平总书记、国家主席强调,中越都坚持和发展马克思主义,都坚定不移走社会主义道路,都在领导各自国家进行社会主义建设,更应该从壮大世界社会主义力量和确保各自社会主义事业行稳致远的高度,把握中越关系的特殊战略意义,扎实推进中越命运共同体建设。相信在双方共同努力下,中越关系将进入政治互信更高、安全合作更实、务实合作更深、民意基础更牢、多边协调配合更紧、分歧管控解决更好的新阶段。

习近平总书记、国家主席就构建中越命运共同体提出六点建议。一是政治上,要把准方向。要坚持高层战略引领,加强治党治国经验交流互鉴,共同深化对共产党执政规律、社会主义建设规律、人类社会发展规律的认识。在涉及彼此核心利益和重大关切问题上坚定相互支持,共同维护国际公平正义。二是安全上,要深化互信。要把维护国家政治安全放在首位,确保社会主义红旗颜色不变,全力防范、化解、遏制各类政治安全风险。三是务实合作上,要提质升级。中方愿同越南同志分享机遇、共谋发展。欢迎越方积极对接高质量共建"一带一路"的八项行动,拓展数字经济、绿色发展等新兴领域合作,共同实施好《区域全面战略合作伙伴关系协定》。四是民意基础上,要加大投入。中越合作要多向农业、教育、医疗等民生领域倾斜,加强青年、旅游、地方等领域合作,增加两国民众对中越命运共同体、两党两国传统友谊的了解,增进青年一代之间的感情,夯实中越友好的民意基础。五是国际地区问题上,要密切协作。中国不搞排他性小圈子,不搞集团政治,不搞阵营对抗,愿同越方加强多边合作,维护真正的多边主义,提高发展中国家在国际事务中的发言权和影响力。六是涉海问题上,要妥善管控分歧。双方要积极探讨并开展更多海上合作项目,努力推进海上共同开发,把海上问题带来的挑战转化为双方深化合作的机遇。

阮富仲总书记欢迎习近平总书记、国家主席访越,祝贺中共二十大取得重大理论和实践创新成果,强调"越中情谊深,同志加兄弟",重申越南将发展对华关系作为头等优先和战略选择,愿同中方一道,构建具有战略意义的越中命运共同体。

访问期间,习近平总书记、国家主席同阮富仲总书记进行小范围茶叙。两位总书记都认为,中越构建具有战略意义的命运共同体具有天时、地利、人和的独特优势。双方应该继承老一辈领导人缔结的传统友谊,共同努力构建命运共同体，走好各自的现代化道路，实现互利共赢、美美与共，造福两国人民，也为地区和平与繁荣作出积极贡献。习近平总书记、国家主席夫妇同阮富仲总书记夫妇共同会见中越两国青年和友好人士代表。习近平总书记、国家主席和阮富仲总书记发表重要讲话。

13. 第二十四次中国—欧盟领导人会晤在北京举行

2023年12月7日，第二十四次中国—欧盟领导人会晤在北京成功举行。国家主席习近平会见来华参会的欧洲理事会主席米歇尔和欧盟委员会主席冯德莱恩，国务院总理李强同欧盟两位主席共同主持会晤。此次会晤正值中国和欧盟建立全面战略伙伴关系20周年、中欧领导人会晤机制建立25周年，是双方领导人时隔3年再次举行线下会晤。会晤期间，双方领导人就事关中欧关系的战略性问题，以及中欧各领域对话合作、双方重点关切、全球治理、国际和地区热点问题等深入坦诚交换看法，深化战略沟通，彰显了中欧关系的全球影响和世界意义，为变乱交织的世界注入了建设性和稳定性。双方领导人达成一系列重要共识，同意保持中欧关系战略稳定，继续开展中欧互利合作，共同应对全球性挑战。中方在会晤中就欧盟"去风险"和限制性经贸政策表明了关切，敦促欧方保持贸易和投资市场开放，为中国企业提供公平、非歧视的营商环境，审慎使用贸易救济措施。欧方表示不会对华"脱钩"、不会转向内顾，将遵守世界贸易组织规则和公平竞争原则。中方还介绍了中国经济形势和良好发展前景，阐述了在台湾等问题上的原则立场。

14. 李强总理出席博鳌亚洲论坛2023年年会

2023年3月30日，国务院总理李强在海南博鳌出席博鳌亚洲论坛2023年年会开幕式，并发表题为《以人类命运共同体理念为引领　为世界和平与发展注入更多确定性》的主旨演讲。

李强总理表示，当今世界，不稳定、不确定、难预料成为常态。人们迫切希望能有更多更强大的确定性力量，推动世界朝着美好的未来前进。10年前，习近平主席首次提出人类命运共同体的重要理念，此后又进一步提出全球发展倡议、全球安全倡议、全球文明倡议。10年来，中国以务实行动推动构建人类命运共同体，取得一系列重大实践成果。事实证明，人类命运共同体理念已经成为引领时代潮流和人类进步的旗帜，成为推动世界持久和平、共同繁荣确定性力量的源泉。

李强总理指出，要高举人类命运共同体理念的旗帜，携手构建亚洲命运共同体，打造世界的和平稳定锚、增长动力源、合作新高地，为世界和平与发展注入更多确定性。一是共同守护和平稳定的发展环境，为变乱交织的国际局势注入更多确定性。二是共同打造更具活力的增长中心，为世界经济复苏注入更多确定性。三是共同拓展团结合作的有效途径，为深刻变革的全球治理注入更多确定性。四是共同推动人文交流走深走实，为不同文明的交融共生注入更多确定性。

李强总理强调，在不确定的世界中，中国的确定性是维护世界和平与发展的中流砥柱。从未来看，中国发展的目标和前景是确定的。中共二十大明确提出，以中国式现代化全面推进中华民族伟大复兴。不论世界发生什么样的变化，中国都将始终坚持改革开放、创新驱动。一个长期稳定、一心发展的中国，一个脚踏实地、勇毅前行的中国，一个自信开放、乐于共享的中国，一定是世界繁荣稳定的巨大力量。从当下看，中国经济增长的动能和态势是强劲的。中国有信心有能力推动中国经济巨轮乘风破浪、行稳致远，为世界经济发展作出更大贡献。

李强总理指出，只要各方携起手来，团结合作迎挑战，开放包容促发展，就一定能给亚洲、给世界带来更多确定性，开创人类社会更加美好的未来。

开幕式上，博鳌亚洲论坛理事长潘基文致欢迎词。新加坡总理李显龙、西班牙首相桑切斯、马来西亚总理安瓦尔、科特迪瓦总理阿希、国际货币基金组织总裁格奥尔基耶娃以及工商界代表先后致辞。他们表示，本届博鳌亚洲论坛为应对当今世界的不确定性提供了重要指引，推动构建人类命运共同体理念为各国合作应对共同挑战指明了正确方向。各方反对搞阵营对抗、保护主义、无序竞争、经济碎片化，主张国际社会加强团结合作，携手应对全球性挑战。各方赞赏中方支持多边主义和区域合作，欢迎中方继续推进对外开放，期待在后疫情时代抓住中国经济蓬勃发展带来的机遇，推动国际投资和贸易复苏，共同促进地区和世界和平与发展。

15. 李强总理对德国进行正式访问并举行第七轮中德政府磋商

2023年6月18日至21日，国务院总理李强应德意志联邦共和国总理朔尔茨邀请，赴德国举行第七轮中德政府磋商并对德进行正式访问。

访德期间，李强总理会见德国总统施泰因迈尔，同朔尔茨总理举行会谈，共同主持政府磋商、会见记者并出席中德企业家圆桌会、第十一届中德经济技术合作论坛闭幕式，李强总理还同德国工商业代表座谈交流。两国正式宣布建立气候变化和绿色转型对话合作机制，并在先进制造、创新、环保、职教等领域达成十余项合作协议。在巴伐利亚州参访期间，李强总理会见巴伐利亚州州长索德尔。

6月19日，李强总理会见施泰因迈尔总统，就双边关系、乌克兰危机等国际和地区问题交换意见。李强总理指出，中国始终高度重视中德关系。中德没有根本利害冲突，合作基础扎实，发展动力强劲。中方愿同德方一道坚持和平发展合作，为全球稳定繁荣发挥建设性作用，为变乱交织的世界提供更多确定性。施泰因迈尔总统表示，德国愿做中国可信任的合作伙伴，共同维护贸易自由化，应对气候变化等挑战。德国反对"脱钩"，反对任何形式的阵营对抗，愿同中方加强沟通，共同为促进世界和平与发展作出努力。同日，李强总理在柏林同德国工商业代表座谈交流，西门子、大众、奔驰、巴斯夫等德国企业负责人出席。李强总理强调，应合理界定和防范风险，防风险和合作不是对立的，不合作才是最大的风险，不发展才是最大的不安全，希望中德企业家顺势而为，始终坚持开放包容、合作共赢。与会代表表示，德国工商业对中国充满信心，愿继续加大在华投资，深耕中国市场。

6月20日，李强总理同朔尔茨总理共同主持第七轮中德政府磋商并共见记者。本轮中德政府磋商是两国新一届政府组成后的首次全面对接，磋商高效务实，取得丰硕成果。双方一致同意建立气候变化和绿色转型对话合作机制，举行第三次中德高级别财金对话以及新一届中德环境论坛、卫生对话，继续深化经贸、投资、汽车制造、高科技、新能源、数字经济、人文等领域的合作，加强各层级各领域的交往，开展外交磋商和对话，共同应对全球性挑战。磋商前，李强总理同朔尔茨总理举行会谈。李强总理表示，中德经贸合作为两国人民带来了实实在在的利益，希望德方继续保持开放心态，坚持独立自主。中方倡议把应对气候变化作为今后中德合作的指导理念之一，推动绿色科技、产业合作，探讨建立绿色能源产业链合理有序的分工格局。朔尔茨总理表示，德方反对任何形式的"脱钩"，去风险不是"去中国化"。德方致力于同中国发展稳定的关系，愿进一步加强双方交往、深化互利合作，德方支持双向投资，愿为中国企业赴德投资提供良好营商环境。磋商后，两国总理共同出席第十一届中德经济技术合作论坛和中德企业家圆桌会，共商中德经贸、投资、技术合作。

6月20日至21日，李强总理赴巴伐利亚州参访。在会见巴伐利亚州州长索德尔时，李强总理表示，中方珍视同巴州的传统友谊，将继续鼓励双方友好省市巩固互信、拓展交流、深化合作，实现更高水平的互利共赢，并欢迎更多巴州企业来华投资兴业，推动中德务实合作继往开来、再谱新篇。索德尔州长表示，巴伐利亚州不会忘记中国为巴州抗击新冠疫情提供的有力支持。巴州反对"脱钩"，支持合作，主张开放市场和技术，希同中方深化经贸合作，加强地方交流，共同应对气候变化等全球性挑战。在巴州参访期间，李强总理还考察了宝马公司和西门子公司。

德国是李强总理就任后首次出访的第一站，这是一次传承友谊之旅、深化合作之旅。访问成果丰硕，国内外媒体对此积极评价。

16. 李强总理对法国进行正式访问并出席新全球融资契约峰会

2023年6月21日至23日，国务院总理李强对法国进行正式访问并出席在巴黎举行的新全球融资契约峰会。

访法期间，李强总理会见法国总统马克龙，同法国总理博尔内举行会谈，会见法国参议长拉尔歇，出席中法工商界晚餐会并参观法国企业施耐德电气集团。

李强总理在会谈会见时向法方表示，马克龙总统不久前成功访华，习近平主席同其深入交流，为中法关系发展擘画了蓝图。中方愿同法方一道，落实好两国元首重要共识，推动中法关系高水平发展。中法、中欧产业各有优势，要进一步加强合作，在深化核能、航空航天等传统领域合作的同时，挖掘在环保、数字经济、人工智能、先进制造等新兴领域的合作潜力，实现互利共赢。中法同为联合国安理会常任理事国和负责任大国，具有共同的战略观、大局观。中方愿同法方继续加强在国际事务上的沟通协调，支持对方有益倡议，共同应对全球性挑战，促进世界和平稳定。中方始终视欧盟为多极世界中的重要一极，愿同欧方加强宏观政策协调，开展长期稳定合作。

法方表示高度重视法中关系，坚持一个中国政策，愿同中方通过法中战略对话、高级别经济财金对话、高级别人文交流机制加强协调，深化航空航天、核能、农食等领域合作，携手应对气候变化等全球性挑战。法方欢迎中国企业投资。欧盟坚持战略自主，不支持"脱钩断链"。

李强总理还同博尔内总理共同见证了两国航空、空间研究、核能等领域多项合作文件的签署。

6月23日，李强总理出席新全球融资契约峰会闭幕式高级别对话会并作重点发言。李强总理表示，中方历来高度重视全球发展和治理问题。近年来，习近平主席先后提出全球发展倡议、全球安全倡议、全球文明倡议，得到国际社会广泛响应。作为全球经济的重要引擎，中国为世界经济发展注入持续动力；作为全球负责任大国，中国为应对气候变化作出巨大努力；

作为全球发展的贡献者，中国为国际减贫和发展事业提供强劲推力。

李强总理指出，国际社会应精诚合作、携手行动，共同破解全球发展融资缺口难题。要坚定推进全球金融治理改革，为发展中国家提供更加友好的国际融资环境；要坚定构建全球发展伙伴关系，为发展中国家提供更多的发展资源；要坚定推进经济全球化和自由贸易，维护全球产业链供应链稳定畅通。

李强总理强调，在充满纷争和不确定性的世界，中欧应当求同存异，聚同化异，推动更富创造性的合作，以中欧关系的稳定性应对国际形势的不确定性，共同推动人类可持续发展。

6月22日晚，李强总理出席新全球融资契约峰会工作晚宴并就能源转型作引导发言。

新全球融资契约峰会由马克龙总统倡议发起，旨在推动发展融资领域国际合作，为发展中国家应对气候变化等挑战提供更多支持。峰会于6月22日至23日在巴黎举行，60多位国家元首、政府首脑和主要国际组织负责人出席。

17. 李强总理出席2023年夏季达沃斯论坛

2023年6月27日，国务院总理李强在天津出席2023年夏季达沃斯论坛开幕式并发表特别致辞。此次论坛主题为"企业家精神：世界经济驱动力"。世界经济论坛主席施瓦布、新西兰总理希普金斯、越南总理范明政、巴巴多斯总理莫特利、蒙古国总理奥云额尔登、世界贸易组织总干事伊维拉，以及来自90多个国家和地区的约1500名各界代表出席。

李强总理在致辞中表示，过去几年，世纪疫情和百年变局交织叠加，世界发生了很大变化。经历过有形无形的阻隔，各方应当更加珍视沟通与交流，推动不同国家、不同民族、不同文明加深对彼此的了解，进一步加强对话、弥合分歧、增进共识。经历过全球性危机的冲击，各方应当更加珍视团结与合作，进一步树立合作共赢的理念，携手应对全球性挑战，共同推动人类文明进步。经历过经济全球化的波折，各方应当更加珍视开放与共享，坚定不移构建开放型世界经济，使经济全球化发展成果更加公平惠及不同国家、不同人群。经历过冲突和动荡带来的不安，各方应当更加珍视和平与稳定。

李强总理指出，当今世界，缺的是交流而不是隔阂，缺的是合作而不是对抗，缺的是开放而不是封闭，缺的是和平而不是冲突。我们要在习近平主席提出的构建人类命运共同体理念引领下，共同落实全球发展倡议、全球安全倡议、全球文明倡议，更好地在历史前进的逻辑中前进、在时代发展的潮流中发展，努力建设一个更加美好的世界。

李强总理表示，过去10年里，中国一直是世界经济稳定增长的重要动力源，为促进国际自由贸易、稳定世界经济增长发挥了重要"压舱石"和动力源的作用。未来更长时间里，中国将继续为世界经济复苏和增长提供强大动能，也为各国投资者提供互利共赢的合作机遇。

李强总理强调，中国愿与各国企业家一道，坚定支持经济全球化，坚定维护市场经济，坚定支持自由贸易，引领世界经济迈向更加普惠、更有韧性、更可持续的未来。

论坛期间，李强总理同出席论坛的全球企业家代表举行对话会。6月26日下午，李强总理还分别会见世界贸易组织总干事伊维拉和世界经济论坛主席施瓦布。

18. 李强总理出席东亚合作领导人系列会议

2023年9月6日至7日，国务院总理李强在印度尼西亚雅加达出席东亚合作领导人系列会议，包括第26次中国—东盟（10+1）领导人会议、第26次东盟与中日韩（10+3）领导人会议和第18届东亚峰会。

在第26次中国—东盟（10+1）领导人会议上，李强总理表示，2013年国家主席习近平在印度尼西亚提出建设更为紧密的中国—东盟命运共同体。10年来，中国与东盟坚持真诚相待、守望相助、互利互惠、协调包容，携手前行、相互成就，在世界百年变局中成功走出一条长期睦邻友好、共同发展繁荣的正确道路。

李强总理就构建更为紧密的中国—东盟命运共同体提出四点建议：一是携手打造经济增长中心，加强互联互通，深化产业链供应链合作。二是携手推进新兴产业合作，加强新能源汽车、光伏、人工智能等领域合作。三是携手维护地区和平安宁，积极推进"南海行为准则"案文磋商，开展打击电信网络诈骗等合作。四是携手扩大人文交流，进一步加强文化、旅游、培训、青年等领域合作。

李强总理强调，中国与东盟是拆不散、离不开的好邻居、好兄弟、好伙伴。中国愿与东盟国家坚守团结自强初心，秉持合作共赢精神，建设好和平、安宁、繁荣、美丽、友好的共同家园。

与会东盟国家领导人热烈欢迎李强总理与会，高度评价东盟和中国合作取得的成果，表示东盟中国全面战略伙伴关系为地区人民带来巨大福祉，促进了地区和平发展稳定。东盟国家愿同中方进一步增进互信，加强同"一带一路"倡议对接，深化农业、贸易、投资、数字经济、科技、教育、文化等领域合作，携手应对气候变化等全球性挑战。东盟国家欢迎在制定"南海行为准则"方面取得进展，期待尽早完成东盟中国自贸区升级谈判，共同办好第20届中国—东盟博览会，愿同中方一道把握机遇，应对挑战，打造东盟—中国命运共同体。

会议就"一带一路"倡议同东盟印太展望互利合作发表联合声明，通过《中国—东盟关于深化农业合作的联合声明》《中国—东盟农业绿色发展行动计划（2023—2027）》《中国—东盟关于加强电子商务合作的倡议》《共同推进实施中国—东盟科技创新提升计划的联合倡议》等成果文件，欢迎签署《中国—东盟技术合作协议》，宣布2024年为"中国—东盟人文交流年"。

在第26次东盟与中日韩（10+3）领导人会议上，李强总理表示，过去20多年，10+3合作机制经历多次危机考验，在推动地区发展繁荣中发挥着重要作用。越是遇到困难的时候，越是需要抱团取暖、团结协作。10+3国家乃至整个亚洲国家有共同的家园、共同的利益、共同的机遇，要立足亚洲和平发展的整体利益，求同存异、求同化异，不断夯实10+3机制的合作根基，共同应对各类风险挑战，携手促进地区发展繁荣稳定，努力推动构建亚洲命运共同体。

李强总理指出，当前世界进入新的动荡变革期，全球发展事业面临巨大挑战。各方要始终把发展摆在地区合作的优先位置，排除各种干扰，深挖合作潜力，努力走出一条更加稳健、更有活力、更为普惠的发展路子。中方愿与各方以落实新一期《10+3合作工作计划》为契机，围绕共同打造经济增长中心，重点做好三件事情。一是持续推进区域经济一体化。要持续释放《区域全面经济伙伴关系协定》红利，更大力度促进要素自由流动，推动贸易投资扩容升级。希望各方支持香港作为首批新成员加入协定。二是持续深化地区产业分工协作。要秉持开放合作、互利共赢精神，继续发挥地缘邻近、经济互补等优势，推动地区产业链供应链在稳定畅通中优化升级。三是持续加强科技创新引领带动。中方愿与各方深化数字经济、清洁能源、新能源汽车等领域创新合作，共促新兴产业发展，共同培育更多新的经济增长点。

李强总理就日本福岛核污染水排海问题阐明中方立场，表示核污染水处置关乎全球海洋生态环境和民众健康，日方应该忠实履行自己的国际义务，同邻国等利益攸关方充分协商，以负责任方式处置核污染水。

与会领导人表示，10+3合作为维护地区稳定、促进地区发展作出重要贡献。各方应协调行动，坚持多边主义，以落实新一期《10+3合作工作计划》为契机，深化经贸、投资、数字经济、绿色低碳发展等领域合作，携手应对气候变化、能源和粮食安全等全球性挑战，为地区稳定与繁荣注入新动力，将东亚打造成和平与增长中心。

会议通过《10+3领导人关于发展电动汽车生态系统的联合声明》。

在第18届东亚峰会上，李强总理表示，近几十年来，东亚在经济全球化大潮中把握住时代机遇，坚定走上开放发展、合作共赢的正道坦途，成为促进世界发展的重要引擎。我们深知发展之不易、开放之必要、和平之珍贵，也切身体会到团结则兴、分裂则衰的道理。

李强总理指出，面对新形势新挑战，东亚峰会应继续坚持自身定位，为实现地区长期稳定和持久繁荣发挥更大作用。一是更好发挥促进发展作用，激发区域增长活力。把更多智慧和力量用在谋合作促发展上，坚持经济全球化，持续推动建设亚太自贸区。二是更好发挥战略对话作用，增进各方相知互信。中方愿就更好弘扬全人类共同价值，落实习近平主席提出的全球发展倡议、全球安全倡议、全球文明倡议等同各方开展更深入对话合作。三是更好发挥东盟主导作用，共促包容互利合作。最大程度兼顾各方诉求、包容各方利益，更好实现优势互补、凝聚合力。

李强总理表示，中国和东盟国家正积极推进"南海行为准则"磋商。希望域外国家充分尊重地区国家为商谈南海规则、维护南海和平稳定作出的努力。海洋污染影响深远，要以对历史、对人类负责的态度保护海洋生态环境，守护地球的"蓝色心脏"。

与会领导人表示，和平稳定是通向发展繁荣的关键。地区国家应当维护东亚峰会作为领导人引领的战略论坛作用，践行多边主义，加强建设性对话，携手应对气候变化、公共卫生、能源和粮食安全等全球性挑战，打造地区合作平台和增长中心，促进地区和世界和平与可持续发展。

会议通过《东亚峰会关于维护和促进本地区作为增长中心的领导人声明》。

19. 李强总理出席二十国集团领导人第十八次峰会

2023年9月9日至10日，国务院总理李强出席在印度新德里举行的二十国集团领导人第十八次峰会。

李强总理在峰会上发表讲话，表示基于对人类前途命运的思考，习近平主席提出了全球发展倡议、全球安全倡议、全球文明倡议。人类命运休戚与共，各国应当相互尊重、求同存异、和平共处。在重大危机和共同挑战面前，谁都不能独善其身，唯有团结合作才是人间正道。二十国集团成员应当坚守团结合作初心，扛起和平与发展的时代责任。李强总理提出三点建议：一是切实加强宏观经济政策协调，为世界经济增长传递信心、提供动力，做推动全球经济复苏的伙伴；二是坚定推进经济全球化，支持多边贸易体制，坚决反对人为将经贸问题政治化，共同维护全球产业链供应链稳定畅通，做推动全球开放合作的伙伴；三是共同守护地球绿色家园，促进绿色低碳发展，保护海洋生态环境，做推动全球可持续发展的伙伴。

李强总理强调，中国将坚定不移深化改革、扩大开放，推动高质量发展，推进中国式现代化。中国发展前景光明，必将为全球经济复苏和可持续发展注入更多新动能。中方愿同各方一道，为人类共同的地球、共同的家园、共同的未来，付出更大努力、作出更大贡献。

李强总理还指出，二十国集团成员应该发挥表率作用，从具体的事做起，努力把当下的事办好。当前最紧迫的就是发展问题。各方应该把发展问题置于宏观政策协调的中心位置，建立更务实的合作机制，拿出实打实的行动，支持发展中国家更好应对减贫、筹资、气候变化、粮食和能源安全等发展挑战；践行真正的多边主义，构建全球发展伙伴关系，为共同发展营造安全稳定的国际环境。

峰会通过《二十国集团领导人新德里峰会宣言》，强调支持可持续、包容和公正的全球转型的发展模式，承诺加快实现强劲、可持续、平衡和包容增长，全面有效落实联合国2030年可持续发展议程，重申通过重振多边主义、改革和国际合作应对挑战，并欢迎非盟成为二十国集团永久成员。

20. 李强总理出席上海合作组织成员国政府首脑（总理）理事会第二十二次会议

2023年10月26日，国务院总理李强在比什凯克出席上海合作组织成员国政府首脑（总理）理事会第二十二次会议。上海合作组织成员国、观察员国政府首脑或代表等出席。

与会各方表示，上海合作组织致力于弘扬"上海精神"，成立22年来不断发展壮大，国际影响力日益增强。各方要落实元首理事会共识，共同打击"三股势力"和跨国有组织犯罪，加强经贸、交通、农业、能源、金融、高新技术、生态环保、绿色发展等领域合作，推进共建"一带一路"，完善基础设施互联互通，深化旅游、教育等人文交流。各方同意加强上海合作组织机制建设，践行真正的多边主义，携手维护地区安全、促进地区繁荣，推动国际体系朝着更加包容、可持续方向发展。成员国总理或代表签署并发表《上海合作组织成员国政府首脑（总理）理事会第二十二次会议联合公报》，批准了上海合作组织经贸、铁路、机制建设等多项合作文件和决议。

李强总理围绕上海合作组织的初心、成功之道、未来发展同与会各国领导人深入交换意见，并就深化上海合作组织合作提出了四点倡议。一是共同筑牢地区安全屏障。坚决抵制外来干涉，尽快完善应对安全威胁和挑战的机制，严厉打击"三股势力"和跨国有组织犯罪。二是共同推动经济加快复苏。建设安全高效的交通体系，推进贸易投资自由化便利化，维护产业链供应链的平稳畅通。三是共同推进"一带一路"建设。加强高质量共建"一带一路"同各国发展战略的对接，推动重要经济走廊建设，建好上海合作组织开发银行。四是共同促进人民相知相亲。不断深化教育、文旅、体育等领域的合作，共同办好上海合作组织民间友好论坛等品牌项目。

21. 李强总理出席二十国集团领导人视频峰会

2023年11月22日，国务院总理李强在北京出席二十国集团领导人视频峰会。

李强总理在峰会上发表讲话，表示《二十国集团领导人新德里峰会宣言》发出了坚持团结合作、共同应对全球性危机的时代声音。当前世界经济复苏之路依然艰难，正如习近平主席指出，二十国集团成员都是世界和地区大国，应体现大国担当，发挥表率作用。中方愿同各方秉持合作初心，回应时代呼唤，为开创人类共同的美好未来携手奋进。李强总理提出三点建议：一是坚持发展优先，把发展合作置于突出位置，加快实现世界经济的强劲、可持续、平衡和包容增长，反对把发展问题泛政治化、泛安全化；二是拿出更多务实措施，坚持目标导向、问题导向，落实好二十国集团领导人新德里峰会达成的共识，不断取得实际成果；三是更加紧密协调配合，重振多边主义，继续加强宏观政策合作，在世界贸易组织、国际货币基金组织等改革中更多照顾发展中国家关切。

李强总理强调，历史一再证明，世界经济开放则兴、封闭则衰。近来，中方成功举办第三届"一带一路"国际合作高峰论坛、第六届中国国际进口博览会，取得丰硕合作成果，用实际行动展示了推进高水平开放、与世界共享发展机遇的坚定决心。中方愿同各方在开放包容中继续携手努力，为世界经济复苏和全球发展繁荣作出更大贡献。

22. 李强总理同俄罗斯总理米舒斯京共同主持中俄总理第二十八次定期会晤

2023年12月19日，国务院总理李强在北京人民大会堂同俄罗斯总理米舒斯京共同主持中俄总理第二十八次定期会晤。

李强总理表示，在习近平主席和普京总统的战略引领下，中俄关系持续高水平运行，双方政治互信更加牢固，民间友好不断深化，务实合作更有韧性，国际协调更为密切，树立了新型大国关系的典范。中方愿同俄方以2024年两国建交75周年为契机，落实好两国元首重要共识，不断传承发扬中俄世代友好，推动中俄关系实现新的更大发展，持续增进两国人民福祉，给世界注入更多的稳定性和正能量。

米舒斯京总理就甘肃临夏州积石山县地震造成人员伤亡向中方表示慰问。米舒斯京总理表示，俄中关系处于历史最高水平并保持快速发展势头，成为国际关系的压舱石和稳定器。俄方愿同中方一道，落实好两国元首重要共识，加强经贸、能源和投资等领域合作，深化人文交流，密切在联合国、金砖国家等多边机制内的沟通协调，把俄中全面战略协作伙伴关系提升到更高水平。

李强总理和米舒斯京总理听取了中俄投资、能源合作委员会，中俄总理定期会晤委员会，中国东北地区和俄罗斯远东及贝加尔地区政府间合作委员会，中俄人文合作委员会双方代表工作汇报。

两国总理充分肯定双方各委员会一年来高效务实的工作。双方一致认为，当前中俄两国都致力于发展振兴，双方要进一步提升中俄关系发展的内生动力，拓展双边贸易往来及农业合作，为对方企业赴本国投资创造更好营商环境，共同维护两国能源安全，加强互联互通，增进人员交流和地方合作，保障产业链供应链安全稳定。

两国总理共同宣布2022—2023年中俄体育交流年圆满闭幕，双方将办好2024—2025年中俄文化年。会晤后，两国总理签署了《中俄总理第二十八次定期会晤联合公报》，并共同见证签署相关合作委员会会议纪要及海关、检验检疫、市场监督等领域多项双边合作文件。

23. 李强总理出席澜沧江—湄公河合作第四次领导人会议

2023年12月25日，国务院总理李强在北京以视频方式出席澜沧江—湄公河合作第四次领导人会议。李强总理和缅甸领导人敏昂莱共同主持会议，柬埔寨首相洪玛奈、老挝总理宋赛、泰国总理赛塔、越南总理范明政出席。

李强总理表示，澜沧江—湄公河合作（简称"澜湄合作"）是澜湄六国一道发起和推进的重要事业，启动七年来，在习近平主席同各国领导人战略引领下，六国始终平等相待、真诚互助、亲如一家，打造了促进发展的有力引擎，构筑了共同安全的坚强护盾，拉紧了相知相亲的情感纽带，特别是中柬、中老、中缅、中泰、中越先后宣布共建双边命运共同体，进一步助力澜湄国家命运共同体建设取得积极进展，树立了构建人类命运共同体的典范。六国要持之以恒推进这一共同事业，推动澜湄国家命运共同体建设不断走深走实，努力打造高质量共建"一带一路"示范区、全球发展倡议先行区、全球安全倡议实验区和全球文明倡议首善区，持续增进各国人民福祉，在实现现代化的道路上相互支持、并肩前行。

李强总理就加强澜湄合作提出四点建议。一是深化融通发展，坚持开放合作，共同规划实施好澜湄区域互联互通战略项目，推动跨境经贸、产能、农业等合作项目提质升级，维护产业链供应链安全稳定，加强智能制造和大数据合作。中方将设立澜湄合作共同发展专项贷款，支持各国重点项目。二是推进绿色合作，充分尊重各国合理开发利用水资源的正当权益，照顾彼此关切。中方愿同各国探讨开展澜湄全流域治理等合作，大力推进能源转型、生态保护等合作。三是加强安全治理，统筹共同、综合、合作、可持续安全，深入推进"平安澜湄行动"，强力打击网赌电诈等犯罪行为。四是深化人文交流，中方支持举办澜湄国家青年企业家论坛，愿同各方培育智库、地方等合作新亮点。

与会领导人高度评价澜湄合作取得的丰硕成果，感谢中方为推进澜湄合作作出的突出贡献，表示澜湄合作基于相互尊重、互利共赢、开放包容、不干涉内政等重要原则，是增进地区人民福祉、维护地区和平与发展、促进地区经济一体化的重要平台。六国要共享机遇、共迎挑战，共同规划澜湄合作未来发展，加强农业、创新、减贫、互联互通、数字经济、绿色发展、水资源、旅游、人文及打击网络电诈等领域合作，进一步推动澜湄合作走深走实，构建澜湄经济发展带，打造澜湄国家命运共同体。

会议发表《澜湄合作第四次领导人会议内比都宣言》《澜湄合作五年行

动计划（2023—2027）》和《澜湄地区创新走廊建设共同倡议》。

24. 王毅出席第59届慕尼黑安全会议并发表主旨讲话

2023年2月18日，中共中央政治局委员、中央外事工作委员会办公室主任王毅应邀出席第59届慕尼黑安全会议。

王毅在慕尼黑安全会议"中国专场"活动发表题为《建设一个更加安全的世界》的主旨讲话，指出建设一个更加安全的世界是各国人民的强烈愿望，是世界各国的共同责任，是中国矢志不渝的追求，更是时代前进发展的正确方向。王毅阐述了中方对当前国际形势的看法，为解决全球安全难题提供中国方案、贡献中国智慧，树立了中国作为负责任大国的良好形象。

王毅指出，站在历史演进的重要关头，人类社会绝不能重走阵营对立、分裂对抗的老路，绝不能陷入零和博弈、战争冲突的陷阱。为了世界更安全，要坚持尊重各国主权和领土完整，坚持通过对话协商和平解决争端，要回归《联合国宪章》宗旨和原则，要重视发展的关键作用。王毅强调，中国坚持走和平发展道路，并坚定地团结更多国家一道走和平发展道路，并宣布中方将发布《全球安全倡议概念文件》，为解决当今安全困境提出更可行的措施。

发表主旨讲话后，王毅还就乌克兰问题、中美关系、台湾问题等回答现场提问，指出中国致力于劝和促谈，站在和平一边，站在对话一边，中方将发布《关于政治解决乌克兰危机的中国立场》文件。在中美关系上，中方要求美国客观公正看待中国发展，奉行积极务实的对华政策，和中方一道，推动中美关系重回健康稳定轨道。同时表示，在乌克兰问题上，各方强调要维护主权和领土完整，在台湾问题上也同样要坚持这一原则，坚决维护中国的主权和领土完整。

与会期间，王毅还同德国总理朔尔茨举行会见。王毅表示，中方愿全面重启同德国及欧洲的各领域交往，扩大互利合作，中德应共同支持多边主义和自由贸易，反对"脱钩断链"，切实维护产供链稳定。王毅建议双方筹备新一轮政府磋商，规划两国关系发展蓝图。朔尔茨总理表示，德国赞同尽快重启各领域合作，德方将坚定发展同中国的经贸关系，反对任何形式的"脱钩"。

此外，王毅还会见了比利时首相德克罗、荷兰副首相兼外交大臣胡克斯特拉、爱尔兰副总理兼外交与国防部长马丁、美国国务卿布林肯、欧盟外交与安全政策高级代表博雷利、英国外交发展大臣克莱弗利、德国外交部长贝尔伯克、日本外务大臣林芳正、奥地利欧洲和国际事务部部长沙伦贝格、巴基斯坦外交部长比拉瓦尔、乌克兰外交部长库列巴等。

25. 王毅出席东亚合作系列外长会

2023年7月13日至14日，中共中央政治局委员、中央外事工作委员会办公室主任王毅在印度尼西亚雅加达出席东亚合作系列外长会，包括中国—东盟（10+1）外长会、东盟与中日韩（10+3）外长会、东亚峰会外长会和东盟地区论坛外长会。

在中国—东盟（10+1）外长会上，王毅表示，20年前，中国和东盟国家领导人共同见证中国签署加入《东南亚友好合作条约》，发表《中国与东盟面向和平与繁荣的战略伙伴关系联合宣言》，开启了中国东盟关系新阶段。中国率先加入《东南亚友好合作条约》，体现了中国坚持大小国家一律平等的外交传统，体现了中国对东盟发展壮大的坚定支持，体现了中国对周边奉行的睦邻友好政策，也带动了其他大国相继加入《东南亚友好合作条约》。东盟对话伙伴由此不断增加，国际地位不断增强，中方为此感到高兴。

王毅表示，20年来，中国和东盟积极践行《东南亚友好合作条约》宗旨和原则，全方位拓展互利合作，成功走出一条长期睦邻友好、共同发展繁荣的正确道路，东亚也成为全球经济发展最快、人民生活水平快速提高的地区。双方携手推进命运共同体建设，命运与共的意识不断深入人心；携手共建"一带一路"，给20多亿民众带来实实在在利益；携手促进区域经济一体化，做自由贸易和市场开放的坚定倡导者；携手夯实和平稳定根基，支持以东盟为中心的区域合作架构秉持开放包容理念、排除干扰发展下去。

王毅强调，中方支持东盟打造经济增长中心，中国致力于高质量发展，以中国式现代化为各国提供新机遇，愿与东盟加强团结协作，携手推进亚洲现代化进程。

一是共同弘扬友好合作精神。坚持《东南亚友好合作条约》宗旨和原则，探讨全球发展倡议、全球安全倡议、全球文明倡议与《东南亚友好合作条约》协同发力，把亚洲智慧传承好、发扬好，践行真正的多边主义，维护地区规则秩序。中方重申愿率先签署《东南亚无核武器区条约》议定书。

二是共同坚持开放的区域主义。坚定推进区域一体化进程，抵制各种逆全球化操作和"脱钩断链"，维护区域产供链稳定畅通。推动"一带一路"倡议同东盟印太展望开展互利合作，加快中国—东盟自贸区3.0版谈判，加强粤港澳大湾区和海南自贸港同东盟发展规划对接合作。

三是共同释放新的合作潜能。加大新兴产业合作，加强政策对接。持续深化蓝色经济合作。将2024年确定为"中国—东盟人文交流年",助力恢复双方人员往来和文明交流互鉴。

四是共同应对全球风险挑战。办好2023年农业发展和粮食安全合作年系列活动,提升区域粮食安全水平。推动中国—东盟清洁能源合作中心尽快落地,促进地区能源转型。中方将继续支持东盟区域地雷行动中心建设。

五是共同维护地区和平稳定。继续恪守《南海各方行为宣言》,力争早日达成"南海行为准则",更好维护南海的和平稳定,使南海成为和平、友谊、合作之海,而不是大国博弈的棋盘。

王毅强调,中国和东盟永远是邻居,是伙伴,更是兄弟姐妹。双方的历史已经联系在一起,未来也必将联系在一起。中国将按照习近平主席提出的亲诚惠容理念,坚定不移奉行对东盟友好合作政策,坚定不移致力于同东盟国家共同发展振兴。期待共同推动中国东盟全面战略伙伴关系不断向前发展,为本地区和平繁荣作出新的贡献。

各方表示,东盟中国各领域合作展现勃勃生机,为地区和平稳定繁荣作出重要贡献。中国已成为东盟坚强有力的合作伙伴,彼此合作呈现全方位进展。感谢中方支持东盟中心地位和共同体建设,赞赏中方率先表示愿签署《东南亚无核武器区条约》议定书。各方欢迎"南海行为准则"取得重要进展,彰显区域国家团结互信,也为和平解决分歧树立了样板。愿同中方加快推进自贸区升级谈判,加强互联互通,促进开放包容可持续增长。将致力于打造"五大家园",深化双方减贫、绿色低碳发展、数字经济、旅游、通关便利等各领域合作。期待东盟中国全面战略伙伴关系不断迈上新水平,取得新成果。

会议通过了关于中国加入《东南亚友好合作条约》20周年纪念联合声明和加快达成"南海行为准则"指针文件。

在东盟与中日韩(10+3)外长会上,王毅表示,10+3合作是东亚区域合作最成熟的机制之一,长期以来为东亚繁荣发展作出了积极贡献。当前形势下,10+3国家作为地区主要经济体,理应加强团结,密切合作,共迎挑战。一是全力推动地区经济恢复增长。中国已为《区域全面经济伙伴关系协定》经济技术合作提供支持,帮助东盟国家提升协定实施能力。二是积极助力地区可持续发展。中方已向地区国家提供医疗物资、大米紧急储备、减贫合作等支持。三是着力恢复地区人员往来。尽快增加同地区国家商业航班,推动出入境旅游有序恢复。

王毅强调,2023年是落实《10+3合作工作计划(2023—2027)》的开局之年,地区国家要把握构建东亚共同体的长远目标,支持东盟中心地位,完善包容性区域合作架构,不断拓展合作领域,为地区乃至世界经济的复苏增长注入更为强劲的"东亚力量"。王毅就下阶段10+3合作提出三点建议。

一是坚持开放合作，加快推动区域一体化进程。以《区域全面经济伙伴关系协定》全面生效为契机，支持香港作为首批成员加入《区域全面经济伙伴关系协定》。中方支持制定"10+3经济合作工作计划"，建设稳定、畅通、基于比较优势的区域产供链体系，愿推进中小企业合作，支持10+3宏观经济研究办公室打造区域知识中心。

二是坚持共同安全，不断提升危机应对效能。中方将持续向10+3大米紧急储备机制捐资，强化东盟粮食安全信息系统，更好维护地区粮食安全。提升清迈倡议多边化可用性和有效性，筑牢区域金融安全网。日本核污染水排海事关海洋环境安全和人类生命健康，兹事体大，务必三思，不应擅自行事，不能铸成大错。

三是坚持创新引领，充分挖掘可持续发展潜能。加大新兴产业合作，为发展增添动力。中方支持东盟提出的关于发展电动汽车生态系统的声明，欢迎各方参与中方举办的清洁能源对话、低碳发展伙伴关系研讨会、东亚论坛等活动。中方还将持续推进减贫、村官交流、乡村发展等领域合作。

日本、韩国和东盟各国外长表示，10+3机制在应对危机中应运而生，合作领域不断拓展，合作成效日益显现，为地区国家实现疫后快速复苏和可持续发展发挥关键作用，成为坚实可靠的稳定之锚。各方支持以东盟为中心、开放包容的区域合作架构，坚持践行多边主义，维护地区和平稳定繁荣。各方一致认为，应推动10+3机制与时俱进，充分发挥大米紧急储备机制作用，积极推进清迈倡议多边化，高质量实施《区域全面经济伙伴关系协定》，打造数字经济、创新科技、能源转型、电动汽车等新的增长点，为地区互联互通、增强韧性注入新的动力，助力东盟打造全球增长中心。

在东亚峰会外长会上，王毅表示，东亚峰会是亚太地区具有广泛代表性和重要影响力的合作机制。面对当前国际和地区形势深刻变化，东亚峰会应维护好本地区得来不易的和平稳定局面。中方愿提出三点主张。

一是切实支持东盟中心地位，筑牢和平根基。东盟中心地位是历史演进的自然结果，也是各方立场的最大公约数。另起炉灶并不可取，拉帮结伙不得人心，北约插足东亚更无道理。地区和平取决于各国普遍发展和共同繁荣，不应建立在少数国家追求绝对安全的基础之上。中方愿同各方围绕全球安全倡议探讨合作，重申愿率先签署《东南亚无核武器区条约》议定书。

二是携手打造地区增长中心，促进共同发展。共同维护经济全球化正确方向，坚持开放、自由、公平、包容和基于规则的多边贸易体系，反对保护主义、反对"脱钩断链",持续推动建设亚太自贸区,营造良性竞争、合作共赢的地区发展环境。中方支持印度尼西亚倡议发表关于经济增长的领导人声明,发出团结谋发展的积极信号。欢迎东亚峰会新一期行动计划达成共识,愿同各方继续推进能源、减贫等领域合作。

三是坚持真正的多边主义,加强良性互动。坚持开放包容理念,摒弃二元对抗思维,反对党同伐异、画地为牢。中方愿同地区国家一道,弘扬《东南亚友好合作条约》宗旨和原则,坚持和平共处、相互尊重、互利合作,践行真正的多边主义,推动亚太合作重回正确轨道。

在东盟地区论坛外长会上,王毅表示,2023年是东盟地区论坛成立30周年。作为亚太地区覆盖范围最广的安全机制,论坛持之以恒开展安全对话合作,为维护地区和平稳定作出有益贡献。论坛将建立信任措施作为核心,循序渐进探索符合地区实际的预防性外交。论坛坚持东盟主导,倡导相互尊重、协商一致、照顾各方舒适度等东盟方式,打造以东盟为中心的区域安全架构。这些宝贵经验和有益做法都值得继续坚持。当前地区安全形势深刻演变,不稳定不确定因素突出。为维护亚太地区安全稳定的战略环境,中方愿提出三点建议。

一要坚持开放包容,推动共同安全。坚持共同、综合、合作、可持续的安全观,兼顾各方诉求、包容各方利益,走共商共建共享的共同安全之路。本地区不需要军备竞赛,不能搞集团对抗,也不欢迎另起炉灶,更反对搞所谓"亚太版"北约的图谋。

二要维护地区规则,促进普遍安全。《东南亚友好合作条约》宗旨和原则同《联合国宪章》宗旨、和平共处五项原则、万隆精神高度一致,构成指导地区国家间关系的行为准则,要进一步弘扬《东南亚友好合作条约》精神,践行真正的多边主义。

三要深化务实合作,践行合作安全。发挥合作议题丰富、务实项目众多的独特优势,为各领域建立信任措施和预防性外交注入更多活力,扎实推进低敏感领域合作,逐步培育拓展共同安全利益,增进安全互信。

26. 王毅出席第十三次金砖国家安全事务高级代表会议

2023年7月25日,中共中央政治局委员、外交部长王毅在约翰内斯堡出席第十三次金砖国家安全事务高级代表会议。

王毅表示,经过十几年发展,金砖国家已成为新兴市场国家和发展中国家联合自强的重要平台。我们顺应时代潮流,站在历史正确一边,站在人类进步一边,这是金砖合作的底气所在。我们持续推进政治安全、经贸财金、人文交流"三轮驱动"合作，取得丰硕成果，这是金砖合作的信心来源。我们努力提升新兴市场国家和发展中国家的话语权和影响力，为变乱交织的世界不断注入正能量，这是金砖合作的能力体现。新形势下，我们要把握好金砖国家未来发展方向，进一步加强政治互信和战略协作，不断提供符合时代要求的国际公共产品，努力将开放包容、合作共赢的金砖精神转化为实际行动，擦亮金砖合作"金字招牌"。

王毅指出，应对当前全球安全挑战、破解安全困境，要坚持以相互尊重为前提，恪守《联合国宪章》宗旨和原则，尊重彼此合理安全关切，尊重各国选择政治制度和发展道路的权利。要坚持以多边主义为遵循，维护以联合国为核心的多边体系，抵制单边主义和霸权行径，反对以封闭排他"小圈子"破坏多边合作"大家庭"。要坚持以公平正义为要旨，遵循国际法和公认的国际关系准则，以对话解争端、以协商化分歧，反对"脱钩断链"和"双重标准"。要坚持以团结合作为路径，将本国安全寓于共同安全之中，以合作共赢精神，携手应对各类安全挑战，反对零和博弈和冷战思维。

王毅强调，"全球南方"是新兴市场国家和发展中国家的集合体，体现了我们在国际舞台上的群体性崛起。"全球南方"国家面临抵制外部干预渗透、维护政治安全和政权安全的重要使命。我们要保持战略定力与自信，坚定不移走好自己的路，在涉及彼此核心利益和重大关切问题上相互支持，以实际行动回击一切挑拨金砖团结、抹黑金砖合作的杂音。要不断深化南南合作，引领"全球南方"团结自强，共同维护国家安全稳定，推动建设平等有序的多极世界。

王毅表示，团结就是力量，行动就是方向，开放就是动力。中方愿同金砖伙伴一道，支持彼此维护本国安全稳定的努力，在应对国际安全挑战方面开展更多务实合作，让世界听到更多的金砖声音、见证更大的金砖作用。

南非总统府部长恩特沙韦尼主持会议，巴西总统首席特别顾问阿莫林、俄罗斯联邦安全会议秘书帕特鲁舍夫、印度国家安全顾问多瓦尔出席。会议围绕当前安全挑战、反恐和网络安全、粮食和水安全、能源安全等议题深入交换意见，达成广泛共识。各方表示，面对各种安全挑战，金砖国家要弘扬"金砖精神"，支持多边主义，建设多极世界，反对单边制裁，共同打击恐怖主义、极端主义、跨国犯罪，携手应对网络、粮食安全和气候变化等全球性挑战，推动全球治理体系改革，提升发展中国家的代表性和发言权，促进国际关系的民主化。各方同意加强对话协商和团结合作，支持南非办好金砖国家领导人会晤，推动金砖合作不断发展壮大，开启金砖合作新征程。

与会期间，王毅还出席了"金砖国家安全事务高级代表之友"会议，并分别会见南非总统府部长恩特沙韦尼、巴西总统首席特别顾问阿莫林、俄罗斯联邦安全会议秘书帕特鲁舍夫、印度国家安全顾问多瓦尔和伊朗最高国家安全委员会秘书艾哈迈迪安。

27. 王毅访问新加坡、马来西亚和柬埔寨

2023年8月10日至13日，中共中央政治局委员、外交部长王毅访问新加坡、马来西亚和柬埔寨。

访新期间，新加坡总理李显龙会见王毅，王毅还分别同新加坡副总理兼财政部部长黄循财和外交部长维文会见、会谈。王毅表示，2023年3月，中新两国领导人共同宣布将中新关系提升为全方位高质量的前瞻性伙伴关系，为双方高水平互利合作开辟了新前景。中方愿同新方在两国领导人战略引领下，拓展新合作领域，加强多边事务协调，展现中新关系新定位的丰富内涵。中方将同东盟国家一道，携手构建中国东盟"五大家园"，推动中国东盟全面战略伙伴关系持续向前发展。新方表示，愿同中方加强战略沟通，推进好各领域合作，共同落实好双边关系新定位。

访马期间，马来西亚总理安瓦尔会见王毅，王毅还同马外交部长赞比里举行会谈。王毅表示，2023年是中马建立全面战略伙伴关系10周年，2024年是两国建交50周年。中方愿同马方一道，保持双边关系健康强劲发展势头，拓展合作领域，实现互利共赢、共同发展，推动中马命运共同体建设走深走实。马方表示，中国是马可信赖的好朋友，两国关系特殊友好，双边合作强劲有力。马方高度赞赏并支持习近平主席提出的重要倡议，将继续积极参与共建"一带一路"，加强各领域各层级联系，扩大互利共赢成果，推动中马关系不断取得新进展。

访柬期间，柬埔寨国王诺罗敦·西哈莫尼、首相洪森、候任首相洪玛奈分别会见王毅。王毅还分别同柬埔寨副首相贺南洪和候任副首相孙占托、副首相兼外交与国际合作部大臣布拉索昆、候任副首相兼外交与国际合作部大臣宋金达等会见。王毅祝贺柬成功举行大选，表示作为全面战略合作伙伴和命运共同体，中方坚定支持柬方走符合自身国情的发展道路，维护主权、独立和民族尊严，愿按照高层共识，同柬方加强团结协作，充实中柬"钻石六边"合作架构，携手共建高质量、高水平、高标准的新时代中柬命运共同体，让中柬友好深入人心、世代相传。

柬方感谢习近平主席高度重视中柬关系，在柬埔寨大选后第一时间发来贺电并派中国高级别代表团访柬，充分体现了中方对柬埔寨的坚定支持

和柬中铁杆友谊。柬方将有序推进高层代际交接，保持大政方针稳定连续。柬埔寨视中国为真正的战略依靠和坚强的战略后盾，巩固深化柬中团结友好的决心坚定不移。柬埔寨新一届政府将继续同中方增强战略互信，弘扬传统友谊，期待同中方携手落实"钻石六边"合作共识，推进"工业发展走廊"和"鱼米走廊"建设，推动柬中命运共同体建设不断迈上新台阶。

28. 王毅出席中国—南亚博览会开幕式并致辞

2023年8月16日，中共中央政治局委员、外交部长王毅在昆明出席第七届中国—南亚博览会开幕式并致辞。斯里兰卡总理古纳瓦德纳、老挝国家副主席巴妮、尼泊尔副总统亚达夫、越南副总理陈流光等出席并致辞。孟加拉国国民议会议长乔杜里、阿富汗临时政府代理副总理卡比尔、尼加拉瓜总统顾问劳雷亚诺通过视频方式致辞。

王毅表示，中国和南亚国家山海相连、命运相系，在文明复兴进程中相互欣赏，在全球化潮流中携手同行。中国和南亚国家顺应历史大势，加快发展振兴，成长为世界上增长最快、最富活力的地区。各国平等尊重，相向而行，各领域合作取得丰硕成果。中方欢迎南亚国家继续搭乘中国发展快车，分享中国发展红利。愿同南亚各国一道，把握历史机遇，加强团结协作，不断培育发展新动能，构建发展共同体，为地区的长治久安、稳定繁荣贡献力量。

王毅就深化双方四方面合作提出建议。一是深化战略互信，在国际和地区事务中相互支持，携手倡导开放的区域主义，构建更加紧密的区域合作，共同维护发展中国家利益，共同捍卫国际公平正义。二是深化互联互通，推进中巴经济走廊、中尼跨境铁路等骨干通道建设，加快推进关键通道、关键节点和重点工程建设，推动区域经济循环畅通升级。三是深化经贸合作，进一步推进贸易便利化和制度标准对接，以共商共建共享带动投资合作，密切全球产供链联系。四是深化人文交流，拉紧联系纽带，升华传统友谊，为开展区域合作创造更具凝聚力、更富多样性的社会基础。

各方表示，南亚国家积极推进同中国高质量共建"一带一路"，取得丰硕成果。本次博览会主题顺应时代潮流，符合各国发展需要，感谢中方打造高效合作平台，助力南亚国家搭乘中国发展快车，期待同中方加强团结协作，为区域开放包容、和平稳定和共同发展作出贡献。

29. 王毅赴俄罗斯举行中俄第十八轮战略安全磋商

2023年9月19日，中共中央政治局委员、外交部长王毅在莫斯科同俄罗斯联邦安全会议秘书帕特鲁舍夫共同主持中俄第十八轮战略安全磋商。双方围绕两国战略协作广泛议题深入交换意见，加强了协调，增进了互信。

王毅表示，中俄关系经受住国际风云变幻考验，持续健康稳定向前发展，两国战略协作内涵不断充实，务实合作质量不断提升。作为联合国安理会常任理事国和负责任大国，中俄在国际舞台上密切配合，共同捍卫真正的多边主义，反对一切强权霸凌行径，推动全球治理体系朝着更加公平合理方向发展。

王毅表示，中俄战略安全磋商机制作为两国新时代全面战略协作伙伴的重要组成部分，体现了中俄政治互信的深度和战略协作的广度。机制建立以来，双方保持密切沟通和良性互动，有效捍卫了共同利益，也为全球战略稳定以及解决地区热点问题贡献了智慧力量。双方在涉及彼此核心利益问题上坚定相互支持，彰显了全面战略协作伙伴的应有之义。中方愿同俄方一道，以两国元首重要共识为根本遵循，进一步释放机制效能，为维护两国国家安全、促进世界和平稳定作出更大贡献。

帕特鲁舍夫表示，2023年以来，在两国元首战略指引下，俄中关系稳健发展，务实合作有序推进。双方始终相互尊重、相互支持。面对国际安全形势快速变化和冲突频仍挑战，俄中不受外部影响和干扰，坚持独立自主，加强战略协作，展现了全面战略协作伙伴的独特价值。俄方坚定支持中方在台湾、涉疆、涉藏、涉港等问题上的正当立场，反对西方干涉中国内政。俄方高度赞赏并支持习近平主席提出的"三大全球倡议"，愿共同促进亚太地区乃至世界稳定和发展。

双方同意适时举行中俄战略稳定磋商，加强执法安全、防扩散以及新兴科技全球治理等合作。

双方还将继续加强在上海合作组织、金砖机制等多边框架下的协作。

此次磋商是中俄战略安全磋商机制框架内的一次例行活动，旨在落实两国元首达成的重要共识，推动双边关系发展，并就涉及两国战略安全利益的重要议题进行深入沟通。

30. 王毅出席纪念亲诚惠容周边外交理念10周年国际研讨会开幕式

2023年10月24日，纪念亲诚惠容周边外交理念10周年国际研讨会在北京举行，会议主题为"亲诚惠容：新内涵 新发展 新愿景"。国家主席习近平向研讨会发表书面致辞。中共中央政治局委员、外交部长王毅出席开幕式并发表讲话。巴基斯坦参议院主席桑吉拉尼、蒙古国总理奥云额尔登、尼泊尔总理普拉昌达、柬埔寨副首相孙占托、日本前首相福田康夫、韩国前总理李海瓒、吉尔吉斯斯坦前总理博罗诺夫、上海合作组织秘书长张明等以线下或线上方式出席。

习近平主席在书面致辞中指出，中国周边外交的基本方针，就是坚持与邻为善、以邻为伴，坚持睦邻、安邻、富邻，突出体现亲诚惠容的理念。10年来，中国积极践行亲诚惠容理念，全面发展同周边国家的友好合作关系，双方政治互信不断增强，利益融合持续深化，走出了一条睦邻友好、合作共赢的光明大道。新的时代背景下，中国将赋予亲诚惠容理念新的内涵，弘扬以和平、合作、包容、融合为核心的亚洲价值观，为地区团结、开放和进步提供新的助力。中国将推动亲诚惠容理念新的发展，让中国式现代化更多惠及周边，共同推进亚洲现代化进程，使中国高质量发展与良好周边环境相互促进、相得益彰。中国将继续践行亲诚惠容理念，同地区国家携手构建和平安宁、繁荣美丽、友好共生的亚洲家园，共同谱写推动构建亚洲命运共同体和人类命运共同体的新篇章！

王毅在讲话中表示，10年前，面对亚洲深刻复杂变局和各国期待，习近平主席把握世界大势和地区发展规律，提出了亲诚惠容周边外交理念。10年来，中国积极践行这一重要理念，始终将周边置于外交全局的首要位置，坚定不移走长期睦邻友好、共同发展繁荣的正确道路。亲诚惠容从理念到行动，从愿景到现实，思想内涵不断丰富，实践效果持续显现，为亚洲友好合作、团结振兴注入了强大动力，为构建人类命运共同体提供了有益镜鉴。"亲"体现在亲仁善邻，亚洲大家庭展现新力量；"诚"体现在以诚相待，伙伴关系得到新提升；"惠"体现在互惠互利，务实合作迈上新台阶；"容"体现在开放包容，区域融合开拓新局面。

王毅表示，10年来，中国同周边国家携手前行，在国际风云激荡中守护来之不易的和平安宁，在重重危机挑战中建设全球最有活力的发展高地。放眼未来，中国愿与各方一道，倍加珍惜睦邻友好合作局面，共同弘扬亲诚惠容理念，充实拓展丰富内涵，不断照亮亚洲各国的前行之路。

一要让和平安全的传统薪火相传。地区各国要独立自主、团结自强，坚持共同、综合、合作、可持续的新安全观，建立相互尊重、求同存异、对话协商的亚洲安全模式，始终把亚洲长治久安的前途掌握在自己手中。

二要让合作共赢的成果普惠各方。始终把发展摆在优先位置，坚持互惠互利而不是你输我赢，开放合作而不是"脱钩断链"，在更高水平合作中实现更高质量发展。

三要让开放包容的理念发扬光大。倡导和平、发展、公平、正义、民主、自由的全人类共同价值，坚持和而不同，践行开放的区域主义，在交流互鉴中取长补短、美美与共，调动一切积极因素，推动区域合作更好发展。

四要让融合共生的潮流浩荡前行。坚持推动命运共同体意识落地生根，将自身发展融入地区发展大势中，把人们赖以生存的家园维护好、建设好、发展好。

王毅强调，中方将保持周边外交政策的延续性和稳定性，秉持亲诚惠容理念，深化同周边国家友好合作和利益融合，共同构建和平安宁、繁荣美丽、友好共生的亚洲家园，为构建亚洲命运共同体和人类命运共同体贡献更多智慧和力量。王毅就此提出四点建议。

一是坚持共商共建共享，打造"一带一路"示范区。落实好第三届"一带一路"国际合作高峰论坛成果，深化地区国家基础设施"硬联通"和规则标准"软联通"。积极推动"一带一路"倡议与地区各国发展战略对接，促进区域经济循环畅通升级，为地区各国人民带来更多福祉。

二是坚持共谋发展，打造全球发展倡议先行区。加快落实联合国2030年可持续发展议程，共同实施好《区域全面经济伙伴关系协定》，力争2024年内完成中国—东盟自贸区3.0版谈判。加快推进区域经济一体化和贸易合作便利化，拓展合作领域，培育合作新增长极。

三是坚持和衷共济，打造全球安全倡议实验区。尊重各国自主选择的发展道路，坚决反对外部势力干涉地区国家内政。旗帜鲜明反对冷战思维，决不让地缘冲突的悲剧在本地区上演。通过协商谈判寻求公平合理的历史遗留争议解决方案，走亚洲共同安全之路。

四是坚持亚洲价值，打造全球文明倡议首善区。弘扬以和平、合作、包容、融合为核心的亚洲价值观，深化文明交流互鉴。拓展地区国家人文交流，促进民心相通，不断筑牢相知相亲、世代友好的基石。

与会代表高度评价亲诚惠容理念的重要时代意义和实践价值，高度赞赏中方坚持睦邻友好政策，展现平等尊重、开放包容，促进交流联通、共同发展。中方提出一系列全球倡议，为推进全球化、共享发展成果提供新思路，为周边国家带来新机遇。各国愿同中国一道，坚持睦邻友好、互利共赢，积极参与高质量共建"一带一路"，共同维护地区和平稳定和发展繁荣。

研讨会当日还发布了《新时代中国的周边外交政策展望》文件。

31. 王毅访问美国

2023年10月26日至28日，中共中央政治局委员、外交部长王毅应邀访问美国。其间，王毅分别会见美国总统拜登、总统国家安全事务助理沙利文，同美国国务卿布林肯举行两轮会谈，并分别同美国战略界、工商业界等各界代表举行座谈。

王毅向拜登总统转达国家主席习近平的问候，表示此次访问的目的就是同美方沟通，切实落实两国元首重要共识，在重返巴厘岛基础上，面向旧金山，推动中美关系止跌企稳，尽快回到健康稳定发展轨道。

王毅表示，一个中国原则和中美三个联合公报是两国关系最重要的政治基础，必须排除干扰，切实维护。中方重视美方希稳定和改善对华关系。双方要本着对世界、对历史、对人民负责任态度，按照习近平主席提出的相互尊重、和平共处、合作共赢三原则，推动中美关系真正稳下来、好起来，这不仅符合两国和两国人民根本利益，也是国际社会的共同期待。

拜登总统向习近平主席致以问候，阐述了重视对华关系的立场，表示美方愿同中方保持沟通，共同应对全球性挑战。

访问期间，王毅同美国国务卿布林肯举行两轮会谈，同美国总统国家安全事务助理沙利文进行了战略沟通。

王毅表示，当前国际局势变乱交织，中美关系也处于关键十字路口。作为世界前两大经济体和安理会常任理事国，中美两国既面临各自发展任务，也面临共同问题挑战。中方始终认为，中美共同利益大于分歧矛盾，中美各自取得成功对彼此是机遇而非挑战，大国相处之道应是对话合作而非零和博弈。中方主张中美关系应尽快重回健康稳定发展轨道，以造福两国，惠及世界。

王毅表示，回首2023年以来中美关系曲折历程，经验值得总结，教训需要汲取，最关键是要做到"五个必须"：必须遵守两国元首共识；必须稳定中美双边关系；必须保持沟通渠道畅通；必须管控分歧矛盾摩擦；必须推进互利合作。王毅强调，要实现中美关系稳下来、好起来，双方还应客观认识对方战略意图，正确看待中美交往中的竞争因素，厘清国家安全概念。

王毅强调，台海和平稳定面临的最大威胁是"台独"，中美关系面临的最大挑战也是"台独"，必须坚决加以反对，并体现在具体政策和行动上。

王毅阐述了中方在南海问题上的严正立场，还就巴以冲突、乌克兰危机、朝鲜半岛核问题等同美方交换了看法。

美方表示，美国政府重视对华关系。近段时间，美中保持交往和互动，开展坦率、建设性沟通，取得积极成效。美方希望两国关系稳定、可持续，愿同中方加强沟通，防止误判，探讨在需要合作的领域开展合作，筹备好美中下阶段高层交往，共同应对全球性挑战。

访问期间，王毅还同美国战略界、工商界人士举行座谈。

王毅表示，此次访美期间，中美双方本着平等和相互尊重的态度，就共同关心的诸多问题进行了深入、建设性、实质性战略沟通，共同发出了稳定和改善中美关系的积极信号。尽管中美之间还存在各种分歧矛盾，仍有许多问题需要解决，但双方都认为，中美两个大国保持对话是有益而且必要的。双方都希望中美关系尽快稳下来，争取好起来。双方都同意朝着实现旧金山元首会晤共同努力。同时，"通往旧金山"不会是一马平川，不能靠"自动驾驶"。为此，双方要切实"重回巴厘岛"，把两国元首的共识真正落到实处，排除干扰，克服障碍，增进共识，积累成果。

王毅强调，中国对外开放的大门越开越大，营商环境持续改善，创新水平日益提升。习近平主席在第三届"一带一路"国际合作高峰论坛上宣布一系列重大举措，为推进国际合作，加强中美经贸往来带来重要利好。中方赞赏美国工商界克服中美关系跌宕起伏困难，坚持致力于促进中美友好。中美互利合作的动力依然强劲，基础依然深厚，空间依然广阔，希望各方抓住中国高质量发展和高水平开放新机遇，发挥经贸合作压舱石作用，培育两国友好的民意和社会基础，为中美关系改善发展作出新的贡献。

王毅还就中美两军交往，金融、科技、人文交流合作，中国投资环境、市场准入以及中东局势、乌克兰危机等与会人员关心的问题同与会人员深入交流，介绍了中国经济发展前景以及在市场准入、知识产权保护等领域采取的积极举措。

与会代表表示，美中逐步恢复各层级对话交往令人深受鼓舞。稳定的美中关系符合双方利益。强劲的美中关系对两国各自成功至关重要。美中合作在解决国际和地区热点问题中曾经并将继续发挥关键作用。期待拓展双方经贸、科技、创新、应对气候变化合作，给两国人民带来更多福祉。

中美双方商定，将于访问结束后分别举行中美海洋事务磋商、中美军控和防扩散磋商、中美外交政策磋商、中美残疾人事务协调会，并探讨签署残疾人事务合作谅解备忘录。双方同意进一步增加客运直航航班。

32. 王毅出席第十次中日韩外长会

2023年11月26日，中共中央政治局委员、外交部长王毅在韩国釜山同韩国外交部长官朴振、日本外务大臣上川阳子共同出席第十次中日韩外长会。

王毅表示，中日韩合作已成为东亚地区机制化程度最高、覆盖领域最广、内涵最丰富的多边合作架构，切实服务了三国发展，造福了地区人民。中日韩合作发展历程表明，三国合作具有深厚基础、强劲需求、巨大潜力和广阔前景。面对百年变局加速演进、世界经济复苏缓慢，中日韩应以更进取姿态，为促进地区和全球发展发挥积极作用。中方将继续本着与邻为善、以邻为伴方针，同韩方和日方共同努力，推动三国合作重回正轨，保持健康稳定可持续发展，为地区和世界和平繁荣作出新贡献。

王毅指出，在重整行装再出发之际，有必要重温中日韩合作历程和成果，坚守初心、锚定方向，坚持将《中日韩合作未来十年展望》等领导人共识落到实处。重中之重，是继续本着正视历史、面向未来精神，尊重彼此发展道路及核心利益，妥处敏感问题，维护良好双边关系，为推进三国合作全面重启、行稳致远打下坚实基础。放眼长远，三国还要结合新形势、新格局、新环境，赋予合作新内涵、新使命、新抓手。

王毅强调，三国要坚持倡导互利共赢，尽快重启中日韩自贸协定谈判，保持区域经济一体化势头，完善多渠道、多层次的地区自贸安排，为迈向亚太自贸区这一共同目标作出贡献。要坚持深化科技创新，加强大数据和区块链、人工智能等前沿科技领域合作，共同维护产供链稳定畅通并优化升级，提升区域生产网络韧性。要坚持加强交流互鉴，扩大人文交流规模，加大便利人员往来，增进三国民众特别是青年人的理解和友谊。要坚持提升发展韧性，加大应对老龄化等领域交流合作，携手应对气候变化，打造新的增长点。要坚持带动共同发展，继续本着自愿、平等、开放、共赢、透明和可持续原则，同周边等有需要的国家和地区打造更多"中日韩+X"合作项目，带动区域内外共同和可持续发展。

朴振外长、上川阳子外相积极评价中日韩合作取得的进展，认为三国是搬不走的邻居，三国合作具有重要意义和巨大潜力。面对新形势，三国应重温合作初衷，加强沟通交流，促进各领域合作，为三国人民带来更多可视成果。三方可在经贸、科技和数字化转型、人文交流、环保、老龄化等领域开展面向未来的实质性合作，不断扩大共同利益。中日韩合作可以超越东北亚，为地区与世界的和平繁荣发挥积极作用。以开放的姿态积极推动"中日韩+X"合作，造福更多国家和地区。

三方同意为中日韩领导人会议创造条件，加紧相关筹备工作。

三方就共同关心的国际和地区问题交换意见。王毅指出，中日韩作为亚太地区重要国家，面对变乱交织的国际形势，要立足亚太和平发展和地区人民利益，深化区域合作，共同应对风险挑战，维护地区和平与繁荣。要当好东亚合作的"领头羊"，以三国合作带动东亚合作，坚持开放的区域主义，反对以意识形态划线，抵制将区域合作阵营化。要当好维护地区和平安全的"稳定器"，践行共同、综合、合作、可持续安全观，坚持通过对话协商、以和平方式解决分歧和争端。要当好解决热点问题的"减压阀"。朝鲜半岛局势持续紧张不符合任何一方利益，当务之急是给形势降温，为重启对话创造必要条件，为此采取有意义的行动。

会议期间，王毅还分别同韩国外交部长官朴振、日本外务大臣上川阳子举行双边会见。

33. 王毅主持联合国安理会巴以问题高级别会议

2023年11月29日，在联合国安理会轮值主席国中国倡议下，安理会举行巴以问题高级别会议。会议由中共中央政治局委员、外交部长王毅主持，巴西、巴勒斯坦、卡塔尔、约旦、沙特、埃及、印度尼西亚、土耳其、斯洛文尼亚、马来西亚等近20个国家的外长和高级别代表以及所有安理会成员出席。联合国秘书长古特雷斯、联合国中东和平进程特别协调员温尼斯兰德向会议作了形势通报。

王毅表示，本轮巴以冲突爆发以来，中方一直为实现和平奔走，为挽救生命努力。习近平主席多次就当前巴以局势阐明中国原则立场，呼吁立即停火止战，防止冲突扩大，保障人道救援安全畅通，强调根本出路是落实"两国方案"，推动巴勒斯坦问题早日得到全面、公正、持久解决。中国作为安理会本月轮值主席国，一直将巴以冲突作为最紧迫议题。安理会本月通过第2712号决议，开启了推动停火的初始步骤。决议通过后不久，有关各方达成协议，实现了部分被扣押人员的释放和数日停火。这说明对话谈判是拯救生命的最佳选项，是化解矛盾的根本之道。

王毅强调，本轮巴以冲突已造成大量无辜生命消逝和前所未有的人道主义灾难，其外溢影响还在持续显现。战争考验良知与正义，和平呼唤理性与智慧。国际社会必须为拯救生命、恢复和平采取更积极行动。

各方要以最大的紧迫感推动全面持久停火。炮火之下没有安全区，加沙地区没有防火墙。中方强烈希望暂时停火不是新一轮攻势前的间歇，而是进一步实现全面持久停火的开端。全面持久停火应成为压倒一切的优先任务，各方要将全部努力汇聚到平息加沙战火的共同目标上来。

各方要采取更加务实有力的行动保护平民。任何针对平民的暴力和袭击都不可接受，任何违反国际人道法的行为都应予以谴责。中方重申反对针对加沙民众的集体惩罚，反对针对巴勒斯坦平民的强制迁移，所有被扣押人员都应得到释放。必须全面落实安理会第2712号决议，为充足的人道物资进入扫清障碍，开辟更多通向加沙的救援通道，联合国应在监督协调对加沙人道行动方面发挥更大作用。中国政府将再向加沙地带提供新一批紧急人道主义物资援助。

各方要以更坚定的决心重振"两国方案"政治前景。以色列早已独立建国，犹太民族不再颠沛流离，但巴勒斯坦人民的建国权、生存权、回归权却长期遭到漠视，这是巴以局势屡陷动荡的症结所在。巴勒斯坦问题的公平正义就是"两国方案"，不可替代。只有"两国方案"真正、全面落地，才能实现中东和平再出发，才能实现巴勒斯坦和以色列两个国家和平共处，阿拉伯和犹太两大民族共同发展。中方呼吁加大国际和地区外交努力，重振"两国方案"政治前景，重启巴以直接谈判。中方倡议召开更具规模、更大范围、更有实效的国际和会，支持巴勒斯坦成为联合国正式会员国。

各方要推动安理会采取负责任和有意义的行动。安理会必须在战与和、生与死的重大问题上体现责任和担当，倾听广大阿拉伯、伊斯兰国家和国际社会的呼声，及时采取进一步行动。中方提交了《中国关于解决巴以冲突的立场文件》，提出国际社会在推动全面停火止战、切实保护平民、确保人道救援、加大外交斡旋、通过落实"两国方案"寻求政治解决等五方面工作原则和重点。中方将继续同有关各方加强协调，凝聚共识，推动安理会承担起应有责任，为和平尽责，为正义发声。

各方赞赏中国倡议举行巴以问题高级别会议，认为会议在声援巴勒斯坦人民国际日之际召开，对推动停火止战、缓解人道危机具有重要意义，有助于集思广益，凝聚共识，形成合力。各方普遍支持延长临时停火直至实现永久停火，呼吁释放人质，保护平民，加大人道援助力度，确保物资准入畅通。期待安理会切实履行维护国际和平与安全的职责，为缓和紧张局势发挥更大作用，早日重启和平进程，最终实现巴以和平共处。

出席会议期间，王毅分别会见了联合国秘书长古特雷斯、斯洛文尼亚副总理兼外交和欧洲事务部部长法永、巴西外交部长维埃拉、马来西亚外交部长赞比里，并集体会见沙特、埃及、卡塔尔、土耳其、印度尼西亚等阿拉伯、伊斯兰国家外长。

34. 王毅赴越南主持中国—越南双边合作指导委员会第十五次会议

2023年12月1日，中共中央政治局委员、外交部长王毅赴越南河内同越南副总理陈流光共同主持中国—越南双边合作指导委员会第十五次会议，双方多个部委和地方负责人作为机制成员以线上或线下方式参加。

王毅表示，2023年是中越建立全面战略合作伙伴关系15周年，在习近平总书记和阮富仲总书记战略引领下，两国关系高位运行，战略合作全面深化，双方就提升双边关系定位达成重要共识，将开启两国关系新阶段。中方愿同越方共同用好双边合作指导委员会这一统筹双边合作的管总机制，为下阶段合作做好统筹谋划，为推进新时期中越关系作出积极贡献。

王毅表示，当今世界变乱交织，面对纷繁复杂形势，中越要不忘初心、团结一致，坚定走和平、合作与发展的道路，从促进人类进步和壮大社会主义力量的战略高度看待把握两党两国关系。双方要保持高层战略沟通，不断凝聚共识、增进互信；加强国防、公安、安全等合作机制，深化反恐、打击电信诈骗等非传统安全合作。发挥地缘相近、产业互补优势，深化经贸、互联互通、关键矿产等领域合作，共同打造互利共赢、稳定畅通的产供链体系。加强两党宣传部门、央媒和出版机构、文旅、青年、地方对口交流，便利人员往来，增进两国民众的相互了解。携手捍卫国际公平正义，践行真正的多边主义，在事关彼此重大利益问题上相互支持。恪守高层共识，坚持通过友好协商管控分歧，积极推进海上合作，维护南海来之不易的和平稳定局面。

陈流光副总理表示，作为"同志加兄弟"，越南支持中国发展壮大，为维护地区和世界和平稳定发挥更加重要的作用。2023年是越中建立全面战略合作伙伴关系15周年，两党两国关系蓬勃发展，取得丰硕成果。越方赞同中方对两国关系下阶段发展的总体设想。愿同中方加强高层互访势头，积极开展党际、议会交流。发挥好指导委员会协调作用，密切外交、国防、安全合作，推动经贸、投资、金融合作取得更大发展，加强交通、农业、环保、科技、旅游、教育合作和地方交流，拓展人工智能、绿色能源合作。根据两国高层达成的共识，妥善有效管控分歧，共同推动"南海行为准则"磋商，使南海成为和平合作之海。

双方一致同意发挥好指导委员会的统筹协调作用，围绕中越关系新的定位，各部门加紧对接，形成更多具体合作思路，推动中越全面战略合作走深走实，为两国关系迈入新阶段奠定坚实基础。

35. 王毅出席澜沧江—湄公河合作第八次外长会

2023年12月7日，澜沧江—湄公河合作第八次外长会在北京举行。中共中央政治局委员、外交部长王毅和缅甸副总理兼外交部长丹穗共同主持会议，柬埔寨副首相兼外交大臣宋金达、泰国副总理兼外交部长班比、越南外交部长裴青山、老挝人民革命党中联部部长通沙万出席。

王毅表示，澜湄六国山水相连、人文相通，共饮一江水，亲如一家人。澜湄合作起点高、发展快、受益广，合作广度深度不断拓展，为次区域繁荣发展注入新的活力，为次区域人民带来实实在在的利益。在高层战略引领下，澜湄合作不断提质升级，互联互通、产能合作、跨境经济、水资源、农业和减贫六个优先领域联合工作组有序推进，水资源、农业、环保、青年交流合作中心和全球湄公河研究中心等机制高效运行，实现了"天天有进展、月月有成果、年年上台阶"。经贸往来全面提速，2022年中国与湄公河国家双边贸易额达到4167亿美元，相比七年前翻了一番。各国企业跨境投资更加活跃，为当地经济发展注入了动力、增添了活力。民生福祉持续改善，"丰收澜湄"项目集群、"澜湄甘泉行动计划"、"绿色澜湄计划"等一系列惠国惠民的合作项目，让流域民众切实感受到澜湄合作的红利。澜湄民心相知相通，各方持续加大教育、文化、妇女、减贫、体育等民生领域投入，人文交流合作越发丰富多彩，拉紧了六国民众情感纽带，筑牢了亲如一家的共同体意识。

王毅强调，澜湄国家正处于迈向新发展的重要节点，中方将坚决贯彻习近平主席提出的亲诚惠容周边外交理念，与湄公河国家一道，共享发展机遇，共迎风险挑战，共同建设面向和平与繁荣的澜湄国家命运共同体，携手打造"一带一路"示范区、全球发展倡议先行区、全球安全倡议实验区和全球文明倡议首善区。中方建议澜湄合作下阶段重点推进六个方向的工作：一是建设更加紧密的命运共同体；二是打造更加联动的经济发展带；三是营造更加安全的发展环境；四是迈向更加数字化的发展前景；五是深化更具特色的人文合作；六是倡导更加包容的合作理念。各方应牢牢把握建设面向和平与繁荣的澜湄国家命运共同体大方向，团结合作，开拓进取，为澜湄各国人民开创更加美好的明天。

与会各国外长高度评价澜湄合作取得的积极进展，一致认为澜湄合作已成为维护地区和平稳定，推动地区发展繁荣和各国工业化、现代化的重要平台。各方赞赏中方为推动澜湄合作作出的积极贡献，赞同中方对下阶段工作方向的建议。各方一致同意加强团结、密切合作，坚持相互信任、相互尊重，加强澜湄流域经济发展带建设，深化互联互通等优先领域合作，进一步释放发展潜力，共同应对全球性挑战，携手构建更加紧密的澜湄命运共同体。

外长会发布了《澜湄合作五年行动计划2022年度进展报告》和《澜湄合作专项基金2023年度支持项目清单》。

36. 中国促成沙特和伊朗实现和解

为响应国家主席习近平关于中国支持沙特同伊朗发展睦邻友好关系的积极倡议，2023年3月6日至10日，沙特国务大臣兼国家安全顾问穆萨伊德·本·穆罕默德·艾班和伊朗最高国家安全委员会秘书阿里·沙姆哈尼分别率团在北京举行对话。中共中央政治局委员、中央外事工作委员会办公室主任王毅分别同沙伊双方会谈，并主持对话开闭幕式。

中沙伊三方签署《北京协议》并发表《中华人民共和国、沙特阿拉伯王国、伊朗伊斯兰共和国三方联合声明》，宣布沙伊双方同意恢复外交关系，强调双方愿通过对话和外交方式化解分歧。

王毅在沙伊北京对话闭幕式后指出，此次北京对话在中沙伊三国领导人的共识基础上得以推进，习近平主席从一开始就予以明确支持。对话也成为有力践行全球安全倡议的一次成功实践。沙伊北京对话取得重要成果，宣布恢复两国外交关系，这是对话的胜利、和平的胜利，为当前动荡不安的世界提供了重大利好消息，表明无论问题多复杂、挑战多尖锐，只要本着相互尊重的精神进行平等对话，就一定能够找到彼此都能接受的解决办法。中东是中东人民的中东，中东地区的命运应该掌握在中东各国人民手中。

沙特和伊朗成功举行北京对话，受到地区国家和国际社会普遍欢迎，并带动中东地区形成"和解潮"。3月28日，习近平主席应约同沙特王储兼首相穆罕默德·本·萨勒曼·阿卜杜勒阿齐兹·阿勒沙特通电话，表示沙特、伊朗北京对话成功举行并取得重大成果，有助于沙伊两国改善关系，对增强地区国家团结合作、缓解地区紧张局势具有重大示范效应，得到国际社会广泛好评。近来地区国家间缓和关系势头明显增强，充分表明通过对话协商解决矛盾分歧顺应民心，符合时代潮流和各国利益。希望沙伊双方秉持睦邻友好精神，在北京对话成果基础上不断改善关系。中方愿继续支持沙伊对话后续进程。穆罕默德王储兼首相表示，沙方衷心感谢中方大力支持沙特和伊朗改善关系，这充分彰显了中国负责任大国作用。中国在地区和国际事务中日益发挥着举足轻重的建设性作用，沙方对此高度赞赏。

在中方大力支持和推动下，沙伊双方持续迈出改善关系的步伐。伊朗总统赛义德·易卜拉欣·莱希同沙特王储兼首相穆罕默德通电话，并在赴沙特出席阿拉伯—伊斯兰国家领导人联合特别峰会期间同其会晤。这是2016年两国断交以来双方领导人首次会晤。沙特外交大臣费萨尔·本·法尔汉·阿勒沙特和伊朗外交部长侯赛因·阿米尔·阿卜杜拉希扬互访，双方驻对方国家使馆重新开放、驻对方国家使节恢复履职。沙伊双方还在经贸、人文等领域进行了良好互动。

12月15日，中沙伊三方联合委员会首次会议在北京举行。王毅集体会见沙特代表团团长、副外交大臣瓦利德·本·阿卜杜勒卡里姆·胡莱吉和伊朗代表团团长、伊朗外交部副部长阿里·巴盖里，就继续推进沙伊关系改善提出坚持和解战略选择不动摇、进一步推进关系改善进程、排除外部干扰等三点建议。三方联合委员会首次会议由中国外交部副部长邓励主持。会议回顾沙伊改善关系取得的积极成果，就各领域三方合作进行了探讨。沙伊双方感谢中方为促成沙伊和解发挥的重要作用，表示将坚持全面落实《北京协议》。中方强调将继续发挥建设性作用，支持沙伊持续迈出加强关系步伐。三方就此次会议发布了联合新闻稿。

沙伊握手言和的一小步，是人类跨越冲突、实现和解的一大步。沙伊和解不仅翻开了沙伊关系新的一页，而且为实现中东和平稳定打开了道路，为对话协商化解国家间矛盾分歧树立了典范。对中国而言，成功斡旋沙伊复交彰显了中国为人类谋进步、为世界谋大同的大国担当，为变乱交织的世界提供了重大利好，更加印证了人类命运共同体理念不仅可信、可能，而且可行。

37. 中国和洪都拉斯建立外交关系

2023年3月26日，中洪两国外长在北京签署《中华人民共和国和洪都拉斯共和国关于建立外交关系的联合公报》。两国政府决定自公报签署之日起相互承认并建立大使级外交关系。

洪方承认世界上只有一个中国，中华人民共和国政府是代表全中国的唯一合法政府，台湾是中国领土不可分割的一部分。洪都拉斯共和国政府即日断绝同台湾的"外交关系"，并承诺不再同台湾发生任何官方关系，不进行任何官方往来。中方对洪方的上述立场表示赞赏。

中洪建交得到两国社会各界的热烈欢迎和拥护，以及国际社会的高度关注和积极评价，再次表明一个中国原则是国际社会普遍共识，是人心所向、大势所趋。中洪建交自此开启两国关系新篇章，双方将共同携手推动各领域友好合作，增进两国人民福祉。

38. 深入参与全球人权治理，坚定维护国家利益和形象

2023年6月14日，由国务院新闻办公室、外交部和国家国际发展合作署共同主办的全球人权治理高端论坛在北京举办。论坛以"平等、合作、发展：《维也纳宣言和行动纲领》通过30周年与全球人权治理"为主题，来自近百个国家和联合国等国际组织的300余名中外嘉宾出席论坛，共话全球人权治理。国家主席习近平向论坛致贺信。习近平主席指出，当前，人类又一次站在历史的十字路口，全球人权治理面临严峻挑战。中国主张以安全守护人权，尊重各国主权和领土完整，同走和平发展道路，践行全球安全倡议，为实现人权创造安宁的环境；以发展促进人权，践行全球发展倡议，提高发展的包容性、普惠性和可持续性，以各具特色的现代化之路保障各国人民公平享有人权；以合作推进人权，相互尊重，平等相待，践行全球文明倡议，加强文明交流互鉴，通过对话凝聚共识，共同推动人权文明发展进步。习近平主席强调，中国坚持人民至上，坚持走顺应时代潮流、适应本国国情的人权发展道路，在推进中国式现代化的进程中不断提升人权保障水平，促进人的自由全面发展。中国愿同国际社会一道，践行《维也纳宣言和行动纲领》精神，推动全球人权治理朝着更加公平公正合理包容的方向发展，推动构建人类命运共同体，共建更加美好的世界。

6月19日至7月14日，联合国人权理事会第53届会议在日内瓦举行。会议再次通过中国提交的"发展对享有所有人权的贡献"决议。决议重申发展对享有所有人权具有重要贡献，呼吁各方通过加强全球可持续发展伙伴关系，切实加强国际合作，在高质量发展中促进和保障人权和基本自由。巴基斯坦、阿联酋、苏丹、洪都拉斯等国赞赏中国提交这一重要决议草案，感谢中国发挥的领导作用，表示该决议草案的通过充分反映了发展中国家的普遍诉求和共同心声，有利于各国应对在疫后复苏进程中面临的各种挑战，在经济社会发展中更好地促进和保护人权。

9月11日至10月13日，联合国人权理事会第54届会议在日内瓦举行。会议以协商一致方式通过中国主提，玻利维亚、埃及、巴基斯坦、南非等80个国家联署的"消除不平等背景下促进和保护经社文权利"决议。决议强调，应加强国际合作，通过能力建设促进经社文权利，决定设立联合国人权高专办经社文权利知识中心。各方纷纷向中国表示祝贺和感谢，发展中国家普遍赞赏决议有力回应国际社会关于加大经社文权利重视和投入、构建公正包容国际秩序的强烈呼声，有利于更好促进和保护人权。

10月10日，第78届联合国大会投票选举2024—2026年度联合国人权理

事会成员国，中国成功连任。这是中国第六次担任人权理事会成员国，中国也是当选次数最多的国家之一。中国连任人权理事会成员国，充分说明国际社会对中国人权事业发展成就和积极参与国际人权交流与合作的充分肯定，以及对中国在国际人权事业中发挥重要作用的高度认可。

10月17日，在第78届联合国大会第三委员会会议上，巴基斯坦代表72国发表支持中国的共同发言，指出新疆、香港、西藏事务是中国内政，反对将人权问题政治化和双重标准，反对以人权为借口干涉中国内政。20多个友好国家以单独发言、集团发言等方式支持呼应中方，形成上百个会员国在联合国支持中方正义立场、反对借口人权干涉中国内政的强大声势。中国的正义立场得到国际社会广泛支持，广大发展中国家连续在多边人权场合发出压倒性正义呼声，充分说明公道自在人心，少数国家企图以人权为借口干涉中国内政、遏制中国发展的图谋注定不会得逞。

12月5日，由中国人权发展基金会主办的"纪念《世界人权宣言》发表75周年"国际研讨会在北京举行，亚洲、非洲、拉美、欧洲各国和联合国人权高专办高级官员及驻华使节、专家学者、民间组织代表等出席，围绕促进经济社会文化权利、人权发展道路、全球人权治理等进行深入研讨。中共中央政治局委员、外交部长王毅出席研讨会开幕式并作主旨发言，就实现人人充分享有人权、达成《世界人权宣言》确立的目标提出四点建议：一是倡导共同安全，为实现人权创造更加安宁的国际环境。坚定维护以联合国为核心的国际体系、以国际法为基础的国际秩序。践行全球安全倡议，以共赢思维应对安全挑战，以对话协商解决分歧争端，让冲突战火尽快平息，让流离失所的人们尽快回到自己的家园。二是坚持发展优先，为实现人权提供更加坚实的物质基础。不断提升全球发展的公平性、有效性、协同性，维护开放型世界经济，反对技术封锁、科技壁垒、发展脱钩，引导经济全球化朝着更加开放、包容、普惠、平衡、共赢的方向发展，切实保障各国人民平等的发展权利。三是促进交流互鉴，为实现人权提供更加丰富的路径选择。各国人民有权也应当自主探索符合本国实际的人权发展道路。要尊重世界文明多样性，践行全球文明倡议，加强交流互鉴，鼓励和尊重各国选择的人权发展道路，以各具特色的现代化保障各国人民公平享有人权。四是秉持公平正义，为实现人权提供更加有效的合作平台。反对打着人权幌子干涉别国内政、遏制别国发展，反对把人权问题政治化、工具化、意识形态化，反对把自己的价值观和模式强加于人。人权理事会等多边人权机构应秉持公正、客观、非选择性、非政治化原则，及时纠正发展中国家代表性不足的状况，为国际人权事业发展持续注入更多正能量。

39. 积极参与人工智能全球治理，发布《全球人工智能治理倡议》

人工智能是人类发展新领域，带来重大机遇的同时，也伴随着难以预知的风险挑战。人工智能治理攸关全人类命运，应由国际社会广泛参与、协同努力。

2023年10月18日，国家主席习近平在第三届"一带一路"国际合作高峰论坛上宣布提出《全球人工智能治理倡议》（以下简称《倡议》）。这是中方积极践行人类命运共同体理念的又一重要举措，也是中方深入落实全球发展倡议、全球安全倡议、全球文明倡议的具体行动。

《倡议》总计11条，按照人工智能发展、安全、治理三个方面展开。发展方面，强调以人为本、智能向善、相互尊重、平等互利，呼吁各方携手引导人工智能朝着有利于人类文明进步的方向发展，主张技术开源，不断弥合"智能鸿沟"，反对以意识形态或地缘亲疏划线，构建排他性的集团，甚至筑墙设垒阻挠他国人工智能发展。安全方面，强调安全可控、隐私保护、公平和非歧视，主张建立风险评估测试体系，实施分类分级管理，确保快速有效响应；支持建立健全相关法律和规章制度，保障人工智能研发和应用中的个人隐私和数据安全。治理方面，强调伦理先行、协同共治、智能治理，支持在充分尊重各国政策和实践基础上，形成具有广泛共识的全球人工智能治理框架和标准规范，支持在联合国框架下讨论成立国际人工智能治理机构；增强发展中国家的代表性和发言权，加强面向发展中国家的国际合作与援助。

中方提出《倡议》，旨在着眼人工智能技术发展应用和加强治理需要，将为制定相关全球规则提供蓝本。《倡议》也是中国为促进人工智能安全发展、应用所作出的庄严承诺。中方愿同各方就全球人工智能治理开展沟通交流、务实合作，推动人工智能技术造福全人类。

40. 加强海外安全保障能力建设，维护海外人员机构安全与合法权益

2023年，外交部坚决贯彻落实习近平总书记重要指示批示精神和党中央决策部署，积极践行以人民为中心的发展思想，坚决有力维护海外中国公民和机构安全及合法权益。

加强海外安全保障能力机制建设。9月1日，《中华人民共和国领事保护与协助条例》（以下简称《条例》）正式实施，有力提升了海外安全保护工作法治化、制度化、规范化水平。外交部积极做好《条例》贯彻落实，完善工作机制，加大人力、经费保障；完善境外中国公民和机构安全保护工作部际

联席会议组织架构，加快突发事件应急指挥体系信息化建设。

妥善处置重大安全事件。2023年，外交部和驻外使领馆共处置各类领事保护与协助案件8万余起，重大领事保护案件140余起。12308领事保护热线接听来电53万余通。安全有序从苏丹撤离中国公民1500余人，实现零伤亡。

积极开展预防性领保宣传。外交部加强海外安全风险评估，动态调整各国安全风险等级并发布安全提醒；与有关部门和地方人民政府共同开展"安全文明健康出境游"活动，不断提升游客海外安全风险防范和遵规守纪意识。中央广播电视总台播出《万里归途　祖国带你回家——苏丹紧急撤离背后的故事》新闻片，引发热烈反响。"领事直通车"微信公众号获评中央网络安全和信息化委员会办公室"2023年度走好网上群众路线百个成绩突出账号"。

41. 统筹高质量发展与高水平安全，积极促进中外人员往来

2023年，因应对新冠病毒感染实施"乙类乙管"后人员往来新形势新变化，外交部坚决贯彻落实中共中央总书记、国家主席习近平重要指示批示精神和党中央决策部署，统筹高质量发展和高水平安全，多措并举，积极促进中外人员往来，以高水平对外开放助力高质量发展。

第一，因时因势，持续优化外国人来华签证政策。疫情防控转段以来，来华签证政策迅速全面恢复至疫情前水平。在此基础上，外交部陆续推出"三减三免"（简化签证申请表、调减签证费、简化来华留学审批手续、免采部分申请人指纹、取消签证申请预约、对法德等8国试行单方面免签政策）等便利举措，并持续为外籍商务人士办理来华签证提供"绿色通道"服务等。上述措施取得积极成效，入境外国人数量逐步恢复。

第二，守正创新，不断提高中国护照"含金量"。一是有序扩大免签"朋友圈"。在统筹考量经贸合作、安全风险、双边关系、人员往来等因素基础上，稳妥扩大免签国家范围，同时持续推进对外商签涵盖不同护照类型、覆盖不同地区的互免签证协定。二是结合不同国家实际，推动达成形式多样的多年多次签证便利化安排。三是充分发挥亚太经合组织商务旅行卡便利优势，优化申办条件，提高审批效率，升级管理系统。四是加大工作力度，针对中国公民和企业普遍关心的赴个别国家签证难办、签证预约名额少、门槛高、审批慢等问题，多次做外方工作，更好服务中国公民"走出去"。

第三，主动作为，多层次多渠道加强政策宣介。指导驻外使领馆积极宣介中方便利人员往来政策，面向当地企业、商协会、院校、旅行社和华人群体等，有针对性地举办政策解读会、吹风会等，确保各项政策举措落地见效，惠及大众。同步做好面向境内外资外贸企业宣介工作，增进各界对中方政策了解。

截至2023年底，中国已与155个国家和地区缔结涵盖不同种类护照的互免签证协定，其中全面免签协定20个，与44个国家达成简化签证手续安排。此外，持普通护照的中国公民还可通过单方面免签或办理落地签的形式前往63个国家和地区。

42. 气候变化国际合作

气候变化是紧迫的全球性挑战。应对气候变化及其不利影响事关人类福祉和长期可持续发展，需要国际社会携手应对。在习近平生态文明思想指引下，中国加快推进人与自然和谐共生的现代化，广泛开展气候变化国际合作，致力于构建公平合理、合作共赢的全球气候治理体系，推动构建人类命运共同体。

一是以元首和高层外交引领全球气候治理。国务院副总理丁薛祥作为习近平主席特别代表出席《联合国气候变化框架公约》第二十八次缔约方大会（以下简称"大会"）期间举办的世界气候行动峰会、"77国集团和中国"气候变化领导人峰会，提出全球气候治理中国方案，充分发挥中国在全球气候治理中的引领作用。中国气候变化事务特使解振华作为习近平主席特使参加美方举办的主要经济体能源与气候论坛领导人会议，宣介中国举措和贡献，提振全球合力应对气候变化的信心。2023年4月和9月，丁薛祥副总理，中共中央政治局委员、外交部长王毅分别会见大会主席苏尔坦等，就全球气候治理进行深入交流。

二是建设性参加气候变化国际谈判。中国坚持《联合国气候变化框架公约》及其《巴黎协定》主渠道地位，维护《联合国气候变化框架公约》及其《巴黎协定》确立的目标、原则及制度安排，推动国际社会全面有效落实《巴黎协定》。中国积极参与《巴黎协定》首次全球盘点，推动大会取得成功，旗帜鲜明反对单边主义、保护主义和绿色贸易壁垒。在大会期间，中国还同美国、阿联酋联合举办甲烷和非二氧化碳温室气体峰会，推动国际社会关注非二氧化碳温室气体减排。

三是深化气候变化国际交流合作。中美共同发表《关于加强合作应对气候危机的阳光之乡声明》，推动全球积极应对气候变化。中欧拓展气候合作，丁薛祥副总理同欧盟委员会执行副主席蒂默曼斯在北京共同举行第四次中欧环境与气候高层对话，就绿色低碳发展政策、中欧环境与气候领域合作现状及展望、共同推动多边进程等议题交换意见。中法发表联合声明，重申各自碳中和/气候中和承诺。中德签署《关于建立气候变化和绿色转型对话合作机制的谅解备忘录》，加强两国绿色低碳发展领域对话合作。中国在二十国集团、金砖国家、上海合作组织等平台下与各方深入开展气候交流合作，并同世界银行、世界气象组织、全球环境基金、绿色气候基金等国际组织机构通过签订备忘录、举办多边会议等形式，提升气候合作水平。此外，中国还深度参与政府间气候变化专门委员会第六次评估报告撰写，积极参加国际海事组织和国际民航组织温室气体减排工作。

四是大力推动应对气候变化南南合作。中国积极开展应对气候变化南南合作，尽己所能帮助其他发展中国家，特别是小岛屿国家、非洲国家和最不发达国家，增强应对气候变化能力。中国落实应对气候变化南南合作"十百千"倡议，已累计安排约12亿元人民币专项资金。中国在全球发展倡议和共建"一带一路"等框架下将发展中国家应对气候变化作为重点领域，通过合作建设低碳示范区、提供物资援助、开展培训等方式助力其他发展中国家能力建设。截至2023年12月，中国已与40个发展中国家签署了48份应对气候变化南南合作文件，开展了75个减缓和适应气候变化项目，举办了57期应对气候变化南南合作培训班，为120多个发展中国家培训了2400余名气候变化领域专业人员。

43. 推动中国特色大国公共外交进入更加有为的新阶段

2023年，外交部紧密围绕向国际社会讲好中国故事这条主线，持续推进国际传播能力建设，全力开创中国特色大国公共外交新局面。

努力做好元首外交新闻工作，采用多语种、全媒体方式报道国家主席习近平外事活动，全方位、立体式展现可信、可爱、可敬的中国形象，生动阐释中国故事背后的思想和精神力量。精心做好国务院总理李强"两会"记者会等重要活动新闻工作，展现中国特色大国外交新理念、新成就、新风范。外交部例行记者会及时释放中国外交权威信息，集中宣介构建人类命运共同体、共建"一带一路"、全过程人民民主等理念主张，坚决驳斥美西方诬蔑抹黑。

擦亮"临甲7号沙龙"品牌，举办十余场活动，及时解读中国重大外交议程和时事热点。中国公共外交协会举办国际研讨、智库对话、短视频大赛等丰富多彩的公共外交活动，组织专家学者赴共建"一带一路"国家交流访问并接待多国记者团访华，通过交流座谈、参观走访、实地考察等方式，促进中外人文交流和文明互鉴。组织多家驻华外媒记者赴多省市采访，为外国媒体了解中国拓宽窗口。外交新媒体账号数量进一步增加、关注度续有提升，直接面向民众展现气象万千的中国故事。

44. 继续巩固国际社会坚持一个中国原则的大格局

2023年，中共中央总书记、国家主席习近平在第十四届全国人民代表大会第一次会议等重要场合的讲话中强调，实现祖国完全统一是全体中华儿女的共同愿望，是民族复兴的题中之义；明确指出要贯彻新时代党解决台湾问题的总体方略，坚持一个中国原则和"九二共识"，积极促进两岸关系和平发展，坚决反对外部势力干涉和"台独"分裂活动，坚定不移推进祖国统一进程；郑重宣示中国人民有坚定的意志、充分的信心、足够的能力，坚决防止任何人以任何方式把台湾从中国分裂出去。

2023年，台海形势复杂严峻。美西方反华势力不断虚化掏空一个中国原则，变本加厉"以台制华"。美国执意允许台湾地区领导人蔡英文、副领导人赖清德先后"过境"窜美，加速武装台湾。民进党当局顽固坚持"台独"立场，加紧勾连外部势力，千方百计拓展"国际空间"。上述活动给台海和平稳定造成挑战和冲击，但是改变不了世界上只有一个中国，台湾是中国领土不可分割的一部分，中华人民共和国政府是代表全中国的唯一合法政府的事实。

中国政府始终按照一个中国原则处理台湾地区的对外交往问题。面对复杂形势，中国政府坚定开展反分裂、反干涉重大斗争，粉碎各种形式的谋"独"挑衅和外来干涉图谋。持续向国际社会表明坚持一个中国原则、反对"台独"的坚定立场，明确反对台湾当局任何在国际上制造"台湾独立""两个中国""一中一台"的图谋，坚决反对与中国建交的国家同台湾地区开展任何形式的官方往来、签署具有主权意涵和官方性质的协议、互设具有官方性质的机构，严正要求有关国家停止售台武器及与台进行任何形式的军事安全联系，坚决反对台加入仅限主权国家参加的国际组织。2023年，中国与洪都拉斯建交，与台湾当局维持所谓"外交关系"的国家只剩13个，再次表明坚持一个中国原则是符合国际大义、顺应时代潮流的正确选择，是人心所向、大势所趋。

中国政府高度重视台湾同胞在海外的安全和合法权益。2023年，外交部和驻外使领馆深入践行以人民为中心的发展思想，秉持"两岸一家亲"的理念，为台湾同胞提供领事保护与协助，将海外台胞纳入驻外使领馆慰侨暖侨行动，做好日常联谊联络和海外台胞侨团建设，帮助他们解决"急难愁盼"问题。协助办好台胞社团论坛，台湾青年夏令营、冬令营等活动，支持海外台湾青年赴大陆开展寻根之旅等参访交流以及海外台胞专业人才到大陆创业就业。

45. 坚持守正创新，开辟外交外事协同新局面

2023年，在习近平新时代中国特色社会主义思想特别是习近平外交思想指导下，外交外事工作始终着眼服务中国式现代化，心怀"国之大者"，坚持以人民为中心的发展思想，守正创新、主动作为，充分发挥外交外事协同优势，全力服务高质量发展和高水平对外开放。

一是聚焦国家重大发展战略，积极服务构建新发展格局。主动谋划，创新打造"驻华使节地方行"品牌，为相关省区市同世界各国拓展深化务实合作搭建高层次平台。先后围绕西部陆海新通道国家战略，赴广西、重庆开展"桂渝行"；将数字经济和亚运元素深度融合，举办"浙江行"；聚焦绿色经济、新能源、智慧交通等新兴产业，开展"青海行""江苏行""深圳行"；以"戈壁滩上的葡萄酒产业"为主题，举办"宁夏行"。参加活动的驻华外交官累计超过130人次。围绕讲好新时代央企故事，持续扩大"携手央企 对话世界"品牌影响。先后为工商银行、国家电投、中远海运等举办"携手央企 对话世界"活动，推动创新金融、清洁能源、互联互通等领域务实合作和互动交流，为各国分享中国式现代化新机遇搭建平台，吸引驻华外交官累计100余人次。为国家实验室对外交流合作提供政策支持，服务推进高水平科技自立自强。

二是加大政策宣介解读，为对外交往提供制度保障。根据国际形势变化，有针对性地指导各单位开展对外交流合作，推动政策举措靠前发力，为疫情防控政策调整后对外交往有序开展提供坚实政策保障。通过"外交外事知识进党校、进高校""外交外事服务走部委、走地方、走企业"等活动，加强形势吹风、政策指导和田野调查，推动相关单位高质量开展涉外工作。举办各类培训班，进一步提升涉外部门工作水平。做好两年一次的"资深地方外事工作者"荣誉证书颁发工作，激励地方外事干部担当作为。持续修订完善相关外事法规，积极推进相关文件的清理和修订工作。创新外事管理政策法规宣讲培训形式，启动外事管理法规宣讲员试行工作，持续提高外事管理工作规范化水平。

三是用好外交外事资源，提升服务发展效能。加强外交外事统筹，支持各地发挥互补优势，与国外相关地区加强交往、深化合作，积极探索中外地方合作新路径。持续推进外事信息平台建设，加强国内外互动联通，为国内发展提供前沿动态、先进经验，以高质量信息服务为各地方高水平

对外开放赋能。紧贴当前流媒体传播特点，发挥外事管理新媒体平台矩阵效应，讲好中国故事，展示真实、立体、全面的中国。

46. 积极推进落实全球安全倡议

2022年4月，习近平主席心系全人类前途命运和安危福祉，以大国领袖的雄韬伟略和世界情怀提出全球安全倡议这一重大理念和行动方案。2023年2月，中方发布《全球安全倡议概念文件》，明确提出20个重点合作方向和5大类合作平台机制，最大程度汇聚促进国际安全合力。倡议自提出以来受到国际社会广泛欢迎和积极响应，已得到100多个国家及国际和地区组织支持、赞赏，写入多份中国与其他国家、国际组织交往合作的双多边文件，倡议框架下有关合作稳步推进。

中方积极参与促进多边安全合作。中国是安理会常任理事国中派遣维和人员最多的国家和联合国第二大维和摊款国。中方坚定支持全球常规武器军控进程，完成《枪支议定书》国内批准程序并向联合国秘书长交存批准书，支持落实"消弭非洲枪声"倡议，积极开展人道主义扫雷国际合作，面向东盟地区组织开展多国联合扫雷行动，为助力解决地区国家雷患问题、增进民众安全福祉贡献力量。

中方为推动热点问题政治解决不懈努力。中方发布《关于政治解决乌克兰危机的中国立场》文件，积极开展穿梭外交，努力劝和促谈。针对缅北战事，中方斡旋促成缅冲突相关方在云南昆明举行多轮和谈，为缓和缅北局势、维护地区和平稳定发挥关键作用。围绕巴以冲突，发布《中国关于解决巴以冲突的立场文件》，推动安理会通过此轮巴以冲突爆发以来的首份决议。中方发布《关于阿富汗问题的中国立场》文件，进一步凝聚地区国家稳阿助阿的共识与合力，为政治解决地区热点问题发挥建设性作用。中方还成功促成沙特和伊朗和解，带动中东地区形成"和解潮"，为有关地区国家化解矛盾分歧、实现睦邻友好树立典范。

中方致力于同各方开展非传统安全领域合作。中方成功举办首次中国—巴基斯坦—伊朗三方反恐安全磋商，在二十国集团框架下提出国际粮食安全合作倡议，启用中国—太平洋岛国防灾减灾合作中心，推动建立全球执法安全培训体系。面对网络安全、人工智能治理等新兴安全领域难题，中方发起并落实《全球数据安全倡议》《全球人工智能治理倡议》等，引领新兴领域国际安全治理进程。

中方推动完善国际安全对话交流平台机制。中方推动非洲地区国家举办首届中国—非洲之角和平会议，就促进地区和平、发展和治理达成重要共识；成功主办第二届中东安全论坛，就国际社会共同推动构建中东安全新架构提出四点建议；积极推动上海合作组织、亚洲相互协作与信任措施会议、东亚合作机制等框架下安全领域交流合作；持续打造北京香山论坛、全球公共安全合作论坛（连云港）、中非和平安全论坛、中拉高级防务论坛等一系列国际安全交流对话平台，汇聚国际社会应对安全挑战共识与合力。

47. 全力做好涉外安全工作，坚决维护国家主权、安全和海外利益

2023年，涉外安全形势总体保持稳定，但也面临民族分裂活动、宗教极端活动、暴力恐怖活动威胁，经历全球安全格局持续震荡。中国政府坚持总体国家安全观，全力做好涉外安全工作，有效维护国家主权、安全和海外利益。

积极开展涉疆外交。广泛邀请各国政治、宗教、媒体等各界人士访疆，支持新疆维吾尔自治区不断增进国际社会对新疆真实情况的了解，以事实真相戳穿反华势力编造的涉疆谎言谬论。在联合国人权理事会挫败美国等西方国家的涉疆反华行动，近百个国家在第78届联合国大会第三委员会会议上支持中方涉疆立场。支持新疆维吾尔自治区同有关国家积极开展高级别互访，办好2023（中国）亚欧商品贸易博览会等大型活动，首次举办上海合作组织2023旅游年论坛，不断拓展对外交流合作。

积极做好涉藏外交。积极宣介新时代中国共产党的治藏方略和西藏发展成就。广泛邀请驻华使节、媒体记者等到访西藏，进一步加深国际社会对西藏的了解认识。成功举办第三届中国西藏"环喜马拉雅"国际合作论坛，支持西藏自治区举办中国西藏发展论坛、藏博会等活动，助力西藏自治区的对外交流与合作。揭批达赖集团反华分裂本质，巩固西藏是中国领土不可分割的一部分国际共识。

积极开展国际反恐合作。当前，国际反恐形势复杂严峻，恐怖活动依然猖獗。一些国家反恐战略收缩、危机冲突此起彼伏、全球经济复苏乏力等因素叠加交织，给国际反恐斗争带来深刻影响。个别国家为谋取地缘私利支恐用恐，掣肘国际反恐合作。以"东伊运"为代表的"东突"暴恐势力同其他国际恐怖势力加大勾连，频繁跨境流窜，升级施袭手段，煽动、策划、实施针对中国境内外目标的暴恐活动，中国的反恐斗争面临多重挑战。

恐怖主义是人类公敌。中国一贯主张，国际社会应树立人类命运共同体意识，加强团结合作，践行真正的多边主义，发挥联合国中心协调作用，不断凝聚反恐共识与合力；应摒弃"双重标准"和选择性反恐，反对将反恐政治化、工具化，坚决打击一切形式的恐怖主义；应坚持综合施策、标

本兼治，从根本上铲除滋生恐怖主义的土壤。

中国一贯本着互相尊重、平等互利的原则与各国深化反恐合作。成功举办首次中国—巴基斯坦—伊朗三方反恐安全磋商，就共同打击跨境恐怖分子等达成重要共识。同巴基斯坦、伊朗分别举行双边反恐磋商和交流。积极参与联合国、金砖国家合作机制、上海合作组织、全球反恐论坛等多边反恐合作，为维护地区和全球的和平与稳定作出了积极贡献。

全力维护海外利益安全，确保中方项目及企业人员安全无虞。2023年，中国政府坚持统筹发展和安全，持续深化海外安全保障能力建设，积极防范妥善应对威胁中方海外利益的各类安全风险，坚决维护中国公民、法人海外合法权益。结合举办第三届"一带一路"国际合作高峰论坛，推动"发展成果共享、安全责任共担"共识进一步深入人心。积极稳健同南亚、东南亚、中亚、非洲等地区国家开展安保交流，深化安保能力建设合作，提升海外利益安保水平；扎实做好安全风险预警预防，高效妥处中国在巴基斯坦、缅甸等国有关项目及企业人员安全事件，有效维护中国国家利益和企业权益；广泛开展境外安保巡查和线上线下培训，对标企业需求加大信息供给，夯实海外项目及企业人员安保意识和能力，以高水平安全保障高质量共建"一带一路"。

第三章

中国与各建交国家的关系

阿富汗
(Afghanistan)

2023年，中华人民共和国与阿富汗友好关系保持稳定发展，双方各领域交流合作逐步恢复。

两国高层保持互动。4月，两国外长共同出席在乌兹别克斯坦撒马尔罕举行的第四次阿富汗邻国外长会并举行双边会见。5月，两国外长共同出席在巴基斯坦首都伊斯兰堡举行的第五次中国—阿富汗—巴基斯坦三方外长对话并举行双边会见。8月，阿富汗临时政府代理副总理毛拉维·阿卜杜勒·卡比尔以视频方式出席第七届中国—南亚博览会暨第27届中国昆明进出口商品交易会开幕式。10月，阿富汗临时政府代理外交部长阿米尔·汗·穆塔基在西藏出席第三届中国西藏"环喜马拉雅"国际合作论坛，中共中央政治局委员、外交部长王毅同其举行会见。

中国积极支持阿富汗经济重建，持续向阿富汗人民提供人道主义援助。2023年，中阿双边贸易额为13.3亿美元，同比增长125.4%。两国合作开发的阿姆达利亚油田项目顺利重启，中阿直航航班顺利复航，阿富汗松子、藏红花等特色农产品源源不断出口至中国。10月，为帮助阿富汗应对地震灾情，中国政府第一时间向阿富汗临时政府提供价值3000万元人民币的紧急人道主义物资援助，中国红十字会向阿富汗红新月会提供20万美元紧急人道主义现汇援助。

9月，中国新任驻阿富汗大使赵星向阿富汗临时政府代理总理穆罕默德·哈桑·阿洪德递交国书。

截至2023年底，两国共缔结1对友好省份。

阿尔巴尼亚
(Albania)

2023年，中华人民共和国与阿尔巴尼亚共和国友好合作关系持续稳定发展。

两国保持高层交往。3月，阿尔巴尼亚总统巴伊拉姆·贝加伊致函祝贺习近平再次当选国家主席。

两国各领域合作稳步推进。6月，全国人大常委会预算工作委员会主任史耀斌访阿。中国跃升为阿第二大贸易伙伴。双方签署《中华人民共和国政府和阿尔巴尼亚共和国部长会议关于互免持公务普通和普通护照人员签证的协定》和《中华人民共和国文化和旅游部与阿尔巴尼亚共和国旅游和环境部关于旅游合作的谅解备忘录》。7月，中国武术代表团在阿举行武术展演。

阿尔及利亚
(Algeria)

2023年，中华人民共和国与阿尔及利亚民主人民共和国全面战略伙伴关系继续稳步发展，各领域合作取得积极进展。

两国高层交往密切。3月，阿尔及利亚总统阿卜杜勒马吉德·特本就习近平再次当选国家主席致贺函。7月，特本总统来华进行国事访问，习近平主席同特本总统举行会谈，国务院总理李强、全国人大常委会委员长赵乐际分别同其举行会见。访问期间，双方发表《中华人民共和国和阿尔及利亚民主人民共和国联合声明》，并签署多项双边合作文件。11月，李强总理就穆罕默德·纳迪尔·阿尔巴维就任阿尔及利亚总理致贺电。12月，中共中央政治局委员、外交部长王毅同阿尔及利亚外交和海外侨民部部长艾哈迈德·阿塔夫就中阿建交65周年互致贺电。10月，阿尔及利亚国民议会副议长马苏德·古斯利率政党干部考察团访华。

两国各领域合作取得积极成效。双方在共建"一带一路"以及中非合作论坛、中国—阿拉伯国家合作论坛框架内的交流合作继续推进。特本总统于11月出席西部矿业铁路项目奠基仪式，中国铁建股份有限公司与阿尔及利亚国家铁路投资设计与实施监督管理局于12月正式签约该项目。

安道尔
(Andorra)

2023年，中华人民共和国与安道尔公国双边关系稳定发展。
两国双边贸易额为1969.3万美元。

安哥拉
(Angola)

2023年，中华人民共和国与安哥拉共和国战略伙伴关系保持良好发展势头。

两国政治互信不断深化。1月，国家主席习近平同安哥拉总统若昂·曼努埃尔·贡萨尔维斯·洛伦索就中安建交40周年互致贺电。3月，洛伦索总统致函祝贺习近平再次当选国家主席。9月，中共中央政治局委员、北京市委书记尹力赴安哥拉访问。11月，全国政协副主席、台盟中央主席苏辉访问安哥拉。10月，安哥拉人民解放运动中央政治局委员、外事书记曼努埃尔·奥古斯托率团访华。12月，安哥拉外交部长泰特·安东尼奥来华进行正式访问。

两国务实合作扎实推进。2023年，中国保持安哥拉最大贸易伙伴地位，安哥拉继续成为中国在非洲第一大原油进口来源国、主要贸易伙伴、投资目的地国和工程承包市场。2023年，中安双边贸易额为230.5亿美元，其中中国出口额为41.4亿美元，进口额为189.1亿美元。6月，安哥拉工业和贸易部部长维克多·费尔南德斯率团出席在长沙举办的第三届中国—非洲经贸博览会。8月，商务部部长王文涛访问安哥拉，并同安哥拉经济协调国务部长若泽·德利马·马萨诺在安哥拉首都罗安达共同主持召开中安经贸合作指导委员会第二次会议。11月，由中方提供融资、中国企业承建的安哥拉罗安达新国际机场竣工并移交安方。12月，王文涛部长同安东尼奥外长分别代表两国政府在北京签署《中华人民共和国政府和安哥拉共和国政府关于促进和相互保护投资的协定》。年内，卢阿西姆水电站、凯凯水电站等中安融资合作重点项目继续顺利推进。

安提瓜和巴布达
(Antigua and Barbuda)

2023年是中华人民共和国与安提瓜和巴布达建立外交关系40周年。双方友好合作关系持续深入发展。

两国政治互信持续深化。1月，国家主席习近平，国务院总理李克强，中共中央政治局委员、中央外事工作委员会办公室主任王毅分别同安巴总督罗德尼·威廉斯，总理贾斯顿·布朗，外交、农业、贸易和巴布达事务部部长保罗·格林互致贺电，庆祝中安建交40周年。4月，全国人大常委会副委员长李鸿忠同安巴众议院副议长罗宾·耶尔伍德举行视频会晤。6月，格林外长来华出席全球人权治理高端论坛并访华。7月，安巴外交、农业、贸易和巴布达事务部常务秘书安东尼·利物浦赴多米尼克出席中国和加勒比建交国外交部间第八次磋商。9月，安巴任命布莱恩·斯图亚特-杨为常驻驻华大使并来华设立安巴驻华使馆。两国就国际和地区问题保持密切沟通协调。

两国务实合作与人文交流稳步推进。中方援安巴廉价住房项目和第二期农业技术合作项目进展顺利。中国人民对外友好协会和安巴—中国友好协会共同举办中安建交40周年视频会。中方继续向安巴提供政府奖学金和人力资源培训名额。

阿根廷
(Argentina)

2023年，在两国元首战略引领下，中华人民共和国与阿根廷共和国全面战略伙伴关系持续深入发展。

两国高层交往密切。1月，国家主席习近平应阿根廷总统阿尔韦托·费尔南德斯邀请向拉美和加勒比国家共同体第七届峰会发表视频致辞。3月，费尔南德斯总统就习近平再次当选国家主席、中央军事委员会主席致贺信。10月，费尔南德斯总统来华出席第三届"一带一路"国际合作高峰论坛，习近平主席同其会见。11月，哈维尔·米莱当选阿根廷总统。12月，习近平主席特使、全国人大常委会副委员长武维华赴阿根廷出席米莱总统就职仪式并同米莱总统、卸任总统费尔南德斯、新任众议长马丁·梅内姆举行会见。6月，阿根廷经济部部长塞尔希奥·马萨访华。

两国积极推进高质量共建"一带一路"。6月，双方签署《中华人民共和国政府与阿根廷共和国政府关于共同推进"一带一路"建设的合作规划》。费尔南德斯总统来华期间，双方签署《中华人民共和国国家发展和改革委员会与阿根廷共和国外交、国际贸易和宗教事务部关于建立共建"一带一路"合作工作协调机制的谅解备忘录》，推动中阿在共建"一带一路"合作框架下加强合作。

两国金融、科技、人文等领域交流合作密切。阿方接连出台扩大人民币在当地使用系列政策举措，并首次使用人民币向国际货币基金组织偿还债务。人民币在阿投放量和使用量屡创新高。中阿政府间科技合作混委会第九次会议暨中阿政府间常设委员会科技分委会第四次会议在阿根廷召开。"2023新年龙舟赛"在阿根廷首都布宜诺斯艾利斯开赛。

亚美尼亚
(Armenia)

2023年，中华人民共和国与亚美尼亚共和国友好合作关系稳步发展，共建"一带一路"合作有序推进。

两国高层交往稳中有进，政治互信持续巩固。国家主席习近平，国务院总理李强，全国人大常委会委员长赵乐际，中共中央政治局委员、外交部长王毅分别同亚美尼亚总统瓦格恩·哈恰图良、总理尼科尔·帕什尼扬、议长阿连·西蒙尼扬、外交部长阿拉拉特·米尔佐扬在两国国庆日等重要时间节点互致贺电（函）。7月，外交部副部长马朝旭在北京同亚美尼亚外交部副部长纳察坎·萨法良举行中亚外交部磋商，就中亚关系、双方各领域合作及共同关心的国际和地区问题交换意见。

两国务实合作蓬勃发展，双边贸易规模持续扩大。2023年，中亚双边贸易额为15.9亿美元，中国保持亚美尼亚第二大贸易伙伴地位。6月和10月，亚美尼亚经济部部长瓦格·科罗比扬来华出席中亚政府间经贸合作委员会第十一次会议及第三届"一带一路"国际合作高峰论坛。11月，亚美尼亚经济部副部长率23家企业代表参加第六届中国国际进口博览会。

两国人文领域交流活跃。亚美尼亚汉语教学成果丰硕，数十场特色活动顺利开展。

澳大利亚

(Australia)

2023年，中华人民共和国与澳大利亚联邦关系持续改善。

11月，澳总理安东尼·阿尔巴尼斯对中国进行正式访问并出席第六届中国国际进口博览会。国家主席习近平、国务院总理李强、全国人大常委会委员长赵乐际分别同阿尔巴尼斯总理会见、会谈。双方发表中澳总理年度会晤联合成果声明。9月，李强总理在印度尼西亚雅加达出席东亚合作领导人系列会议期间会见阿尔巴尼斯总理。7月，中共中央政治局委员、中央外事工作委员会办公室主任王毅在雅加达出席东亚合作系列外长会期间同澳外交部长黄英贤举行会见。9月，中澳高级别对话第七次会议在北京举行，王毅会见澳方代表团。3月，两国外长在印度新德里出席二十国集团外长会期间举行会见。8月，全国人大常委会副委员长铁凝、教育部部长怀进鹏分别访澳。

中澳各领域机制性对话合作逐步恢复，双方举行部长级经济联委会、农业联委会、教育联合工作组磋商机制、高级别对话等新一轮会议。2023年，中澳双边贸易额为2292.0亿美元，同比增长4.1%。中国继续保持澳大利亚第一大贸易伙伴、第一大进口来源地和第一大出口市场地位。

第三章　中国与各建交国家的关系

奥地利
(Austria)

2023年，中华人民共和国与奥地利共和国友好战略伙伴关系稳步向前发展。

两国元首保持友好往来。10月1日，奥地利联邦总统亚历山大·范德贝伦向国家主席习近平致国庆贺电。10月26日，习近平主席向范德贝伦总统致国庆贺电。

两国外交部保持沟通协调。2月和5月，中共中央政治局委员、中央外事工作委员会办公室主任王毅分别在德国慕尼黑和奥地利首都维也纳会见奥地利欧洲和国际事务部部长亚历山大·沙伦贝格。8月，外交部副部长邓励在北京同奥地利欧洲和国际事务部外交事务秘书长彼得·劳恩斯基-蒂芬塔尔共同举行两国外交部第八轮副外长级政治磋商。11月，中国政府欧洲事务特别代表吴红波访问奥地利。

两国各领域务实合作取得积极进展。中国是奥地利全球第三大贸易伙伴。2023年，中奥双边贸易额为125.5亿美元，同比下降6.0%。5月底6月初，维也纳交响乐团来华巡演。8月，中方宣布将奥地利列入第三批恢复出境团队游业务国家名单。9月，两国签署《关于修订〈中华人民共和国政府和奥地利共和国政府关于对所得和财产避免双重征税和防止偷漏税的协定〉及议定书的议定书》。

3月，中国新任驻奥地利大使亓玫向范德贝伦总统递交国书。

截至2023年底，两国已建立20对友好省州（市）关系。

阿塞拜疆
(Azerbaijan)

2023年，中华人民共和国与阿塞拜疆共和国友好合作关系积极向前发展，共建"一带一路"合作成果丰硕。

两国各层级交往密切，政治互信不断巩固。国家主席习近平，国务院总理李强，全国人大常委会委员长赵乐际，中共中央政治局委员、外交部长王毅分别同阿塞拜疆总统伊利哈姆·阿利耶夫、总理阿利·阿萨多夫、议长萨希芭·加法罗娃、外交部长杰伊洪·巴伊拉莫夫在两国国庆日等重要时间节点互致贺电（函），保持高层交往。4月，外交部副部长马朝旭会见访华的阿塞拜疆总统助理阿·阿拉克巴罗夫。6月，马朝旭副部长会见阿塞拜疆第一副总统外事助理、总统特使埃尔钦·阿米尔别科夫。

两国务实合作持续深化。2023年，中阿双边贸易额为17.2亿美元，同比增长25.2%。中阿政府间经贸合作委员会第九次会议成功举行。中国企业在阿塞拜疆承建的卫星地面站、光伏电站和风电项目顺利推进。双方积极推动经贸、能源、交通、金融等领域合作。

两国人文交流活跃。中国艺术团体赴阿表演，受到热烈欢迎。双方地方交往保持热络，新增2对结好区市。

巴哈马
(The Bahamas)

2023年，中华人民共和国与巴哈马国友好合作关系保持良好发展势头。

中巴保持密切交往，两国在双边和国际事务中保持良好沟通与配合。7月，全国人大常委会副委员长肖捷访问巴哈马，分别同巴哈马总督科尼柳斯·史密斯、总理菲利普·戴维斯、参议长朱莉·阿德利、众议长帕特丽夏·德沃举行会见、会谈，并出席巴哈马独立50周年庆典活动。11月，中国人民对外友好协会副会长姜江访问巴哈马，拜会巴哈马总督辛西娅·普拉特、参议长阿德利、外交部长弗雷德里克·米切尔。6月，巴哈马工程与公用事业部部长阿尔弗雷德·西尔斯来华出席第九届中拉基础设施合作论坛。11月，巴哈马参加第六届中国国际进口博览会，并设巴哈马国家展馆。

两国各领域交流合作取得积极进展。中巴双方签署巴哈马国家体育场维修改造项目立项换文。湖南杂技团赴巴哈马交流演出。中方继续向巴方提供政府奖学金和人力资源培训名额。

巴 林
(Bahrain)

2023年，中华人民共和国与巴林王国关系保持良好发展势头。

两国政治互信不断巩固。3月，巴林国王哈马德·本·伊萨·阿勒哈利法和王储兼首相萨勒曼·本·哈马德·阿勒哈利法分别就习近平再次当选国家主席致贺电。9月，巴林交通和通信大臣穆罕默德·本·塔梅尔·阿勒卡比来华参加全球可持续交通高峰论坛（2023）。10月，巴林工业和商业大臣阿卜杜拉·本·阿迪勒·法赫鲁来华参加中国—海合会6+1经贸部长会。

两国各领域合作稳步推进。中国是巴林第一大进口来源国。中国企业承建的东锡特拉保障性住房项目一期住房移交启用。中巴双方签署《中华人民共和国国家发展和改革委员会与巴林王国外交部关于共同编制共建"一带一路"合作规划的意向书》和《中华人民共和国文化和旅游部与巴林王国旅游部旅游合作谅解备忘录》。

孟加拉国
(Bangladesh)

2023年，中华人民共和国与孟加拉人民共和国战略合作伙伴关系平稳发展，各领域务实合作取得积极成果。

高层交往互动密切。4月，国家主席习近平致电祝贺穆罕默德·谢哈布丁·楚普就任孟加拉国总统。8月，习近平主席在南非约翰内斯堡出席金砖国家领导人第十五次会晤期间会见孟加拉国总理谢赫·哈西娜，双方达成重要共识，为中孟关系发展作出新的战略指引。

务实合作成果丰硕。2023年，中孟双边贸易额为239.9亿美元，其中中国出口额为229.6亿美元，进口额为10.3亿美元。中国是孟第一大贸易伙伴，孟是中国在南亚地区第二大贸易伙伴。中国企业参与承建的达卡机场高架快速路项目（一期）竣工，"国父隧道"正式通车，单点系泊及双线管道项目启动运行。

两国人文交流密切。"六一"国际儿童节前夕，习近平主席复信孟加拉国儿童阿里法·沁，鼓励她努力学习、追求梦想，传承好中孟传统友谊。截至2023年，两国共缔结2对友好城市。

1月，中国新任驻孟加拉国大使姚文向孟总统阿卜杜勒·哈米德递交国书。

巴巴多斯
(Barbados)

2023年，中华人民共和国与巴巴多斯友好合作关系持续深入发展。

两国保持高层交往。6月，巴巴多斯总理米娅·莫特利来华出席2023年夏季达沃斯论坛并访华。巴巴多斯加入"全球发展倡议之友小组"。7月，巴巴多斯外交和外贸部国务部长桑德拉·赫斯本兹赴多米尼克出席中国和加勒比建交国外交部间第八次磋商。两国就国际和地区问题保持密切沟通协调。

各领域务实合作和友好交流顺利开展。中方援建的巴巴多斯国家体育场重建项目进展顺利，苏格兰地区道路修复项目动工，山姆罗德城堡酒店项目即将投入运营。中国第六批援巴医疗队抵巴工作。中方继续向巴方提供政府奖学金和人力资源培训名额。

白俄罗斯
(Belarus)

2023年，中华人民共和国与白俄罗斯共和国全天候全面战略伙伴关系高水平运行，共建"一带一路"合作扎实推进。

两国高层交往密切。3月和12月，白俄罗斯总统亚历山大·卢卡申科两次访华，国家主席习近平同其举行会谈、会见，就双边关系、各领域合作及国际协作等达成重要共识。10月，国务院总理李强在出席上海合作组织成员国政府首脑（总理）理事会第二十二次会议期间同白俄罗斯总理罗曼·戈洛夫琴科举行会见。7月，国务院副总理刘国中同白俄罗斯第一副总理尼古拉·斯诺普科夫共同主持召开中白政府间合作委员会第五次会议。12月，刘国中副总理同斯诺普科夫第一副总理举行会见。10月，全国政协副主席沈跃跃同白国民会议共和国院主席娜塔利娅·科恰诺娃举行视频会晤。

两国务实合作成果丰硕。2023年,中白双边贸易额为84.4亿美元,同比增长67.3%。中国是白第二大贸易伙伴国。双方持续深化经贸、工业、金融等领域合作。中白工业园稳步发展,入园企业超过120家。

中白人文合作进展顺利。两国互派留学生数量保持增长。中国在白共设立6所孔子学院、2个独立孔子课堂和6个下设孔子课堂。中白"地方合作年"圆满收官。截至2023年底,两国共有49对友好省州和友好城市。

比利时
(Belgium)

2023年,中华人民共和国与比利时王国双边关系保持良好发展势头。

两国各领域各层级交流稳步恢复。6月,国家主席习近平复信比利时知名友好人士董博。2月,比利时首相亚历山大·德克罗会见出席第59届慕尼黑安全会议的中共中央政治局委员、中央外事工作委员会办公室主任王毅。11月,外交部副部长邓励同比利时外交部秘书长西奥多拉·甘齐在北京举行中比副外长级政治磋商。2月,中国政府欧洲事务特别代表吴红波访问比利时。

两国务实合作项目不断取得新进展。2023年,中比双边贸易额为401.6亿美元,保持较高水平。双方在互联互通、化工等领域合作稳步推进,民航、农业食品等领域合作取得新成果。12月,中国—比利时—卢森堡政府间经贸混委会第22次会议在北京召开。

两国人文交流丰富多彩。中比(联邦)科技合作联委会第20次会议在北京召开。布鲁塞尔中国文化中心举办"听瓷语 观世界——宋韵龙泉青瓷展"、"茶和天下·雅集"活动、《忘记我》法语版新书发布会等。"中国春节游园庙会"活动、"中国创造艺术节"启动仪式暨"从传统到现代——中国漫画与图像小说"展览先后在比利时纳慕尔市、根特市举办。

贝　宁
(Benin)

2023年，中华人民共和国与贝宁共和国关系发展势头良好，双方建立战略伙伴关系。

两国政治互信持续增强。3月，贝宁总统帕特里斯·塔隆致函祝贺习近平再次当选国家主席。9月，塔隆总统来华进行国事访问。两国元首就中贝、中非关系及共同关心的国际和地区问题深入交换意见，达成广泛共识。2月，全国人大常委会委员长栗战书就路易·弗拉沃努就任贝国民议会议长致贺信。4月，弗拉沃努议长致函祝贺赵乐际当选全国人大常委会委员长。6月，贝外交合作部部长奥吕谢甘·阿贾迪·巴卡里率团参加第三届中国—非洲经贸博览会。

两国务实合作稳步推进。首届中贝投资论坛分别在北京和贝宁科托努举办。中贝经贸混委会第五次会议召开。两国签署贝宁鲜食菠萝输华植物检疫要求议定书。中国企业投资的尼日尔—贝宁原油外输管道项目、中方提供优惠贷款实施的宽带网二期建设项目顺利推进。

两国人文交流富有成果。鲁班工坊在贝正式揭牌。中国（宁夏）援贝宁"光明行"医疗队在贝成功实施200多例白内障手术。

玻利维亚
(Bolivia)

2023年，中华人民共和国与多民族玻利维亚国战略伙伴关系持续深化，各领域合作取得新进展。

政治互信日益牢固。玻利维亚总统路易斯·阿尔韦托·阿尔塞·卡塔科拉、参议长安德罗尼科·罗德里格斯·莱德斯马、执政党主席胡安·埃沃·莫拉莱斯·艾玛等主要政治人物均高度认同和支持中国提出的三大全球倡议。5月，阿尔塞总统在北京2023年全球贸易投资促进峰会开幕式上以视频方式致辞。3月，莫拉莱斯主席以视频方式出席中国共产党与世界政党高层对话会。

务实合作稳步推进。中国保持玻第二大贸易伙伴、最大进口来源国和主要投资来源国地位。玻央行行长罗赫尔·埃德温·罗哈斯访华。玻方参加第六届中国国际进口博览会国家展。中国企业积极参与玻矿产资源开发。

人文交流持续拓展。玻当地电视台展播中国"欢乐春节"和春晚西语精编版等春节系列庆祝活动。中国恢复线下举办玻利维亚赛区"汉语桥"中文比赛。

波斯尼亚和黑塞哥维那
(Bosnia and Herzegovina)

2023年，中华人民共和国与波斯尼亚和黑塞哥维那友好合作关系稳步发展。

两国保持高层交往。3月，波黑主席团轮值主席热莉卡·茨维亚诺维奇致函祝贺习近平再次当选国家主席。1月，国务院总理李克强向波黑新任部长会议主席博里亚娜·克里什托致就任贺电。2月，全国人大常委会委员长栗战书向波黑议会民族院新任主席团成员尼科拉·什皮里奇、凯马尔·阿戴莫维奇、德拉甘·乔维奇以及波黑议会代表院新任主席团成员戴尼斯·兹维兹迪奇、马林科·查瓦拉、内博伊沙·拉德马诺维奇致就任贺电。10月，波黑议会代表院轮值主席马林科·查瓦拉来华出席第三届"一带一路"国际合作高峰论坛。

两国务实合作进展顺利。波黑泛欧5C走廊高速公路波契泰利—兹维罗维契段、巴尼亚卢卡—普里耶多尔高速公路、乌洛格水电站、多博伊"圣使卢卡"医院等项目稳步推进。达巴尔水电站项目举行开工仪式。

博茨瓦纳
(Botswana)

2023年，中华人民共和国与博茨瓦纳共和国双边关系稳步发展。

两国高层交往不断。3月，博茨瓦纳总统、民主党总裁莫克维齐·马西西致函祝贺习近平再次当选国家主席。同月，博茨瓦纳民主党总书记卡维斯·卡里奥以视频方式出席中国共产党与世界政党高层对话会。9月，全国人大常委会副委员长彭清华访博。10月，国家国际发展合作署副署长唐义弘访博。12月，中共中央组织部部务委员毛定之访博。6月，博农业部部长菲德利斯·莫劳来华出席第三届中国—非洲经贸博览会。

两国各领域合作持续推进。2023年，中博双边贸易额为7.1亿美元，同比增长15.7%。中国政府援建的卡尊古拉小学、莱霍洛公路等项目顺利推进。中方援助的气象机动站顺利交付。中国第17批援博医疗队赴博开展工作。5月，由中国驻博茨瓦纳使馆和博总统夫人妮奥·马西西共同举办的"中非携手暖童心"关爱博儿童健康活动在博成功举行。

巴　西
(Brazil)

2023年，中华人民共和国与巴西联邦共和国全面战略伙伴关系持续深入发展。

两国高层交往势头良好。4月，国家主席习近平同来华进行国事访问的巴西总统路易斯·伊纳西奥·卢拉·达席尔瓦举行会谈，共同引领开辟新时代中巴关系新未来。1月，习近平主席特别代表、国家副主席王岐山赴巴出席卢拉总统就职仪式。9月，中共中央政治局常委、中央纪委书记李希对巴进行正式友好访问。10月，巴众议长阿图尔·里拉时隔近十年再次访华。年内，国家副主席韩正同巴副总统热拉尔多·阿尔克明两次通话。中共中央政治局委员、外交部长王毅多次同巴总统首席特别顾问塞尔索·阿莫林、外交部长毛罗·维埃拉会晤或通话。双方政治互信持续深化。

两国务实合作稳步推进。2023年，中巴双边贸易额为1815.3亿美元，再创历史新高。巴西是中国在拉美地区最大贸易伙伴和最大投资目的地，双方在能源、农业、制造业、基础设施建设等领域合作持续深入推进。中巴签署在巴建立人民币清算安排的合作备忘录，双边贸易首次实现人民币全流程闭环交易。

两国在联合国、二十国集团、金砖国家等国际组织和多边机制中保持良好沟通与协调。双方围绕国际和地区热点问题积极对话、协调立场，共同捍卫世界和平与发展。

两国政党、科技、人文等领域交流合作不断推进。"欢乐春节"活动、"端午节遇上丰收节"文化体验日活动等顺利举行。巴伊亚联邦大学孔子学院揭牌，成为巴第12所孔子学院，巴孔子学院数量稳居拉美第一。

文　莱
(Brunei Darussalam)

2023年，中华人民共和国与文莱达鲁萨兰国战略合作伙伴关系持续深入发展，务实合作稳步推进。

两国积极开展高层交往。11月，国家主席习近平在美国旧金山出席亚太经合组织第三十次领导人非正式会议期间会见文莱苏丹哈吉·哈桑纳尔·博尔基亚。7月，中共中央政治局委员、中央外事工作委员会办公室主任王毅在印度尼西亚雅加达出席东亚合作系列外长会期间会见文莱外交主管部长艾瑞万。9月，文莱奥委会主席苏弗里亲王来华出席杭州第十九届亚运会开幕式。10月，文莱首相府部长兼财政与经济主管部长刘光明、发展部部长朱安达访华。

两国高质量推进"一带一路"合作。恒逸石化一期项目运营良好，中方企业已同文政府签署二期协议。"广西—文莱经济走廊"重点项目合作进展顺利。2月，双方签署《升级版广西—文莱经济走廊合作谅解备忘录》。经济走廊建设进入机制化、规范化轨道，已开展港口、渔业、香料等项目合作，进展良好。7月，文莱摩拉港至广西北部湾港的集装箱航线正式开通，实现两国两港直联直通。2023年，中文双边贸易额为28.1亿美元，同比下降8.0%。

截至2023年底，两国共缔结1对友好城市。

保加利亚
(Bulgaria)

2023年，中华人民共和国与保加利亚共和国战略伙伴关系持续发展。

两国保持高层交往。3月，保总统鲁门·拉德夫致函祝贺习近平再次当选国家主席，保总理格勒布·多内夫致函祝贺李强就任国务院总理。6月，李强总理向保新任总理尼科拉伊·登科夫致就任贺电。4月，全国人大常委会委员长赵乐际向保新任国民议会议长罗森·热利亚兹科夫致就任贺电。

两国各领域交流和合作稳步推进。11月，全国政协常委、农业和农村委员会副主任齐扎拉访保。9月，中国政府欧洲事务特别代表吴红波、国家国际发展合作署副署长邓波清访保。10月，中国—保加利亚科技合作委员会第十七届例会在北京成功举行。

布基纳法索
(Burkina Faso)

2023年，中华人民共和国与布基纳法索关系不断巩固发展。

两国政治互信进一步加深。3月，布基纳法索过渡总统易卜拉欣·特拉奥雷致函祝贺习近平再次当选国家主席。5月，双方共同庆祝中布复交五周年，两国外长互致贺电。6月，中国政府非洲事务特别代表刘豫锡访布。

两国务实合作重点项目顺利落实。博博-迪乌拉索医院、智慧布基纳法索等项目稳步推进，光伏电站项目贷款协议完成签署。中国援布农业技术组、小米技术组工作保持接续，中国第五批援布医疗队顺利开展工作。中国政府与联合国世界粮食计划署合作实施对布紧急粮援项目。

两国人员往来日益密切。领事证件业务全面开通，服务两国人员交往，布工商界来华人数持续增多。布留学生来华有序推进，中国政府奖学金项目影响力、吸引力持续扩大。

两国人文交流、地方合作成果累累。"中非携手暖童心"活动、"大使杯"系列体育比赛、中布文化交流节、中国文化周、中国电影周、"汉语桥"中文比赛相继举行。上海、郑州等与布结好城市向布捐赠物资、援建健身园、举办职业培训，邀请布各界人士来华参访。

布隆迪
(Burundi)

2023年，中华人民共和国与布隆迪共和国友好合作关系保持良好发展势头。

两国高层保持友好交往。3月，布隆迪总统埃瓦里斯特·恩达伊施米耶致函祝贺习近平再次当选国家主席。7月，习近平主席在成都会见来华出席第31届世界大学生夏季运动会开幕式并访华的恩达伊施米耶总统。6月，布隆迪总统夫人安热莉娜·恩达伊施米耶来华出席中非妇女论坛和第三届中国—非洲经贸博览会。7月，布隆迪外交与发展合作部部长阿尔贝·欣吉罗来华出席全球共享发展行动论坛首届高级别会议，中共中央政治局委员、中央外事工作委员会办公室主任王毅同其会见。11月，两国外交部在北京举行第七轮政治磋商。

两国各领域合作稳步推进。1号国道改道项目取得重要进展。援布农业示范中心运营顺利，获布政府高层、社会各界好评。中国第22批援布医疗队抵布开展工作。

佛得角
(Cabo Verde)

2023年，中华人民共和国与佛得角共和国友好合作关系平稳发展。

保持高层政治交往。3月，佛得角总统若泽·马里亚·佩雷拉·内韦斯致函祝贺习近平再次当选国家主席，佛得角总理若泽·乌利塞斯·科雷亚·席尔瓦致函祝贺李强就任国务院总理。7月，习近平主席就佛得角共和国成立48周年向内韦斯总统致贺电。9月，内韦斯总统、席尔瓦总理分别就中华人民共和国成立74周年向习近平主席、李强总理致贺函。

经贸合作取得新成果。年内，中国援佛得角国家体育场技术合作项目附带工程移交，紧急粮食援助正式交接，圣文森特岛明德卢医院产科大楼项目举行开工典礼。中国—联合国粮农组织—佛得角南南合作项目中国专家组抵佛工作，帮助佛增加农业生产。

人文合作更加密切。中国—佛得角交流中心第一期项目竣工。中佛双方共同举办"中非携手暖童心"关爱佛得角孤儿健康活动。中国援外医疗队派遣60周年暨中国援佛得角医疗队派遣39周年活动在佛举行。中国驻佛得角使馆举办"我的梦想上太空——中国航天员与非洲青少年连线"暨非洲青少年"我的梦想"主题绘画作品大赛颁奖仪式。

柬埔寨
(Cambodia)

2023年，中华人民共和国与柬埔寨王国全面战略合作伙伴关系持续深入发展，新时代中柬命运共同体建设稳步推进。

政治互信不断增强。2月，国家主席习近平会见来华进行正式访问的柬埔寨首相洪森，国务院总理李克强、全国人大常委会委员长栗战书分别同洪森首相会谈、会见，双方发表《中华人民共和国和柬埔寨王国关于构建新时代中柬命运共同体的联合声明》。同月，习近平主席会见来华查体休养的柬埔寨国王诺罗敦·西哈莫尼和太后诺罗敦·莫尼列·西哈努克。9月，习近平主席会见来华进行正式访问的柬埔寨首相洪玛奈，国务院总理李强和全国人大常委会委员长赵乐际分别同洪玛奈首相会谈、会见，双方发表《中华人民共和国政府和柬埔寨王国政府联合公报》并签署《中华人民共和国政府和柬埔寨王国政府关于构建新时代中柬命运共同体行动计划（2024—2028）》以及多份合作文件。同月，习近平主席会见出席杭州第十九届亚运会开幕式的西哈莫尼国王。10月，习近平主席会见来华出席第三届"一带一路"国际合作高峰论坛的洪玛奈首相，李强总理和中共中央政治局常委、中央书记处书记蔡奇分别同其会见。9月，李强总理在印度尼西亚雅加达出席东亚合作领导人系列会议期间会见洪玛奈首相。8月，中共中央政治局委员、外交部长王毅访问柬埔寨。12月，王毅会见来华参加澜沧江—湄公河合作第八次外长会的柬埔寨副首相兼外交与国际合作部大臣宋金达。同月，西哈莫尼国王访问福建。4月，柬埔寨副首相兼内政大臣韶肯访华。10月，柬埔寨副首相兼国防大臣迪西哈访华。

经贸合作成果丰硕。2023年，中柬双边贸易额为148.2亿美元。其中，中国出口额为127.5亿美元，同比下降7.7%；中国进口额为20.7亿美元，同比增长12.6%。中国继续保持柬埔寨第一大贸易伙伴和外资来源国地位。《中华人民共和国政府和柬埔寨王国政府自由贸易协定》红利持续释放，柬胡椒、食用水生动物、野生水产品实现对华出口，中柬双方签订《关于柬埔寨鲜食椰子输华植物检疫要求议定书》。金港高速公路、暹粒吴哥国际机场、西哈努克港经济特区等项目取得积极进展。

人文交流更加密切。2023年是"中柬友好年"，双方开展系列人文交流活动，扩大青年、教育、旅游、医疗卫生等领域交流合作。中国继续向柬派遣国际中文教师，提供政府奖学金名额，中国文物专家积极参与吴哥古迹保护修复工作。10月，习近平主席同洪玛奈首相共同宣布将2024年确定为"中柬人文交流年"。

喀麦隆
(Cameroon)

2023年，中华人民共和国与喀麦隆共和国友好合作关系继续深化。

两国保持友好交往。3月，喀麦隆总统保罗·比亚致函祝贺习近平再次当选国家主席。8月，喀麦隆总统府负责国防事务的部长级代表贝蒂·阿索莫·约瑟夫来华出席第三届中非和平安全论坛。10月，喀麦隆财政部部长莫塔泽·路易·保罗来华出席第三届"一带一路"国际合作高峰论坛。两国在国际多边场合保持密切协调配合。

两国各领域合作稳步推进。1月，喀国家电子高等教育网完成最终验收。7月，莫肯水电站交付。12月，喀国家应急通信系统项目完成交付。中国援喀国民议会大楼建设顺利推进。10月，两国签署《中华人民共和国政府和喀麦隆共和国政府对所得消除双重征税和防止逃避税的协定》。

加拿大
(Canada)

2023年，中华人民共和国与加拿大关系因加方的一系列消极涉华言行仍未走出低谷。5月，加拿大政府宣布将中国驻多伦多总领事馆一名外交官列为"不受欢迎的人"。中方采取对等反制措施，将加拿大驻上海总领事馆一名外交官列为"不受欢迎的人"。双方在环境、气候变化、教育人文等领域保持一定交往合作。11月，国家副主席韩正在北京会见加拿大前总理让·克雷蒂安。7月，中国、加拿大和欧盟共同举办第七届气候行动部长级会议。8月，加拿大环境与气候变化部部长史蒂文·吉尔博在北京参加中国环境与发展国际合作委员会2023年年会。11月，80余家加拿大企业和机构参加第六届中国国际进口博览会。12月，双方共同举办"中加学者交换项目"50周年纪念活动。

中 非
(Central African Republic)

2023年，中华人民共和国与中非共和国友好合作关系保持良好发展势头。

两国高层保持友好交往。3月，中非总统福斯坦-阿尔尚热·图瓦德拉致函祝贺习近平再次当选国家主席。9月，图瓦德拉总统向习近平主席致国庆贺信。12月，习近平主席向图瓦德拉总统致国庆贺电。3月，中非总理费利克斯·莫卢瓦向国务院总理李强致就任贺信。同月，中非国民议会议长森普利斯·马蒂厄·萨兰吉致函祝贺赵乐际当选全国人大常委会委员长。7月，萨兰吉议长访华并出席第三届文明交流互鉴对话会暨首届世界汉学家大会。6月，中非农业部部长埃里克·雷科斯-卡莫来华出席第三届中国—非洲经贸博览会。两国在国际多边场合保持密切协调配合。

两国各领域务实合作稳步推进。中方援建的班吉光伏电站项目顺利竣工移交。援中非友谊医院和中国医疗队宿舍改造项目、菌草技术合作项目等平稳推进。应中非方请求，中方向中非方提供人道主义粮食援助。12月，图瓦德拉总统向中国第19批援中非医疗队授勋。

1月，中国新任驻中非大使李钦峰向图瓦德拉总统递交国书。

乍 得
(Chad)

2023年，中华人民共和国与乍得共和国友好关系发展顺利。

两国各层级保持友好交往。8月，国家主席习近平向乍得过渡总统穆罕默德·伊德里斯·代比·伊特诺致国庆贺电。9月，穆罕默德总统向习近平主席致国庆贺函。6月，乍得工业与贸易部部长万莱多姆·罗伯蒂内来华出席第三届中国—非洲经贸博览会。9月，乍得国务部长兼电信与数字经济部部长穆罕默德·阿拉胡·塔希尔来华出席活动。10月，乍得油气与能源部部长杰拉塞姆·勒贝马杰尔来华出席第三届"一带一路"国际合作高峰论坛。11月，乍得农业生产与转型部国务秘书阿巴卡尔·哈马丹来华参加第二届中非农业合作论坛。同月，乍得恩贾梅纳市市长法蒂梅·萨拉·杜加访问重庆。

两国各领域合作稳步推进。双方续签中国援乍得医疗队派遣议定书，签署中乍对口医院合作机制协议，中国第18批援乍得医疗队开始工作，南昌大学第一附属医院对口支援中乍友谊医院儿科建设项目稳步实施。援乍农业技术合作项目、恩贾梅纳体育场项目、职业技术培训学校项目等稳步推进。应乍方紧急要求，中方向乍方提供紧急人道主义粮食援助。

智　利
(Chile)

2023年，中华人民共和国与智利共和国全面战略伙伴关系持续深化，各领域合作富有成果。

两国高层交往热络频繁。3月，智利总统加夫列尔·博里奇·丰特致函祝贺习近平再次当选国家主席。10月，博里奇总统来华出席第三届"一带一路"国际合作高峰论坛并进行国事访问。智成为唯一连续三届由国家元首出席高峰论坛的拉美国家，两国元首就不断丰富中智全面战略伙伴关系的时代内涵达成重要共识。6月，中国政府拉美事务特别代表邱小琪访智。两国立法机构、政党保持友好交往。两国政府间常设委员会、议会政治对话委员会、经济合作与协调战略对话等双边合作机制召开新一次会议。

两国务实合作深入推进。中智在科技创新、南极研究、防灾减灾等领域保持良好合作。博里奇总统访华期间，双方签署共建"一带一路"、发展合作、产业投资、数字经济、科技创新、海关检验检疫、农业、南极研究、中小企业合作等领域多项合作文件。中国继续保持智第一大贸易伙伴地位。智核果获准进入中国市场。双方在矿业、新能源、基础设施建设等领域合作不断取得新成果，两国经济互补优势得到充分释放。两国在联合国、亚太经济合作组织、中国—拉美和加勒比国家共同体论坛等国际组织和多边机制框架内保持良好沟通合作。

两国人文交流活跃。中智第二轮领事磋商成功举行，中国公民赴智团队游和"机票+酒店"业务得到恢复。在智举办的"欢乐春节"活动、"两个时代的中国电影"展映和短视频大赛等文化活动在当地反响热烈。

哥伦比亚
(Colombia)

2023年，中华人民共和国与哥伦比亚共和国建立战略伙伴关系，双边关系实现突破。

元首外交把舵定向。3月，哥伦比亚总统古斯塔沃·弗朗西斯科·佩特罗·乌雷戈致函祝贺习近平再次当选国家主席。10月，佩特罗总统来华进行国事访问，习近平主席同其举行会谈，全国人大常委会委员长赵乐际同其举行会见。双方发表《中华人民共和国和哥伦比亚共和国关于建立战略伙伴关系的联合声明》，并签署12项合作协议。两国各层级交流往来密切。6月，中国政府拉美事务特别代表邱小琪访哥。8月，哥前众议长大卫·里卡多·拉塞罗·马约尔加访华。

务实合作不断深化。中国继续保持哥全球第二大贸易伙伴地位。波哥大地铁一号线、西部轻轨等项目稳步推进。中哥举办第九届经贸混委会，成立贸易畅通和投资经济等工作组。哥牛肉、藜麦获准输华。双方在清洁能源等领域合作持续推进。

人文交流更加密切。中国驻哥使馆在哥成功举办中哥文化周、第七届"对话中国"论坛、2023哥伦比亚"中国电影节"、"汉语桥"中文比赛等活动，推动哥国家电视台同中央广播电视总台签署合作交流备忘录，与重庆市合作推出"中国时段"节目。多名媒体记者和友华学者访华，延续双边友好往来。

科摩罗
(Comoros)

2023年，中华人民共和国与科摩罗联盟友好关系发展顺利。

政治互信不断深化。3月，科摩罗总统阿扎利·阿苏马尼致函祝贺习近平再次当选国家主席。两国领导人保持密切信函往来。9月，科摩罗国民议会议长穆斯塔纳·阿卜杜出席第六届中国—阿拉伯国家博览会。两国在国际事务中保持密切沟通和配合。

务实合作持续推进。莫埃利岛公路修复项目、科国家疟疾防治中心第二期技术援助合作进展顺利。科食用水产品实现对华出口。

刚果（布）
(Congo)

2023年，中华人民共和国与刚果共和国［简称"刚果（布）"］全面战略合作伙伴关系发展顺利。

两国保持友好交往。3月，刚果（布）总统德尼·萨苏-恩格索致函祝贺习近平再次当选国家主席。8月，习近平主席在南非出席金砖国家领导人第十五次会晤期间会见萨苏总统。10月，萨苏总统来华出席第三届"一带一路"国际合作高峰论坛，习近平主席同其会见。6月，刚果（布）领土整治、基础设施和道路养护国务部长让-雅克·布亚来华出席第三届中国—非洲经贸博览会。8月，刚果（布）国防部长夏尔·里夏尔·蒙乔来华出席第三届中非和平安全论坛。11月，刚果（布）农业、畜牧业和渔业部部长保罗·瓦朗坦·恩戈博来华出席第二届中非农业合作论坛。两国政府、政党、军队、地方等保持各层级、多形式交往。

两国各领域交流与合作持续推进。姆皮拉商业中心项目（一期）正式开业，布拉柴维尔商务中心项目竣工剪彩，飞机维修中心项目建设取得积极进展。中国同联合国世界粮食计划署对刚粮援项目执行完毕。中国海军第43批护航编队对刚进行友好访问，其医疗队同中国第29批援刚黑角医疗队开展联合义诊活动。

9月，中国新任驻刚果（布）大使李岩向萨苏总统递交国书。

库克群岛
(Cook Islands)

2023年，中华人民共和国与库克群岛友好合作关系稳步发展。

8月，国家主席习近平就库克群岛宪法日向库克群岛国王代表汤姆·马斯特斯致贺电。9月，库克群岛总理兼外交部长马克·布朗就中华人民共和国成立74周年向习近平主席致贺电。7月，中国政府太平洋岛国事务特使钱波访问库克群岛。11月，钱波特使赴库克群岛出席第52届太平洋岛国论坛对话会，会议期间会见布朗总理兼外长。

哥斯达黎加
(Costa Rica)

2023年，中华人民共和国与哥斯达黎加共和国关系平稳发展。

两国高层保持交往。3月，哥斯达黎加总统罗德里戈·查韦斯·罗夫莱斯致函祝贺习近平再次当选国家主席，哥立法大会主席罗德里戈·阿里亚斯·桑切斯致函祝贺赵乐际当选全国人大常委会委员长。5月，赵乐际委员长致函祝贺阿里亚斯连任立法大会主席。11月，中共中央政治局委员、全国政协副主席石泰峰访哥，同查韦斯总统、阿里亚斯主席、哥外交和宗教事务部部长阿诺尔多·安德烈·蒂诺科分别会见、会谈。5月，江苏省副省长方伟访哥。9月，安徽省委副书记程丽华、致公党中央副主席闫傲霜访哥。11月，全国人大外事委员会副主任委员王超访哥。两国就国际和地区问题保持密切沟通协调。

两国经贸、文化等领域合作持续发展。中国继续保持哥第二大贸易伙伴地位。2023年，中哥双边贸易额同比增长30.8%。7月，中哥自贸委员会第七次会议举行。11月和12月，中国在哥举办"针对拉美国家瓜菜新品种选育及配套技术应用与示范国际培训班""哥斯达黎加基础设施建设海外培训班"。此外，中国还在哥举办"我眼中的中国"短视频比赛、"2023中国电影周"等活动。

科特迪瓦
(Côte d'Ivoire)

2023年是中华人民共和国与科特迪瓦共和国建交40周年，两国关系保持良好发展势头。

两国高层交往密切。3月，国家主席习近平同科特迪瓦总统阿拉萨内·瓦塔拉就中科建交40周年互致贺电，瓦塔拉总统致函祝贺习近平再次当选国家主席。12月，瓦塔拉总统就甘肃积石山地震向习近平主席致慰问电。3月，科特迪瓦总理帕特里克·阿希来华出席博鳌亚洲论坛2023年年会，国务院总理李强同其会见。11月，全国人大常委会副委员长武维华和科特迪瓦外交、非洲一体化与海外侨民部部长卡库·阿多姆共同出席在北京举行的庆祝中科建交40周年招待会。同月，商务部副部长李飞同阿多姆部长共同主持召开中科经贸混委会第四次会议。12月，全国妇联党组书记、副主席、书记处第一书记黄晓薇访问科特迪瓦。

两国务实合作进展顺利。中方融资支持的铁比苏—布瓦凯高速公路、圣佩德罗体育场、科霍戈体育场等竣工。内陆十二城市供水、格里波-波波里水电站等项目顺利推进。中科签署关于设立贸易畅通工作组的谅解备忘录。

两国人文交流丰富多彩。为庆祝中科建交40周年，纪念信封、邮票分别在中国、科特迪瓦发行。5月，"中非携手暖童心"活动成功举办。11月，黑龙江农业工程职业学院同科特迪瓦雅克维尔职业学院签约启动共建鲁班工坊。

7月，中国新任驻科特迪瓦大使吴杰向瓦塔拉总统递交国书。

克罗地亚
(Croatia)

2023年，中华人民共和国与克罗地亚共和国全面合作伙伴关系持续深入发展。

两国高层交往密切。3月，克总统佐兰·米拉诺维奇致函祝贺习近平再次当选国家主席，克总理安德烈·普连科维奇致函祝贺李强就任国务院总理。9月，全国人大常委会副委员长李鸿忠访克，分别同普连科维奇总理、克议长戈尔丹·扬德罗科维奇、克副议长热利科·雷伊奈尔会见。12月，克副议长达沃尔科·维多维奇率社会民主者党代表团访华。10月，克前总统伊沃·约西波维奇访华并出席第三届"一带一路"国际合作高峰论坛。

两国各领域合作积极推进。12月，国家体育总局局长高志丹访克。4月，外交部副部长邓励同克外交部国务秘书弗拉诺·马图希奇在北京举行副外长级政治磋商。6月，全国人大常委会预算工作委员会主任史耀斌访克。5月，中国—克罗地亚科技合作委员会第十届例会以视频方式举行。中方将克列入第二批恢复出境团队游业务国家名单，公安部同克内务部共同举行旅游季警务联合巡逻。中国企业中标克罗地亚武切维察隧道项目。

古 巴
(Cuba)

2023年，中华人民共和国与古巴共和国友好关系持续深化，各领域合作稳步推进。

两国高层交往密切。3月，古共中央第一书记、古巴国家主席米格尔·迪亚斯－卡内尔·贝穆德斯就习近平再次当选国家主席致贺函。4月，习近平主席就迪亚斯－卡内尔当选连任古巴国家主席致贺电，国务院总理李强就曼努埃尔·马雷罗·克鲁斯连任古巴总理致贺电。8月，习近平主席在南非出席金砖国家领导人第十五次会晤期间同迪亚斯－卡内尔主席举行会见。11月，马雷罗总理访华并出席第六届中国国际进口博览会，其间习近平主席、李强总理、全国人大常委会委员长赵乐际分别同其会见，双方签署多项合作协议。12月，国务院副总理丁薛祥作为习近平主席特别代表出席《联合国气候变化框架公约》第二十八次缔约方大会世界气候行动峰会开幕式，并在出席"77国集团和中国"高级别会议期间同迪亚斯－卡内尔主席简短交谈。9月，习近平主席特别代表、中共中央政治局常委、中央纪委书记李希出席"77国集团和中国"哈瓦那峰会并访古。11月，中共中央政治局委员、全国政协副主席石泰峰访古，其间会见迪亚斯－卡内尔主席、古共中央政治局委员、中央组织书记罗伯托·莫拉莱斯·奥赫达。3月，古共中央国际关系部部长埃米利奥·洛萨达代表古方出席中国共产党与世界政党高层对话会。

两国务实合作与人文交流稳步推进。中国是古巴第二大货物贸易伙伴，古巴是中国在加勒比地区第五大贸易伙伴。2023年，中古双边贸易额为8.6亿美元，同比下降0.2%。其中，中国出口额为5.0亿美元，同比增长22.2%；中国进口额为3.6亿美元，同比下降20.6%。两国在教育、文化等领域合作进展顺利。中国文化和旅游部于2月公布恢复旅行社经营中国公民出境团队游首批国家名单，首批中国游客于8月抵达古巴。

塞浦路斯
(Cyprus)

2023年，中华人民共和国与塞浦路斯共和国战略伙伴关系健康稳定发展，各领域交流合作持续深化。

两国高层保持密切往来。2月，国家主席习近平致电祝贺尼科斯·赫里斯托祖利季斯就任塞浦路斯总统。3月，赫里斯托祖利季斯总统致函祝贺习近平再次当选国家主席。12月，赫里斯托祖利季斯总统就甘肃积石山地震向习近平主席致慰问函。9月，国家副主席韩正在美国纽约出席第78届联合国大会一般性辩论期间会见赫里斯托祖利季斯总统。11月，全国人大常委会副委员长郑建邦率全国人大代表团访塞。

两国各领域合作进展顺利。2023年，中塞双边贸易额为9.9亿美元。2月，中国和塞浦路斯签署《关于卫生和医学科学合作2023—2027年度合作计划》。6月，塞第二所孔子学院在塞浦路斯理工大学揭牌。9月，中国—塞浦路斯友城联盟成立。10月，中国以主宾国身份参加第八届尼科西亚书展。

捷 克
(Czechia)

2023年，中华人民共和国与捷克共和国战略伙伴关系总体保持发展。

两国高层保持交往。1月，国家主席习近平同捷克总统米洛什·泽曼举行视频会晤。11月，中共中央政治局委员、外交部长王毅在北京会见捷克国家安全顾问托马什·波亚尔。

两国各领域交流合作稳步推进。2023年，中捷双边贸易额为215.1亿美元，同比下降8.9%。捷克仍保持中国在中东欧地区第二大贸易伙伴地位。2023年捷克第九届"欢乐春节"活动、"2023捷克·国际中文日"活动、"汉语桥"中文比赛等在捷克成功举行。截至2023年底，两国共有12对结好省（州）市。

丹　麦
(Denmark)

2023年，中华人民共和国与丹麦王国全面战略伙伴关系稳定发展。

两国保持高层交往。3月，丹麦女王玛格丽特二世致函祝贺习近平再次当选国家主席，丹麦首相梅特·弗雷泽里克森致函祝贺李强就任国务院总理。6月，习近平主席向玛格丽特二世女王致国庆贺电。9月，玛格丽特二世女王、弗雷泽里克森首相、丹麦外交大臣拉尔斯·勒克·拉斯穆森分别向习近平主席、李强总理、中共中央政治局委员、外交部长王毅致国庆贺函。6月，拉斯穆森外交大臣访华，国家副主席韩正同其举行会见，中共中央政治局委员、中央外事工作委员会办公室主任王毅同其举行会谈。10月，丹麦自治领法罗群岛自治政府副总理兼外交、工业和贸易部部长霍尼·赫达、格陵兰自治政府国务和外交部部长维维安·莫茨费尔特访华，法罗群岛、格陵兰驻华代表处分别正式成立。

两国各领域合作持续拓展。3月，外交部副部长邓励同丹麦外交部常务秘书叶普在北京举行中丹副外长级政治磋商。8月，《中华人民共和国政府和丹麦王国政府绿色联合工作方案（2023—2026）》对外发布，为两国绿色合作注入新动力。中国连续多年保持丹麦在亚洲最大贸易伙伴地位。丹麦连续6年参加中国国际进口博览会。中丹生命科学合作圆桌会、中丹"面向零碳目标能源转型"研讨会成功举办。

两国人文交流保持活跃。国家留学基金委代表团、四川大学代表团成功访丹，上海立信会计金融学院代表团访丹并同丹麦国际商学院签署孔子学院合作协议。南丹麦大学公共卫生学院代表团两次访华。四川省成都市与丹麦霍森斯市举办缔结友城10周年庆祝活动。截至2023年底，两国共有18对结好省市。

吉布提
(Djibouti)

2023年，中华人民共和国与吉布提共和国战略伙伴关系稳步发展。

两国高层保持交往，政治互信不断深化。3月，吉布提总统伊斯梅尔·奥马尔·盖莱致函祝贺习近平再次当选国家主席。年内，两国元首就两国国庆互致信函。

两国各领域合作进展顺利。中吉双边贸易保持较快增长。中国援吉塔朱拉医院、社会保障房等项目顺利推进。亚吉铁路、多哈雷多功能港口、国际自贸区等项目运营良好。中国人民解放军驻吉布提保障基地运行顺利。吉首家孔子学院正式揭牌。

多米尼克
(Dominica)

2023年，中华人民共和国与多米尼克国双边关系保持健康稳定发展。

两国政治互信持续巩固。3月，多米尼克总统查尔斯·安杰洛·萨瓦林致函祝贺习近平再次当选国家主席。年内，多米尼克总理夫人、住房和城市发展部部长梅莉萨·波蓬-斯凯里特两次来华非正式访问。3月，多外交、国际商务、贸易和能源部部长文斯·亨德森来华参加博鳌亚洲论坛2023年年会。10月，多公共工程、公共设施和数字经济部部长菲德尔·格兰特来华出席第三届"一带一路"国际合作高峰论坛并出席数字经济高级别论坛。7月，外交部部长助理华春莹访问多米尼克，与亨德森外长共同主持中国和加勒比建交国外交部间第八次磋商。

两国务实合作不断深化。中国政府援建的罗索儿童游乐场正式启用，飓风灾后重建学校项目举行奠基仪式。多国立大学孔子课堂与中国援多医疗队共同举办义诊活动。中方向中多友谊医院捐赠救护车和医疗器械。中国援多农业专家组组长孙浩杰荣获多米尼克国家杰出贡献勋章。

两国人文交流日益密切。山东省济宁市与多米尼克罗索市、山东省济宁市任城区与多米尼克圣约瑟夫大区签署友好交流与合作关系协议。中方继续向多方提供政府奖学金和人力资源培训名额。

多米尼加
(Dominican Republic)

2023年是中华人民共和国与多米尼加共和国建立外交关系5周年。在两国元首战略引领下，各领域交流与合作稳步推进。

两国政治互信不断深化。3月，多米尼加总统路易斯·阿比纳德尔就习近平再次当选国家主席致贺函。5月，习近平主席同阿比纳德尔总统就中多建交5周年互致贺电。8月，全国人大常委会委员长赵乐际向多新任参议长里卡多·德洛斯桑托斯和连任众议长阿尔弗雷多·帕切科致贺电。11月，中共中央政治局委员、外交部长王毅就多米尼加突发暴雨灾害向多外交部长罗伯托·阿尔瓦雷斯致慰问电。7月，商务部国际贸易谈判代表兼副部长王受文访多。9月，全国人大财政经济委员会主任委员钟山访多。10月，多经济部副部长奥莱亚·多特尔来华出席第三届"一带一路"国际合作高峰论坛。同月，公安部副部长王志忠访多。11月，中共中央对外联络部副部长李明祥访多。

两国务实合作和人文交流有序推进。2023年，中多双边贸易额为49.7亿美元，同比增长4.2%，创历史新高。7月，中方援建的911国家安全应急处置系统顺利交接，中多经贸混委会首次会议在多召开。11月，多积极参加第六届中国国际进口博览会。两国在地方领域合作密切。5月，多首都圣多明各和湖南省长沙市（互为友城）代表性建筑于中多建交5周年当天点亮对方国旗颜色的灯光，湖南省杂技艺术剧院演出团的杂技演出在圣多明各国家大剧院开幕。8月，湖南省沅江市与多米尼加萨尔塞多市签署友城协议。

朝　鲜
(DPRK)

2023年，中华人民共和国与朝鲜民主主义人民共和国保持友好交往，双边关系平稳发展。

两党两国最高领导人积极互动。3月，朝鲜劳动党总书记、国务委员长金正恩致电祝贺中共中央总书记习近平再次当选国家主席。9月，习近平总书记、国家主席就朝鲜国庆75周年向金正恩总书记、国务委员长致贺电。10月，金正恩总书记、国务委员长就中华人民共和国成立74周年向习近平总书记、国家主席致贺电。

两国保持政治外交沟通。7月，中共中央政治局委员、全国人大常委会副委员长李鸿忠率中国党政代表团访朝并出席朝鲜战争停战70周年纪念活动，向金正恩总书记、国务委员长转交习近平总书记、国家主席亲署函。9月，中共中央政治局委员、国务院副总理刘国中率中国党政代表团出席朝鲜国庆75周年庆祝活动并访问朝鲜，与金正恩总书记、国务委员长会面。同月，李鸿忠副委员长出席朝鲜驻华大使李龙男在使馆举办的庆祝朝鲜国庆75周年招待会。7月，全国人大常委会副委员长彭清华出席李龙男大使在使馆举办的《中华人民共和国和朝鲜民主主义人民共和国友好合作互助条约》签订62周年纪念招待会。9月，全国政协副主席王勇出席中国人民对外友好协会与中朝友好协会在北京举办的庆祝朝鲜国庆75周年招待会。11月，全国人大常委会副委员长铁凝出席《中华人民共和国和朝鲜民主主义人民共和国经济及文化合作协定》签署70周年纪念活动。4月，中国新任驻朝鲜大使王亚军会见朝鲜劳动党中央国际部部长金成男。

两国持续推动各领域友好交流与务实合作。9月，朝鲜体育代表团来华参加杭州第十九届亚运会。2023年，中朝双边贸易额为23.0亿美元，同比增长137.4%。其中，中国出口额为20.1亿美元，同比增长140.4%；中国进口额为2.9亿美元，同比增长118.4%。中国保持朝鲜最大贸易伙伴地位。双方在国际和地区事务中相互支持。

刚果（金）
(D.R. Congo)

2023年，中华人民共和国与刚果民主共和国［简称"刚果（金）"］建立全面战略合作伙伴关系。

两国高层交往密切。3月，刚果（金）总统费利克斯-安托万·齐塞克迪·奇隆博致函祝贺习近平再次当选国家主席。5月，齐塞克迪总统对中国进行国事访问。访问期间，习近平主席同齐塞克迪总统共同宣布将双边关系提升为全面战略合作伙伴关系。两国发表《中华人民共和国和刚果民主共和国关于建立全面战略合作伙伴关系的联合声明》。3月，外交部副部长邓励访问刚果（金）。8月，中共中央对外联络部部长助理朱锐访问刚果（金）。5月，刚果（金）副总理兼外交部长克里斯托夫·卢通杜拉·阿帕拉·潘·阿帕拉访华。6月，刚果（金）农业部部长若泽·姆潘达·卡班古、工业部部长朱利安·帕卢库·卡洪亚、外贸部部长让·卢西安·布萨·通巴来华出席第三届中国—非洲经贸博览会。10月，刚果（金）交通、运输和道路疏通部部长马克·埃基拉·利孔比奥来华参加第三届"一带一路"国际合作高峰论坛。

两国各领域务实合作扎实推进。金沙萨中部非洲文化艺术中心、科卢韦齐职业技术培训学校等项目稳步实施，金苏卡变电站顺利落成。

6月，中国新任驻刚果（金）大使赵斌向齐塞克迪总统递交国书。

厄瓜多尔
(Ecuador)

2023年，中华人民共和国与厄瓜多尔共和国全面战略伙伴关系持续深入发展。

高层交往保持热络。3月，厄瓜多尔总统吉列尔莫·拉索致函祝贺习近平再次当选国家主席。10月，习近平主席向厄新任总统丹尼尔·诺沃亚致贺电。

务实合作成果丰硕。中厄签署自由贸易协定。中国保持厄非石油产品第一大出口目的国地位。两国共建"一带一路"合作稳步推进，能源、电力、交通、通信等领域重点合作项目进展顺利。

人文交流更加密切。厄国家电视台播放中国农历新年特别节目。中国地方文艺团体赴厄展演、参加洛哈国际艺术节，厄艺术家参加"艺汇丝路"访华采风活动。

埃　及
(Egypt)

2023年，中华人民共和国与阿拉伯埃及共和国全面战略伙伴关系稳健发展。

两国高层交往密切。3月，埃及总统阿卜杜勒·法塔赫·塞西致电祝贺习近平再次当选国家主席。12月，习近平主席致电祝贺塞西总统当选连任。10月，埃及总理穆斯塔法·马德布利来华出席第三届"一带一路"国际合作高峰论坛。9月，中共中央政治局常委、中央纪委书记李希访问埃及。10月，中共中央政治局委员、外交部长王毅同埃及外交部长萨米哈·舒克里通电话。同月，埃及内政部部长马哈茂德·陶菲格以视频方式出席全球公共安全合作论坛（连云港）2023年大会并致辞。11月，舒克里外长作为阿拉伯、伊斯兰国家外长联合代表团成员访华。

两国务实合作亮点纷呈。2023年，中埃双边贸易额为158.2亿美元。埃及在中国银行间市场成功发行35亿元人民币可持续发展熊猫债，实现非洲地区熊猫债零的突破。中方援埃及卫星总装集成测试中心完工并通过验收，中国政府援埃及二号卫星初样星成功发射并在轨交付，助力埃及成为首个具有完备卫星AIT（总装、集成、测试）能力的非洲国家。埃及新行政首都中央商务区项目稳步推进。

两国人文交流持续开展。《习近平谈治国理政》（第三卷）阿拉伯文版被分发至埃及27省高中图书馆，外国领导人著作首次进入埃及国民教育体系。中文试点教学拓展至第二批10所埃及中学，埃及教育部同意于2024年将中文全面纳入国民教育体系。埃及被列入首批恢复出境团队游业务国家名单，双方游客往来迅速升温。中埃直航航班数量大幅增加。

萨尔瓦多
(El Salvador)

2023年，中华人民共和国与萨尔瓦多共和国关系快速发展，各领域交流合作不断拓展。

高层交往引领有力。萨总统纳伊布·布克尔就习近平再次当选国家主席、中央军事委员会主席致贺函。全国人大财政经济委员会主任委员、全国人大中国—萨尔瓦多友好小组组长钟山和全国人大常委会委员、致公党中央副主席闫傲霜访萨。萨最高法院院长奥斯卡·洛佩斯、执政党新思想党代表团访华，公共工程和交通部部长埃德加·罗德里格斯来华出席第九届中拉基础设施合作论坛。

务实合作成果丰硕。中国援建的萨国家图书馆正式投入使用，布克尔总统出席启用仪式，获当地民众热烈反响。中方参与援建的"日落"游乐园成为萨最受欢迎的景点之一，拉利伯塔德码头项目竣工交付，萨国家体育场、伊洛潘戈湖供水项目奠基开工。中国政府向萨提供化肥和小麦粉援助，布克尔总统出席交付仪式。萨政府积极参加中国进出口商品交易会、中国国际进口博览会、中国—拉美企业家高峰会。福建省厦门市同萨尔瓦多梅塔潘市结为友好交流城市。

多边协作日益密切。萨籍议员投票支持中美洲议会取消台湾地区"立法院"所谓"常驻观察员"地位、接纳中国全国人大成为常驻观察员的决议。在中方积极推动下，萨加入亚洲基础设施投资银行。

赤道几内亚
(Equatorial Guinea)

2023年，中华人民共和国与赤道几内亚共和国全面合作伙伴关系稳步推进。

两国政治互信不断深化。3月，赤道几内亚总统特奥多罗·奥比昂·恩圭马·姆巴索戈致函祝贺习近平再次当选国家主席。1月，国家副主席王岐山向赤几副总统特奥多罗·恩圭马·奥比昂·曼格致函，祝贺其连任副总统。7月，曼格副总统来华参加生态文明贵阳国际论坛，国家副主席韩正同其会见。3月，赤几外交、国际合作与侨务部部长西蒙·奥约诺·埃索诺·安格来华进行正式访问。

两国务实合作扎实推进。中方援建的中赤几友好医院项目顺利交接启用，奥比昂总统出席活动。涅方示范农场、毕科莫水电站等技术援助项目顺利开展，获赤几政府高层、社会各界好评。

两国人文交流、地方合作持续推进。中方向赤几派出第33批医疗队。江西省农业代表团、山东省济南市代表团分别访问赤几。

厄立特里亚
(Eritrea)

2023年是中华人民共和国与厄立特里亚国建交30周年，两国战略伙伴关系全面深入发展。

高层互动密切。3月，厄立特里亚总统伊萨亚斯·阿费沃基致函祝贺习近平再次当选国家主席。5月，伊萨亚斯总统来华进行国事访问，习近平主席同其会谈，国务院总理李强同其会见。同月，习近平主席同伊萨亚斯总统就庆祝中厄建交30周年互致贺电。9月，伊萨亚斯总统致函习近平主席，祝贺中华人民共和国成立74周年。中国共产党同厄立特里亚人民民主与正义阵线（执政党，简称"厄人阵"）积极开展治国理政交流。3月，厄人阵中央政治部部长耶迈尼·格布雷布以视频方式出席中国共产党与世界政党高层对话会。11月，厄人阵15名高级干部访华。

务实合作不断深化。重大经贸合作项目取得积极进展，库鲁里钾盐矿前期筹备进展顺利，阿斯马拉多金属矿完成开工前准备，扎拉金矿、碧沙多金属矿运营顺利。中国自1997年起已向厄派出16批近300名医疗队队员。第三期援厄农业专家组在厄开展农业技术培训和合作。

人文交流日益密切。9月，浙江婺剧团在厄举办专场演出。11月，第五届中国风筝文化节在厄成功举办，该文化节已成为中厄人文交流的品牌活动。

爱沙尼亚
(Estonia)

2023年，中华人民共和国与爱沙尼亚共和国关系总体保持发展势头。

两国政治关系稳步推进。10月，外交部副部长邓励同爱沙尼亚外交部副部长凯里克·西拉斯特-艾琳在北京举行中爱副外长级政治磋商。

两国经贸合作、人文交流续有进展。2023年，中爱双边贸易额为11.7亿美元。1月，北京市政府、中国驻爱沙尼亚使馆等在爱沙尼亚首都塔林联合举办第十四届"欢乐春节"活动。

10月，中国新任驻爱沙尼亚大使郭晓梅向爱沙尼亚总统阿拉尔·卡里斯递交国书。

埃塞俄比亚
(Ethiopia)

2023年，中华人民共和国与埃塞俄比亚联邦民主共和国建立全天候战略伙伴关系，双边关系健康快速发展，各领域合作成效显著。

高层交往密切，政治互信不断深化。3月，埃塞俄比亚总统萨赫勒-沃克·祖德、总理阿比·艾哈迈德·阿里分别致函祝贺习近平再次当选国家主席。8月，习近平主席在出席金砖国家领导人第十五次会晤期间同阿比总理举行会见。10月，阿比总理来华出席第三届"一带一路"国际合作高峰论坛并正式访华，习近平主席同其会见，国务院总理李强同其会谈。访问期间，两国宣布建立全天候战略伙伴关系。5月，埃塞副总理兼外交部长德梅克·梅孔嫩访华。7月，中共中央政治局委员、中央外事工作委员会办公室主任王毅访问埃塞。11月，全国人大常委会副委员长洛桑江村访问埃塞。

各领域合作取得积极进展。2023年，中埃塞双边贸易额为30.2亿美元，同比增长14.5%。2023年3月起，中方给予埃塞98%税目产品零关税待遇。中方援助实施的河岸绿色发展二期、亚吉铁路和亚的斯亚贝巴轻轨零配件物资等合作项目顺利推进。中埃塞直航频次逐步恢复，各领域人员往来日益密切。

斐 济
(Fiji)

2023年，中华人民共和国与斐济共和国全面战略伙伴关系总体平稳发展。

两国高层和各层级交往密切。11月，国家主席习近平在美国旧金山出席亚太经合组织第三十次领导人非正式会议期间会见斐济总理西蒂维尼·兰布卡。10月，斐济副总理兼旅游和民航部部长维利亚姆·加沃卡来华出席第三届"一带一路"国际合作高峰论坛开幕式并出席互联互通高级别论坛。11月，斐济副总理兼对外贸易合作和中小企业部部长马诺阿·卡米卡米加来华出席第六届中国国际进口博览会。

两国各领域合作成果显著。中方援助实施的苏瓦多功能体育馆维修项目顺利完工并移交斐方。斐济瓦努阿岛（北岛）道路升级项目、菌草技术示范中心合作项目、北岛农业发展技术援助项目等稳步推进。斐济中国文化中心、南太平洋大学孔子学院运营良好。

芬 兰
(Finland)

2023年，中华人民共和国与芬兰共和国共同推进中芬面向未来的新型合作伙伴关系进一步发展。

两国保持高层交往势头。3月，芬兰总统绍利·尼尼斯托致函祝贺习近平再次当选国家主席，芬兰总理桑娜·马林致函祝贺李强就任国务院总理。10月，习近平主席就芬兰前总统马尔蒂·阿赫蒂萨里逝世向尼尼斯托总统致唁电。6月，李强总理、全国人大常委会委员长赵乐际分别向芬兰新任总理彼得里·奥尔波、新任议长尤西·哈拉－阿霍致就任贺电。

两国各领域合作扎实推进。4月，外交部副部长邓励同芬兰外交部国务秘书尤卡·萨洛瓦拉在北京举行中芬副外长级政治磋商，共庆中国与西方国家首个政府间贸易协定签署70周年。11月，芬兰农业和林业部部长萨里·埃萨亚来华出席第六届中国国际进口博览会。其间，中芬签署《关于食品安全合作的谅解备忘录》《关于中国从芬兰输入禽肉的检验检疫和兽医卫生要求议定书》。10月，中芬科技合作联委会第20次会议在北京成功召开，科学技术部副部长张广军和芬兰经济事务与就业部副部长佩特里·佩尔托宁共同主持会议。同月，第五届中芬高技术领域对接会以线上线下相结合的方式成功举办。11月，两国相关部门续签关于中芬科技创新合作的谅解备忘录。2月，北京市连续17年在芬兰举办"欢乐春节"活动。8月，中方将芬兰列入第三批恢复出境团队游业务国家名单。截至2023年底，两国共有30对结好省市。

法　　国
(France)

2023年，中华人民共和国与法兰西共和国关系展现强劲发展势头，交流合作亮点纷呈。

高层保持密切交往，政治互信进一步巩固。4月，法国总统埃马纽埃尔·马克龙对中国进行国事访问。访问期间，国家主席习近平同马克龙总统在北京、广州两地进行友好深入、高质量的交流，达成一系列重要共识，为中法在双边、中欧和全球层面的合作指明了方向。双方签署农业食品、科技、航空航天、民用核能、可持续发展、文化等多领域多项双边合作文件。双方共同发表联合声明，为两国下阶段各领域合作作出规划。11月，习近平主席同马克龙总统通电话，就中法关系、中欧关系达成重要共识，双方还就《联合国气候变化框架公约》第二十八次缔约方大会、巴以冲突等热点问题交换看法。

6月，国务院总理李强对法国进行正式访问。访问期间，李强总理会见法国总统马克龙、总理伊丽莎白·博尔内、参议长热拉尔·拉尔歇，还同60多位国家元首、政府首脑和主要国际组织的负责人共同出席马克龙总统倡议举办的新全球融资契约峰会。

2023年，中共中央政治局委员、中央外事工作委员会办公室主任、外交部长王毅同法国总统外事顾问埃玛纽埃尔·博纳4次通电话，同法国欧洲和外交部长卡特琳·科隆纳通电话，就中法关系、中欧关系及地区热点问题密切沟通协调。

三大高级别机制对话稳步开展，卓有成效。2月和10月，王毅分别在巴黎和北京同博纳顾问共同主持第二十三次、第二十四次中法战略对话。双方一致认为中法全面战略伙伴关系的健康稳定发展具有特殊重要意义，一致同意发挥好战略对话重要作用，推动两国关系保持高水平发展，携手应对全球性挑战。7月，国务院副总理何立峰同法国经济、财政及工业、数字主权部部长布鲁诺·勒梅尔在北京共同主持第九次中法高级别经济财金对话。本次对话以线上线下相结合的方式举行，共达成22条57项合作成果。11月，中法人文交流机制中方牵头人、外交部长王毅同法方牵头人、法国欧洲和外交部长科隆纳在北京共同主持召开机制第六次会议。双方一致同意落实好两国元首重要共识，以中法建交60周年和文化旅游年为契机，推动两国人文交流释放更大活力、取得更多成果。会议期间，两国外长共同见证签署教育、科研、文化、旅游、卫生、健康等领域合作文件，为中法建交60周年和中法文旅年两项徽标揭幕，共同发布2024年中法精品人文交流活动清单。

各领域务实合作加速推进，成果丰硕。2023年，中法双边贸易额为789.4亿美元，稳定保持较高水平。农业食品领域，"从法国农场到中国餐桌"全链条快速协同机制设立，中国自法国进口农产品金额为66.7亿美元，同比增长20.5%，占自欧盟农产品进口总额的33.7%。近130家法国企业积极参加第六届中国国际进口博览会。航空航天领域，空中客车天津A320新总装线项目正式开工，中法签署160架空客飞机批量采购协议。中国Y12F飞机、法国H175飞机分别获批适航认证。科技领域，中法碳中和中心正式启动，发出中法加强绿色科技合作、携手应对气候变化的有力信号。中法顺利重启杰出青年科研人员交流计划、新设科研伙伴交流计划，为双方科研人才交流搭建了平台。双方积极推进月球探测、卫星研发、气候变化等领域合作。双方金融机构还在绿色金融等领域开展良好合作。

人文交流合作不断扩大，亮点频频。1月，全国人大常委会副委员长、中国红十字会会长陈竺访问法国，同法国红十字会交流，签署合作协议。12月，全国人大常委会副委员长吉炳轩率团出席第五届中法二轨高级别对话并访问法国，双方代表进行深入坦诚交流。双方积极开展旅游推介活动，人员往来逐渐回暖。中国将法国列入第二批恢复出境团队游业务国家名单，并对法国短期来华人员实施15天免签政策；法方宣布持有法国或中国硕士学位的有过法国求学一个学期以上经历的中国公民，均可获得法国为期5年的签证。第十七届"中法文化之春"艺术节在中国20多座城市展开，涵盖音乐、戏剧、电影、美术等多个领域。中法出版、影视领域合作不断加深。为迎接2024年中法建交60周年暨文化旅游年，中国驻法国使馆联合法国马戏团、大连杂技团举办"马戏团奇妙夜"专场活动。巴黎风情园举办"山海有灵"法国豫园灯会。地方合作保持活力，截至2023年底，中法两国结成113对友好省区和城市。

议会、政党交流稳步推进，夯实民意基础。中共中央对外联络部部长刘建超率中共代表团访问法国，法国国民议会法中友好小组代表团、参议院议员代表团访华，双方就中法关系及两国政党、立法机构交往交换意见。

就多边事务保持密切沟通协作。10月，马克龙总统特别代表、法国前总理让–皮埃尔·拉法兰来华出席第三届"一带一路"国际合作高峰论坛。11月，全国人大常委会副委员长丁仲礼赴法国出席第六届巴黎和平论坛，并在"一个星球：极地"峰会上发言。中方宣布正式加入法国等国发起的"自然与人类高雄心联盟"和"建筑突破"倡议。

加　蓬
(Gabon)

2023年，中华人民共和国与加蓬共和国建立全面战略合作伙伴关系。

两国保持友好交往。3月，加蓬总统阿里·邦戈·翁丁巴致函祝贺习近平再次当选国家主席。4月，邦戈总统对中国进行国事访问。访问期间，习近平主席同邦戈总统共同宣布将双边关系提升为全面战略合作伙伴关系。两国发表《中华人民共和国和加蓬共和国关于建立全面战略合作伙伴关系的联合声明》。7月，中共中央政治局委员、中央外事工作委员会办公室主任王毅会见来华出席全球共享发展行动论坛首届高级别会议的加蓬外交部长赫尔曼·伊蒙戈。6月，加蓬司法、掌玺、人权和性别平等部部长埃尔莉娜·昂托内拉·恩当贝·达马斯来华出席全球人权治理高端论坛。

两国务实合作稳步推进。参议院大厦维修、农业技术推广基地等项目进展顺利，双方在油气、矿业、林业、渔业等领域合作密切。

冈比亚
(The Gambia)

2023年，中华人民共和国与冈比亚共和国友好合作关系不断发展。

两国高层交往密切。3月，冈比亚总统阿达马·巴罗致函祝贺习近平再次当选国家主席。4月，冈外交、国际合作和侨民事务部部长马马杜·坦加拉来华出席"中国式现代化与世界"蓝厅论坛并访问新疆、上海等地。6月，冈比亚高等教育、研究与科技部部长皮埃尔·戈麦斯访华，与教育部副部长陈杰共同签署《中华人民共和国教育部与冈比亚共和国高等教育、研究与科技部职业教育合作谅解备忘录》。10月，冈比亚信息部部长拉明·奎因·贾梅来华参加第三届"一带一路"国际合作高峰论坛民心相通专题论坛。11月，冈比亚贸易、工业、区域一体化和就业部部长巴布卡·奥斯麦拉·朱夫来华出席第六届中国国际进口博览会暨虹桥国际经济论坛。同月，冈比亚农业部部长登巴·萨巴利来华出席第二届中非农业合作论坛。

两国务实合作持续推进。年内，双方续签《中华人民共和国政府和冈比亚共和国政府关于派遣中国医疗队赴冈比亚工作的议定书（2023—2027年）》，启动二期农业技术援助项目。中方宣布对冈比亚98%税目产品实施零关税。

两国人文合作更加密切。中国驻冈比亚使馆举办新春中国知识竞赛、"国际中文日"、"我的梦想上太空——中国航天员与非洲青少年连线"暨非洲青少年"我的梦想"主题绘画作品大赛颁奖仪式等活动，与冈国家青少年足球队、冈比亚大学国际关系与外交学硕士班师生等开展座谈交流活动。中冈双方共同举办"中非携手暖童心"活动，关心关爱非洲儿童。

格鲁吉亚
(Georgia)

2023年，中华人民共和国与格鲁吉亚建立战略伙伴关系，双边关系实现提质升级。

两国高层交往密切。3月，格鲁吉亚总统萨洛梅·祖拉比什维利、总理伊拉克利·加里巴什维利分别致函祝贺习近平再次当选国家主席。7月，加里巴什维利总理来华出席第31届世界大学生夏季运动会开幕式并访华。其间，习近平主席、国务院总理李强分别同其举行会见，双方发表关于建立战略伙伴关系的联合声明。10月，格副总理兼经济与可持续发展部部长列万·达维塔什维利来华出席第三届"一带一路"国际合作高峰论坛。11月，格环境保护与农业部部长奥塔尔·沙穆吉亚率团参加第六届中国国际进口博览会。

两国务实合作稳步推进。2023年，中格双边贸易额为20.5亿美元，同比增长48.4%。中资企业在格承建项目进展顺利。10月，双方举行中格政府间经贸合作委员会第八次会议。

两国人文交流方兴未艾，人员往来日益增长，汉语教学、文化交流等合作富有成效。7月，四川省与格鲁吉亚阿扎尔自治共和国建立友好省州关系。

德　国
(Germany)

2023年，中华人民共和国与德意志联邦共和国关系发展良好，中德全方位战略伙伴关系得到进一步巩固和充实。双方高层交流频密，合作共识进一步深化，各领域务实合作接续重启，在维护多边主义、应对气候变化等方面密切协调，积极推动双边关系健康发展，促进务实合作惠及两国及两国人民，为推动中欧交往合作、世界和平稳定与发展作出贡献。

两国高层交往密切。3月，德国总理奥拉夫·朔尔茨致函祝贺习近平再次当选国家主席。11月，习近平主席同朔尔茨总理举行视频会晤，就双边关系、中德合作、巴以冲突和乌克兰危机等国际和地区热点问题交换意见。

3月，朔尔茨总理向国务院总理李强致就任贺函。6月，李强总理对德国进行正式访问并同朔尔茨总理共同主持第七轮中德政府磋商。访问期间，李强总理与德国联邦总统弗兰克-瓦尔特·施泰因迈尔举行会见，同朔尔茨总理举行会谈，共同主持政府磋商、会见记者并出席中德企业家圆桌会、第十一届中德经济技术合作论坛闭幕式，同德国工商业代表座谈交流，访问德国巴伐利亚州并会见地方领导人。

两国外交部保持密切交流与合作。2月，中共中央政治局委员、中央外事工作委员会办公室主任王毅出席第59届慕尼黑安全会议并同朔尔茨总理、德国外交部长安娜莱娜·贝尔伯克举行会见。5月,德国总理外事顾问延斯·普吕特纳访华,王毅同其会见。3月,中德两国外长在印度新德里出席二十国集团外长会期间举行会见。4月至5月,两国外长实现互访,并成功举行第六轮中德外交与安全战略对话。6月,两国外长通电话。4月,中国政府朝鲜半岛事务特别代表刘晓明在德国柏林同德国外交部国务部长托比亚斯·林德纳举行会谈。5月,中国政府欧亚事务特别代表李辉在柏林同德国外交部国务秘书安德烈亚斯·米夏埃利斯举行会谈。11月,外交部副部长邓励同德国外交部国务秘书托马斯·巴格尔举行中德副外长级政治磋商。

两国经贸、金融、安全等领域合作成果丰硕。多年来,德国一直是中国在欧盟最大贸易伙伴。据德方统计,2023年,中国第八年蝉联德国全球最大贸易伙伴。9月,中共中央政治局委员、中央政法委员会书记陈文清赴柏林主持第四次中德高级别安全对话。9月底10月初,国务院副总理何立峰赴德国法兰克福与德国财政部部长克里斯蒂安·林德纳共同主持第三次中德高级别财金对话。

两国人文交往有序重启。8月10日起,中国旅行社及在线旅游企业恢复经营中国公民赴德国团队游业务。12月1日起,中国对德国持普通护照人员来华经商、旅游观光、探亲访友和过境试行15天内单方面入境免签政策,试行期一年。

两国地方、友城交流频密。截至2023年底,两国已建立104对友好省州(市)关系。3月,中国与德国巴伐利亚州地方合作对话会以视频方式成功举行。会上,四川省与巴伐利亚州签署建立友好省州关系协议。

中国在德国汉堡、慕尼黑、法兰克福、杜塞尔多夫设有总领事馆,德国在上海、广州、成都、沈阳、香港设有总领事馆。

加　纳
(Ghana)

2023年,中华人民共和国与加纳共和国友好合作关系稳步发展。

两国政治交流密切。1月,加纳总统纳纳·阿库福-阿多向国家主席习近平致春节贺函。3月,阿库福-阿多总统致函祝贺习近平再次当选国家主席。同月,阿库福-阿多总统致函祝贺李强就任国务院总理。5月,加副总统马哈茂杜·巴武米亚致函祝贺韩正当选国家副主席。1月,加外交与地区一体化部部长雪莉·博奇韦致函祝贺王毅就任中央外事工作委员会办公室主任。3月，加财政部部长肯·奥福里-阿塔访华。

两国经贸合作扎实推进。中国援加詹姆斯敦渔港综合设施、霍城医科大学二期等项目顺利推进。中国援加外交部配楼项目开工。

两国卫生合作、地方交往持续深入。中国第12批援加医疗队抵加开展工作。加纳阿散蒂省省长奥塞-门萨来华出席第三届"一带一路"国际合作高峰论坛。加国土资源部部长塞缪尔·吉纳波来华出席第25届中国国际矿业大会。加通信与数字化部部长厄休拉·埃库富尔来华出席世界互联网大会乌镇峰会。山东省烟台市与加纳西特马市签署缔结友好合作关系协议书。

希 腊
(Greece)

2023年，中华人民共和国与希腊共和国全面战略伙伴关系保持良好发展势头，各领域交流合作持续深化。

两国高层保持密切交往。3月，希腊总统卡特里娜·萨克拉罗普卢致函祝贺习近平再次当选国家主席。同月，习近平主席就希腊列车相撞事故向萨克拉罗普卢总统致慰问电。11月，希腊总理基里亚科斯·米佐塔基斯来华进行正式访问，习近平主席、国务院总理李强和全国人大常委会委员长赵乐际分别同其会见、会谈。2月，国务院副总理孙春兰访问希腊。10月，希腊总理高级代表、发展部部长科斯塔斯·斯克雷卡斯出席第三届"一带一路"国际合作高峰论坛。

两国务实合作稳步推进。2023年，中希双边贸易额为136.0亿美元，同比下降0.2%。7月，农业农村部部长唐仁健访问希腊，并出席中希畜禽食品品质安全控制与智慧制造国际联合实验室揭牌仪式。11月，希腊基础设施和交通部部长赫里斯托斯·斯泰库拉斯出席第六届中国国际进口博览会。同月，希腊海运与岛屿政策部为中远海运比雷埃夫斯港邮轮码头扩建工程项目签发施工许可。

两国文明交流互鉴成果丰硕。2月，习近平主席复信希腊学者，祝贺中希文明互鉴中心成立。3月底4月初，文化和旅游部部长胡和平访问希腊，双方签署《中国国家文物局与希腊文化和体育部关于水下文化遗产合作的谅解备忘录》。7月，孔子与亚里士多德论坛成功举办。同月，第四所孔子学院在希腊西阿提卡大学揭牌。10月，中共中央政治局委员、中央宣传部部长李书磊会见来华出席第六届太和论坛的希腊文化和体育部部长莉娜·门佐尼。11月,"中国希腊文化和旅游年"在希腊雅典闭幕。

格林纳达
(Grenada)

2023年,中华人民共和国与格林纳达友好合作关系保持稳定发展势头。

两国政治互信不断增强。3月,格总督塞西尔·拉格雷纳德、总理迪康·米切尔分别致函祝贺习近平再次当选国家主席。3月,格民族民主大会党领袖、总理米切尔以视频方式出席中国共产党与世界政党高层对话会。9月,格外交、贸易和出口发展部部长约瑟夫·安德尔来华出席《北京船舶司法出售公约》签约仪式并参访。两国在重大国际和地区问题上保持良好沟通与配合。

两国务实合作与人文交流稳步推进。2023年,中格第八期农业技术援助合作积极推进,格首都机场升级改造项目主体工程竣工。中方继续向格方提供政府奖学金和人力资源培训名额。

几内亚
(Guinea)

2023年,中华人民共和国与几内亚共和国全面战略合作伙伴关系平稳发展。

两国政治互信持续深化。9月,国家副主席韩正在出席第78届联合国大会期间会见几内亚过渡总统马马迪·敦布亚。1月,几内亚总统府办公厅主任吉巴·迪亚基特来华考察。

两国各领域合作稳步推进。在《中几资源与贷款合作框架协议》内,1号国道、科纳克里城市道路等项目竣工,铝土矿开发合作顺利。中几友好医院二期项目移交几方。"中非携手暖童心"、几内亚全国武术比赛等活动顺利进行。

几内亚比绍
(Guinea-Bissau)

2023年，中华人民共和国与几内亚比绍共和国友好合作关系发展顺利。

两国保持密切信函往来。3月，几内亚比绍总理努诺·戈梅斯·纳比亚姆分别致函祝贺习近平再次当选国家主席、李强就任国务院总理。8月，全国人大常委会委员长赵乐际致电祝贺多明戈斯·西蒙斯·佩雷拉当选几内亚比绍全国人民议会议长，李强总理致电祝贺热拉尔多·若昂·马丁斯就任几内亚比绍总理。

两国经贸合作取得新成果。几内亚比绍议会大厦维修、板丁手工渔业码头等项目顺利竣工，西非沿海公路比绍至萨芬段等项目稳步推进。

两国人文合作持续推进。中国第19批援几内亚比绍医疗队在中几比友谊医院举行"三八"国际妇女节义诊活动并发放免费药品。

圭亚那
(Guyana)

2023年，中华人民共和国与圭亚那合作共和国关系平稳发展。

元首会晤擘画蓝图。3月，圭亚那总统穆罕默德·阿里就习近平再次当选国家主席致贺函。7月底8月初，阿里总统出席第31届世界大学生夏季运动会开幕式并访华，习近平主席在成都同其会见。这是两国元首20年来首次在华会晤，为两国关系发展擘画了蓝图。阿里总统高度赞赏习近平主席提出的共建"一带一路"、全球发展倡议、全球安全倡议和全球文明倡议。国务院总理李强在北京会见阿里总统。中圭发表《中华人民共和国和圭亚那合作共和国联合声明》。12月，圭亚那总统夫人阿尔雅·阿里出席第五届"一带一路"女性论坛。

各领域交流合作扎实推进。德莫拉拉东海岸道路二期项目顺利开工，地区医院等重点项目稳步推进。中圭在国际事务中保持密切沟通与配合。

人民友谊日益加深。2023年是中国援圭医疗队派遣30周年和首批华人抵圭170周年。中国累计派出18批263名医务人员，在圭首都乔治敦医院和林登地区医院开展定点医疗援助，并赴偏远地区义诊，足迹遍及圭全部10个行政区，广受好评。圭亚那华人为推动圭国家发展和两国民间友好作出重要贡献。

洪都拉斯
(Honduras)

2023年3月26日，中洪两国外长在北京签署《中华人民共和国和洪都拉斯共和国关于建立外交关系的联合公报》。洪都拉斯政府即日起断绝同台湾的所谓"外交关系"，中洪建立大使级外交关系。两国大使相继履任，双方使馆各自开馆。

建交以来，两国高层交往密切。6月，国家主席习近平同来华进行国事访问的洪总统希奥玛拉·卡斯特罗举行会谈，国务院总理李强、全国人大常委会委员长赵乐际、中央纪委书记李希分别同其会见。其间，双方共同发表《中华人民共和国和洪都拉斯共和国联合声明》，并签署包括共建"一带一路"等多项双边合作协议。12月，赵乐际委员长同访华的洪国会主席路易斯·雷东多举行会谈，国家副主席韩正同其会见。11月，中共中央政治局委员、外交部长王毅会见来华出席第六届中国国际进口博览会的洪外交部长爱德华多·雷纳。双方各层级团组积极开展互访。

双边务实合作全面铺开。2023年，中洪双边贸易额为19.1亿美元，同比增长21.1%。双方签署洪白虾、香蕉、咖啡等农产品输华质检协议。洪两批企业家代表团来华访问考察。7月，双方共同宣布正式启动中洪自贸协定谈判，截至2023年底举行三轮谈判并取得积极进展。同月，双方共同举办两国经贸混委会首次会议。11月，洪方作为主宾国参加第六届中国国际进口博览会。

民间交流蓬勃开展。中洪建交后，新华社、中央广播电视总台在洪设记者站。4月至5月，洪主流媒体记者团来华访问。7月，洪首批奖学金生来华就学。9月，《中华人民共和国政府和洪都拉斯共和国政府关于互免持外交、官员、公务、公务普通护照人员签证的协定》正式生效。10月，江苏省南通市与洪都拉斯科尔特斯港市签署友好交流城市合作备忘录。

匈牙利
(Hungary)

2023年，中华人民共和国与匈牙利全面战略伙伴关系保持高水平发展。

两国高层交往密切，政治互信不断深化。10月，匈牙利总理欧尔班·维克多来华出席第三届"一带一路"国际合作高峰论坛并正式访华，国家主席习近平、国务院总理李强分别同其会见、会谈。8月，匈国会常务副主席玛特劳伊·玛尔道访华，全国人大常委会委员长赵乐际、副委员长李鸿忠分别同其会见、会谈。2月，中共中央政治局委员、中央外事工作委员会办公室主任王毅访匈，分别同欧尔班总理、匈外交与对外经济部部长西雅尔多·彼得会见、会谈。5月，西雅尔多外长来华出席第三届中国—中东欧国家博览会，王毅同其会见。9月，中共中央政治局委员、外交部长王毅同西雅尔多外长通电话。10月，王毅会见陪同欧尔班总理来访的西雅尔多外长。11月，中国政府欧洲事务特别代表吴红波访匈并出席布达佩斯欧亚论坛。

两国各领域合作成果丰硕。1月，习近平主席复信匈牙利匈中双语学校学生，鼓励匈牙利青少年更多了解中国，做传承发展中匈友好事业的使者。欧尔班总理访华期间，两国政府部门签署共建"一带一路"、产业与投资、工业和信息化、教育、海关、供应链、发展政策、数字经济、绿色发展等多项双边合作文件。匈塞铁路匈牙利段项目建设稳步推进。4月，中国建设银行（欧洲）有限公司匈牙利分行在匈正式开业。6月，中国东方航空开通宁波至布达佩斯直航班次。匈牙利被列入首批恢复出境团队游业务国家名单。截至2023年底，两国共有43对结好省（州）市。

9月，中国新任驻匈牙利大使龚韬向匈牙利总统诺瓦克·卡塔琳递交国书。

冰　岛
(Iceland)

2023年，中华人民共和国与冰岛关系保持平稳发展。

高层交往势头较好。6月，国家主席习近平向冰岛总统古德尼·索尔拉修斯·约翰内松致国庆贺电。5月，全国人大常委会委员长赵乐际与冰岛议长比吉尔·奥尔曼松举行视频会晤。9月，冰岛总理卡特琳·雅各布斯多蒂尔以视频方式向在北京举行的第七届世界地热大会致开幕辞。10月，中共中央对外联络部部长刘建超访问冰岛。

各领域务实合作稳中有进。12月，外交部副部长邓励同冰岛外交部常务秘书马丁·约翰内松在北京举行中冰政府间副外长级政治对话。两国在经贸、地热、科技、文化、旅游、应对气候变化、可持续发展等领域的交流合作不断深化。2023年是中国和冰岛签署自贸协定10周年。中国连续16年保持冰岛在亚洲最大贸易伙伴地位。5月，首届中国冰岛电商直播周在冰岛成功开幕。9月，中国—冰岛地热技术对接会在北京举行。截至2023年底，两国共有3对结好城市。

印　度
(India)

2023年，中华人民共和国与印度共和国关系总体保持稳定。

高层交往引领两国关系。6月，国家主席习近平就印度奥里萨邦列车脱轨相撞事故分别向印度总统德劳帕迪·穆尔穆、总理纳伦德拉·莫迪致慰问电。8月，习近平主席在南非约翰内斯堡出席金砖国家领导人第十五次会晤期间同莫迪总理交谈。习近平主席强调，中印关系改善发展符合两国和两国人民的共同利益，也有利于世界和地区的和平稳定与发展。双方应从两国关系大局出发，妥善处理边界问题，共同维护边境地区的和平与安宁。7月，中共中央政治局委员、中央外事工作委员会办公室主任王毅在印度尼西亚雅加达出席东亚合作系列外长会期间会见印度外交部长苏杰生。同月，中共中央政治局委员、外交部长王毅在约翰内斯堡出席第十三次金砖国家安全事务高级代表会议期间会见印度国家安全顾问阿吉特·多瓦尔。

两国保持密切经贸往来。2023年，中印双边贸易额再创新高，为1362.2亿美元，同比增长1.5%。其中，中国出口额为1176.8亿美元，同比增长0.8%；中国进口额为185.4亿美元，同比增长6.0%。中国是印度主要贸易伙伴，印度是中国在南亚最大贸易伙伴。

各领域交流合作有序推进。3月，第五届中印高级别二轨对话在成都以线上线下相结合的方式举行。6月，中印跨境河流专家级机制第十四次会议在印度举行。同月，2023年国际瑜伽日暨中国（昆明）南亚文化艺术周、中印人文交流系列活动在昆明举办。两国人员往来数量增加。自2022年中方优化印度公民赴华签证申请流程，恢复受理长期留学、商务、工作、探亲等人员签证申请以来，2023年印赴华签证量实现较快增长。两国还在金砖国家、上海合作组织、二十国集团等机制中保持沟通与协调。截至2023年底，两国共缔结11对友好省（邦）市。

两国边境局势总体稳定。2023年，中印两国共举行三次中印边境事务磋商和协调工作机制会议和三轮军长级会谈，通过外交和军事渠道就边界问题保持沟通，努力推动边境地区局势进一步降温缓和。中印两军已在边界西段多数地点实现脱离接触。

印度尼西亚
(Indonesia)

2023年，中华人民共和国与印度尼西亚共和国双边关系持续高位运行，中印尼命运共同体建设不断深入。

两国高层交往频密。7月，国家主席习近平会见来华出席第31届世界大学生夏季运动会开幕式并访华的印度尼西亚总统佐科·维多多。10月，习近平主席同来华出席第三届"一带一路"国际合作高峰论坛并进行国事访问的佐科总统举行会谈，国务院总理李强、全国人大常委会委员长赵乐际分别会见佐科总统。双方发表《中华人民共和国和印度尼西亚共和国关于深化全方位战略合作的联合声明》。9月，李强总理出席东亚合作领导人系列会议并对印度尼西亚进行正式访问，其间同佐科总统举行会谈。同月，李强总理会见来华出席第二十届中国—东盟博览会的印度尼西亚副总统马鲁夫·阿明。4月，国家副主席韩正会见印度尼西亚对华合作牵头人、统筹部部长卢胡特·潘查伊坦，中共中央政治局委员、中央外事工作委员会办公室主任王毅同其共同主持中印尼高级别对话合作机制第三次会议。6月，王毅同卢胡特部长通电话。7月，王毅在印度尼西亚雅加达会见印度尼西亚外交部长蕾特诺·马尔苏迪。

两国各领域合作成果丰硕。2月，中印尼双边合作联委会第四次会议在雅加达举行。高质量共建"一带一路"捷报频传。雅万高铁建成通车。10月，两国元首共同为雅万高铁正式开通运营揭幕。"区域综合经济走廊""两国双园"等新旗舰项目稳步推进。

两国经贸投资往来紧密。中国已连续11年成为印度尼西亚最大贸易伙伴，是印度尼西亚主要投资来源国。印度尼西亚是中国在东盟第三大贸易伙伴。2023年，中印尼双边贸易额为1394.2亿美元，同比下降5.9%。其中，中国出口额为652.0亿美元，同比下降7.3%；中国进口额为742.2亿美元，同比下降4.7%。两国签署《中华人民共和国政府和印度尼西亚共和国政府关于外长防长对话机制的谅解备忘录》以及工业、电子商务、科技创新、农渔业、减贫、反腐等领域合作文件。

伊 朗
(Iran)

2023年，中华人民共和国与伊朗伊斯兰共和国全面战略伙伴关系取得积极进展。

两国政治互信持续巩固。2月，伊朗总统赛义德·易卜拉欣·莱希来华进行国事访问，国家主席习近平同莱希总统举行会谈，国务院总理李克强、全国人大常委会委员长栗战书分别同莱希总统举行会见。双方发表《中华人民共和国和伊朗伊斯兰共和国联合声明》。3月，莱希总统就习近平再次当选国家主席致贺信。8月，习近平主席在南非约翰内斯堡出席金砖国家领导人第十五次会晤期间同莱希总统举行会晤。10月，国务院总理李强在出席上海合作组织成员国政府首脑（总理）理事会第二十二次会议期间会见伊朗第一副总统穆罕默德·穆赫贝尔。3月，中共中央政治局委员、中央外事工作委员会办公室主任王毅在北京同率团来华举行沙特和伊朗北京对话的伊朗最高国家安全委员会秘书阿里·沙姆哈尼举行会谈。7月，王毅在南非会见伊朗最高国家安全委员会秘书阿里·阿克巴尔·艾哈迈迪安。8月、10月和12月，中共中央政治局委员、外交部长王毅先后3次同伊朗外交部长侯赛因·阿米尔·阿卜杜拉希扬通电话。11月，国务院副总理张国清在上海会见来华出席第六届中国国际进口博览会的穆赫贝尔第一副总统。

两国务实合作稳步推进。莱希总统来华进行国事访问期间，习近平主席同其见证签署农业、贸易、旅游、环保、卫生、救灾、文化、体育等领域合作文件。2023年，中国继续保持伊朗最大贸易伙伴地位。伊朗在第六届中国国际进口博览会开设国家馆，有50多家企业和250多名企业家参展。

两国人文交流密切。10月，中伊双方在伊朗首都德黑兰召开中国—伊朗文化联合委员会第二次会议，签署《中华人民共和国政府同伊朗伊斯兰共和国政府2024年至2027年文化与教育交流执行计划》。伊方来华出席亚洲文化遗产保护联盟大会、第29届北京国际图书博览会等活动。

伊拉克
(Iraq)

2023年，中华人民共和国与伊拉克共和国迎来建交65周年，两国战略伙伴关系稳步发展。

两国政治互信不断巩固。3月，伊拉克总统阿卜杜勒·拉蒂夫·拉希德和总理穆罕默德·希亚·苏达尼分别就习近平再次当选国家主席致贺电。10月，中国驻巴士拉总领事馆正式开馆。

两国务实合作稳步推进。中国保持伊拉克最大贸易伙伴地位，伊拉克是中国在阿拉伯国家中第三大贸易伙伴和全球范围内第三大原油进口来源国。中国企业广泛参与伊拉克石油、电站、机场、学校、住房等重要项目建设。

爱尔兰
(Ireland)

2023年，中华人民共和国与爱尔兰关系发展势头良好，各领域务实合作稳步推进。

各层级保持交往。2月，中共中央政治局委员、中央外事工作委员会办公室主任王毅在出席第59届慕尼黑安全会议期间会见爱副总理兼外交与国防部长米歇尔·马丁。11月，爱副总理兼外交与国防部长马丁访华。3月，爱环境、气候、通信部兼交通部部长埃蒙·瑞安访华。5月，爱农业、食品与海洋部部长查理·麦克纳洛格访华。9月，爱议会对华友好小组代表团访华。11月，全国人大常委会副委员长郑建邦率团访爱。

务实合作持续深化。中国是爱尔兰全球第四大贸易伙伴、亚洲地区第一大贸易伙伴。2023年，中爱双边贸易额为217.6亿美元，同比下降6.3%。其中，中国出口额为43.8亿美元，同比下降14.6%；中国进口额为173.8亿美元，同比下降4.0%。爱连续14年对华保持贸易顺差。

人文交流密切。爱尔兰踢踏舞《舞之魂》《大河之舞》先后来华巡演。

截至2023年底，两国共缔结7对友城（省、郡）。

以色列
(Israel)

2023年，中华人民共和国与以色列国创新全面伙伴关系保持稳定健康发展。

两国保持高层交往。3月，以色列总统伊萨克·赫尔佐格致电祝贺习近平再次当选国家主席。同月，以色列总理本雅明·内塔尼亚胡致电祝贺李强就任国务院总理。10月，中共中央政治局委员、外交部长王毅同以色列外交部长埃利·科恩通电话。

两国务实合作稳步推进。2023年，中以双边贸易额为233.8亿美元。中国企业参与建设的特拉维夫红线轻轨顺利开通运营，中国以色列常州创新园、中以（上海）创新园等标志性合作项目顺利推进，双方完成刑事司法协助条约谈判并商定早日签署。两国在农业、水技术、医疗健康等领域合作活跃。

意大利
(Italy)

2023年，中华人民共和国与意大利共和国双边关系保持稳定发展，各领域交流合作持续深化。

高层互动密切。3月，意大利总统塞尔焦·马塔雷拉致函祝贺习近平再次当选国家主席。12月，马塔雷拉总统就甘肃积石山地震向习近平主席致慰问函。9月，国务院总理李强在出席二十国集团领导人新德里峰会期间同意大利总理焦尔吉娅·梅洛尼举行会晤。2月，中共中央政治局委员、中央外事工作委员会办公室主任王毅访问意大利，同马塔雷拉总统举行会见，同意大利副总理兼外交与国际合作部部长安东尼奥·塔亚尼举行会谈。9月，塔亚尼副总理兼外长访华，中共中央政治局委员、外交部长王毅同其共同出席中意政府委员会第十一次联席会议。同月，中共中央政治局委员、中央政法委书记陈文清访问意大利，同塔亚尼副总理兼外长等意方官员会见。

各领域交往和务实合作进展顺利。2023年，中意双边贸易额为717.6亿美元，同比下降7.2%。4月，意大利作为唯一主宾国参加第三届中国国际消费品博览会（简称"消博会"），梅洛尼总理以视频方式向消博会开幕式致辞，意大利外交与国际合作部副部长玛利亚·特里波迪来华出席开幕式。6月，海关总署署长俞建华访问意大利，双方签署《中华人民共和国海关总署与意大利共和国农业、粮食主权和林业部关于意大利鲜梨输华植物检疫要求议定书》和加强关际合作保障供应链互联互通的《联合声明》，海关总署还宣布解除意大利全境猪水泡病疫情禁令。10月，中意世界文化遗产地结好论坛在杭州举办。11月，第十二届中意创新合作周在北京举办。

牙买加
(Jamaica)

2023年，中华人民共和国与牙买加战略伙伴关系持续深入发展。

两国政治互信不断深化。3月，牙总督帕特里克·艾伦致电祝贺习近平再次当选国家主席、中央军事委员会主席。8月，牙总理安德鲁·霍尔尼斯就京津冀地区暴雨洪涝灾害向国务院总理李强致慰问信。9月，牙执政党工党总书记、副总理霍勒斯·张以视频方式出席2023年太原能源低碳发展论坛并致辞。11月，中国人民对外友好协会副会长姜江率团访问牙买加。两国在国际事务中保持密切沟通与配合。

两国务实合作与人文交流富有成果。中国援牙医疗物资交接仪式成功举办，中国援牙西部儿童医院项目复工，南部沿海路升级改造项目进展顺利，中国（山东）—牙买加经贸合作对接会成功举办。中方继续向牙方提供政府奖学金和人力资源培训名额。

日 本
(Japan)

2023年，中华人民共和国与日本国关系总体保持稳定。两国经贸、人文等领域务实合作开始复苏。

两国保持高层沟通交往。11月，国家主席习近平在美国旧金山会见日本首相岸田文雄。两国领导人重申恪守中日四个政治文件的原则和共识，重新确认全面推进战略互惠关系的两国关系定位，致力于构建契合新时代要求的建设性、稳定的中日关系。4月，国务院总理李强，中共中央政治局委员、中央外事工作委员会办公室主任王毅分别在北京会见来华访问的日本外务大臣林芳正。9月，李强总理在印度尼西亚雅加达出席东亚合作领导人系列会议期间同岸田文雄首相简短交谈。10月，李强总理同岸田文雄首相就《中华人民共和国和日本国和平友好条约》缔结45周年互致贺电。2月，王毅在出席第59届慕尼黑安全会议期间会见林芳正外相。7月，王毅在雅加达会见林芳正外相。11月，中共中央政治局委员、外交部长王毅在北京会见日本内阁特别顾问、国家安全保障局局长秋叶刚男，并同其举行中日高级别政治对话机制磋商。同月，王毅在韩国釜山出席中日韩外长会期间会见日本外务大臣上川阳子。2月，外交部副部长孙卫东在日本东京参加第十七次中日安全对话和第二十九次中日外交当局定期磋商期间会见林芳正外相。

两国经贸合作维持较高水平。2023年，中日双边贸易额为3180.0亿美元，同比下降10.7%。其中，中国出口额为1575.2亿美元，同比下降8.4%；中国进口额为1604.8亿美元，同比下降12.9%。中国是日本第一大贸易伙伴，日本是中国第四大贸易伙伴、第二大贸易对象国。

两国在政党、人文等领域保持交流合作。7月，李强总理、王毅分别在北京会见日本国际贸易促进协会会长河野洋平。11月，中共中央政治局常委、中央书记处书记蔡奇，王毅分别在北京会见来华访问的日本公明党党首山口那津男。10月，国家副主席韩正在北京会见日本前首相、博鳌亚洲论坛前理事长福田康夫。3月，王毅在北京会见福田康夫。2023年，中国公民赴日本达277.58万人次，日本公民来华达59.17万人次。截至2023年底，两国共缔结263对友好城市。

两国边境、历史问题的解决正在稳步推进。4月，中日海洋事务高级别磋商机制第十五轮磋商在日本东京举行。处理日本遗弃在华化学武器（以下简称"日遗化武"）工作取得进展，2023年日方在中国5省12地实施了处理日遗化武作业，销毁和挖掘回收的日遗化武数量超过2.2万枚和1.7万枚。

约　旦
(Jordan)

2023年，中华人民共和国与约旦哈希姆王国战略伙伴关系稳步发展。

两国高层交往持续开展。3月，约旦国王阿卜杜拉二世·本·侯赛因致电祝贺习近平再次当选国家主席。同月，约旦首相比什尔·哈萨瓦纳致电祝贺李强就任国务院总理。10月，全国人大常委会委员长赵乐际致电祝贺约旦众议长艾哈迈德·萨法迪当选连任。11月，中共中央政治局委员、外交部长王毅同约旦副首相兼外交与侨务大臣埃伊曼·萨法迪就加沙冲突问题通电话。10月，最高人民检察院检察长应勇访问约旦，最高人民检察院与约旦总检察院签署合作谅解备忘录草案。

两国各领域合作稳步推进。2023年，中约双边贸易额为57.9亿美元。11月，双方签署《中华人民共和国政府与约旦哈希姆王国政府关于共同推进丝绸之路经济带和21世纪海上丝绸之路建设的谅解备忘录》。中国援约旦萨尔特公路升级改造项目有序推进。

哈萨克斯坦
(Kazakhstan)

2023年，中华人民共和国与哈萨克斯坦共和国永久全面战略伙伴关系保持高水平运行。

中哈政治互信不断巩固。5月，哈萨克斯坦总统卡瑟姆若马尔特·托卡耶夫来华出席首届中国—中亚峰会并进行国事访问，其间国家主席习近平同其举行会谈。10月，托卡耶夫总统来华出席第三届"一带一路"国际合作高峰论坛，其间习近平主席同其举行会见。11月，哈总理阿里汉·斯迈洛夫来华出席第六届中国国际进口博览会，国务院总理李强同其举行会见。同月，国务院副总理丁薛祥访哈并举行中哈合作委员会第十一次会议。9月，哈第一副总理罗曼·斯克利亚尔对中国进行工作访问并出席中欧班列国际合作论坛。12月，斯克利亚尔第一副总理访问安徽。3月，哈副总理兼政府办公厅主任加列姆詹·科伊舍巴耶夫率团来华出席博鳌亚洲论坛2023年年会。4月，哈副总理兼外交部长穆拉特·努尔特列乌来华出席在西安举行的中国—中亚外长第四次会晤。

中哈经贸关系不断发展。2023年，中国是哈第一大贸易伙伴、第五大投资来源国、最大出口目的国，中哈双边贸易额为410.2亿美元，同比增长32.2%。其中，中国出口额为247.0亿美元，同比增长52.8%；中国进口额为163.2亿美元，同比增长9.9%。

中哈地方、教育、旅游等人文领域合作成果丰硕。截至2023年底，中哈已建立26对友好城市和省州。中国五所院校开设哈萨克语专业，四所高校设立哈萨克斯坦中心，并在哈设有五所孔子学院。12月，中国在哈开设的鲁班工坊试运营。10月，西北工业大学哈萨克斯坦分校在阿拉木图正式启用。11月，双方互免签证协定生效。5月，哈萨克斯坦驻西安总领事馆开馆。

肯尼亚
(Kenya)

2023年是中华人民共和国与肯尼亚共和国建交60周年，两国全面战略合作伙伴关系快速发展。

高层交往频繁密切。3月，肯尼亚总统威廉·鲁托致函祝贺习近平再次当选国家主席。10月，鲁托总统来华出席第三届"一带一路"国际合作高峰论坛，习近平主席同其会见，两国元首就发展中肯关系达成重要共识。12月，习近平主席同鲁托总统，中共中央政治局委员、外交部长王毅同肯尼亚内阁首席部长兼外交和侨务部部长穆萨利亚·穆达瓦迪分别互致贺电，庆祝两国建交60周年。习近平主席在贺电中提出构建新时代更加紧密的中肯命运共同体，肯尼亚方面热烈响应。7月，中共中央政治局委员、中央外事工作委员会办公室主任王毅访问肯尼亚。

务实合作亮点频出。中非共建"一带一路"合作旗舰项目蒙内铁路安全平稳运营，运量和收入实现双增长。蒙内铁路延长线、内马铁路一期、内罗毕快速路和奈瓦沙内陆集装箱港运营良好。内罗毕环球贸易中心吸引大量商户入驻。内罗毕智能交通系统、内罗毕北环城路、孔扎数据中心和智慧城市等项目进展顺利。

基里巴斯
(Kiribati)

2023年，中华人民共和国与基里巴斯共和国关系保持快速发展势头。

双方高层和各层级交往密切。6月，基里巴斯议长坦加丽基·里特访华，全国人大常委会委员长赵乐际同其举行会谈。9月，基里巴斯副总统特韦亚·托阿图访问山西并出席2023年太原能源低碳发展论坛。此外，基里巴斯内政部部长布图·巴特里基，教育部部长亚历山大·蒂博，旅游、商务、工业和合作部部长布斯·纳万，卫生和医疗服务部部长森特·伊森特昂等分别访问山东、北京、广东、海南等地。

双方各领域务实合作成果丰硕。中方向基方援助第二批医疗物资，交付登陆艇、课桌椅、太阳能灯等。7月，中国海军"和平方舟"号医院船访基。9月，"中国（广东）眼科光明行"医疗团队访基。11月，基方给予中国公民短期赴基免签待遇。广东、山东等地同基方在农渔产业、医疗卫生、城市建设、人文交流等领域合作取得新进展。

科威特
（Kuwait）

2023年，中华人民共和国与科威特国战略伙伴关系取得长足发展。

两国政治互信不断巩固。3月，科威特埃米尔纳瓦夫·艾哈迈德·贾比尔·萨巴赫、王储米沙勒·艾哈迈德·贾比尔·萨巴赫和首相艾哈迈德·纳瓦夫·艾哈迈德·萨巴赫分别就习近平再次当选国家主席致贺电。9月，米沙勒王储来华出席杭州第十九届亚运会开幕式，习近平主席会见米沙勒王储并同其共同见证签署《中华人民共和国和科威特国双边合作五年规划联合声明（2024—2028年）》以及可再生能源、基础设施建设、环境治理等领域多项双边合作文件。12月，纳瓦夫埃米尔逝世，习近平主席向米沙勒致唁电，并就米沙勒继任埃米尔致贺电。同月，习近平主席特使、全国人大常委会副委员长雪克来提·扎克尔赴科威特出席有关吊唁活动。

两国务实合作稳步推进。中国保持科威特第一大贸易伙伴地位。中国企业承建的科威特医保医院项目完成初步交付，南萨阿德阿卜杜拉新城基础设施项目正式开工。

两国人文交流取得新进展。科威特中国文化中心投入试运营，成为海湾地区首家中国文化中心。

吉尔吉斯斯坦
(Kyrgyzstan)

2023年，中华人民共和国与吉尔吉斯共和国新时代全面战略伙伴关系保持健康稳定发展。

中吉高层交往密切。5月，吉尔吉斯斯坦总统萨德尔·扎帕罗夫来华出席首届中国—中亚峰会并进行国事访问，其间国家主席习近平同其举行会谈。10月，国务院总理李强在出席上海合作组织成员国政府首脑（总理）理事会第二十二次会议期间同扎帕罗夫总统举行会见，同吉总理阿科尔别克·扎帕罗夫举行会谈。4月，吉外交部长热恩别克·库鲁巴耶夫来华出席在西安举行的中国—中亚外长第四次会晤。

中吉经济技术和投资合作不断扩大，交通、能源、矿产资源开发、电信、农业领域合作进展顺利。中国是吉第一大贸易伙伴国。2023年，中吉双边贸易额为198.0亿美元，同比增长28.8%。其中，中国出口额为197.2亿美元，同比增长29.0%；中国进口额为0.8亿美元，同比增长1.9%。中方主要出口工程机械、服装建材、轻纺产品和日用品等，主要进口皮革、矿产品和果蔬等。

中吉人文交流不断深化。10月，中吉两国总理为比什凯克中国文化中心揭牌。

老　挝
(Laos)

2023年，中华人民共和国与老挝人民民主共和国全面战略合作伙伴关系持续深入发展，中老命运共同体建设迈向高标准、高质量、高水平。

两国高层交往密切。10月，中共中央总书记、国家主席习近平同来华出席第三届"一带一路"国际合作高峰论坛并进行工作访问的老挝人民革命党中央委员会总书记、国家主席通伦·西苏里举行会见，国家副主席韩正同通伦总书记、国家主席举行会见。双方共同签署《中国共产党和老挝人民革命党关于构建中老命运共同体行动计划（2024—2028年）》。9月，国务院总理李强会见来华出席第二十届中国—东盟博览会的老挝政府总理宋赛·西潘敦。12月，宋赛总理以视频方式出席澜沧江—湄公河合作第四次领导人会议。9月，全国人大常委会委员长赵乐际同来华访问的老挝国会主席赛宋蓬·丰威汉举行会谈，双方共同签署中国全国人大与老挝国会合作协议。4月，中共中央政治局常委、国务院副总理丁薛祥和中共中央政治局委员、中央外事工作委员会办公室主任王毅分别会见来华访问的老挝人民革命党中央政治局委员、副总理兼外交部长沙伦赛·贡马西。6月，中共中央政治局常委、中央纪委书记李希代表中共中央在昆明看望并会见通伦总书记、国家主席。12月，李希同来华访问的老挝人民革命党中央政治局委员、中央纪委书记、国家监察总署署长坎潘·彭玛塔举行会谈。4月，中共中央政治局委员、中央宣传部部长李书磊同老挝人民革命党中央政治局委员、中央书记处书记、中央组织部部长西赛·勒德门松以视频方式举行第十次中老两党理论研讨会。7月，王毅会见来华出席全球共享发展行动论坛首届高级别会议的沙伦赛副总理兼外长。8月，中共中央政治局委员、外交部长王毅会见来华出席第七届中国—南亚博览会的老挝国家副主席巴妮·雅陶都。10月，中央军委副主席张又侠同来华参加第十届北京香山论坛的老挝副总理兼国防部长占沙蒙·占雅拉举行会谈。12月，中央军委副主席何卫东访老。5月，国务委员、公安部部长王小洪同来华访问的老挝副总理兼公安部部长威莱·拉坎冯举行会谈。12月，老挝人民革命党中央对外联络部部长通沙万·丰威汉出席在北京举行的澜沧江—湄公河合作第八次外长会。4月，全国政协副主席王勇会见来华出席第三届中国国际消费品博览会的老挝副总理吉乔·凯坎匹吞。11月，全国政协副主席沈跃跃访老。

两国经贸合作不断深化。2023年，中国是老挝第一大投资来源国、第二大贸易伙伴和第一大出口国，中老双边贸易额为71.0亿美元，同比增长26.6%。其中，中国出口额为33.5亿美元，同比增长48.4%；中国进口额为37.5亿美元，同比增长11.9%。2023年12月3日，中老铁路迎来开通运营两周年。两年来，中老铁路累计发送旅客2420万人次，发送货物2910万吨，黄金大通道效应日益凸显，为区域经济社会发展注入新活力。

截至2023年底，两国共缔结27对友好城市。

拉脱维亚
(Latvia)

2023年，中华人民共和国与拉脱维亚共和国关系持续向前发展。

双边关系政治基础不断夯实。5月，外交部副部长邓励以视频方式同拉脱维亚外交部国务秘书安德里斯·佩尔什举行中拉副外长级政治磋商。

经贸人文交流合作稳步开展。2023年，中拉双边贸易额为12.6亿美元。9月，内蒙古非物质文化遗产艺术代表团访问拉脱维亚，举行文艺演出和非遗展演活动。截至2023年底，两国共有4对结好城市。

6月，中国新任驻拉脱维亚大使唐松根向拉脱维亚总统埃吉尔斯·莱维茨递交国书。

黎巴嫩
(Lebanon)

2023年，中华人民共和国与黎巴嫩共和国友好合作关系持续稳步发展。

两国保持友好交往。6月，中共中央委员、中央党史和文献研究院院长曲青山访问黎巴嫩，会见黎巴嫩议会议长、阿迈勒运动主席纳比·贝里等主要政党领导人，出席"中黎文明交流互鉴对话会"。黎方高度赞赏中共二十大所取得的成果，表示愿同中方加强交流互鉴，深化务实合作，推动两国关系发展。4月，中国政府中东问题特使翟隽访问黎巴嫩，就双边关系和地区形势同黎领导人交换意见。

双边互利合作顺利开展。2023年，中黎双边贸易额为24.37亿美元。中方援黎巴嫩高等国家音乐学院项目顺利推进。12月，《中华人民共和国政府和黎巴嫩共和国政府关于互免持外交、特别、公务、公务普通护照人员签证的协定》生效。中国赴黎巴嫩维和部队积极参与联合国在黎维和行动以及联合国驻黎巴嫩临时部队（联黎部队）有关人道主义援助任务，受到各界积极评价。

莱索托
(Lesotho)

2023年，中华人民共和国与莱索托王国双边关系保持良好发展势头。

两国政治互信不断深化。3月，莱索托国王莱齐耶三世致函祝贺习近平再次当选国家主席。12月，全国政协副主席穆虹访莱，会见莱首相萨姆·马特凯恩、参议长玛莫纳恒·莫基提米等政要。10月，莱公共工程和交通大臣马特贾托·尼奥·莫泰亚内来华出席第三届"一带一路"国际合作高峰论坛，莱外交部常务秘书塔邦·莱赫拉来华出席中非合作论坛第16届高官会。11月，莱农业、粮食安全和营养大臣塔博·莫福西来华出席第二届中非农业合作论坛。7月，中国政府非洲事务特别代表刘豫锡访莱。

两国务实合作稳步推进。2023年，中莱双边贸易额为1.29亿美元，同比增长57.4%。中方融资建设的马费腾光伏电站一期工程顺利交付并投入使用，预计年均发电量5271万度。中方援莱莫塞公路、马塞卢地区医院和眼科诊所等项目顺利推进。中国第17批援莱医疗队赴莱开展工作。中方还向莱政府交付一批紧急粮食援助，帮助莱应对粮食短缺问题。

利比里亚
(Liberia)

2023年，中华人民共和国与利比里亚共和国全面合作伙伴关系发展顺利。

两国保持高层政治交往。3月，利比里亚总统乔治·维阿致函祝贺习近平再次当选国家主席。11月，习近平主席就约瑟夫·尼乌马·博阿凯当选利比里亚共和国新任总统致贺电。3月，利比里亚众议长布法尔·钱伯斯致电祝贺赵乐际当选全国人大常委会委员长，利比里亚副总统兼参议长朱厄尔·霍华德-泰勒致电祝贺韩正当选国家副主席。4月，利比里亚海事局专员尤金·纳比访华。

两国务实合作稳步推进。年内，中国援助建设的利比里亚广播电台维修扩建项目正式开工。中国企业投资建设的博米东铁矿项目正式投产。黑龙江省医院与利比里亚约翰·肯尼迪医疗中心签署友好合作协议。

两国人文交流日益密切。中国驻利比里亚使馆同利比里亚总统夫人发展办公室共同举办"中非携手暖童心"活动。中国驻利比里亚使馆举办"我的梦想上太空——中国航天员与非洲青少年连线"暨非洲青少年"我的梦想"主题绘画作品大赛利方获奖学生颁奖仪式。

10月,中国新任驻利比里亚大使尹承武向维阿总统递交国书。

利比亚
(Libya)

2023年,中华人民共和国与利比亚国关系保持稳定。

两国保持友好政治交往。3月,利比亚总统委员会主席穆罕默德·尤尼斯·曼菲就习近平再次当选国家主席致贺函。9月,习近平主席就利比亚东部地区遭受飓风灾害向曼菲主席致慰问电,中国政府向利方提供3000万元人民币人道主义物资援助,中国红十字会向利比亚红新月会提供20万美元现汇援助。

中方支持政治解决利比亚问题,支持利比亚维护国家主权和领土完整,呼吁国际社会尊重利比亚人民的意愿和选择,尊重和听取邻国及地区国家意见,继续发挥联合国作为斡旋主渠道的作用,坚持"利人主导、利人所有"的原则,支持利比亚经济社会重建。

列支敦士登
(Liechtenstein)

2023年,中华人民共和国与列支敦士登公国关系继续保持良好发展。

两国高层保持友好往来。8月,国家主席习近平向列支敦士登摄政王储阿洛伊斯致国庆贺电。

第三章　中国与各建交国家的关系

立陶宛
(Lithuania)

2023年，中华人民共和国与立陶宛共和国维持代办级外交关系，中立之间无高级别官方交往，各领域交流合作不多。

卢森堡
(Luxembourg)

2023年，中华人民共和国与卢森堡大公国双边关系保持良好发展势头。

两国高层保持沟通。11月，国务院总理李强，全国人大常委会委员长赵乐际，中共中央政治局委员、外交部长王毅分别向卢森堡新一届首相吕克·弗里登、议长克劳德·维斯勒、外交和欧洲事务大臣格扎维埃·贝泰尔致就任贺信。12月，外交部副部长邓励同卢森堡外交和欧洲事务部秘书长让·奥林格在北京举行中卢副外长级政治磋商。同月，中国—比利时—卢森堡政府间经贸混委会第22次会议在北京召开。

务实合作成果丰硕。双方在金融、航空货运等领域合作稳步推进。12月，中国至卢森堡首条直飞客运航线开通，推动两国航运合作迈上新台阶。

马达加斯加
(Madagascar)

2023年，中华人民共和国与马达加斯加共和国全面合作伙伴关系发展良好。

政治互信持续巩固。3月，马达加斯加总统安德里·尼里纳·拉乔利纳致函祝贺习近平再次当选国家主席。12月，习近平主席致电祝贺拉乔利纳总统当选连任。两国元首就两国国庆、新年等多次互致函电。同月，习近平主席特使、全国政协副主席胡春华出席拉乔利纳总统就职典礼。6月，马外交部长伊薇特·西拉来华出席第三届中国—非洲经贸博览会。7月，中共中央对外联络部部长刘建超访马。

务实合作亮点纷呈。机场快速路项目、塔马塔夫港至2号国道快速路项目顺利完工。阿努西亚拉医院、杂交水稻技术援助二期项目、哈努马法纳水电站项目有序推进。

马拉维
(Malawi)

2023年，中华人民共和国与马拉维共和国双边关系呈现良好发展势头。

两国高层交往密切。3月，国家主席习近平就马拉维遭受热带气旋灾害向马拉维总统拉扎勒斯·麦卡锡·查克维拉致慰问电。同月，查克维拉总统致函祝贺习近平再次当选国家主席。8月，习近平主席在南非约翰内斯堡出席金砖国家领导人第十五次会晤期间会见查克维拉总统。6月，查克维拉总统出席在长沙举办的第三届中国—非洲经贸博览会，马拉维议长凯瑟琳·戈塔尼·哈拉、外交部长南希·滕博及多位内阁部长陪同出席有关活动。年内，马拉维农业部部长山姆·卡瓦莱、交通和公共工程部部长雅各布·哈拉等先后访华或来华参会。中马两国继续在国际事务中保持良好沟通协调。

务实合作扎实推进。中方援建的马拉维议会大厦维护项目顺利完工。由中方提供融资、中国企业实施的马拉维国家光纤骨干网二期项目、M1公路升级改造项目和农业示范中心技术援助项目有序推进。中国继续支持马拉维扩大对华农产品出口，马拉维大豆获准对华出口，花生等产品准入工作稳步推进。中方积极支持马方应对自然灾害，及时向马方伸出援手。中国援马拉维医疗队继续在马积极开展工作，向当地民众提供优质医疗服务。

马来西亚
(Malaysia)

2023年，中华人民共和国与马来西亚关系保持良好发展势头，两国就构建中马命运共同体达成重要共识。

两国高层交往频密。3月底4月初，国家主席习近平、国务院总理李强、全国人大常委会委员长赵乐际分别同来华进行正式访问的马来西亚总理安瓦尔·易卜拉欣举行会见、会谈。9月，李强总理再次会见来华出席第二十届中国—东盟博览会开幕式的安瓦尔总理。5月，赵乐际委员长对马进行正式友好访问。11月，国家副主席韩正，国务委员、公安部部长王小洪访马。8月，中共中央政治局委员、外交部长王毅访马。10月，王毅同马来西亚外交部长赞布里·阿卜杜勒·卡迪尔通电话。11月，王毅在美国纽约会见赞布里外长。9月，马国会下议院议长佐哈里·阿卜杜勒访华并出席杭州第十九届亚运会开幕式。11月，马来西亚副总理兼种植与原产业部部长法迪拉·尤索夫访华。

两国持续拓展各领域合作。经贸投资和共建"一带一路"稳步推进。2023年，中马双边贸易额为1902.4亿美元，中国连续15年成为马最大贸易伙伴。两国政府签署经贸、农业、海关等多项双边合作文件。重大项目均有进展，马来西亚东海岸铁路项目有序推进，轨道工程建设已启动。"两国双园"运行更加成熟，马中关丹产业园升级扩园，"关丹港—北部湾港—中国川渝"多式联运航线正式开通。"留华桥"中国高等教育展等文化教育活动在马举办，深斋孔子学院正式揭牌。两国实行对持普通护照人员入境互免签证安排。截至2023年底，两国共缔结17对友好省市。

马尔代夫
(Maldives)

2023年，中华人民共和国与马尔代夫共和国关系稳步发展，中马面向未来的全面友好合作伙伴关系不断迈上新台阶。

两国高层交往密切。10月，马尔代夫进步大会联盟（由人民国家大会党和进步党组成）候选人穆罕默德·穆伊兹当选马尔代夫第八任总统，国家主席习近平向穆伊兹致贺电。11月，习近平主席特使、国务委员谌贻琴赴马尔代夫出席穆伊兹总统就职仪式并访问马尔代夫。10月，穆伊兹总统特使穆罕默德·萨伊德来华出席第三届"一带一路"国际合作高峰论坛。12月，马尔代夫副总统侯赛因·穆罕默德·拉提夫来华出席第二届中国—印度洋地区发展合作论坛。

两国经贸合作发展势头良好。2023年，中马双边贸易额为7.6亿美元，同比增长75.8%。

两国务实合作稳步推进。中国企业承建的马尔代夫马累岛和维利马累岛垃圾转运站项目竣工，中国援助马尔代夫微网风电海水淡化项目完成技术交接。截至2023年，中国企业在马共签署工程承包合同额为63.9亿美元，完成营业额为41.3亿美元。2023年，中方对马新增直接投资567万美元（非金融类直接投资）。

两国金融合作持续开展。马方同中方国家金融监督管理总局以及主要金融机构均保持友好交流合作。2023年，中国同马尔代夫跨境人民币业务实际收付金额为1.17亿元人民币。

两国文旅体育合作快速恢复。1月，马尔代夫被列入首批恢复出境团队游业务国家名单。同月，中国首都航空恢复北京至马累直飞航班。截至2023年12月，北京、上海、成都三地恢复中马直飞航班，每周13个航班，中国游客赴马达18.7万人次。5月，云南省体育局、云南省政府外事办公室和马尔代夫乒乓球协会签署合作协议，派教练组赴马指导训练。7月，中方和马方共同举办第一期马尔代夫青少年乒乓球夏令营。

截至2023年底，两国共缔结2对友好省市。

马　里
(Mali)

2023年，中华人民共和国与马里共和国友好合作关系发展顺利。

两国政治互信日益牢固。3月，马里过渡总统阿西米·戈伊塔致函祝贺习近平再次当选国家主席。12月，马过渡总统戈伊塔就甘肃积石山地震向习近平主席致慰问函。同月，马里过渡政府外交和国际合作部部长阿布杜拉耶·迪奥普访华。

两国经贸、人文合作稳步推进。中方融资支持的马里太阳能示范村等项目顺利竣工。中马对口医院合作机制项下生殖医学中心落成。自2023年12月25日起，中国对马里98%税目产品实施零关税。中国第29批援马医疗队抵达马里首都巴马科。中马联合春晚、中马临床医学学术周、"中非携手暖童心"等活动在马里成功举办。马里少年在中非合作论坛中方后续行动委员会秘书处主办的非洲青少年"我的梦想"主题绘画作品大赛中获奖，有关作品随神舟十六号航天员乘组进驻中国空间站展示。

马耳他
(Malta)

2023年，中华人民共和国与马耳他共和国关系稳步发展，传统友谊和务实合作进一步深化。

高层保持交往。9月，中共中央政治局委员、中央外事工作委员会办公室主任王毅访马，分别会见马总统乔治·维拉，外交、欧洲事务和贸易部部长伊恩·博奇。11月，博奇外长出席第六届中国国际进口博览会并访华。10月，马能源部常务秘书约瑟夫·卡鲁阿纳来华出席第三届"一带一路"国际合作高峰论坛绿色发展高级别论坛。

务实合作和友好交往持续推进。2023年，中马双边贸易额为24.7亿美元，同比下降2.8%。其中，中国出口额为18.3亿美元，同比下降6.7%；中国进口额为6.4亿美元，同比增长9.9%。中马签署《关于马耳他输华养殖水产品的检验检疫和兽医卫生要求议定书》，实现马养殖蓝鳍金枪鱼对华出口。7月，马耳他圣玛格丽特中学"中国角"师生代表访华；10月，教师代表来华出席第三届"一带一路"国际合作高峰论坛民心相通专题论坛。截至2023年底，两国共缔结2对友好城市。

毛里塔尼亚
(Mauritania)

2023年，中华人民共和国与毛里塔尼亚伊斯兰共和国友好合作关系继续稳步发展。

两国各层级保持友好交往。3月，毛里塔尼亚总统穆罕默德·乌尔德·谢赫·加兹瓦尼就习近平再次当选国家主席致贺函。7月，加兹瓦尼总统来华出席第31届世界大学生夏季运动会开幕式并访华，习近平主席同其会见。两国元首共同见证签署《中华人民共和国政府与毛里塔尼亚伊斯兰共和国政府关于共同推进"一带一路"建设的合作规划》。10月，毛里塔尼亚经济和可持续发展部部长阿卜杜萨拉姆·乌尔德·穆罕默德·萨利赫来华出席第三届"一带一路"国际合作高峰论坛。

两国务实合作持续推进。中方援毛里塔尼亚努瓦克肖特立交桥、援毛里塔尼亚国家公共卫生研究院扩建和升级改造等项目稳步推进。

毛里求斯
(Mauritius)

2023年，中华人民共和国与毛里求斯共和国双边关系稳步发展。

两国高层交往密切。3月，毛里求斯总理、执政党社会主义战斗运动（简称"社战党"）领袖普拉温德·库马尔·贾格纳特致函祝贺习近平再次当选国家主席。7月，中共中央对外联络部部长刘建超访毛。10月，中国政府非洲事务特别代表刘豫锡访毛。3月，社战党主席乔治·皮埃尔·莱斯琼加德、总书记马尼什·戈宾以视频方式出席中国共产党与世界政党高层对话会。

两国务实合作有序推进。2023年，中毛双边贸易额为10.0亿美元，同比增长3.5%。5月，由中国驻毛里求斯使馆和毛总统夫人沙由达·鲁蓬共同举办的"中非携手暖童心"关爱非洲孤儿健康活动在毛成功举办。8月，中国—毛里求斯自贸区联合委员会第一次会议、中毛自贸协定合作论坛在毛举行。中国援毛电动公交车项目有序推进。

墨西哥
(Mexico)

2023年是中华人民共和国与墨西哥合众国建立全面战略伙伴关系10周年，两国友好交往和务实合作不断深化。

高层交往掌舵领航。3月，墨西哥总统安德烈斯·曼努埃尔·洛佩斯·奥夫拉多尔致函祝贺习近平再次当选国家主席。10月，习近平主席就墨西哥遭遇飓风灾害向洛佩斯总统致慰问电。11月，习近平主席在美国旧金山出席亚太经合组织第三十次领导人非正式会议期间同洛佩斯总统举行会见。12月，国家副主席韩正，中共中央政治局委员、外交部长王毅分别同访华的墨外交部长阿莉西亚·巴尔塞纳·伊巴拉会见、会谈。7月，全国人大常委会副委员长肖捷访问墨西哥，会见墨参议长亚历杭德罗·阿门塔·米埃尔、巴尔塞纳外长等政要。飓风"奥蒂斯"灾害后,中方向墨提供10万美元紧急现汇援助,积极协助墨方在华紧急采购赈灾物资近10万件,洛佩斯总统、巴尔塞纳外长等墨高层向中方表示感谢。墨西哥议会友华共识进一步深化。双方在联合国及安理会改革、气候变化、人权问题、全球经济治理、亚太区域合作、中拉整体合作等重大国际和地区问题上保持密切沟通与配合。

经贸合作成果丰硕。中墨高层工作组第十次会议以视频方式举行。墨西哥继续保持中国在拉美地区第二大贸易伙伴地位。2023年,中墨双边贸易额首度突破千亿美元,达到1002.3亿美元,同比增长6.0%。中国企业承建的墨政府标志工程玛雅铁路第一标段、墨城地铁一号线第一标段开通运营。中国企业参与的墨西哥基础设施、能源、电信、工业园区建设项目稳步推进。两国产供链融合更加深入,中国成为墨最大汽车供应国,中国汽车在墨销量同比增长48.2%,中国家电、机械、新能源、物流等企业持续深耕墨市场。中墨积极推进客运直航复航,探讨开展菌草合作。中国与墨西哥首届易制毒化学品工作组会议在北京成功召开。

人文交流日益密切。双方签署建设鲁班工坊等合作文件,签署两国奥林匹克委员会体育合作谅解备忘录。墨拟在重庆新设领事馆,中国成为墨全球除美国外设立领事机构最多的国家。墨西哥瓜达拉哈拉大学孔子学院、奇瓦瓦北京文化旅游中心挂牌成立。第六届"中国—墨西哥合作与发展论坛"、第四届中墨大学校长论坛成功举办。塞万提斯国际艺术节加入"丝绸之路国际艺术节联盟",墨西哥坎昆加入"丝绸之路旅游城市联盟"。

密克罗尼西亚联邦
(Micronesia)

2023年,中华人民共和国与密克罗尼西亚联邦全面战略伙伴关系继续向前发展。

两国保持各级别交往。5月,国家主席习近平向密克罗尼西亚联邦新任总统韦斯利·西米纳致就任贺电。7月,习近平主席特使、农业农村部部长唐仁健出席西米纳总统就职仪式,分别同西米纳总统、密议长埃斯蒙德·摩西斯等会见。9月,西米纳总统就中密建交34周年向习近平主席致贺函。

两国各领域合作深入推进。中方援助实施的农业技术合作项目、波纳佩州政府大楼维修项目等顺利推进。

摩尔多瓦
(Moldova)

2023年，中华人民共和国与摩尔多瓦共和国友好合作关系健康稳定发展。

两国高层交往保持良好势头。3月，摩总统马娅·桑杜致函祝贺习近平再次当选国家主席。2月，国务院总理李克强向摩新任总理多林·雷切安致贺电。5月，摩副议长弗拉德·巴特雷恩察率团访华，全国人大常委会副委员长铁凝、中共中央对外联络部部长刘建超分别同其会见。6月，摩副总理兼农业与食品工业部部长、执政党行动与团结党副主席弗拉基米尔·鲍里亚访华，刘建超部长同其会见。9月，摩文化部部长塞尔吉乌·普罗丹访华。

两国务实合作持续发展。双边贸易额保持增长势头，中方援摩项目稳步推进。

两国人文交流日渐热络。4月，中国农业大学与摩尔多瓦技术大学、四川大学华西口腔医学院与摩尔多瓦国立医药大学分别签署合作备忘录、合作协议，商定开展教育、科研交流和合作。10月，中国社会科学院学者代表团访摩，与摩战略倡议研究所举办"大变局下的摩尔多瓦与中摩合作"研讨会并商定机制化合作。12月，中国驻摩使馆、中国吉州窑博物馆、摩国家艺术博物馆在摩首都基希讷乌共同举办中国吉州窑博物馆现代陶瓷艺术作品展。摩国家广播电视交响乐团首次赴华开展巡演。

摩纳哥
(Monaco)

2023年，中华人民共和国与摩纳哥公国友好合作关系持续发展，两国各领域合作有序推进。

3月，生态环境部部长黄润秋以预录视频方式出席第十四届"摩纳哥蓝色倡议"活动并作主旨发言。

第三章　中国与各建交国家的关系

蒙古国
(Mongolia)

2023年，中华人民共和国与蒙古国全面战略伙伴关系总体保持良好发展势头，双方各层级交往频密，各领域交流合作深入发展。

两国高层交往密切。10月，蒙古国总统乌赫那·呼日勒苏赫来华出席第三届"一带一路"国际合作高峰论坛，国家主席习近平，中共中央政治局常委、中央纪委书记李希分别同其会见。6月，蒙古国总理罗布桑那木斯来·奥云额尔登对中国进行正式访问，习近平主席、国务院总理李强、全国人大常委会委员长赵乐际分别同其会见、会谈。10月，李强总理在吉尔吉斯斯坦出席上海合作组织成员国政府首脑（总理）理事会第二十二次会议期间同奥云额尔登总理举行会见。5月，蒙古国外交部长巴特蒙赫·巴特策策格访华，中蒙两国外长举行会谈。双方在国际和地区事务中相互支持。

两国经贸合作取得长足发展。中蒙经贸合作领域涉及贸易、投资、工程承包、经援和多边合作等。2023年，中蒙双边贸易额为165.9亿美元，同比增长36.1%。其中，中国出口额为34.7亿美元，同比增长21.4%；中国进口额为131.2亿美元，同比增长40.6%。

2023年，中国公民赴蒙达20.45万人次，蒙古国公民来华达132.96万人次。

黑　山
(Montenegro)

2023年，中华人民共和国与黑山友好合作关系持续稳定发展。

两国保持高层交往。3月，黑山总统米洛·久卡诺维奇致函祝贺习近平再次当选国家主席，黑山总理德里坦·阿巴佐维奇致函祝贺李强就任国务院总理。5月，习近平主席向黑山新任总统亚科夫·米拉托维奇致就任贺电。11月，李强总理，全国人大常委会委员长赵乐际，中共中央政治局委员、外交部长王毅分别向黑山新任总理米洛伊科·斯帕伊奇、议长安德里亚·曼迪奇、外交部长菲利普·伊万诺维奇致就任贺电。

两国各领域合作富有成果。12月，外交部副部长邓励访问黑山。10月，黑山名誉总统菲利普·武亚诺维奇来华出席第三届"一带一路"国际合作高峰论坛。3月，科学技术部同黑山科学与技术发展部以视频方式举行中国—黑山科技合作委员会第四届例会。11月，黑山国家电视台代表团访问上海。由中国企业承建的黑山南北高速公路优先段运营良好，普列夫里亚热电站生态改造项目进展顺利，莫茹拉风电站运行良好，M2公路与城市供水系统改扩建项目正式开工。

摩洛哥
(Morocco)

2023年，中华人民共和国与摩洛哥王国战略伙伴关系稳步发展。

两国各层级保持友好交往。9月，国家主席习近平就摩洛哥发生强烈地震向摩洛哥国王穆罕默德六世致慰问电。5月，全国人大常委会委员长赵乐际对摩洛哥进行正式友好访问，同摩洛哥首相阿齐兹·阿赫努什举行会见，同众议长拉希德·塔勒比·阿拉米、代参议长穆罕默德·哈宁分别举行会谈。11月，中国政府中东问题特使翟隽在摩洛哥出席第15届地中海南方论坛开幕式并发言。

两国各领域交流与合作持续发展。摩洛哥发生强烈地震后，中国政府向摩洛哥政府提供紧急人道主义现汇援助，中国红十字会向摩洛哥红新月会提供20万美元紧急人道主义现汇援助。穆罕默德六世丹吉尔科技城、中信戴卡北非工厂等中摩有关合作项目稳步推进。

莫桑比克
(Mozambique)

2023年，中华人民共和国与莫桑比克共和国全面战略合作伙伴关系持续深入发展。

两国高层交往频繁。国家主席习近平与莫桑比克总统菲利佩·雅辛托·纽西多次互致信函。3月，纽西总统致函祝贺习近平再次当选国家主席。同月，习近平主席就莫桑比克遭受热带气旋灾害向纽西总统致慰问电。10

月，莫桑比克总理阿德里亚诺·马莱阿内来华出席第三届"一带一路"国际合作高峰论坛。11月，全国人大常委会副委员长洛桑江村访问莫桑比克。12月，莫桑比克议会第一副议长埃尔德·埃内斯托·因若若、莫桑比克解放阵线党总书记罗克·席尔瓦·萨穆埃尔访华。

两国务实合作稳步推进。6月，莫桑比克工业和贸易部部长西尔维诺·莫雷诺来华出席第三届中国—非洲经贸博览会。9月，中方援建的莫中文化中心正式移交。由中方提供融资、中国企业负责实施的移动网络现代化项目进展顺利，援莫桑比克高级农业专家组第四期技术援助项目顺利实施。中国援莫桑比克医疗队积极开展工作，向当地民众提供优质医疗服务。

缅　甸
(Myanmar)

2023年，中华人民共和国与缅甸联邦共和国持续推进中缅命运共同体建设，深化各领域务实合作。

两国双多边保持接触。10月，国务委员、公安部部长王小洪访问缅甸。12月，缅甸副总理兼外交部长丹穗来华同中共中央政治局委员、外交部长王毅共同主持澜沧江—湄公河合作第八次外长会。其间，王毅会见丹穗副总理兼外长。9月，缅甸副总理兼计划财政部部长温欣来华出席第五届中国（成都）质量大会，缅甸副总理兼交通通信部部长妙吞乌来华出席全球可持续交通高峰论坛（2023）。10月，妙吞乌副总理兼交通通信部部长来华出席第三届"一带一路"国际合作高峰论坛。同月，缅甸副总理兼国防部长丁昂山来华出席第十届北京香山论坛。

两国执法安全合作不断深化。2023年，中缅两国深化打击网络诈骗、赌博等非法跨境犯罪活动领域的合作。

两国经贸、人文等务实合作持续拓展。2023年，中缅双边贸易额为209.5亿美元，同比下降15%。其中，中国出口额为114.0亿美元，同比下降13.3%；中国进口额为95.5亿美元，同比下降16.9%。3月，中国企业同缅方签署风电项目合作协议。4月，中国援助缅甸滚弄大桥成功合龙。5月，中国就缅甸遭遇热带气旋"穆查"袭击向缅方提供现汇援助并捐赠救灾物资。6月，中缅签署援缅昂山体育场重建项目可研换文。8月，中缅召开边境地区森林火灾联防合作工作会。11月，人民币跨境支付系统在缅落地启用。同月，中国企业同缅方签署三个光伏电站购电协议。12月，中缅签署皎漂深水港项目补充协议。

纳米比亚
(Namibia)

2023年，中华人民共和国与纳米比亚共和国全面战略合作伙伴关系持续深入发展。

高层交往日益密切。8月，国家主席习近平在南非约翰内斯堡出席金砖国家领导人第十五次会晤期间会见纳米比亚总统哈格·根哥布。10月，根哥布总统致函祝贺习近平再次当选国家主席。9月，全国人大常委会副委员长彭清华在约翰内斯堡出席第九届金砖国家议会论坛期间会见纳米比亚国民议会议长彼得·卡贾维维。

务实合作扎实推进。中方援助纳方的4所学校、首都机场新公路项目进展顺利，社会住宅项目稳步推进，卫星数据地面接收站项目顺利开工。中纳在基础设施建设、能源矿产、农渔畜牧、航天科技等领域友好合作稳步推进。中方对纳经贸投资合作稳步发展。中国第15批援纳医疗队继续为当地民众提供优质诊疗服务。

尼泊尔
(Nepal)

2023年，中华人民共和国与尼泊尔面向发展与繁荣的世代友好的战略合作伙伴关系全面恢复，中尼高质量共建"一带一路"取得积极进展，互联互通水平不断提升。

两国高层交往密切。9月，尼泊尔总理普拉昌达正式访华并出席杭州第十九届亚运会开幕式，国家主席习近平同其会见，国务院总理李强、全国人大常委会委员长赵乐际分别同其会谈、会见。两国发表《中华人民共和国和尼泊尔联合声明》。6月，尼泊尔联邦院主席加纳什·普拉萨德·蒂米尔西纳访华并出席第五届中国西藏旅游文化国际博览会，赵乐际委员长同其会谈，全国政协主席王沪宁同其会见。8月，尼泊尔副总统拉姆萨哈伊·普拉萨德·亚达夫来华出席第七届中国—南亚博览会，其间中共中央政治局委员、外交部长王毅同其会见。10月，尼泊尔联邦院副主席乌尔米拉·阿亚尔来华出席第三届中国西藏"环喜马拉雅"国际合作论坛，其间王毅同其会见。6月和10月，尼泊尔副总理兼内政部部长纳拉扬·卡吉·施雷斯塔先后来华出席第19届中国西部国际博览会和第三届"一带一路"国际合作高峰论坛。

政治互信持续深化。双方在国际和地区事务中保持密切沟通配合。尼方多次公开强调坚定奉行一个中国政策，台湾和西藏都是中国领土不可分割的一部分，尼方不会允许任何势力利用尼领土从事破坏中国主权和安全的行为。中方一如既往坚定支持尼方维护国家独立、主权和领土完整，走符合本国国情的发展道路，支持尼经济社会发展。

各领域务实合作成果丰硕。中尼跨境铁路（境外段）工程可行性研究稳步推进，中尼铁路合作第八次工作会议顺利举行。中方援建的博克拉国际机场正式投运，中国城市至博克拉国际机场包机成功执飞，喜马拉雅航空公司开通青岛至加德满都直航。吉隆—热索瓦口岸、樟木—科达里口岸和普兰—雅犁口岸客货往来顺畅，里孜—乃琼口岸正式开通。尼首批青贮饲料成功输华，尼泊尔通过《中华人民共和国政府和尼泊尔政府过境运输协定》自第三国进口首批货物。尼泊尔被列入第二批恢复出境团队游业务国家名单。首届中尼友谊龙舟赛、2023年"战马"尼泊尔博克拉国际山地越野赛·博克拉国际友城联赛等活动在尼举行。中国南亚国家减贫与发展合作中心首个"活力乡村"示范项目在尼泊尔正式启动。

中国是尼泊尔第二大贸易伙伴。2023年，中尼双边贸易额为18.0亿美元，同比增长9.1%。其中，中国出口额为17.7亿美元，同比增长8.4%；中国进口额为0.3亿美元，同比增长59.5%。

截至2023年底，两国共缔结15对友好省市。

荷 兰

(The Netherlands)

2023年，中华人民共和国与荷兰王国双边关系保持良好发展势头。

高层交往密切。5月，国务院总理李强同荷兰首相马克·吕特通电话。同月，国家副主席韩正访问荷兰。2月，中共中央政治局委员、中央外事工作委员会办公室主任王毅在出席第59届慕尼黑安全会议期间会见荷兰副首相兼外交大臣沃普克·胡克斯特拉。5月，胡克斯特拉副首相兼外交大臣对中国进行正式访问。11月，王毅同荷兰外交大臣汉克·布鲁斯·斯洛特通电话。

务实合作成果丰硕。2023年，中荷双边贸易额为1170.9亿美元，荷兰保持中国在欧盟内第二大贸易伙伴地位。荷兰积极参加第六届中国国际进口博览会、2023年中国国际服务贸易交易会。2月，中荷水管理合作联合指导委员会第15次会议以视频方式召开，双方签署《在水利领域合作谅解备忘录实施计划（2023—2028）》。9月，首届中荷科技合作联委会在荷兰海牙召开，双方签署关于科技创新合作的谅解备忘录。自2023年12月1日起，中国对荷兰等6个国家持普通护照人员试行单方面免签政策。

新西兰
(New Zealand)

2023年，中华人民共和国与新西兰关系保持良好发展势头。

中新各层级交往密切。6月，新西兰总理克里斯·希普金斯对中国进行正式访问并出席2023年夏季达沃斯论坛。国家主席习近平、国务院总理李强、全国人大常委会委员长赵乐际分别同其会见、会谈。双方发表《中华人民共和国和新西兰关于全面战略伙伴关系的联合声明》。11月，新西兰新一届政府就职后，李强总理，赵乐际委员长，中共中央政治局委员、外交部长王毅分别向新西兰新任总理克里斯托弗·拉克森、议长格里·布朗利、副总理兼外交部长温斯顿·彼得斯致贺电。3月，新西兰外交部长纳纳娅·马胡塔访华。12月，王毅同彼得斯副总理兼外长通电话。

各领域交流合作稳步推进。希普金斯总理访华期间，两国签署科技、教育、农业、林业、检疫、食品安全、知识产权等领域合作文件。5月，科学技术部部长王志刚访新并同新方举行第6届中新科技合作联委会。8月，教育部部长怀进鹏访新并同新方举行第11次中新教育磋商机制会议。11月，工程和信息化部副部长辛国斌访新并同新方举行新能源汽车对话。中新共同在华举行第32届中新经贸联委会、第11次两军战略对话、第11次执法合作工作组年度会晤等机制性会议。中国继续保持新西兰第一大贸易伙伴、第一大出口市场和第一大进口来源地地位。

尼加拉瓜
(Nicaragua)

2023年是中华人民共和国与尼加拉瓜共和国复交2周年，双边关系呈现跨越式发展。

政治互信不断深化。12月，国家主席习近平同尼加拉瓜总统丹尼尔·奥尔特加·萨维德拉通电话，双方发表《中华人民共和国和尼加拉瓜共和国关于建立战略伙伴关系的联合声明》。2月，尼总统投资、贸易和国际合作顾问劳雷亚诺·奥尔特加访华。4月，国家国际发展合作署署长罗照辉访尼。6月，中华人民共和国首席大法官、最高人民法院院长张军同尼最高法院院长阿尔瓦·卢斯·拉莫斯以视频方式举行会谈。7月，商务部国际贸易谈判代表兼副部长王受文访尼。同月，劳雷亚诺顾问来华出席全球共享发展行动论坛首届高级别会议。8月，尼发展、工业和贸易发展部部长赫苏斯·贝穆德斯来华出席第七届中国—南亚博览会。9月，全国人大财政经济委员会主任委员钟山访尼。同月，尼警察总局局长弗朗西斯科·迪亚斯来华出席全球公共安全合作论坛。10月，尼交通和基础设施部部长奥斯卡·莫希卡来华出席"一带一路"国际合作高峰论坛。11月，劳雷亚诺顾问来华出席第六届中国国际进口博览会并访华。

务实合作积极推进。2月，双方签署《中国国际贸易促进委员会与尼加拉瓜政府的合作谅解备忘录》《关于建立中国尼加拉瓜贸易畅通工作组的谅解备忘录》《援尼加拉瓜保障房二期项目可行性研究换文》《中华人民共和国国际发展合作署和尼加拉瓜共和国公共财政与信贷部关于加强发展合作推动落实全球发展倡议的谅解备忘录》。8月，双方签署自贸协定并商定于2024年1月1日生效。

人文交流不断深化。9月，双方签署《关于在尼加拉瓜师范学院合作开展中文教育项目的谅解备忘录》，昆明理工大学和尼加拉瓜国立自治大学合作共建的孔子学院在尼加拉瓜国立自治大学正式揭幕。12月，双方签署《中华人民共和国国家民族事务委员会与尼加拉瓜共和国外交部谅解备忘录》。

尼日尔
(Niger)

2023年，中华人民共和国与尼日尔共和国关系平稳过渡。

两国保持友好交往。3月，尼日尔总统穆罕默德·巴祖姆致函祝贺习近平再次当选国家主席。10月，尼"保卫祖国国家委员会"主席、国家元首阿卜杜拉赫曼·奇亚尼向习近平主席致国庆贺函。

务实合作扎实推进。中国投资的尼日尔阿加德姆油田二期开发及尼日尔—贝宁原油外输管道项目竣工。中国援尼紧急人道主义粮食援助项目运抵交付。

人文交流持续开展。"中非携手暖童心"捐赠义诊、第五届"中国使馆杯"尼日尔全国武术比赛、"我眼中的中国"摄影比赛等活动相继举行。两国卫生、教育合作有序推进。

尼日利亚
(Nigeria)

2023年，中华人民共和国与尼日利亚联邦共和国战略伙伴关系持续发展。

双边政治交往密切。1月，尼日利亚总统穆罕马杜·布哈里向国家主席习近平致春节贺函。3月，习近平主席、国家副主席韩正分别向尼新任总统博拉·提努布、新任副总统卡西姆·谢蒂马致贺电。同月，中共中央向尼全体进步大会党全国工作委员会致函，祝贺该党赢得总统大选。5月，习近平主席特使、全国人大常委会副委员长彭清华赴尼出席提努布总统就职典礼。10月，习近平主席向提努布总统致国庆贺电。8月，谢蒂马副总统赴南非出席习近平主席主持的中非领导人对话会。10月，谢蒂马副总统来华出席第三届"一带一路"国际合作高峰论坛，习近平主席同其会见。6月，全国人大常委会委员长赵乐际向尼国民议会参议长戈德斯威尔·阿克帕比奥、众议长阿巴斯·塔杰丁致就任贺电。

两国务实合作稳步推进。2023年，尼成为中国在非洲第三大贸易伙伴和第二大出口市场。中方援助的阿布贾太阳能交通信号灯二期及提供优惠性质贷款的宗格鲁水电站、凯菲公路、四城市机场航站楼、国家安全电子边境等项目取得良好进展。

两国地方交流持续开展。尼日利亚埃多州州长戈德温·奥巴塞基来华访问并出席2023"一带一路"国际商协会大会。安徽省友好代表团、吉林省经贸代表团访尼。

纽　埃
(Niue)

2023年，中华人民共和国与纽埃友好合作关系稳步发展。

5月，国务院总理李强、全国人大常委会委员长赵乐际分别向纽埃总理兼外长多尔顿·塔格拉吉、议会议长希马·道格拉斯致连任贺电。11月，中国政府太平洋岛国事务特使钱波在出席第52届太平洋岛国论坛期间会见塔格拉吉总理兼外长。同月，纽埃财政和基础设施部部长克罗斯利·塔图伊率团来华出席第六届中国国际进口博览会。

北马其顿
(North Macedonia)

2023年，中华人民共和国与北马其顿共和国友好合作关系持续稳定发展。

两国保持高层交往。3月，北马其顿总统斯特沃·彭达罗夫斯基致函祝贺习近平再次当选国家主席，北马其顿总理迪米塔尔·科瓦切夫斯基致函祝贺李强就任国务院总理。10月，习近平主席，中共中央政治局委员、外交部长王毅分别同彭达罗夫斯基总统、北马其顿外交部长布亚尔·奥斯马尼就中国同北马其顿建交30周年互致贺电。

两国经贸、人文、地方等领域交流和合作进展顺利。7月，中国政府欧洲事务特别代表吴红波访问北马其顿。由中国企业承建的基切沃—奥赫里德高速公路项目有序推进。

挪　威
(Norway)

2023年，中华人民共和国与挪威王国关系稳定发展。

高层交往密切。3月，挪威国王哈拉尔五世致函热烈祝贺习近平再次当选国家主席，挪威首相约纳斯·加尔·斯特勒向国务院总理李强致就任贺函。5月，习近平主席向哈拉尔五世国王致国庆贺电。10月，中共中央政治局委员、外交部长王毅向挪威新任外交大臣埃斯彭·巴尔特·艾德致就任贺电。同月，全国政协副主席王光谦访问挪威。

各领域合作稳步推进。3月，外交部副部长邓励同挪威外交部秘书长托雷·哈特莱姆举行中挪副外长级政治磋商。中共中央对外联络部、国家发展和改革委员会、全国人大等副部级团组年内先后访挪。中国保持挪威在亚洲最大贸易伙伴地位。5月，中挪签署《中华人民共和国政府和挪威王国政府对所得消除双重征税和防止逃避税的协定》。9月，中挪经济合作联委会第20次会议在北京召开。10月，挪威库德博物馆向中方捐赠7根圆明园石柱文物。自2023年11月17日起，中国对挪威公民实施72/144小时过境免签政策。截至2023年底，两国共有6对结好省市。

阿　曼
(Oman)

2023年，中华人民共和国与阿曼苏丹国战略伙伴关系继续向前发展。

两国政治互信不断巩固。3月，阿曼苏丹海赛姆·本·塔里克·阿勒赛义德就习近平再次当选国家主席致贺电。9月，国务院总理李强在出席二十国集团领导人第十八次峰会期间会见阿曼内阁事务副首相法赫德·本·马哈茂德·阿勒赛义德。11月，中共中央政治局委员、外交部长王毅同阿曼外交大臣巴德尔·本·哈马德·布赛义迪通电话。

两国务实合作续有成果。中国保持阿曼最大贸易伙伴和最大原油出口目的国地位。中方企业承建的阿曼马纳赫光伏电站建设项目一期、二期工程稳步推进。中阿双方签订阿曼野生海捕水产品输华议定书。

两国人文交流日益密切。郑和纪念碑在阿曼佐法尔省萨拉拉市落成，成为象征中阿友谊的新地标。

巴基斯坦
(Pakistan)

2023年，中华人民共和国与巴基斯坦伊斯兰共和国全天候战略合作伙伴关系稳步前行。在两国高层战略引领下，双方正在加快构建新时代更加紧密的中巴命运共同体。

高层交往密切。10月，巴基斯坦看守政府总理安瓦尔·哈克·卡卡尔来华出席第三届"一带一路"国际合作高峰论坛。其间，国家主席习近平、国务院总理李强分别同卡卡尔总理举行会谈、会见，中共中央政治局常委、中央纪委书记李希会见并宴请卡卡尔总理。1月，国务院总理李克强同巴基斯坦总理穆罕默德·夏巴兹·谢里夫通电话。4月，国务院总理李强同夏巴兹总理通电话。6月，李强总理在赴法国巴黎出席新全球融资契约峰会期间同夏巴兹总理举行双边会见。7月，全国人大常委会委员长赵乐际以视频方式同巴基斯坦国民议会议长拉贾·佩尔瓦伊兹·阿什拉夫举行会谈。10月，全国政协主席王沪宁会见来华出席纪念亲诚惠容周边外交理念10周年国际研讨会的巴基斯坦参议院主席穆罕默德·萨迪克·桑吉拉尼。9月，国家副主席韩正在出席第78届联合国大会期间同卡卡尔总理举行双边会见。2月，中共中央政治局委员、中央外事工作委员会办公室主任王毅在出席第59届慕尼黑安全会议期间会见巴基斯坦外交部长比拉瓦尔·布托·扎尔达里。4月，王毅会见访华的巴基斯坦陆军参谋长赛义德·阿西姆·穆尼尔。8月，中共中央政治局委员、外交部长王毅同比拉瓦尔外长通电话。

中巴经济走廊建设成果丰硕。7月，中巴经济走廊启动十周年联合合作委员会特别会议暨第十二次会议在北京召开。7月底8月初，中巴经济走廊启动十周年庆祝活动隆重举行，习近平主席向庆祝活动致贺信，习近平主席特别代表、国务院副总理何立峰宣读贺信并致辞。其间，何立峰副总理会见夏巴兹总理、巴基斯坦总统阿里夫·阿尔维、穆尼尔陆军参谋长。双方就共建增长走廊、民生走廊、创新走廊、绿色走廊、开放走廊，打造走廊"升级版"达成共识。中巴经济走廊合作龙头项目瓜达尔港货运吞吐量显著增加，瓜达尔自由区北区基础设施建设稳步推进，瓜达尔港海水淡化厂、中巴友谊医院顺利完工。中巴两国就1号铁路干线升级改造项目达成框架协议补充协议，喀喇昆仑公路二期（塔科特—雷科特段）改线项目取得积极进展。

2023年，中巴双边贸易额为207.6亿美元，同比下降20.6%。其中，中国出口额为173.0亿美元，同比下降23.9%；中国进口额为34.6亿美元，同比增长1.3%。两国签署关于熟制牛肉、干辣椒输华的议定书，实现巴基斯坦鲜食樱桃对华准入，并就巴基斯坦乳制品、动物皮对华出口达成一致。巴农产品对华出口增长显著。

各领域合作全面推进。巴基斯坦犍陀罗艺术展分别在故宫博物院和甘肃省博物馆成功举办。截至2023年底，两国共缔结18对友好省市。中巴两军在高层互访、联演联训、装备技术等领域开展富有成效的合作。中巴两国就红其拉甫口岸实现全年常态化开放达成一致。中巴双方严格落实维护在巴中方人员、项目和机构安全的"加强版"工作方案，修订完善标准化操作程序，继续切实保护中国在巴人员、项目和机构安全。中巴两国同伊朗成功举行首次中国—巴基斯坦—伊朗三方反恐安全磋商。

9月，中国新任驻巴基斯坦大使姜再冬向阿尔维总统递交国书。

巴勒斯坦
(Palestine)

2023年，中华人民共和国与巴勒斯坦国关系稳定发展，两国于6月宣布建立战略伙伴关系。

中巴高层保持友好交往。中方坚定支持巴勒斯坦人民恢复民族合法权利的正义事业。3月，巴勒斯坦总统马哈茂德·阿巴斯致电祝贺习近平再次当选国家主席。6月，阿巴斯总统来华进行国事访问，习近平主席同阿巴斯总统共同宣布建立中巴战略伙伴关系，见证签署经济技术合作、互免持外交护照人员签证、在巴勒斯坦中小学开展中文教育、设立友好城市等多项双边合作文件。11月，习近平主席出席金砖国家领导人巴以问题特别视频峰会，并发表重要讲话。同月，习近平主席连续11年向联合国"声援巴勒斯坦人民国际日"纪念大会致贺电。10月，中共中央政治局委员、外交部长王毅同巴勒斯坦外交部长里亚德·马立基通电话。11月，马立基外长作为阿拉伯、伊斯兰国家外长联合代表团成员访华。

中方继续积极支持巴方经济社会发展，向巴方提供人道主义援助。10月，中方向巴民族权力机构及联合国近东巴勒斯坦难民救济和工程处分别提供现汇援助。12月，中方通过埃及向加沙地带提供多批食品、药品等紧急人道主义物资援助。

巴拿马
(Panama)

2023年，中华人民共和国与巴拿马共和国关系持续深入发展，各领域交流合作稳步推进。

两国各层级交往密切。7月，全国人大常委会委员长赵乐际致电祝贺海梅·巴尔加斯当选巴国民大会主席。3月，自然资源部副部长、国家海洋局局长王宏赴巴出席第八届"我们的海洋"大会并发言。4月，中国人民对外友好协会会长林松添访巴。5月，中共中央对外联络部副部长李明祥访巴。6月，外交部部长助理华春莹会见来华参加全球人权治理高端论坛的巴外交部秘书长琼斯·库珀。9月，华春莹部长助理与巴外交部副部长弗拉基米尔·阿道夫·弗朗哥举行会谈。10月，华春莹部长助理会见来华参加第三届"一带一路"国际合作高峰论坛绿色发展高级别论坛的弗朗哥副外长。

两国务实合作与人文交流稳步推进。中国保持巴最大贸易伙伴和科隆自由贸易区第一大供货国地位。2023年，中巴双边贸易额为129.4亿美元，同比下降5.4%。其中，中国进口额为16.2亿美元，同比增长32.9%。中国作为巴拿马运河第二大用户，货运量约占运河总通行量的22.7%。双方协调推进巴拿马运河第四大桥项目。两国在教育、人文等领域合作进展顺利。中国出版社在两国建交后首次亮相巴拿马国际书展，"欢乐春节"、"中国影像节"展映、巴拿马第八届龙舟大赛等活动在巴顺利举行。

巴布亚新几内亚
(Papua New Guinea)

2023年，中华人民共和国与巴布亚新几内亚独立国相互尊重、共同发展的全面战略伙伴关系不断向前发展。

两国高层和各级别交往频繁。10月，巴新总理詹姆斯·马拉佩来华出席第三届"一带一路"国际合作高峰论坛并正式访华，国家主席习近平、国务院总理李强分别同其举行会见、会谈。3月，巴新外交部长贾斯廷·特卡琴科来华出席博鳌亚洲论坛2023年年会。

两国在农业、基础设施建设、能源资源、人文等领域合作成果丰硕。中方援巴新菌草和旱稻技术、巴新国家电网二期、巴新国家广播公司数字电视改造等项目进展顺利。瑞木镍钴矿、波格拉金矿、液化天然气贸易等经贸合作项目继续推进。

秘 鲁
(Peru)

2023年，中华人民共和国与秘鲁共和国全面战略伙伴关系稳步推进。

政治互信持续深化。3月，秘鲁总统迪娜·埃尔西利娅·博鲁阿尔特·塞加拉就习近平再次当选国家主席致贺函。11月，习近平主席在美国旧金山会见博鲁阿尔特总统。9月，国家副主席韩正在美国纽约会见博鲁阿尔特总统。

务实合作续有进展。中国连续10年保持秘最大贸易伙伴、最大出口市场、主要投资来源国地位。双方在基础设施建设、能源、矿产、农业等领域合作进展顺利。钱凯港等"一带一路"标志性项目建设稳步推进。2023年，中秘双边贸易额为376.9亿美元，同比增长0.8%。其中，中国出口额为121.1亿美元，同比下降9.4%；中国进口额为255.8亿美元，同比增长6.4%。中方主要出口高新技术产品、塑料制品、汽车、服装等，主要进口鱼粉和铜、铁等矿产品。

人文交流保持热度。中国驻秘使馆联合秘鲁地方政府举办"欢乐春节"活动，与中央广播电视总台拉美总站、秘鲁国家考古人类学历史博物馆联合举办"何以文明"全球巡展第三站，支持秘中文化协会、秘精武运动协会共同举办第五届秘鲁"世界太极和气功日"展演活动，举办"汉语桥"中文比赛秘鲁赛区决赛。

菲律宾
(The Philippines)

2023年，中华人民共和国与菲律宾共和国关系续有发展，同时受到海上争议等问题影响。中方致力于维护双边关系稳定发展，坚持通过对话协商妥善处理有关问题。

双方高层保持交流。1月，国家主席习近平同来华进行国事访问的菲律宾总统费迪南德·罗慕尔德兹·马科斯举行会谈，双方发表《中华人民共和国和菲律宾共和国联合声明》。3月，马科斯总统就习近平再次当选国家主席致贺信。7月，习近平主席会见菲律宾前总统罗德里戈·罗亚杜特尔特。12月，中共中央政治局委员、外交部长王毅同菲律宾外交部长恩里克·马纳罗通电话。3月，双方在菲召开第23次中菲外交磋商和中菲南海问题双边磋商机制第七次会议。

双方继续保持农业、基础设施建设、能源、人文等领域合作。达沃－萨马尔岛大桥、卡利瓦大坝、帕西格河桥梁等项目推进实施。7月，中菲经贸合作交流会暨中菲经贸创新发展合作园区启动仪式在菲举办。中国是菲第一大贸易伙伴、第一大进口来源地、第二大出口市场。2023年，中菲双边贸易额为719.0亿美元，同比下降16%。其中，中国出口额为524.1亿美元，同比下降16.3%；中国进口额为194.9亿美元，同比下降15.3%。

波 兰
(Poland)

2023年，中华人民共和国与波兰共和国全面战略伙伴关系稳定发展。

两国政府、政党等各领域保持交往。6月，海关总署署长俞建华访波。4月，波兰外交部副国务秘书沃伊切赫·格尔维尔来华，外交部副部长邓励同其举行战略对话。同月，中共中央对外联络部副部长钱洪山访波。

各领域务实合作扎实推进。2023年，波兰继续保持中国在中东欧地区最大贸易伙伴地位，中波双边贸易额为420.3亿美元。双方签署波兰牛肉、蓝莓和宠物食品输华议定书及疯牛病防控合作备忘录。波兰积极参加第六届中国国际进口博览会、第三届中国—中东欧国家博览会等大型贸易促进活动。

双方人文交流不断深化。波兰派团出席成都第31届世界大学生夏季运动会、第12届中国国际民间艺术节、第22届中国上海国际艺术节、第九届世界传统武术锦标赛等文体活动。两国教育团组密切交流，签署多项合作办学、人才培养等合作项目。截至2023年底，两国共有38对结好省市。

葡萄牙
(Portugal)

2023年，中华人民共和国与葡萄牙共和国全面战略伙伴关系保持良好发展势头，各领域交流合作持续深化。

两国高层互动密切。3月，葡萄牙总统马塞洛·雷贝洛·德索萨致函祝贺习近平再次当选国家主席。12月，德索萨总统就甘肃积石山地震向习近平主席致慰问电。5月，国家副主席韩正访问葡萄牙，其间同德索萨总统、葡萄牙总理安东尼奥·科斯塔分别会见。9月，全国人大常委会副委员长丁仲礼会见访华的葡萄牙议会葡中友好小组主席卡塔琳娜·罗莎·费雷拉。

各领域交流合作稳步推进。2023年，中葡双边贸易额为87.0亿美元，同比下降3.2%。10月，葡萄牙科学、技术和高等教育部部长埃尔维拉·科雷亚·福尔图纳托访华。12月，神舟十七号航天员在中国空间站通过视频祝贺中葡两国政府间科技合作协定签署30周年。

卡塔尔
(Qatar)

2023年，中华人民共和国与卡塔尔国战略伙伴关系稳步推进。

两国高层交往密切。3月，卡塔尔埃米尔塔米姆·本·哈马德·阿勒萨尼就习近平再次当选国家主席致贺电，卡塔尔首相兼外交大臣穆罕默德·本·阿卜杜拉赫曼·阿勒萨尼就李强就任国务院总理致贺电。11月，中共中央政治局委员、外交部长王毅在美国纽约主持联合国安理会巴以问题高级别会议期间集体会见包括穆罕默德首相兼外交大臣在内的阿拉伯、伊斯兰国家外长。9月，中共中央政治局委员、北京市委书记尹力率中共代表团访问卡塔尔。

两国务实合作富有成果。中国保持卡塔尔第一大贸易伙伴、第一大出口目的地国和第二大进口来源国地位，卡塔尔保持中国第二大液化天然气供应国地位。中方企业同卡方企业签署为期27年的液化天然气合作协议，还获得卡塔尔北方气田扩容项目股份。中国企业承建的卡塔尔哈马德机场自由区基础设施项目顺利完工。

两国人文交流取得进展。中卡双方开展的中国与中东地区首个大熊猫合作项目进展顺利。"你好，北京"摄影展在卡塔尔首都多哈举行。

韩 国
(ROK)

2023年，中华人民共和国与大韩民国关系总体稳定。

两国高层保持交往。9月，国家主席习近平会见来华出席杭州第十九届亚运会开幕式的韩国国务总理韩德洙，强调中韩建交以来，友好合作始终是中韩关系的主流。同月，国务院总理李强在印度尼西亚雅加达出席东亚合作领导人系列会议期间会见韩国总统尹锡悦。7月，中共中央政治局委员、中央外事工作委员会办公室主任王毅在雅加达会见韩国外交部长官朴振。8月，中共中央政治局委员、外交部长王毅同朴振外长通电话。11月，王毅在韩国釜山出席第十次中日韩外长会期间会见朴振外长，双方确认中韩战略合作伙伴关系定位。

两国经贸合作紧密。2023年，中韩双边贸易额为3107.4亿美元，同比下降13.5%。其中，中国出口额为1489.9亿美元，同比下降7.2%；中国进口额为1617.5亿美元，同比下降18.7%。中国继续保持韩国最大贸易伙伴、最大出口市场和最大进口来源国地位，韩国是中国第三大贸易伙伴。8月，中韩经贸联委会召开第27次会议。12月，中韩自由贸易协定第五次联委会会议在北京举行。

两国持续推进各领域交流合作。7月，中韩友谊的鲜活象征——双胞胎大熊猫"睿宝""辉宝"在韩国爱宝乐园出生。8月，中国公民赴韩出境团队游业务恢复。11月，中韩双方在韩国仁川国际机场共同举行第10批在韩中国人民志愿军烈士遗骸交接仪式。2023年，中韩人员往来达376.44万人次，较2022年增长7倍多。截至2023年底，两国共缔结220对友好省道和城市。

罗马尼亚
(Romania)

2023年，中华人民共和国与罗马尼亚全面友好合作伙伴关系稳步发展。

两国保持高层交往。3月，罗马尼亚总统克劳斯·约翰尼斯致函祝贺习近平再次当选国家主席，罗马尼亚总理尼古拉·丘克致函祝贺李强就任国务院总理。6月，李强总理、全国政协主席王沪宁分别向罗马尼亚新任总理马切尔·乔拉库、新任参议长尼古拉·丘克致就任贺电。

两国务实合作富有成果。2月，"欢乐春节"中国电影日活动在罗马尼亚首都布加勒斯特举行。5月，《中国民族盛装》图片展在罗马尼亚布泽乌省举行。6月，中国—罗马尼亚设施农业科技合作对话会议以线上线下相结合的方式在北京和布加勒斯特召开。11月，中国宁波—罗马尼亚经贸合作洽谈会在布加勒斯特举办。

俄罗斯
(Russia)

2023年，面对百年变局及动荡的国际和地区形势，中华人民共和国与俄罗斯联邦新时代全面战略协作伙伴关系始终保持健康稳定发展，沿着正确的方向稳步前行。两国政府、立法机构、政党交往活跃，双方政治互信进一步深化，战略协作愈加紧密，互利合作不断取得新成果，人文和地方交流蓬勃开展，两国关系的物质和民意基础更加牢固。

两国元首两次线下会晤，为中俄关系发展掌舵领航。3月，国家主席习近平对俄罗斯进行国事访问，同俄罗斯总统弗拉基米尔·普京在莫斯科举行会谈，共同签署《中华人民共和国和俄罗斯联邦关于深化新时代全面战略协作伙伴关系的联合声明》和《中华人民共和国主席和俄罗斯联邦总统关于2030年前中俄经济合作重点方向发展规划的联合声明》。5月，习近平主席以视频方式出席欧亚经济联盟第二届欧亚经济论坛全会开幕式并致辞。

10月,习近平主席同来华出席第三届"一带一路"国际合作高峰论坛的普京总统举行会谈,就双边关系、务实合作、共建"一带一路"、国际多边协作以及巴以局势等交换意见。同月,习近平主席与普京总统分别向第五届中俄能源商务论坛致贺信。11月,习近平主席和普京总统分别向中俄执政党对话机制第十次会议致贺信。

两国总理保持密切交往。4月,国务院总理李强同俄罗斯总理米哈伊尔·米舒斯京通电话。5月,米舒斯京总理对中国进行首次正式访问。10月,李强总理在吉尔吉斯斯坦首都比什凯克出席上海合作组织成员国政府首脑(总理)理事会第二十二次会议期间会见米舒斯京总理。12月,李强总理在北京同米舒斯京总理共同主持中俄总理第二十八次定期会晤,双方就双边关系、务实合作以及共同关心的问题深入交换意见,发表《中俄总理第二十八次定期会晤联合公报》,并共同见证签署相关合作文件。

两国立法机构拓宽交往领域。7月,全国人大常委会委员长赵乐际在北京同俄罗斯联邦委员会主席瓦莲京娜·马特维延科举行会谈,并共同主持中俄议会合作委员会第八次会议。11月,赵乐际委员长在北京同俄罗斯国家杜马主席维亚切斯拉夫·沃洛金举行会谈。

两国其他领域高层交往保持良好势头。10月,国务院副总理丁薛祥出席第五届中俄能源商务论坛开幕式,宣读习近平主席贺信并致辞,俄罗斯总统能源发展战略和生态安全委员会秘书长、俄罗斯石油公司总裁伊戈尔·谢钦宣读普京总统贺信并致辞,俄副总统亚历山大·诺瓦克致辞。11月,丁薛祥副总理在北京同俄第一副总理安德烈·别洛乌索夫共同主持中俄投资合作委员会第十次会议。5月,国务院副总理何立峰出席在上海举行的中俄商务论坛,现场宣读李强总理贺信,米舒斯京总理出席并致辞。6月,国务院副总理张国清同来华出席中俄总理定期会晤委员会工业合作分委会第八次会议的俄罗斯副总理兼工业和贸易部部长丹尼斯·曼图罗夫举行会见。9月,中共中央政治局委员、外交部长王毅在莫斯科同俄联邦安全会议秘书尼古拉·帕特鲁舍夫共同主持中俄第十八轮战略安全磋商。同月,张国清副总理赴俄出席第八届东方经济论坛。11月,张国清副总理与俄总统驻伏尔加河沿岸联邦区全权代表伊戈尔·卡马罗夫在南昌共同出席中国长江中上游地区和俄罗斯伏尔加河沿岸联邦区地方合作理事会第四次会议并签署《中国长江中上游地区和俄罗斯伏尔加河沿岸联邦区地方合作理事会第四次会议纪要》。12月,何立峰副总理同俄副总理德米特里·切尔内申科共同主持召开中俄总理定期会晤委员会第二十七次会议。同月,国务委员谌贻琴与俄副总理塔季扬娜·戈利科娃以视频方式共同出席中俄人文合作委员会第二十四次会议。

两国外交部长全年五次会晤、两次通话，深入落实两国元首各项共识，就双边关系、各领域合作及共同关心的国际和地区问题及时对表。6月，两国外交部长分别向中俄智库高端论坛作视频致辞。

两国务实合作取得丰硕成果。2023年，中俄双边贸易额为2401.1亿美元，同比增长26.3%，提前一年超额完成两国元首提出的2000亿美元贸易目标。中国连续14年稳居俄罗斯第一大贸易伙伴国地位，俄罗斯成为中国第八大贸易伙伴。

两国地方合作日益密切，人文交流热度不减。双方全面恢复实施团体旅游免签政策，文化艺术访演频密活跃。2022—2023年中俄体育交流年圆满收官。2024—2025年中俄文化年蓄势待发，双方将举办一系列丰富多彩的文化交流活动。

两国不断提升国际协作水平。双方积极参与全球治理体系改革和建设，坚持真正的多边主义，推进国际关系民主化。在联合国、上海合作组织、金砖国家合作机制、二十国集团等多边框架内密切沟通协调，积极推动阿富汗、朝鲜半岛局势等国际和地区热点问题政治解决进程。

卢旺达
(Rwanda)

2023年，中华人民共和国与卢旺达共和国友好合作关系健康稳定发展。

两国高层保持友好交往。3月，卢旺达总统保罗·卡加梅致函祝贺习近平再次当选国家主席。5月，习近平主席就卢旺达遭受暴雨灾害向卡加梅总统致慰问电。12月，全国政协副主席穆虹率团访问卢旺达。

两国务实合作持续推进。中国援卢旺达马萨卡医院改扩建项目举行开工仪式，那巴龙格河二号水电站项目、智慧教育项目顺利推进。中国第24批援卢医疗队抵卢开展工作。卢旺达鲁班工坊在卢北方省穆桑泽职业技术学院举行揭牌仪式。中国派出援训阅兵指导组开展为期6个月的援训工作，协助卢军训练中式队列阅兵。

萨摩亚
(Samoa)

2023年，中华人民共和国与萨摩亚独立国全面战略伙伴关系持续健康发展。

两国保持高层和各级别交往。11月，全国人大常委会委员长赵乐际会见萨摩亚议长帕帕利·里奥·泰乌·马西帕乌。10月，萨摩亚首席大法官萨蒂乌·西马蒂瓦·佩雷斯出席海上丝绸之路（泉州）司法合作国际论坛。4月，中国政府太平洋岛国事务特使钱波访问萨摩亚。

两国各领域交流与合作取得丰硕成果。中国援萨警察学院项目、援建三所小学项目进展顺利。中国继续实施农业技术援助项目、萨摩亚综合体育场馆技术援助项目立项。双方续签《中华人民共和国和萨摩亚独立国关于派遣中国医疗队赴萨摩亚工作的议定书（2023—2027年）》。

圣马力诺
(San Marino)

2023年，中华人民共和国与圣马力诺共和国双边关系健康稳定发展。

两国经贸合作进展顺利。2023年，中圣双边贸易额为1813.1万美元，同比增长23.2%。

圣多美和普林西比
(Sao Tome and Principe)

2023年，中华人民共和国与圣多美和普林西比民主共和国全面合作伙伴关系健康发展。

两国政治互信不断深入。3月，圣普总理帕特里斯·特罗瓦达致函祝贺习近平再次当选国家主席，致函祝贺李强就任国务院总理。7月，习近平主席就圣普独立48周年向圣普总统卡洛斯·诺瓦致贺函。10月，诺瓦总统向习近平主席致国庆贺函。同月，圣普计划、财政和蓝色经济部部长热内西奥·达马塔来华出席第三届"一带一路"国际合作高峰论坛数字经济高级别论坛。同月，中方派员出席圣普方和国际货币基金组织共同发起的"圣多美和普林西比之友"圆桌会。

两国各领域交流合作稳步推进。"中非携手暖童心"系列活动在圣普举行，圣普总统夫人法蒂玛·诺瓦出席。由圣普国家电台、国家通讯社等主流媒体记者组成的代表团访问南京、苏州等地。中方继续向圣普派遣疟疾防治、电力、农牧业三个专家组以及医疗队。

沙特阿拉伯
（Saudi Arabia）

2023年，中华人民共和国与沙特阿拉伯王国全面战略伙伴关系深入发展。

两国政治互信持续巩固。3月，沙特国王萨勒曼·本·阿卜杜勒阿齐兹·阿勒沙特和沙特王储兼首相穆罕默德·本·萨勒曼·本·阿卜杜勒阿齐兹·阿勒沙特就习近平再次当选国家主席致贺信。3月底，习近平主席同穆罕默德王储兼首相通电话。同月，中共中央政治局委员、中央外事工作委员会办公室主任王毅同率团来华举行沙特和伊朗北京对话的沙特国务大臣兼国家安全顾问穆萨伊德·本·穆罕默德·艾班会谈。11月，中共中央政治局委员、外交部长王毅同作为阿拉伯、伊斯兰国家外长联合代表团成员访华的沙特外交大臣费萨尔·本·法尔汉·阿勒沙特举行会谈。同月，王毅在主持联合国安理会巴以问题高级别会议期间，集体会见包括费萨尔外交大臣在内的阿拉伯、伊斯兰国家外长。6月，全国政协副主席胡春华访问沙特并出席中阿合作论坛第十届企业家大会暨第八届投资研讨会。10月，最高人民检察院检察长应勇访问沙特。9月，应急管理部部长王祥喜访问沙特。10月，中国政府中东问题特使翟隽访问沙特。9月，沙特工业和矿产资源大臣班达尔·本·易卜拉欣·本·阿卜杜拉·胡莱夫访华。12月，沙特投资大臣哈立德·法利赫访华。

两国务实合作持续深化。沙特保持中国在中东地区最大贸易伙伴地位，同时是中国第二大原油供应国。中沙吉赞产业集聚区建设稳步推进，中沙共建精细化工及原料工程项目、中沙古雷乙烯项目等能源领域重要合作项目相继开工。中国人民银行同沙特央行签署规模为500亿元人民币的本币互换协议，这是截至2023年中国同中东地区国家签署的规模最大的本币互换协议。

两国人文交流日益密切。中沙双方于2023年签署《中国旅游团队赴沙特阿拉伯旅游实施方案的谅解备忘录》，为增进中沙旅游领域合作奠定良好基础。沙特航空公司开通利雅得至北京、吉达至北京航班。

塞内加尔
(Senegal)

2023年，中华人民共和国与塞内加尔共和国全面战略合作伙伴关系发展保持良好势头，各领域合作成果显著。

两国政治交往密切。3月，塞内加尔总统马基·萨勒致函祝贺习近平再次当选国家主席。8月，习近平主席同萨勒总统在金砖国家领导人第十五次会晤期间举行会见。5月，全国人大常委会委员长赵乐际访问塞内加尔。10月，中共中央政治局委员、外交部长王毅会见来华访问的塞内加尔总统首席外事顾问奥马尔·邓巴·巴。

两国经贸合作取得积极成果。年内，迪亚姆尼亚久工业园二期、姆布尔—法蒂克—考拉克高速公路、桑戈尔体育场维修等中方支持的项目稳步推进。10月，国家税务总局局长王军和来华参加第三届"一带一路"国际合作高峰论坛的塞内加尔财政和预算部部长阿马杜·穆斯塔法·巴签署《中华人民共和国政府和塞内加尔共和国政府对所得消除双重征税和防止逃避税的协定》及议定书。

两国文化领域保持交流互动。塞内加尔黑人文明博物馆举办"隔洋相看——非洲画家笔下的中国"画展。中国—塞内加尔联合武术演出在塞内加尔国家大剧院举行。

塞尔维亚
(Serbia)

2023年，中华人民共和国与塞尔维亚共和国全面战略伙伴关系持续高水平发展。

两国高层交往密切，政治互信牢固。3月，塞总统阿莱克桑达尔·武契奇致函祝贺习近平再次当选国家主席，塞总理阿娜·布尔纳比奇致函祝贺李强就任国务院总理，塞议长弗拉迪米尔·奥尔利奇致函祝贺赵乐际当选全国人大常委会委员长。同月，塞前进党主席、总统武契奇以视频方式出席中国共产党与世界政党高层对话会并致辞。10月，武契奇总统来华出席第三届"一带一路"国际合作高峰论坛，习近平主席、全国政协主席王沪宁分别同其举行双边会见。11月，布尔纳比奇总理来华出席第六届中国国际进口博览会，习近平主席、李强总理分别同其举行双边会见。9月，国家副主席韩正在美国纽约出席第78届联合国大会期间会见武契奇总统。同月，全国人大常委会副委员长李鸿忠，中共中央政治局委员、中央政法委书记陈文清先后访塞。

两国务实合作进展顺利，交通、能源、基础设施建设等领域大项目合作稳步推进并取得积极成果。10月，双方签署《中华人民共和国政府和塞尔维亚共和国政府自由贸易协定》和《中华人民共和国政府和塞尔维亚共和国政府共建"一带一路"中期行动计划（2023—2025年）》。中国企业承建的欧洲E763号高速公路新贝尔格莱德—苏尔钦段、贝尔格莱德绕城公路斯特拉热维察隧道—布巴尼波托克段通车。紫金矿业、紫金铜业、河钢集团斯梅戴雷沃钢厂保持塞前三大出口企业地位。海南航空公司北京至贝尔格莱德直航航线、塞尔维亚航空公司贝尔格莱德至天津直航航线运营顺利。贝尔格莱德大学和诺维萨德大学孔子学院运行良好。"欢乐春节"等活动在塞举行。

10月，中国新任驻塞尔维亚大使李明向武契奇总统递交国书。

塞舌尔
(Seychelles)

2023年，中华人民共和国与塞舌尔共和国友好合作关系稳定发展。

两国高层交往密切。3月，塞舌尔总统瓦韦尔·拉姆卡拉旺致函祝贺习近平再次当选国家主席。12月，拉姆卡拉旺总统就中国政府向塞舌尔提供紧急赈灾资助向习近平主席致感谢信，并就甘肃积石山地震向习近平主席致慰问信。10月，塞舌尔指定部长让-弗朗索瓦·费拉里来华出席第三届"一带一路"国际合作高峰论坛。

各领域合作续有发展。中国援塞广电中心项目、应对气候变化南南合作低碳示范区项目稳步推进。6月，中国企业承建的拉戈西大坝竣工。11月，中国援塞电子取证实验室移交塞方。第十届塞舌尔"中国日"庙会成功举办。中国第19批援塞舌尔医疗队赴塞开展工作。

12月，中国新任驻塞舌尔大使林楠向拉姆卡拉旺总统递交国书。

塞拉利昂
(Sierra Leone)

2023年，中华人民共和国与塞拉利昂共和国全面战略合作伙伴关系保持良好发展势头。

两国高层政治互信日益深化。3月，塞拉利昂总统朱利叶斯·马达·比奥致函祝贺习近平再次当选国家主席。7月，习近平主席向比奥总统致就任贺电。9月，国家副主席韩正在出席第78届联合国大会期间会见比奥总统。5月，塞拉利昂外交与国际合作部部长戴维·弗朗西斯访华。

两国务实合作稳步推进。年内，两国签署新一期经济技术合作协定。比奥总统出席中国援助塞拉利昂外交培训学院项目交接仪式。中国政府向塞拉利昂提供紧急粮食援助项目顺利交付。在中国派遣援塞医疗队50周年之际，比奥总统会见中国第24批援塞医疗队等中方专家人员。

1月，中国新任驻塞拉利昂大使王擎向比奥总统递交国书。

新加坡
(Singapore)

2023年，中华人民共和国与新加坡共和国双边关系实现提质升级，从与时俱进的全方位合作伙伴关系提升为全方位高质量的前瞻性伙伴关系。

两国高层保持密切交往。3月底4月初，国家主席习近平、国务院总理李强、全国人大常委会委员长赵乐际、全国政协主席王沪宁分别同来华进行正式访问的新加坡总理李显龙举行会见、会谈。5月，李强总理、国务院副总理丁薛祥分别同来华访问的新加坡副总理兼财政部部长黄循财举行会见、会谈。9月，李强总理在出席东亚合作领导人系列会议期间同李显龙总理交谈。12月，李强总理会见来华访问的黄循财副总理兼财长，丁薛祥副总理同其共同主持中新四个双边合作机制会议。11月，国家副主席韩正赴新加坡出席第六届创新经济论坛并访问新加坡。7月，中共中央政治局委员、中央外事工作委员会办公室主任王毅在印度尼西亚雅加达出席东亚合作系列外长会期间会见新加坡外交部长维文。8月，中共中央政治局委员、外交部长王毅访问新加坡。10月，全国人大常委会副委员长何维访问新加坡。

两国各领域合作持续深化。12月，中新签署关于进一步升级《中华人民共和国政府和新加坡共和国政府自由贸易协定》的议定书。2023年，中新双边贸易额为1083.9亿美元，同比下降2.6%。自2013年起，中国为新加坡第一大贸易伙伴，新加坡为中国第一大新增外资来源国。自2022年起，新加坡超越日本，成为中国累计第一大外资来源国。2023年，中新天津生态城迎来开发建设15周年。

斯洛伐克
(Slovakia)

2023年，中华人民共和国与斯洛伐克共和国关系总体平稳发展。

两国高层保持互动。4月，斯洛伐克国民议会议长博里斯·科拉尔率团访华，全国人大常委会委员长赵乐际、国家副主席韩正分别同其会谈、会见。

两国外交部保持良好合作。5月，外交部副部长邓励与斯外交和欧盟事务部国务秘书英格里德·布罗茨科娃在北京举行副外长级政治磋商。12月，邓励副部长访问斯洛伐克，在斯首都布拉迪斯拉发与斯外交和欧盟事务部国务秘书马雷克·埃什托克举行副外长级政治磋商。

两国各领域合作有序开展。2023年，中斯双边贸易额为115.3亿美元。斯洛伐克是中国在中东欧地区第四大贸易伙伴和最大进口来源国。4月，上海市与斯洛伐克布拉迪斯拉发州庆祝结好20周年。6月，上海市市长龚正会见率团访沪的斯洛伐克布拉迪斯拉发州州长尤拉伊·德罗巴。11月，斯洛伐克汉学家、翻译家黑山的斯洛伐克文译作《荀子》正式发行。截至2023年底，两国共有5对结好省（州）市。

10月，中国新任驻斯洛伐克大使蔡革向斯洛伐克总统苏珊娜·恰普托娃递交国书。

斯洛文尼亚
(Slovenia)

2023年，中华人民共和国与斯洛文尼亚共和国友好合作关系持续深入发展。

两国高层交往不断推进。3月，斯总统娜塔莎·皮尔茨·穆萨尔致函祝贺习近平再次当选国家主席，斯总理罗伯特·戈洛布致函祝贺李强就任国务院总理。11月，中共中央政治局委员、外交部长王毅在美国纽约会见斯副总理兼外交部长塔妮娅·法永。

两国各领域交流合作不断深化。1月，外交部副部长邓励同斯外交部国务秘书萨穆埃尔·日博加尔在北京举行副外长级政治磋商。8月，中国政府欧洲事务特别代表吴红波访斯。10月，双方举行中斯经济合作联委会第14次会议。12月，国家体育总局局长高志丹访斯。中国驻斯洛文尼亚使馆赠送斯方的玑衡抚辰仪等比例复制品制作完工并运往斯首都卢布尔雅那。斯方持续参与共建"一带一路"和中国—中东欧国家合作。

所罗门群岛
(Solomon Islands)

2023年，中华人民共和国与所罗门群岛关系保持快速发展势头。

两国高层和各层级交往密切。7月，所罗门群岛总理梅纳西·索加瓦雷对中国进行正式访问。同月，中共中央政治局委员、中央外事工作委员会办公室主任王毅在北京出席所罗门群岛驻华使馆开馆仪式。10月，所罗门群岛副总理兼基础设施和发展部部长梅纳西·梅兰加出席第三届"一带一路"国际合作高峰论坛。11月，全国人大常委会副委员长蔡达峰率团赴所罗门群岛出席第17届太平洋运动会。4月，中国政府太平洋岛国事务特使钱波访问所罗门群岛。

两国在经贸、基础设施建设、执法安全、教育、地方等领域交流合作进一步走深走实。索加瓦雷总理访华期间，双方签署涉及发展合作、贸易、基础设施建设、民航、教育、气象等领域的合作文件。中国援所罗门群岛

2023年太平洋运动会体育场馆项目顺利竣工移交。中国援所罗门群岛国家转诊医院综合医疗中心项目开工。中国第二批援所医疗队赴所。中国海军"和平方舟"号医院船首次访问所罗门群岛。

索马里
(Somalia)

2023年，中华人民共和国与索马里联邦共和国友好关系持续发展。

高层交往保持热度。3月，索马里总统哈桑·谢赫·马哈茂德致函祝贺习近平再次当选国家主席。6月，习近平主席致函马哈茂德总统，祝贺索马里联邦共和国独立63周年。9月，马哈茂德总统致函习近平主席，祝贺中华人民共和国成立74周年。

各领域合作取得新进展。中方继续向索方提供人道主义物资援助、奖学金和培训名额，支持贝纳迪尔医院手术室修缮。为帮助索应对旱灾，中方向索方提供小麦、大米等紧急粮食援助。

自2008年以来，中国已派出45批护航编队赴亚丁湾和索马里海域开展护航行动。

南 非
(South Africa)

2023年是中华人民共和国与南非共和国建交25周年。在国家主席习近平同南非总统西里尔·拉马福萨的战略引领下，中南全面战略伙伴关系进入"黄金时代"。

两国元首保持密切交往。3月，拉马福萨总统就习近平再次当选国家主席致贺电。6月，习近平主席同拉马福萨总统通电话。8月，习近平主席出席金砖国家领导人第十五次会晤并对南非进行国事访问。两国发表联合声明，签署11项双边合作文件。拉马福萨总统向习近平主席授予"南非勋章"。

高层往来更加频繁。11月，国家副主席韩正与南非副总统保罗·马沙蒂莱在北京共同主持中南国家双边委员会第八次全体会议，马沙蒂莱副总统还赴上海出席第六届中国国际进口博览会开幕式。7月，中共中央政治局委员、外交部长王毅出席第十三次金砖国家安全事务高级代表会议并访问南非。9月，全国人大常委会副委员长彭清华出席在南非举行的第九届金砖国家议会论坛。2月，国务院副总理孙春兰访问南非并主持中南高级别人文交流机制第三次会议。1月，两国外长就两国建交25周年互致贺电。5月，外交部副部长邓励同南非国际关系与合作部副部长埃迪斯·马什戈–德拉米尼在北京举行第十二次中南战略对话。

政党交往更加活跃。4月，南非共产党总书记索利·马派拉率领高级干部考察团访华，中共中央对外联络部部长刘建超同其会见。6月，南非非洲人国民大会总书记菲基莱·姆巴卢拉率领全国执委考察团访华，彭清华副委员长、刘建超部长分别同其会见。7月，刘建超部长出席"金砖+"政党对话会并访问南非，拜会拉马福萨总统等南非非洲人国民大会领导人。

务实合作取得积极成果。中国连续15年保持南非第一大贸易伙伴地位，南非连续14年保持中国在非洲最大贸易伙伴地位。南非牛肉恢复输华，玉米、大豆实现对华出口，双方签署南非鲜食鳄梨输华议定书。8月，商务部部长王文涛访问南非，召开中南经贸联委会第八次会议。两国成功举办中南新能源投资合作大会。中方企业积极参加第五届南非投资大会。中方还支持南非应对电力危机，提供应急电力设备援助。

人文等领域合作不断深化。双方同意共建南非第七所孔子学院，福建省厦门市同南非德班市建立友好城市关系，南非成为中国首批恢复出境团队游的目的地之一。

南苏丹
(South Sudan)

2023年，中华人民共和国与南苏丹共和国友好关系继续稳步发展。

两国各层级交往密切。3月，南苏丹总统萨尔瓦·基尔·马亚尔迪特就习近平再次当选国家主席致贺函。同月，基尔总统以视频方式出席中国共产党与世界政党高层对话会。4月，南苏丹执政党苏丹人民解放运动总书记彼得·拉姆·博斯率干部考察团访华。11月，南苏丹农业与粮食安全部部长约瑟芬·约瑟夫·拉古来华出席第二届中非农业合作论坛，两国签署关于农业合作的谅解备忘录。

两国各领域合作取得新成果。3月，中南双方签署援南苏丹打井供水项目实施协议。5月，中方向南苏丹提供2396吨人道主义紧急粮食援助。8月，中国援南苏丹广电设施项目正式移交。

中方坚定支持并积极推动南苏丹政治过渡进程，愿继续为其提供政治、道义和资金支持。中方愿继续根据联合国有关决议向南苏丹派遣维和部队，参与南苏丹维和工作。

西班牙
(Spain)

2023年，中华人民共和国与西班牙王国全面战略伙伴关系保持高水平发展，各领域交流合作持续深化。

高层交往密切。3月，西班牙国王费利佩六世致函祝贺习近平再次当选国家主席。同月，习近平主席同费利佩六世国王互致贺电，庆祝两国建交50周年。同月，西班牙首相佩德罗·桑切斯出席博鳌亚洲论坛2023年年会并正式访华，习近平主席、国务院总理李强、全国人大常委会委员长赵乐际分别同其会见、会谈。12月，桑切斯首相就甘肃积石山地震向习近平主席致慰问电。11月，李强总理致电祝贺桑切斯连任西班牙首相。

各领域务实合作进展顺利。2023年，中西双边贸易额为485.8亿美元，同比下降5.4%。3月，中国同西班牙签署西班牙鲜食柿子、扁桃仁输华，以及两国教育、体育领域合作共4项协议。3月，文化和旅游部部长胡和平访问西班牙并出席中西文化和旅游年开幕式及相关活动。7月，科学技术部与西班牙科学和创新部签署重点领域科技创新合作谅解备忘录。11月，中西两国联合发布第五批政府间项目指南。

斯里兰卡
(Sri Lanka)

2023年，中华人民共和国与斯里兰卡民主社会主义共和国关系保持稳定发展势头。

两国高层交往密切。10月，斯里兰卡总统拉尼尔·维克拉马辛哈来华出席第三届"一带一路"国际合作高峰论坛，国家主席习近平、国务院副总理丁薛祥分别同其会见。8月，斯里兰卡总理迪瓦希·古纳瓦德纳来华出席第七届中国—南亚博览会，中共中央政治局委员、外交部长王毅同其会见。11月，国务委员谌贻琴访问斯里兰卡，分别会见维克拉马辛哈总统、古纳瓦德纳总理、议长马欣达·亚帕·阿贝瓦德纳。

中国是斯里兰卡第二大贸易伙伴。2023年，中斯双边贸易额为41.1亿美元，同比下降1.1%。其中，中国出口额为37.5亿美元，同比增长2.6%；中国进口额为3.6亿美元，同比下降28.1%。

积极助斯纾困。中方推动国际货币基金组织对斯批贷，支持中国金融机构同斯方推进债务重组谈判，出具融资支持文件，并率先与斯方就债务安排达成初步一致。国家国际发展合作署继续向斯提供5亿元人民币紧急人道主义援助，根据斯方需求提供大米、药品、校服布料、柴油等物资。

深化共建"一带一路"。稳步推动科伦坡港口城、汉班托塔港等旗舰项目取得进展，斯内阁批准《科伦坡港口城战略重要性项目优惠政策细则》。中国企业进入斯燃料零售市场并同斯签署为期20年的合作协议，获准在汉班托塔港设立炼油厂。

延续多边合作势头。两国在国际和地区事务中继续保持密切沟通与配合。

截至2023年底，两国共缔结11对友好省市。

苏　丹
(Sudan)

2023年，中华人民共和国与苏丹共和国战略伙伴关系持续发展。

两国保持友好交往。3月，苏丹主权委员会主席阿卜杜勒·法塔赫·阿卜杜勒-拉赫曼·布尔汉就习近平再次当选国家主席致贺函。11月，中共中央政治局委员、外交部长王毅会见来华访问的苏丹主权委员会副主席马利克·阿加尔。

4月，苏丹爆发武装冲突。截至2023年6月，约1500名中国公民撤离苏丹。中方向苏丹提供医疗用品、粮食等价值1000万元人民币的紧急人道主义援助物资，帮助苏方缓解人道主义危机。

苏里南
(Suriname)

2023年，中华人民共和国与苏里南共和国战略合作伙伴关系保持良好发展势头。

中苏政治互信不断加强。10月，中央统战部副部长、国务院侨务办公室主任陈旭在赴苏出席华人定居苏里南170周年活动期间同苏里南总统昌德利卡佩尔萨德·单多吉等会见。同月，苏国防部长克里希娜·马图拉出席第十届北京香山论坛，其间中央军委副主席张又侠同其会见。11月，苏外交、国际商务与国际合作部部长阿尔贝特·里士满·拉姆丁，经济事务、创业与技术创新部部长里什玛·屈尔迪普辛格出席第六届中国国际进口博览会开幕式并来华参访，其间中共中央政治局委员、外交部长王毅同拉姆丁外长会见。9月，苏司法警察部部长肯内特·阿莫克西来华出席全球公共安全合作论坛2023年大会，其间国务委员、公安部部长王小洪同其会见。10月，自然资源部长王广华会见出席第二十五届中国国际矿业大会的苏自然资源部部长戴维·阿比亚莫福。两国在国际事务中保持密切沟通与配合。

中苏务实合作稳步推进，双方基础设施建设、农业、民生等领域多个项目取得积极进展。中方支持苏方抗洪救灾，并继续向苏方提供政府奖学金和人力资源培训名额。

瑞 典
(Sweden)

2023年，中华人民共和国与瑞典关系稳定发展。

高层保持交往。6月，国家主席习近平向瑞典国王卡尔十六世·古斯塔夫致国庆贺电。10月，卡尔十六世·古斯塔夫国王向习近平主席致国庆贺函。

各领域合作稳步推进。瑞典斯堪尼亚公司江苏如皋制造基地二期项目开工。瑞典斯凯孚集团在大连投资16亿元人民币扩建项目。1月，"欢乐春节""中国美食节"等活动在瑞典首都斯德哥尔摩举行。5月，文化和旅游部在瑞典举办"茶和天下·雅集"活动。11月，斯德哥尔摩中国文化中心举办"国潮也经典"文创设计展。截至2023年底，两国共有32对结好省市。

瑞　士
(Switzerland)

2023年，中华人民共和国与瑞士联邦创新战略伙伴关系内涵进一步充实，继续保持稳步发展的良好势头。

两国高层保持密切交往。1月，国家主席习近平向瑞士新任联邦主席阿兰·贝尔塞致就任贺电。8月，习近平主席向贝尔塞主席致国庆贺电。10月，贝尔塞主席向习近平主席致国庆贺电。12月，全国人大常委会委员长赵乐际分别向瑞士联邦议会新任国民院议长埃里克·努斯鲍默和联邦院议长伊娃·赫尔佐克致就任贺电。1月，国务院副总理刘鹤出席世界经济论坛2023年年会并访问瑞士。8月至10月，中共中央政治局委员、外交部长王毅同瑞士联邦委员兼外交部长伊尼亚齐奥·卡西斯就进一步密切沟通互致信函。

两国各领域务实合作持续深化。瑞士是中国在欧洲第六大贸易伙伴国，中国是瑞士在亚洲第一大贸易伙伴。2023年，中瑞双边贸易额为595.0亿美元，同比增长4.4%。2022年7月，中瑞两国证券市场实现历史性互联互通，截至2023年底，在瑞士发行全球存托凭证的中国公司总计17家。8月，瑞士联邦文化总局向中方返还5件文物艺术品，包括4件陶瓷器和1枚钱币。10月，中国航天科技成果展在瑞士卢塞恩开幕，第三届中瑞地方可持续发展论坛在瑞士苏黎世举办。截至2023年底，两国已建立20对友好省州（市）关系。

中国在苏黎世设有总领事馆，瑞士在上海、广州设有总领事馆。

叙利亚
(Syria)

2023年，中华人民共和国与阿拉伯叙利亚共和国双边友好合作关系进一步发展，两国于9月宣布建立战略伙伴关系。

两国保持高层交往。3月，叙利亚总统巴沙尔·阿萨德致电视贺习近平再次当选国家主席。9月，习近平主席在杭州会见来华出席杭州第十九届亚运会开幕式的巴沙尔总统，两国元首共同宣布建立中叙战略伙伴关系，见证签署共建"一带一路"、经济发展交流、经济技术合作等多项双边合作文件。国务院总理李强、全国人大常委会委员长赵乐际在北京分别会见巴沙尔总统。

中方向叙利亚提供多批援助。2月，叙利亚西北部遭遇强烈地震，中方向叙方提供现汇、药品、活动板房等紧急人道主义援助，帮助叙方应对强震灾难。

3月，中国新任驻叙利亚大使史宏微向巴沙尔总统递交国书。

塔吉克斯坦
(Tajikistan)

2023年，中华人民共和国与塔吉克斯坦共和国全面战略伙伴关系不断深化，双方宣布致力于构建世代友好、休戚与共、互利共赢的命运共同体。

两国高层交往密切。5月，塔吉克斯坦总统埃莫马利·拉赫蒙来华出席首届中国—中亚峰会并进行国事访问，其间习近平主席同其举行会谈。10月，国务院总理李强出席上海合作组织成员国政府首脑（总理）理事会第二十二次会议，同塔总理科希尔·拉苏尔佐达举行会晤。8月，塔议会上院议长兼首都市长鲁斯塔姆·埃莫马利来华访问，其间全国人大常委会委员长赵乐际同其举行会晤。4月，塔外交部长西罗吉丁·穆赫里丁来华出席在西安举行的中国—中亚外长第四次会晤。

两国务实合作提质升级。中国是塔吉克斯坦第二大贸易伙伴和最大投资来源国。2023年，中塔双边贸易额为39.3亿美元，同比增长53.5%。其中，中国出口额为36.8亿美元，同比增长68.4%；中国进口额为2.5亿美元，同比下降33.4%。11月，中国新疆—塔吉克斯坦毗邻地区经贸合作分委会第六次会议成功举行。两国共建"一带一路"重点项目有序推进，中国援塔政府大楼、议会大楼项目进入收官阶段，中塔公路二期关键路段建设项目进展顺利。12月，中塔开通不经第三国的空中新航路。

两国人文交流不断深化。中国—塔吉克斯坦中医药中心挂牌成立。在塔孔子学院、鲁班工坊运营良好。

坦桑尼亚
(Tanzania)

2023年，中华人民共和国与坦桑尼亚联合共和国全面战略合作伙伴关系深入发展。

两国高层交往频繁，政治互信牢固。4月，国家主席习近平致函坦桑尼亚总统萨米娅·苏卢胡·哈桑，祝贺坦桑尼亚联合共和国成立59周年。7月，哈桑总统以视频方式向在北京举行的全球共享发展行动论坛首届高级别会议致贺。8月，习近平主席在南非约翰内斯堡出席金砖国家领导人第十五次会晤期间会见哈桑总统，为两国关系下阶段发展指明方向。9月，哈桑总统向习近平主席致函，祝贺中华人民共和国成立74周年。6月，桑给巴尔总统侯赛因·阿里·姆维尼来华出席第三届中国—非洲经贸博览会，国家副主席韩正同其会见。

务实合作势头强劲。中国继续保持坦第一大贸易伙伴国、投资来源国和工程承包方地位。坦大豆对华出口涨势喜人，特色农产品输华势头良好。投资合作亮点频现，单体投资额超1亿美元的马文尼水泥厂二期正式落地。重大工程进展顺利，中国企业承建的朱利叶斯·尼雷尔水电站、马古富力大桥等坦旗舰工程稳步建设。"中非携手暖童心"关爱坦桑尼亚孤儿健康活动、"欢乐春节"活动、"中坦友好杯"乒乓球友谊赛等多场人文交流活动成功举行。

泰　　国
(Thailand)

2023年，中华人民共和国与泰王国关系保持良好发展势头，各领域合作持续深入。

两国高层交往密切。10月，国家主席习近平在北京会见来华出席第三届"一带一路"国际合作高峰论坛并进行正式访问的泰国总理赛塔·他威信，国务院总理李强同赛塔总理会谈并共同见证签署共建"一带一路"、外交、数字经济、海关、电影、文化等多项双边合作文件，全国人大常委会委员长赵乐际会见赛塔总理。双方发表《中华人民共和国政府和泰王国政府联合新闻公报》。12月，赛塔总理以视频方式出席澜沧江—湄公河合作第四次领导人会议。6月，泰国公主玛哈扎克里·诗琳通第50次访问中国，国家副主席韩正在北京会见诗琳通公主并出席公主第50次访华庆祝活动，中共中央政治局委员、中央外事工作委员会办公室主任王毅在北京会见诗琳通公主。2月，王毅在北京会见来华访问的泰国副总理兼外交部长敦·帕马威奈。7月，王毅在印度尼西亚雅加达会见敦副总理兼外长。8月，中共中央政治局委员、外交部长王毅在北京同来华进行工作访问的敦副总理兼外长会谈。12月，王毅在北京会见来华参加澜沧江—湄公河合作第八次外长会的泰国副总理兼外交部长班比·帕西塔努功。

两国携手共建"一带一路"。中泰双方扎实推进中老泰联通发展构想，加快中泰铁路建设。中国企业积极参与泰国东部经济走廊建设，泰国东部经济走廊连接三大机场高铁项目、罗勇工业园等重点项目稳步推进。中国是泰国最大贸易伙伴、最主要外资来源国、最主要旅游客源国。2023年，中泰双边贸易额为1262.8亿美元，同比下降5.0%。其中，中国出口额为757.4亿美元，中国进口额为505.4亿美元。中国企业对泰直接投资46亿美元，同比增长109%。中国赴泰游客达352万人次，为泰国旅游创收约54亿美元。双方在新能源汽车、可再生能源、金融、电子商务、数字经济、人工智能、5G通信、防务、执法安全、科技创新等领域合作不断深化。两国在国际和地区事务中继续保持密切沟通协调。

截至2023年底，两国共缔结41对友好城市。

东帝汶
(Timor-Leste)

2023年，中华人民共和国与东帝汶民主共和国关系实现提质升级，从睦邻友好、互信互利的全面合作伙伴关系提升为全面战略伙伴关系。

两国各层级来往密切。9月，国家主席习近平会见来华出席杭州第十九届亚运会开幕式的东帝汶总理凯·拉拉·夏纳纳·古斯芝，共同宣布将中国和东帝汶关系提升为全面战略伙伴关系，双方发表《中华人民共和国和东帝汶民主共和国关于建立全面战略伙伴关系的联合声明》。3月，东帝汶总理、人民解放党主席塔乌尔·马坦·鲁瓦克以视频方式出席中国共产党与世界政党高层对话会。10月，东帝汶副总理黎发芳来华出席杭州第十九届亚运会闭幕式。11月,黎发芳副总理赴广东出席第六届世界客商大会。12月,全国政协副主席、香港共享基金会主席梁振英访问东帝汶,会见夏纳纳总理。9月,湖南省省长毛伟明率湖南代表团访问东帝汶,会见夏纳纳总理、黎发芳副总理、外交部长贲迪拓等。10月,贲迪拓外长赴澳门出席中葡论坛(澳门)成立二十周年系列活动。7月,外交部部长助理农融访问东帝汶,同东帝汶外交部东盟事务副部长米莲娜·兰热尔共同主持首次中东外交磋商,并拜会东帝汶总统若泽·拉莫斯·奥尔塔、夏纳纳总理、贲迪拓外长。

两国务实合作稳步推进。玉米机械化种植和杂交水稻示范种植项目取得良好成效,农业技术合作项目(二期)等合作项目取得积极进展。东企业积极出席第134届中国进出口商品交易会、第六届中国国际进口博览会,东咖啡协会赴云南考察。9月,中国海军"和平方舟"号医院船访问东帝汶。9月,山西大学同东帝汶商学院合作设立的孔子课堂正式开班运营。

多 哥
(Togo)

2023年,中华人民共和国与多哥共和国友好合作关系稳步发展。

双方各层次各领域交往顺利开展。3月,多哥总统福雷·埃索齐姆纳·纳辛贝致函祝贺习近平再次当选国家主席。同月,多哥国民议会议长、执政党保卫共和联盟总司库雅瓦·吉格博迪·采冈出席中国共产党与世界政党高层对话会并发言。10月,多哥环境与森林资源部秘书长奥福·科菲·迪米祖来华出席第三届"一带一路"国际合作高峰论坛中非绿色发展论坛。

两国务实合作平稳发展。中国同联合国世界粮食计划署合作在多成功开展粮食和营养援助项目。中国援多第八期农业技术合作项目启动。在中国—联合国和平与发展信托基金支持下,联合国毒品和犯罪问题办公室、联合国区域间犯罪和司法研究所在多举办联合国反恐能力建设培训班。

人文交流持续推进。深圳市和多政府共同举办深圳—洛美友城交流视频会议。中国援多医疗队开展"中多友好健康行"巡回义诊。

汤　加
(Tonga)

2023年，中华人民共和国与汤加王国全面战略伙伴关系不断深化。

双方保持高层交往。4月，中共中央政治局委员、中央外事工作委员会办公室主任王毅在北京会见以汤加副首相兼司法大臣萨缪·瓦伊普卢为团长的太平洋岛国政治家联合考察团。5月，中国人民对外友好协会会长林松添会见来华访问的太平洋中国友好协会终身荣誉主席、汤加王国公主皮洛莱乌·图伊塔。12月，汤加王储图普托阿·乌卢卡拉拉来华出席2023从都国际论坛并成功访问广东。10月，汤加财政大臣蒂奥费卢西·蒂乌艾迪来华出席第三届"一带一路"国际合作高峰论坛。12月，汤加贸易和经济发展大臣威利阿米·拉图（以代警察大臣身份）来华出席第二次中国—太平洋岛国执法能力与警务合作部级对话。

两国各领域交流合作取得积极成果。7月，中国海军"和平方舟"号医院船第三次访汤并在当地开展人道主义医疗服务。中国援建汤加中学体育场馆等项目顺利推进。

特立尼达和多巴哥
(Trinidad and Tobago)

2023年，中华人民共和国与特立尼达和多巴哥共和国相互尊重、平等互利、共同发展的全面合作伙伴关系稳定向前发展。

两国政治互信不断增强。3月，国家主席习近平致电祝贺克里斯蒂娜·坎加卢就任特立尼达和多巴哥共和国总统。同月，特多总理基思·罗利致函祝贺习近平再次当选国家主席。4月，特多执政党人民民族运动党代表考察团访华。6月，特多交通和工程部部长罗瀚·西纳南赴澳门出席第九届中拉基础设施合作论坛。7月，外交部部长助理华春莹赴特多出席加勒比共同体第45届政府首脑会议及庆祝加勒比共同体成立50周年活动，其间会见罗利总理。11月，特多贸易和工业部部长葆拉·戈皮–斯库恩率团出席第十六届中国—拉美企业家高峰会和第六届中国国际进口博览会。两国在国际事务中保持密切沟通与协调。

两国各领域务实合作蓬勃开展。双方共同庆祝共建"一带一路"五周年。1月，第二届中国—特立尼达和多巴哥投资合作论坛成功举办。3月，中国（浙江）—特立尼达和多巴哥国际贸易展览会成功举办。7月，两国共建"一带一路"合作旗舰项目凤凰工业园竣工。12月，中国援特多法庭科学中心项目签署实施协议。中方向特多捐赠防灾减灾、医疗防护物资、移动献血车、校车等，帮助特多加强能力建设。

两国人文交流方兴未艾。1月，特多首届春节庙会成功举办。5月，应中国国家图书馆邀请，特多国家图书馆正式加入"丝绸之路国际图书馆联盟"。

突尼斯
(Tunisia)

2023年，中华人民共和国与突尼斯共和国关系持续发展，各领域交流与合作稳步推进。

两国各层级保持友好交往。3月，突尼斯总统凯斯·赛义德就习近平再次当选国家主席致贺函。8月，国务院总理李强向突尼斯总理艾哈迈德·哈沙尼致就任贺电。同月，全国人大常委会委员长赵乐际向突尼斯新任国民议会议长易卜拉欣·布达尔巴拉致贺电。7月，中国政府中东问题特使翟隽访问突尼斯。10月，突尼斯外交、移民和侨民部国务秘书穆尼尔·本·拉吉巴来华出席第三届"一带一路"国际合作高峰论坛。

两国各领域交流合作持续深化。中方承建的突尼斯梅莱格大坝项目进展顺利。双方积极推动加贝斯肿瘤中心、斯法克斯综合医院扩建等项目。中突对突尼斯本阿鲁斯森林遗址的联合考古行动顺利开展。

土耳其
(Türkiye)

2023年，中华人民共和国与土耳其共和国战略合作关系保持发展势头。

两国保持高层交往。2月，国家主席习近平就土耳其发生强烈地震灾害向土耳其总统雷杰普·塔伊普·埃尔多安致慰问电。3月，埃尔多安总统致函祝贺习近平再次当选国家主席。5月，习近平主席致电祝贺埃尔多安再次当选土耳其总统。6月，全国人大常委会副委员长丁仲礼作为习近平主席特使出席埃尔多安总统就职仪式。7月，中共中央政治局委员、外交部长王毅访问土耳其。10月，王毅同土耳其外交部长哈坎·费丹通电话。

两国各领域合作稳步推进。2023年，中土双边贸易额为434.0亿美元，同比增长13.5%。9月，土耳其伊斯坦布尔成为丝绸之路旅游城市联盟创始会员城市之一。10月，中国科兴土耳其公司疫苗生产中心在土启用投产。11月，中土签署《中华人民共和国国家新闻出版署与土耳其共和国文化和旅游部关于经典著作互译出版的备忘录》。

土库曼斯坦

(Turkmenistan)

2023年，中华人民共和国与土库曼斯坦关系升级为全面战略伙伴关系。

两国政治交往密切。1月，土库曼斯坦总统谢尔达尔·别尔德穆哈梅多夫来华进行国事访问，其间国家主席习近平同其举行会谈。5月，谢尔达尔·别尔德穆哈梅多夫总统来华出席首届中国—中亚峰会，其间习近平主席同其举行会见。10月，土民族领袖、人民委员会主席库尔班古力·别尔德穆哈梅多夫来华出席第三届"一带一路"国际合作高峰论坛，其间习近平主席、国务院副总理丁薛祥分别同其举行会见。同月，丁薛祥副总理会见陪同库尔班古力·别尔德穆哈梅多夫主席来华的土总统油气事务顾问阿什尔古利·别格利耶夫率领的天然气谈判高级别代表团。11月，丁薛祥副总理访土并同土副总理兼外交部长拉希德·梅列多夫共同主持召开中土合作委员会第六次会议，其间同谢尔达尔·别尔德穆哈梅多夫总统举行会见。4月，梅列多夫副总理兼外长来华出席在西安举行的中国—中亚外长第四次会晤。10月，中共中央政治局委员、外交部长王毅会见陪同库尔班古力·别尔德穆哈梅多夫主席来华的梅列多夫副总理兼外长。

经贸合作有序推进。中国连续13年成为土第一大贸易伙伴和最大天然气出口市场。2023年，中土双边贸易额为105.9亿美元，同比下降5.2%。

人文交流不断深化。"中国文化年"在土成功举办。双方积极推进互设文化中心，中国在土建设鲁班工坊、传统医学中心取得进展。

乌干达
(Uganda)

2023年，中华人民共和国与乌干达共和国全面合作伙伴关系顺利发展。

高层交往频繁深入。3月，乌干达总统约韦里·卡古塔·穆塞韦尼致函祝贺习近平再次当选国家主席。7月，中共中央政治局委员、中央外事工作委员会办公室主任王毅会见来华参加全球共享发展行动论坛首届高级别会议的乌干达外交部长杰杰·奥东戈。11月，全国人大常委会副委员长洛桑江村访问乌干达。

务实合作向前推进。中国企业在乌投资建设的工业园充满活力。中国企业承建的阿尔伯特湖区油田开发和外输管线项目续有进展；卡鲁玛水电站项目已进入收尾阶段，首台机组已顺利并网发电；乌干达国家科技创业机构项目、石油产区公路项目等临近交付。竹藤、菌草等一批"小而美"项目成功启动。人文交流活动丰富活跃，中文教育持续推进。

乌克兰
(Ukraine)

2023年，中华人民共和国与乌克兰战略伙伴关系稳定发展。

两国保持高层交往。3月，乌克兰总统弗拉基米尔·泽连斯基致函祝贺习近平再次当选国家主席。4月，习近平主席同泽连斯基总统通电话。2月，中共中央政治局委员、中央外事工作委员会办公室主任王毅在德国出席第59届慕尼黑安全会议期间同乌外交部长德米特罗·库列巴举行会见。

2023年，中乌双边贸易额为68.1亿美元，中国再度成为乌第一大贸易伙伴。7月，中国—乌克兰政府间合作委员会经贸合作分委会第七次会议在北京举行。10月，中方与乌国家投资署签署投资合作备忘录，为进一步加强双边投资合作创造条件。

2023年，中国政府向乌提供了新一批人道主义物资援助。

阿联酋
(United Arab Emirates)

2023年，中华人民共和国与阿拉伯联合酋长国全面战略伙伴关系取得新进展。

两国政治互信不断巩固。3月，阿联酋总统穆罕默德·本·扎耶德·阿勒纳哈扬就习近平再次当选国家主席致贺电。11月底12月初，习近平主席特别代表、国务院副总理丁薛祥赴阿联酋出席世界气候行动峰会。8月，中共中央政治局委员、外交部长王毅同阿联酋外交部长阿卜杜拉·本·扎耶德·阿勒纳哈扬通电话。10月，阿联酋总统特别代表、联邦最高委员会成员、哈伊马角酋长国酋长谢赫萨欧德·本·萨格尔·卡希米来华出席第三届"一带一路"国际合作高峰论坛。9月，阿联酋联邦国民议会议长萨格尔·古巴什访华。

两国务实合作稳步推进。中阿（联酋）产能合作示范园陆续入驻企业，中远海运哈利法港二期集装箱码头及场站项目平稳运行。中国人民银行同阿联酋央行续签本币互换协议，互换规模为350亿元人民币。

两国人文交流持续开展。中方积极协助阿方推进中文教育，配合阿方在其171所学校开设中文课程。

英　国
(United Kingdom)

2023年，中华人民共和国与大不列颠及北爱尔兰联合王国各领域交流合作总体持续发展。

高层保持互动和接触。5月，国家主席习近平和夫人彭丽媛致电视贺英国国王查尔斯三世和王后卡米拉加冕。7月，习近平主席向中英贸易"破冰之旅"70周年活动致贺信。9月，国务院总理李强在出席二十国集团领导人新德里峰会期间会见英国首相里希·苏纳克。5月，国家副主席韩正作为习近平主席特别代表出席查尔斯三世国王加冕仪式。2月，中共中央政治局委员、中央外事工作委员会办公室主任王毅在出席第59届慕尼黑安全会议期间会见英国外交发展大臣詹姆斯·克莱弗利。5月，王毅同英国首相国家安全事务顾问蒂姆·巴罗通电话。7月，王毅在出席东亚合作系列外长会期间会见克莱弗利外交发展大臣。8月，克莱弗利外交发展大臣访华。12月，中共中央政治局委员、外交部长王毅同英国外交发展大臣戴维·卡梅伦通电话。

经贸投资稳步发展。2023年，中英双边贸易额为979.8亿美元，同比下降4.3%。其中，中国出口额为779.2亿美元，同比下降3.4%；中国进口额为200.6亿美元，同比下降7.9%。中国对英投资26.0亿美元，英国对华投资54.1亿美元。英国担任2023年中国国际服务贸易交易会主宾国。

人民友好和人文交流不断深化。2023年，中英人员往来恢复到100万人次。中国在英各类留学人员约有20万人。英国现有30所孔子学院和160多个孔子课堂。截至2023年底，两国共缔结69对友城（省、郡、区）。

针对英方在涉港、涉疆、台湾、人权等问题上的负面言行，中方坚决斗争、有力批驳，坚定维护国家主权、安全、发展利益。

美　国

(United States of America)

2023年，美利坚合众国在台湾、涉港、涉疆、涉藏、南海、经贸、科技、人权等问题上不断采取干涉中华人民共和国内政、损害中方利益的错误言行。

台湾问题上，1月，台所谓"立法院长"游锡堃窜访美国，出席"2023年国际宗教自由峰会"和"全国祈祷早餐会"。2月，美国务卿布林肯接受采访时声称"台海危机不是基于中国主权的内政问题"。3月，美出台总额约6.19亿美元的售台武器计划。3月和4月，台湾地区领导人蔡英文"过境"窜访美国纽约和洛杉矶，美国会众议长麦卡锡公开会见。5月，台所谓"立法院长"游锡堃再次窜访美国。6月，美台签署"美台21世纪贸易倡议"第一阶段协议，美出台两笔总额约4.4亿美元的售台武器计划。7月，美通过"总统提用权"方式向台提供总额约3.45亿美元的军事援助。8月，台湾地区副领导人赖清德"过境"窜访美国纽约和旧金山，美出台总额约5亿美元的售台武器计划，美向台提供总额约8000万美元的"外国军事融资"。10月，美台在美国弗吉尼亚州举行"2023年度国防工业会议"。12月，美台举办第四届"经济繁荣伙伴对话"，美出台总额约3亿美元的售台武器计划。

年内，美国军舰7次、军机5次过航台湾海峡。

无人飞艇事件上，2月，美方执意对因不可抗力飘入美国领空的中国民用无人飞艇滥用武力，并以此为借口非法制裁中国企业和机构。

涉港问题上，3月，美方发布"香港政策法"报告。7月，美国务院发表声明，无理指责香港警方针对8名反中乱港分子发布海外悬赏；美国白宫网站以美总统拜登名义发布公告，宣布将有关香港局势的国家紧急状态延期1年。8月，美国务院发表声明，妄议香港警方对反中乱港分子关联人士依法采取执法行动。9月至10月，美方以所谓"涉伊朗、涉巴基斯坦等因素"为由，多次对香港实体及个人实施制裁。12月，美国务院就香港警方悬赏通缉外逃反中乱港分子、香港特区政府依法起诉黎智英发表基调负面的声明。

涉疆问题上，3月23日，美众议院"中国问题特设委员会"举行"中共对维吾尔人种族灭绝"听证会，散布"种族灭绝""强迫劳动"谎言，对中方涉疆政策大肆攻击抹黑。12月8日，美国务院依据"维吾尔人权政策法"发布涉疆年度人权报告，并对中方2名官员实施制裁。年内，美国土安全部依据"维吾尔强迫劳动预防法"，共将10家涉疆企业列入该法"实体清单"，总数达30家。"维吾尔强迫劳动预防法"实施以来，美共扣押查验进口货物6045批，总额达20.96亿美元。

涉藏问题上，2月1日和10月12日，"西藏流亡政府首席噶伦"边巴次仁两次赴美窜访，同美方官员及国会议员接触。7月6日，美国务卿布林肯就十四世达赖88岁生日发表声明，将达赖美化为和平、友善、谦逊的宗教领袖形象。7月9日，美副国务卿兼"西藏事务特别协调员"泽亚在赴印度访问期间同达赖及"西藏流亡政府"头目会见。8月22日，美国务院发表声明，依据《移民和国籍法》，对参与"强制同化"逾100万名就读于中国政府开办的寄宿制学校的西藏儿童的中国官员实施签证限制。

南海问题上，美继续单独或纠集盟友伙伴在南海及中国周边海域实施军演，派出航母舰船进出南海、侦察机频繁抵近侦察。据不完全统计，2023年，美军大型侦察机空中抵近侦察约1000架次，频繁抵近中国大陆领空；航母打击群和两栖戒备群大型编队8次进入南海；至少11艘攻击核潜艇和2艘战略导弹核潜艇先后出现在南海及周边海域。2023年，美联合地区盟友在南海及周边地区累计开展大型演习演训107次，其中单边演习9次、双多边演习98次。在仁爱礁问题上，美持续纵容支持菲律宾对华海上侵权挑衅，多次派军用侦察机、导弹驱逐舰赴仁爱礁现场支援策应菲运补活动。美国务院多次发表公开声明，妄加指责中方执法行动，扬言威胁《美菲共同防御条约》适用于南海。

人权宗教问题上，3月2日，美国务卿布林肯在联合国人权理事会发表视频讲话，妄称中国在新疆持续实施"种族灭绝"并犯下"反人类罪"。3月20日，美国务院发布"2022年国别人权报告"，在涉疆、涉藏、涉港等问题上对中方污蔑抹黑。5月15日，美国务院发布2022年度"国际宗教自由报告"，对中国宗教政策和状况进行无端指责抹黑，提出继续将中国列为宗教自由"特别关注国"、制裁所谓"严重侵犯宗教自由"的中方官员和实体等建议。10月，美国伙同英国在第78届联合国大会第三委员会审议人权时发起涉华人权共同发言。

美国依据所谓"10043号行政令"，以"国家安全"为由，无端滋扰盘查遣返中国公民尤其是学生学者。特别是11月下旬起，多名中国赴美留学生在美华盛顿杜勒斯机场遭盘查遣返。

此外，美国还继续对中国涉俄罗斯、朝鲜、伊朗的实体和个人滥施"长臂管辖"和单边制裁。

针对美方上述消极错误行径，中方开展坚决斗争和有力反制，坚定捍卫自身主权、安全、发展利益。

另一方面，中国与美国高层及各层级保持交往。

11月14日至17日，国家主席习近平应美国总统拜登邀请，赴美国旧金山举行中美元首会晤，同时应邀出席亚太经合组织第三十次领导人非正式会议。

9月18日，国家副主席韩正在美国纽约出席联合国大会期间应约会见美国国务卿布林肯。

2月18日，中共中央政治局委员、中央外事工作委员会办公室主任王毅在出席第59届慕尼黑安全会议期间应约同布林肯国务卿进行非正式接触。5月10日至11日，王毅同美国总统国家安全事务助理沙利文在奥地利维也纳举行战略沟通。6月18日至19日，布林肯国务卿访华，习近平主席礼节性会见，王毅等分别同其会见、会谈。7月13日，王毅在印度尼西亚雅加达出席东亚合作系列外长会期间应约会见布林肯国务卿。9月16日至17日，中共中央政治局委员、外交部长王毅同沙利文助理在马耳他瓦莱塔举行战略沟通。10月26日至28日，王毅访美，拜登总统同其会见，王毅同布林肯国务卿、沙利文助理举行会谈、会见。年内，王毅多次同布林肯国务卿通电话。

10月7日至11日，美国国会参议院多数党领袖舒默率领美国国会参议院两党代表团访华。习近平主席、全国人大常委会委员长赵乐际分别会见舒默一行，王毅同其会谈，上海市委书记陈吉宁、商务部部长王文涛分别同其会见。

习近平主席分别会见美国比尔及梅琳达·盖茨基金会联席主席比尔·盖茨、前国务卿基辛格、加利福尼亚州州长纽森；分别复信美国华盛顿州"美中青少年学生交流协会"和各界友好人士，史迪威将军后人，美中航空遗产基金会主席格林和飞虎队老兵莫耶、麦克马伦，费城交响乐团总裁兼首席执行官马思艺；分别向"鼓岭缘"中美民间友好论坛、第五届中美友城大会、美中关系全国委员会年度颁奖晚宴、美中贸易全国委员会成立50周年庆典活动致贺信。习近平主席作出"中美关系希望在人民，基础在民间，未来在青年，活力在地方"的重要论述，为中美两国各界交往指明了方向，提供了遵循。

11月15日，习近平主席在美国旧金山出席美国友好团体联合举行的欢迎宴会并发表题为《汇聚两国人民力量 推进中美友好事业》的重要演讲。

11月7日至8日，韩正副主席出席第六届创新经济论坛开幕式并发表主旨演讲，会见创新经济论坛创始人、美国彭博集团创始人布隆伯格，集体会见出席论坛的嘉宾代表。

2023年，美国在经贸、科技等领域加快推进对华制裁打压，不断以涉疆、涉港、人权、涉军、涉俄、涉伊等为由制裁中国实体和个人，出台对华投资限制、半导体出口管制更新规则，施压荷兰、日本等收紧半导体制造设备对华出口管制。将中国列为所谓"主要毒品来源国"，对中国企业和个人采取制裁、起诉、通缉悬赏等措施。发布新版网络安全战略，首次明确将中国作为网络领域头号战略竞争对手，联合盟友对华围堵打压。出台"新冠病毒起源法"，公布所谓"新冠病毒溯源问题解密信息"等。认定中国公民从事穿山甲捕获和贸易活动、认定中国从事或支持"非法捕捞"，威胁将依据国内法对华采取贸易限制措施。

中方对美方消极动向进行有力斗争，坚决维护中国国家利益和产业安全。美国总统拜登及内阁高官等公开表示不寻求对华"脱钩"，民主党亚裔议员提出并推动国会审议通过多项涉疫反仇视亚裔积极议案，美方解除对公安部鉴定中心（含国家毒品实验室地址）制裁。

此外，中美双方积极推动落实农业和公共卫生合作，逐步恢复经贸、财金、气候变化、人文等领域交流合作，建立中美经济、金融、商贸工作组。王文涛部长在赴美出席亚太经合组织贸易部长会议期间，同美国商务部部长雷蒙多、贸易代表戴琪举行双边会晤。国务院副总理、中美经贸中方牵头人何立峰应邀访美。美财政部部长耶伦、商务部部长雷蒙多、总统气候问题特使克里等访华。中国气候变化事务特使解振华与克里特使举行双边会谈，中美发表《关于加强合作应对气候危机的阳光之乡声明》，启动中美气候行动工作组。第六届中美残疾人事务协调会在北京举行。双方就中美教育交流合作达成一致。中美客运航班增班工作取得积极进展。

中美还就乌克兰危机、巴以冲突、朝鲜半岛、伊朗核等重大国际和地区问题保持沟通。

乌拉圭
(Uruguay)

2023年，中华人民共和国与乌拉圭东岸共和国关系实现提质升级，进入新发展阶段。

两国各层级交往保持热络。3月，乌拉圭总统路易斯·阿尔韦托·拉卡列·波乌致函祝贺习近平再次当选国家主席。11月，拉卡列总统对中国进行国事访问，习近平主席同其共同宣布两国建立全面战略伙伴关系。同月，拉卡列总统为首届中国国际供应链促进博览会开幕式录制视频致辞。4月，全国人大常委会委员长赵乐际同乌众议长塞巴斯蒂安·安杜哈尔以视频方式举行会谈。年内，两国外长就中乌建交35周年互致贺电；中国政府拉美事务特别代表邱小琪访乌；乌外交部长，总统府秘书长，牧农渔业部部长，工业、能源和矿业部部长等访华；中乌外交部第11次政治磋商、中乌经贸混委会第21次会议在北京举行。

两国务实合作成果丰硕。拉卡列总统访华期间，双方签署共建"一带一路"合作规划，以及贸易投资、数字经济、绿色发展、农业、卫生、教育、文化、科技创新和海关检验检疫等领域多项双边合作文件。中国继续保持乌最大贸易伙伴地位。基础设施建设等领域合作项目顺利推进。

两国人文交流丰富多彩。中乌双方举办多场文化活动，隆重庆祝建交35周年。两国地方合作蓬勃发展。

乌兹别克斯坦
(Uzbekistan)

2023年，在两国元首战略引领下，中华人民共和国与乌兹别克斯坦共和国新时代全面战略伙伴关系保持高水平发展。

高层交往密切，政治互信不断深化。5月，乌兹别克斯坦总统沙夫卡特·米尔济约耶夫来华出席首届中国—中亚峰会并进行国事访问，其间习近平主席同其会谈。10月，米尔济约耶夫总统来华出席第三届"一带一路"国际合作高峰论坛，其间习近平主席同其会见。同月，乌总理阿卜杜拉·阿里波夫来华出席杭州第十九届亚运会闭幕式，其间国务院总理李强同其会见。4月，乌副总理贾姆希德·库奇卡罗夫来华访问，其间国务院副总理刘国中、国家发展和改革委员会主任郑栅洁、云南省委书记王宁分别同其会见。11月，乌外交部长巴赫季约尔·赛义多夫来华访问，其间国家副主席韩正同其会见，中共中央政治局委员、外交部长王毅同其举行首次中乌外长战略对话。12月，全国人大常委会副委员长张庆伟访乌，同乌最高会议参议院主席坦济拉·纳尔巴耶娃、立法院主席努尔丁江·伊斯莫伊洛夫、撒马尔罕州州长埃尔金琼·图尔季莫夫分别举行会谈、会见。4月，赛义多夫外长来华出席中国—中亚外长第四次会晤。

务实合作提质升级。2023年，中乌双边贸易额为140.3亿美元，同比增长44.9%。中国是乌第一大贸易伙伴和主要投资来源国，在乌中资企业突破2000家。在能源领域，中国—中亚天然气管道乌境内段运营良好。中方企业积极参与乌方煤矿和热电站现代化改造、风电站、光伏电站项目建设。在减贫合作领域，中乌政府间合作委员会减贫合作分委会首次会议以视频方式举行，标志着中乌减贫合作机制正式启动运行，掀开了两国减贫合作的新篇章。

人文和地方合作亮点纷呈。习近平主席的重要著作《摆脱贫困》乌兹别克文版首发式隆重举行。"中国文化日"成功在乌举办，乌方代表团来华参加"一带一路"考古合作展览、亚洲服饰展等活动。中国电影频道同乌方卓尔电视台举行关于在乌播放中国电影的签约仪式。鲁班工坊建设持续推进，天津海运职业学院与乌兹别克斯坦塔什干国立交通大学、乌兹别克斯坦中国企业商会共同签署鲁班工坊建设合作协议，一期建设顺利完工。陕西省和乌兹别克斯坦锡尔河州、撒马尔罕州建立友好省州关系。

8月，中国新任驻乌兹别克斯坦大使于骏向米尔济约耶夫总统递交国书。

瓦努阿图
(Vanuatu)

2023年，中华人民共和国与瓦努阿图共和国全面战略伙伴关系持续深入发展。

两国保持各级别交往。6月，瓦努阿图议会政府事务协调人、前总理夏洛特·萨尔维率议员代表团访华。7月，瓦努阿图议长瑟勒·西米恩来华出席2023国际青年交流大会。9月，广东省人大常委会主任黄楚平访瓦。5月，海关总署副署长王令浚访瓦。10月，中国人民对外友好协会副会长姜江访瓦。

双方积极开展各领域合作。中方就瓦努阿图遭受强烈飓风灾害提供紧急援助。中方援建的瓦努阿图总统府、财政部和外交部办公楼，以及彭特考斯特岛公路等项目顺利实施。1月，山东省聊城市同瓦努阿图维拉港市以视频方式举行建立友好合作关系签约仪式。7月，广东省佛山市艺术团赴瓦努阿图访问演出。8月，中国海军"和平方舟"号医院船第三次访问瓦努阿图并为当地民众提供人道主义医疗服务。9月，中国第二批援瓦医疗队抵瓦。

委内瑞拉
(Venezuela)

2023年，中华人民共和国与委内瑞拉玻利瓦尔共和国关系提升为全天候战略伙伴关系。

元首外交把舵定向。9月，委内瑞拉总统尼古拉斯·马杜罗·莫罗斯来华进行国事访问，国家主席习近平同马杜罗总统举行会谈，全国人大常委会委员长赵乐际同其会见。双方发表《中华人民共和国和委内瑞拉玻利瓦尔共和国关于建立全天候战略伙伴关系的联合声明》，签署十余项合作协议，涉及共建"一带一路"、经贸、文化、旅游、航天、民航、科技、媒体等领域。

政治互信不断深化。3月，马杜罗总统以视频方式出席中国共产党与世界政党高层对话会。9月，委内瑞拉副总统德尔希·埃洛依娜·罗德里格斯·戈麦斯访华。同月，委内瑞拉外交部副部长塔蒂亚纳·何塞菲娜·普格·莫雷诺访华，外交部部长助理华春莹同其共同主持中国—委内瑞拉高级混合委员会双边关系分委会会议。

各领域务实合作稳步推进。9月，中国—委内瑞拉高级混合委员会第十七次会议在北京举行，国务院副总理丁薛祥和马杜罗总统出席全体会议暨闭幕式，国家发展和改革委员会主任郑栅洁和罗德里格斯副总统出席会议并分别作工作报告。

越　南
(Vietnam)

2023年，中华人民共和国与越南社会主义共和国进一步深化和提升全面战略合作伙伴关系，构建具有战略意义的中越命运共同体。

双方高层以灵活方式保持密切接触。1月，中共中央总书记、国家主席习近平同越共中央总书记阮富仲互致新春贺信。12月，习近平总书记、国家主席对越南进行国事访问，同阮富仲总书记、越南国家主席武文赏分别举行会谈，同越南政府总理范明政、越南国会主席王庭惠分别举行会见。4月，国务院总理李强同范明政总理通电话。3月，全国人大常委会委员长赵乐际以视频方式同王庭惠国会主席举行会谈。同月，中共中央政治局委员、中央宣传部部长李书磊同越共中央政治局委员、胡志明国家政治学院院长、中央理论委员会主席阮春胜以视频方式共同出席第十七次中越两党理论研讨会。12月，中共中央政治局委员、外交部长王毅赴越南同越南副总理陈流光共同主持中越双边合作指导委员会第十五次会议。6月，中华人民共和国首席大法官、最高人民法院院长张军在南宁同越共中央政治局委员、中央书记处书记、最高人民法院院长阮和平共同主持中越边界省份法院研讨会。

10月，武文赏主席来华出席第三届"一带一路"国际合作高峰论坛，习近平总书记、国家主席同其会见，赵乐际委员长和中共中央政治局常委、中央书记处书记蔡奇分别同其会见。6月，范明政总理对中国进行正式访问并出席2023年夏季达沃斯论坛，习近平总书记、国家主席同其会见，李强总理、赵乐际委员长、全国政协主席王沪宁分别同其会见、会谈。9月，范明政总理来华出席第20届中国—东盟博览会，李强总理同其会见。8月，陈流光副总理来华出席第七届中国—南亚博览会。9月，陈流光副总理出席第十四届大湄公河次区域禁毒合作谅解备忘录签约方部长级会议。4月，越共中央政治局委员、中央书记处常务书记、中央组织部部长张氏梅访华，习近平总书记、国家主席同其会见，蔡奇同其会谈。7月，阮春胜访华，蔡奇、李书磊分别同其会见、会谈。同月，越共中央书记处书记、越南祖国阵线中央委员会主席杜文战访华，赵乐际委员长、王沪宁政协主席分别同其会见。11月，越共中央政治局委员、中央书记处书记、中央检查委员会主任陈锦绣访华，赵乐际委员长同其会见，中共中央政治局常委、中央纪委书记李希同其会谈。9月，越共中央政治局委员、公安部部长苏林访华，蔡奇同其会见，中共中央书记处书记、公安部部长王小洪同其共同主持中越公安部第八次合作打击犯罪部长级会议。同月，越共中央政治局委员、河内市委书记丁进勇访华，王沪宁政协主席同其会见。11月，越共中央政治局委员、胡志明市委书记阮文年分别访问上海、广东等地。

双方经贸合作持续深化。2023年，中越双边贸易额为2297.9亿美元，同比下降0.5%。其中，中国出口额为1376.1亿美元，同比下降3.7%；中国进口额为921.8亿美元，同比增长4.8%。中国是越南最大贸易伙伴，越南是中国在东盟最大贸易伙伴和全球第五大贸易伙伴国（仅次于美国、日本、韩国、俄罗斯）。

双方就边界领土事务保持沟通。中越政府级边界谈判机制运转顺畅，北部湾湾口外海域工作组、海上共同开发磋商工作组和海上低敏感领域合作专家工作组举行磋商。

也 门
(Yemen)

2023年，中华人民共和国与也门共和国友好合作关系续有发展。

两国政治互信不断巩固。3月，也门总统领导委员会主席拉沙德·穆罕默德·阿里米就习近平再次当选国家主席致贺信。中方继续建设性参与也门问题政治解决进程，并向也方提供力所能及的帮助。

赞比亚
(Zambia)

2023年，中华人民共和国与赞比亚共和国友好合作关系迈上新的台阶。

两国高层交往频繁，政治互信持续加深。国家主席习近平与赞比亚总统哈凯恩德·希奇莱马多次互致信函。3月，希奇莱马总统致函祝贺习近平再次当选国家主席。9月，希奇莱马总统来华进行国事访问。访问期间，习近平主席同希奇莱马总统举行会谈，共同见证签署共建"一带一路"、绿色发展、数字经济、投资合作、检验检疫等领域多项双边合作文件。双方发表《中华人民共和国和赞比亚共和国关于建立全面战略合作伙伴关系的联合声明》。国务院总理李强、全国人大常委会委员长赵乐际分别会见希奇莱马总统。希奇莱马总统赴江西、福建、深圳等地参访。

两国务实合作平稳推进。由中方提供融资、中国企业建设的下凯富峡水电站全部机组投产运行，助力赞比亚经济社会发展。赞比亚江西经济合作区在赞比亚中央省正式揭牌运营，为中赞两国共建"一带一路"注入新动能。两国贸易和人员往来便利化程度进一步提高。赞比亚移民局已将中国列入无须签证即可入境的国家名单。

津巴布韦
(Zimbabwe)

2023年，中华人民共和国与津巴布韦共和国全面战略合作伙伴关系持续深入发展。

两国高层交往频繁。国家主席习近平同津巴布韦总统埃默森·姆南加古瓦多次互致信函，为两国关系发展提供战略指引。3月，姆南加古瓦总统致函祝贺习近平再次当选国家主席。8月，习近平主席致电祝贺姆南加古瓦当选连任总统。9月，习近平主席特使、全国政协副主席周强出席姆南加古瓦总统就职典礼。7月，姆南加古瓦总统以录制视频方式出席全球共享发展行动论坛首届高级别会议。5月底6月初，津巴布韦外交与国际贸易部部长费雷德里克·沙瓦来华进行正式访问。

务实合作成果丰硕。中国援津巴布韦议会大厦、500口水井项目正式移交津方。中方提供融资并承建的穆加贝国际机场新航站楼顺利启用，万吉火电站扩容项目投产。中国企业投资的津巴布韦多个锂矿项目相继投产，鼎森钢铁厂一期建设接近尾声。中方向津方提供紧急粮食援助。津巴布韦柑橘正式输华。中国援津巴布韦医疗队积极在津开展工作，中津中医针灸中心为当地百姓提供中医药诊疗，获得广泛赞誉。中国援津农业专家组在津建设减贫示范村，助力村民增收减贫。

第四章

中国与国际和地区组织的关系

（一）中国与联合国

1. 政治安全领域

（1）积极参与联合国维持和平行动

联合国维持和平行动（简称"维和行动"）是联合国维护国际和平与安全的重要手段，是国际社会共同践行多边主义的一项创举，几十年来在缓和紧张局势、解决地区冲突方面发挥了重要作用。截至2023年11月底，联合国正在实施中的维和行动为12项，参加维和行动总人数为66839人，其中包括59832名军事人员、7007名维和警察。

中国重视并支持根据《联合国宪章》宗旨和原则开展维和行动，积极参与联合国大会、安理会和联合国维和行动特别委员会的有关审议和磋商。中方主张，开展维和行动应坚持《联合国宪章》宗旨和原则，坚持维和三原则，尊重当事国主权和意愿；加强对维和行动的宏观管理，确保维和授权现实可行；提高行动效率，加快维和部队组建和部署；优化后勤保障，提高维和资源的效用；

加强同区域组织的协调与配合，充分发挥区域组织的独特优势，形成合力。

中国坚定支持和积极参与联合国维和行动。1989年以来，中国共参与20余次联合国维和行动，派出维和人员5万余人次，忠实履行维和使命，为维护世界和平与安全作出重要贡献。截至2023年12月，中国派遣1800多名维和人员在南苏丹、刚果（金）、西撒哈拉、中非、苏丹阿布耶伊、黎巴嫩、中东、塞浦路斯8个任务区执行任务，派出人数在联合国安理会常任理事国中排名第一。中国维和预算分摊比例为18.686%，在联合国会员国中排名第二。为落实国家主席习近平2015年出席联合国成立70周年系列峰会期间宣布的支持联合国维和行动重大举措，中国率先组建完成8000人规模的维和待命部队和300人规模的常备维和警队，可随时应联合国要求派出。

（2）安理会处理的有关热点问题

1）叙利亚问题

2023年，安理会高度关注叙利亚问题，每月均举行公开会，审议叙政治进程、化学武器、人道主义局势等问题，听取联合国秘书长叙利亚问题特使裴凯儒、联合国主管人道主义事务副秘书长兼紧急救济协调员马丁·格里菲斯、联合国主管裁军事务副秘书长兼高级代表中满泉等通报和介绍，共通过1份决议。

1月9日，安理会一致通过关于叙利亚跨境人道主义救援授权延期问题的第2672号决议。该决议在以往决议基础上做了技术性延期，将叙利亚跨境人道救援授权延期至2023年7月10日。

7月11日，安理会对巴西和瑞士以及俄罗斯分别提出的叙跨境人道主义救援授权延期决议草案进行表决。巴西和瑞士提出的草案要求将跨境人道主义救援延期9个月，得到13票赞成、1票反对（俄罗斯）、1票弃权（中国），因俄行使否决权未获通过。俄罗斯提出的草案要求仅延期6个月，对此，中国、俄罗斯表示赞成，美国、英国、法国表示反对，10个非常任理事国集体弃权，亦未获通过。

中国代表在相关审议中表示，国际社会要从全面落实安理会第2712号决议做起，从实现持久停火、有效保护平民入手，合力管控巴以局势，消除叙以边境形势升级的风险。各方要合力推动叙利亚问题政治解决。国际社会要在充分尊重叙利亚主权、独立、统一和领土完整的基础上，根据安理会第2254号决议精神，坚持"叙人所有、叙人主导"原则，鼓励对话，弥合分歧，寻找各方都能接受的解决方案。要合力推动叙利亚人道主义局势根本改善。各捐助方要切实兑现承诺，支持在叙全境开展人道主义行动和早期恢复项目。长期以来，单边制裁削弱了叙政府恢复经济、开展重建的能力，应予解除。

2）也门问题

2023年，安理会密切关注也门局势，多次举行内部磋商和公开会，听取联合国秘书长也门问题特使汉斯·格伦德伯格、联合国主管人道主义事务副秘书长兼紧急救济协调员马丁·格里菲斯等通报，共通过3份决议，发表4份主席新闻谈话。

2月15日，安理会一致通过第2675号决议，将也门制裁措施和制裁委专家小组授权分别延期至2023年11月15日、2023年12月15日。

4月4日，安理会发表主席新闻谈话，强烈谴责胡塞武装通过无人机袭击塔兹省省长车队，造成也门士兵死亡，呼吁各方为和平解决冲突作出努力，根据国际人道法保护平民。

4月27日，安理会发表主席新闻谈话，欢迎沙特和阿曼代表团访问萨那，呼吁也门各方继续开展对话，建设性参与和平进程并开展谈判，强调支持政治解决也门问题。

7月10日，安理会一致通过第2691号决议，将联合国支助荷台达协议特派团授权延期至2024年7月14日。

9月29日，安理会发表主席新闻谈话，强烈谴责胡塞武装于当月25日利用无人机袭击巴林武装部队造成沙特南部边境数人死伤，呼吁胡塞武装停止一切恐怖袭击，所有各方遵守包括国际人道法在内的国际法，强调继续支持政治解决也门问题。

11月14日，安理会一致通过第2707号决议，将也门制裁措施和制裁委专家小组授权分别延期至2024年11月15日、2024年12月15日。

12月1日，安理会发表主席新闻谈话，谴责胡塞武装袭击过航红海商船，要求立即停止袭击行动，呼吁立即释放"银河领袖"号货船及其船员，强调所有船只依据国际法在亚丁湾和红海拥有航行权利和自由的重要性。

中国代表在相关审议中表示，2023年以来，也门问题有关各方就恢复休战、实现和平保持沟通，沙特、阿曼等地区国家作出积极努力，地面总体维持平静，中方对此表示赞赏。中方希望有关各方增强紧迫感，设置合理的谈判预期，体现适当灵活，本着从易到难、循序渐进的原则稳步推进。国际社会应加大对也门人道主义援助的力度，积极支持联合国在也门的人道主义行动。也门局势改善离不开有利的地区环境。中国欢迎地区国家在对话和解、团结合作的道路上不断迈出新步伐，为也门等中东热点问题的政治解决注入希望。作为地区国家的好朋友、好伙伴，中国愿同各方一道，秉持真正的多边主义，落实全球安全倡议，继续为恢复也门和平稳定，实现中东共同安全和长治久安作出不懈努力。

3）伊拉克问题

2023年，安理会继续关注伊拉克局势，多次举行公开会，听取联合国秘书长伊拉克问题特别代表兼联合国伊拉克援助团（简称"联伊援助团"）团长雅尼娜·亨尼斯–普拉斯哈特等通报，共通过2份决议。

5月30日，安理会一致通过第2682号决议，将联伊援助团授权延期至2024年5月31日。

9月15日，安理会一致通过第2697号决议，将联合国收集"伊斯兰国"在伊拉克罪证调查组及特别顾问授权延期至2024年9月17日。

中国代表在相关审议中表示，伊拉克各派别加强团结、实现和解、致力发展，符合伊拉克人民根本利益。中国支持伊拉克中央政府和库尔德地区政府继续就未决问题加强对话协商，寻求可持续解决方案。伊拉克安全形势依然严峻，国际社会应继续坚定支持伊拉克肃清恐怖残余势力，巩固来之不易的反恐成果。联合国收集"伊斯兰国"在伊拉克罪证调查组应按时全面落实安理会决议，做好对伊证据移交，走好履行授权的"最后一公里"，完成支持伊拉克对恐怖分子追责的历史使命。伊拉克的和平离不开稳定的地区环境。伊拉克近期多次就外国在其境内开展单边军事行动提出抗议，中国敦促有关国家切实尊重伊拉克主权、独立和领土完整。中国支持秘书长根据安理会第2682号决议要求对联伊援助团进行独立战略评估，就精简优化联伊援助团授权、合理配置人员和资源提出建议。安理会也应在此基础上认真研究联伊援助团中长期前景，从而更好地适应形势发展，回应当事国需求。

4）巴勒斯坦问题

2023年，安理会高度关注巴勒斯坦问题，每月均举行公开会，听取联合国中东和平进程特别协调员托尔·文内斯兰、联合国近东巴勒斯坦难民救济和工程处主任菲利普·拉扎里尼等通报。10月7日本轮巴以冲突爆发以来，安理会就有关各方提出的巴以问题决议草案进行7次表决，举行数十次公开会和内部磋商，共通过2份决议，发表1份主席声明。

2月20日，安理会就巴勒斯坦问题发表主席声明，重申支持"两国方案"，反对以色列进一步修建和扩大定居点并使前沿定居点"合法化"等单边措施。

11月15日，安理会以12票赞成、3票弃权（美国、英国、俄罗斯）通过第2712号决议，敦促各方遵守包括国际人道法在内的国际法规定的义务，保护包括儿童在内的平民；呼吁实施足够天数的紧急人道主义暂停，允许全面、快速、安全、不受阻碍的人道主义通道，持续、充足和不受阻碍地向平民提供必需物资和服务；呼吁巴勒斯坦伊斯兰抵抗运动（哈马斯）和其他组织立即无条件释放所有人质；呼吁各方停止剥夺加沙地带平民赖以生存的基本服务和人道主义援助，加大对加沙物资供应等。

12月22日，安理会以13票赞成、2票弃权（美国、俄罗斯）通过第2720号决议，决定呼吁冲突各方允许通过所有可用通道向加沙提供人道主义物资；要求秘书长尽快任命一名高级人道主义和重建协调员，负责协调、监督并核验人道主义物资，并为之提供便利，由该协调员牵头建立联合国机制，和各方加强协调，加快、简化援助进程；要求立即、安全和不受阻碍地向整个加沙地带的巴勒斯坦平民直接提供大规模人道主义援助，并为持续停止敌对行动创造条件等。

11月29日，在当月轮值主席国中国倡议下，安理会举行巴以问题高级别会议。会议由中共中央政治局委员、外交部长王毅主持，巴西、巴勒斯坦、卡塔尔、约旦、沙特、埃及、印度尼西亚、土耳其、斯洛文尼亚、马来西亚等近20个国家的外长和高级别代表以及所有安理会成员出席。联合国秘书长安东尼奥·古特雷斯、文内斯兰特别协调员向会议作了形势通报。

王毅表示，本轮巴以冲突爆发以来，中方一直为实现和平奔走，为挽救生命努力。习近平主席多次就当前巴以局势阐明中国原则立场，呼吁立即停火止战，防止冲突扩大，保障人道主义救援安全畅通，强调根本出路是落实"两国方案"，推动巴勒斯坦问题早日得到全面、公正、持久解决。中国作为安理会本月轮值主席国，一直将巴以冲突作为最紧迫议题。安理会于本月通过2712号决议，开启了推动停火的初始步骤。本月，又实现了部分被扣押人员的释放和停火。这说明对话谈判是拯救生命的最佳选项，是化解矛盾的根本之道。

王毅强调，本轮巴以冲突已造成大量无辜生命消逝和前所未有的人道主义灾难，其外溢影响还在持续显现。战争考验良知与正义，和平呼唤理性与智慧。国际社会必须为拯救生命、恢复和平采取更积极行动。要以最大的紧迫感推动全面持久停火。要采取更加务实有力的行动保护平民。要以更坚定的决心重振"两国方案"政治前景。要推动安理会采取负责任和有意义的行动。中方提交了《中国关于解决巴以冲突的立场文件》，提出国际社会在推动全面停火止战、切实保护平民、确保人道主义救援、加大外交斡旋、通过落实"两国方案"寻求政治解决等五方面工作原则和重点。

5）阿富汗问题

2023年，安理会多次审议阿富汗问题，听取联合国秘书长阿富汗问题特别代表兼联合国阿富汗援助团（简称"联阿援助团"）团长罗扎·奥通巴耶娃等通报阿富汗局势最新进展及联阿援助团工作等，共通过5份决议，发表3份主席新闻谈话。

1月12日，针对阿平民遭遇的一系列恐怖袭击事件，包括1月11日在阿外交部附近发生的、至少造成3人死亡的恐怖袭击事件，安理会发表主席新闻谈话，谴责恐怖主义行为实施者，重申恐怖主义是对阿富汗乃至世界和平最严重的威胁之一，各国必须全力打击一切形式的恐怖主义行为。

3月16日，安理会一致通过关于联阿援助团授权延期的第2678号决议，决定将联阿援助团授权延期1年，强调联阿援助团继续驻留至关重要，呼吁有关各方同联阿援助团加强协调，确保联阿援助团人员安全和行动自由。同日，安理会一致通过第2679号决议，要求联合国秘书长同有关各方协商后开展独立评估。

3月28日，针对3月27日阿平民遭遇的一系列恐怖袭击事件，包括3月27日在阿外交部附近发生的、至少造成6人死亡的恐怖主义袭击事件，安理会发表主席新闻谈话，谴责恐怖主义行为实施者，重申恐怖主义是对阿富汗乃至世界和平最严重的威胁之一，各国必须全力打击一切形式的恐怖主义行为。

4月27日，安理会一致通过第2681号决议，谴责阿富汗塔利班禁止女性参与联合国工作，呼吁尊重阿富汗妇女和女童的基本权利。

10月14日，针对阿富汗北部巴格兰省一清真寺遭恐怖袭击事件，安理会发表主席新闻谈话，谴责恐怖主义行为实施者，重申恐怖主义是对阿富汗乃至世界和平最严重的威胁之一，各国必须全力打击一切形式的恐怖主义行为。

12月14日，安理会一致通过第2716号决议，决定将阿富汗塔利班制裁委员会监测小组授权延期1年。

12月29日，安理会以13票赞成、2票弃权（中国、俄罗斯）通过第2721号决议，表示鼓励会员国以及有关各方考虑阿富汗独立评估报告，促请联合国秘书长任命一位特使推动报告提出的建议。

中国代表在安理会审议中表示，2023年，阿临时政府积极施政，阿经济状况有所恢复，国内局势总体保持稳定，但阿仍面临严峻的人道主义与民生危机，妇女女童权益保护、恐怖势力威胁等问题也依然突出。应对阿富汗当前存在的多重挑战，切实帮助阿富汗人民走出困境，需要各国加强反思，加大投入，以更加灵活、务实的方式，寻求综合、系统的解决办法。作为阿富汗邻国，中方一直积极支持阿富汗和平发展，以实际行动为阿富汗人民送去帮助，减轻苦难。中方愿继续积极参与阿富汗邻国协调合作机制、上海合作组织、中国—中亚合作机制等框架下的对阿协调合作，继续支持联阿援助团开展工作、支持联合国发挥积极作用，同地区国家和国际社会一道，帮助阿富汗早日走出困境，实现长治久安。

6）缅甸问题

2023年，安理会就缅甸问题举行闭门会议。

中国代表在有关讨论中表示，缅甸问题最终能否妥善解决，根本上依靠并且也只能依靠缅甸自身。中方始终主张缅各党各派从国家和民族长远利益出发，在宪法和法律框架下弥合分歧，通过政治对话找到妥善解决方案，尽早恢复国家社会稳定，重启政治转型进程。缅甸是东盟大家庭的一员，中方支持东盟保持团结，支持在东盟框架下通过"东盟方式"解决缅甸问题。

7）乌克兰问题

2023年，安理会多次审议乌克兰问题，涉及乌克兰地面形势、人道主义局势、武器流散等问题。联合国大会第11届紧急特别会议续会通过1份决议。

2月23日，联合国大会第11届紧急特别会议续会通过第ES-11/6号决议，重申支持乌克兰领土完整，要求俄罗斯立即从乌克兰领土撤军，敦促所有会员国合作消除战争对粮食安全、能源、核安全等的影响，呼吁保护乌克兰平民和民用设施，强调开展独立调查起诉并确保问责。表决结果为141票赞成、7票反对（俄罗斯、白俄罗斯、朝鲜、叙利亚、尼加拉瓜、厄立特里亚、马里）、32票弃权（中国、印度、南非、伊朗、巴基斯坦、古巴等）。

中国代表在安理会和联合国大会表示，中方以习近平主席提出的"四个应该""四个共同""三点思考"为根本遵循，对乌克兰危机秉持客观公正立场，根据事情本身是非曲直作出判断和决定，呼吁有关各方坚持政治解决大方向，通过对话谈判解决危机，呼吁联合国大会及安理会采取有效行动推动会员国凝聚政治解决合力，为对话谈判营造有利氛围。

8）塞浦路斯问题

2023年，安理会多次审议塞浦路斯问题，听取联合国秘书长塞浦路斯特别代表科林·斯图尔特通报，并通过1份决议，发表2份主席新闻谈话。

1月30日，安理会一致通过第2674号决议，决定将联合国驻塞浦路斯维和部队（简称"联塞部队"）授权延期至2024年1月31日。

7月12日，安理会发表主席新闻谈话，对塞土耳其族人员未经授权在缓冲区内采取单方面行动表示严重关切。

8月21日，安理会发表主席新闻谈话，谴责塞土耳其族人员袭击维和人员，支持联塞部队工作和授权。

中国代表在安理会审议中表示，中方支持在联合国有关决议基础上，通过对话协商，寻求塞浦路斯问题全面、公正和持久解决。国际社会应尊重塞浦路斯的主权和领土完整，在联合国决议和"两族双区联邦制"框架下，努力推动有关各方通过对话协商缩小分歧。中方将继续坚持客观、公正立场，为推动塞浦路斯问题政治解决发挥建设性作用。

9）科索沃问题

2023年，安理会共审议科索沃问题2次，听取联合国秘书长科索沃问题特别代表兼联合国科索沃临时行政当局特派团（简称"联科特派团"）团长卡罗琳·齐亚德通报。

中国代表在安理会审议中表示，中方支持有关各方在安理会第1244号决议框架内，通过对话协商，就科索沃问题达成彼此均可接受的解决方案，强调塞尔维亚主权、独立和领土完整在有关进程中应得到充分尊重。中方呼吁科索沃当局采取积极措施，缓解民族紧张关系，切实尊重和保障各族民众合法权利。中方呼吁国际社会共同维护地区安全稳定，推动有关各方加强对话接触、实现和平共处。联科特派团在维护科索沃局势稳定、促进民族和解等方面发挥建设性作用，中方呼吁各方支持联科特派团充分履职。

10）波黑问题

2023年，安理会共审议波黑问题2次，听取国际社会驻波黑高级代表克里斯蒂安·施密特通报，通过1份决议。

11月2日，安理会举行波黑问题公开会，一致通过第2706号决议，将欧盟驻波黑多国稳定部队授权延期1年。

中国代表在安理会审议中表示，中方一贯尊重波黑主权、独立、国家统一和领土完整，尊重波黑人民对国家前途命运的选择。中方鼓励波黑各族以促进国家发展和增进人民福祉为目标，积极开展建设性对话，增进彼此互信，实现民族和解，共同维护国家政治和社会稳定。中方呼吁国际社会加大对波黑支持帮扶力度，帮助波黑应对发展挑战。中方重申，安理会在高级代表任命中的作用不可否认，并早已形成惯例，应当得到尊重。中方支持一切有利于维护波黑和平稳定的努力，希望欧盟驻波黑多国稳定部队继续在维护波黑局势安全稳定等方面发挥积极作用。

11）西撒哈拉问题

2023年，安理会继续审议西撒哈拉问题（简称"西撒问题"），听取联合国秘书长西撒问题个人特使斯塔凡·德米斯图拉及西撒问题特别代表兼联合国西撒哈拉全民投票特派团（简称"西撒特派团"）团长亚历山大·伊万科等通报，通过1份决议。

10月30日，安理会以13票赞成、2票弃权（俄罗斯、莫桑比克）表决通过第2703号决议，将西撒特派团授权延期至2024年10月31日。

中国代表在安理会审议中表示，中方在西撒问题上的立场是一贯的、明确的。中方支持以安理会有关决议为基础，通过当事方平等协商，达成公正、持久和各方均能接受的解决方案，支持联合国秘书长西撒问题个人特使继续加强斡旋努力，推动政治进程取得更多进展。

12）南苏丹问题

2023年，安理会多次举行公开会和内部磋商审议南苏丹问题，听取联合国秘书长南苏丹问题特别代表兼联合国南苏丹特派团（简称"联南苏团"）团长尼古拉斯·海索姆通报，共通过2份决议，发表1份主席新闻谈话。

3月15日，安理会以13票赞成、2票弃权（中国、俄罗斯）通过关于联南苏团授权延期问题的第2677号决议，将相关授权延期至2024年3月15日，给予联南苏团保护平民的进攻性授权，强化其支持和平进程、选举援助、监督人权状况等任务。

5月30日，安理会以10票赞成、5票弃权（中国、俄罗斯、加纳、加蓬、莫桑比克）通过关于南苏丹制裁授权延期决议问题的第2683号决议，将相关授权延期至2024年5月31日，取消了对完全是为支持执行和平协议各条款进行的非致命军事装备供应及相关技术援助或培训的报备要求。

12月11日，安理会就南苏丹和阿卜耶伊暴力事件发表主席新闻谈话，强烈谴责在南苏丹瓦拉卜州和阿卜耶伊南部地区发生的暴力事件，呼吁南苏丹过渡政府遏制暴力，缓和受影响地区之间的紧张关系。

中国代表在安理会审议中表示，中方支持南苏丹同联南苏团共同推动落实《解决南苏丹冲突重振协议》，欢迎南苏丹领导人对政治过渡、大选等问题作出积极表态。呼吁各方凝聚共识，妥处分歧，根据《解决南苏丹冲突重振协议》及延期路线图规定，加快推进关键领域工作，为举行大选不断创造有利条件。同时，国际社会要尊重南苏丹主权和主导权，为政治进程、筹备大选提供支持。南苏丹多地安全局势严峻，提升南苏丹安全能力建设是当务之急。安理会应尽快解除对南苏丹武器禁运，消除对安全能力建设的负面影响。南苏丹石油资源开发和管理关系到经济民生，应由南苏丹政府和人民做决定，域外国家不应干涉和介入。联南苏团在履职中应该充分考虑当地实际情况，聚焦于核心授权。联合国秘书处在独立评估中，应该全面客观评估保护平民授权，为联南苏团工作指明正确的方向。

13）苏丹问题

2023年，安理会持续关注苏丹局势，多次举行公开会和内部磋商审议苏丹问题，听取联合国秘书长苏丹问题特别代表兼联合国苏丹过渡时期综合援助团（简称"联苏综合援助团"）团长弗尔克尔·佩尔特斯和新任联合国秘书长苏丹问题个人特使拉姆丹·拉马姆拉通报，共通过3份决议，发表3份主席新闻谈话。

3月8日，安理会以13票赞成、2票弃权（中国、俄罗斯）通过关于苏丹制裁的第2676号决议，明确现有制裁措施将于2024年9月12日到期并在此之前就延期问题作出决定。

4月15日，安理会就苏丹爆发武装冲突发表主席新闻谈话，对苏丹武装部队和快速支援部队之间的军事冲突深表关切，敦促各方立即停止敌对行动，呼吁各方恢复对话以解决危机，强调保障人道主义救援和确保联合国人员安全的重要性。

6月2日，安理会一致通过第2685号决议，将联苏综合援助团授权技术性延长6个月至2023年12月3日。同日，安理会发表主席新闻谈话，对苏丹武装部队和快速支援部队之间持续的军事冲突深表关切，强调各方必须立即停止敌对行动，为人道主义援助提供便利，对联合国、非盟、政府间发展组织、阿盟所做努力表示欢迎，并欢迎苏丹武装部队和快速支援部队2023年5月11日签署《吉达声明》的举动。

12月1日，安理会以14票赞成、1票弃权（俄罗斯）通过第2715号决议，决定于2023年12月3日终止联苏综合援助团授权，2024年2月29日前向联合国其他机构移交工作任务，2024年3月1日启动资产清算程序。

12月22日，安理会就苏丹人道主义局势发表主席新闻谈话，强烈谴责针对平民的袭击事件，敦促各方根据国际人道法规定的义务保护平民和民用基础设施，呼吁扩大对苏丹和邻国的人道主义援助并提供便利，呼吁所有会员国不进行外部干涉，支持为实现持久和平所作的努力。

中国代表在安理会审议中表示，推动苏丹尽快恢复和平稳定是苏丹人民的强烈期待和国际社会的共同愿望。中方呼吁联合国秘书处认真听取苏丹政府及非盟和伊加特等地区组织意见，推动有关合作契合苏丹实际需要，切实为苏丹和平发展提供实实在在的支持。中方支持古特雷斯秘书长任命拉马姆拉为联合国秘书长苏丹问题个人特使，期待他加强同苏丹、地区国家等各方沟通，发挥建设性作用。中方将继续支持苏丹维护国家主权、安全和领土完整，继续通过多双边渠道为维护苏丹和平发展作出积极贡献。

14）利比亚问题

2023年，安理会继续关注利比亚局势，每2个月例行审议，听取联合国秘书长利比亚问题特别代表兼联合国利比亚支助团（简称"联利支助团"）团长阿卜杜拉耶·巴蒂利通报，共通过4份决议。

6月2日，安理会以14票赞成、1票弃权（俄罗斯），通过关于在利比亚公海上严格执行武器禁运的第2684号决议，将相关授权延期1年。

9月29日，安理会以14票赞成、1票弃权（俄罗斯），通过关于打击利比亚沿岸地中海海域偷运移民和贩运人口活动的第2698号决议，将相关授权延期1年。

10月19日，安理会一致通过第2701号决议，将针对利比亚石油非法出口的制裁措施授权延期至2025年2月1日，将制裁委专家小组授权延期至2025年2月15日。

10月30日，安理会一致通过第2702号决议，将联利支助团授权延期至2024年10月31日。

中国代表在安理会审议中表示，利比亚问题延宕至今，政治进程持续陷入僵局。唯一可行的道路是尊重利比亚主权和主导权，帮助利各方探索符合自身国情的发展道路。利比亚各方围绕选举路线图开展对话，达成不少共识，中方期待利各方巩固对话成果，消弭矛盾分歧，推动政治进程取得更多进展。中方支持联利支助团继续推动对话协商，照顾各方合理关切，发挥建设性作用。中方呼吁各方遵守停火协议，维护好来之不易的和平局面。安理会要支持地区国家加强合作，维护共同安全。中方欢迎利当局和各方所作努力，呼吁国际社会加大对利人道主义援助。

15）索马里问题

2023年，安理会多次审议索马里问题，听取联合国秘书长索马里问题特别代表兼联合国索马里援助团（简称"联索援助团"）团长卡特里奥娜·莱茵通报，共通过了7份决议。

6月27日，安理会一致通过第2687号决议，谴责发生在索马里及其邻国的恐怖袭击，将非盟驻索马里过渡时期特派团（简称"非索过渡特派团"）授权延长至2023年12月31日。

9月7日，安理会一致通过第2696号决议，通过索马里木炭进出口禁令的一次性豁免。

10月31日，安理会一致通过第2705号决议，决定联索援助团在索马里的授权和任务延长至2024年10月31日。

11月15日，安理会一致通过第2710号决议，推迟非索过渡特派团缩编计划，并将授权延长至2024年6月30日。同日，安理会一致通过第2711号决议，决定将制裁措施技术性延期至2023年12月1日，将制裁委专家小组的任务期限延续至2023年12月31日。

12月1日，安理会以14票赞成、1票弃权（法国）通过关于制裁恐怖组织索马里"青年党"的第2713号决议。同日，一致通过关于索马里武器弹药管理的第2714号决议，取消了索马里联邦政府进口武器的审批和报备程序，解除了对索马里联邦政府的武器禁运（但仍要求索马里联邦政府向安理会提交进口武器清单）。

中国代表在安理会审议中表示，中方支持索维护政治稳定，支持索各方继续通过对话协商解决分歧,推进政治过渡进程。国际社会要尊重索马里主权和领土完整,坚持"索人主导、索人所有"的原则,提供建设性支持。中方反对任何破坏索马里领土完整、分裂国家的行为。中方欢迎安理会应索马里政府及部分成员国要求,实质性解除对索马里联邦政府的武器禁运,强化对索马里"青年党"的制裁。中方相信,索马里会以此为契机,加强安全能力建设,完善武器弹药管理,积极开展反恐行动,为维护国家安全稳定注入新的动力。

16)中非共和国问题

2023年,安理会多次审议中非共和国问题,听取联合国秘书长中非共和国问题特别代表兼联合国中非共和国多层面综合稳定团(简称"中非稳定团")团长瓦伦丁·鲁格瓦比扎等通报和介绍,共通过2份决议,发表1份主席新闻谈话。

7月11日,安理会发表主席新闻谈话,强烈谴责7月10日针对中非稳定团并导致1名卢旺达籍维和士兵身亡的袭击事件。

7月27日,安理会以13票赞成、2票弃权(中国、俄罗斯)通过第2693号决议,决定将对中非制裁措施授权延期至2024年7月31日,将制裁委专家小组授权延期至2024年8月31日。安理会第2127号决议规定的武器禁运措施和2648号决议规定的通知要求不再适用于中非安全部队。

11月15日,安理会以14票赞成、1票弃权(俄罗斯)通过第2709号决议,将中非稳定团授权延期至2024年11月15日。

中国代表在安理会审议中表示,中非在解武复员、安全部门改革、地方和平和解等方面取得重要成果。中非顺利完成公投、通过新宪法,这对完善国家治理、推动政治和平进程具有重要意义。国际社会要尊重中非主权,支持中非走符合自身国情的发展道路。中非仍面临复杂安全形势,反政府武装和地方民兵组织冲突、袭击事件不断,威胁地方稳定,导致大量平民伤亡和流离失所,严重干扰人道主义救援和联合国工作。国际社会要支持中非政府维护安全、保护平民所采取的行动,中非稳定团要为中非安全部门改革、武装部队能力建设、扩大国家权力提供更多支持。中方欢迎安理会2023年6月对中非政府武器禁运措施的实质性调整,呼吁安理会听取和重视中非关切,不断减少制约中非国防建设的制裁措施。

17)刚果(金)问题

2023年,安理会多次审议刚果(金)问题,听取联合国秘书长刚果(金)问题特别代表兼联合国刚果(金)稳定特派团(简称"联刚稳定团")团长宾图·凯塔等通报,共通过2份决议,发表2份主席声明和3份主席新闻谈话。

2月3日，安理会发表主席新闻谈话，强烈谴责刚东非法武装"M23运动"在北基伍省发起的一系列袭击，敦促各方支持内罗毕进程和罗安达进程。

2月6日，安理会发表主席新闻谈话，强烈谴责针对联刚稳定团一架直升机并导致1名南非籍维和士兵丧生的袭击。

3月29日，安理会发表主席声明，强烈谴责"M23运动"加大袭击的做法，要求其立即停止敌对行动并撤出占领区等。

6月13日，安理会发表主席新闻谈话，强烈谴责非法武装"刚果发展合作社"对伊图里省流离失所者营地的袭击。

6月27日，安理会一致通过第2688号决议，将对刚果（金）制裁措施延期至2024年7月1日，将制裁委专家小组授权延期至2024年8月1日。

10月16日，安理会发表主席声明，要求外部势力停止向"M23运动"提供支持并立即撤出刚果（金），鼓励刚政府同联合国在2023年11月前制定一项全面脱离接触计划，逐步、负责任地推进联刚稳定团缩编等。

12月19日，安理会一致通过第2717号决议，将联刚稳定团授权延期至2024年12月20日，并根据刚政府同联刚稳定团签署的全面脱离接触计划，确定联刚稳定团缩编撤离方案。

中国代表在安理会审议中表示，刚果（金）推进政治进程、维护安全稳定正处在关键阶段。一个和平、稳定、发展的刚果（金）符合地区国家和国际社会的共同利益。中方支持刚军方和联刚稳定团采取联合行动，敦促"M23运动"等非法武装团伙立即停火止暴，撤出占领区。国际社会要支持内罗毕进程和罗安达进程，支持有关国家通过对话协商化解分歧。中方欢迎刚政府同联刚稳定团签署全面脱离接触计划，希望安理会遵循全面脱离接触计划，重视刚方意见，为联刚稳定团确定科学合理的过渡安排。联刚稳定团未来要同刚政府做好任务交接，维护撤出地区安全稳定。要确保联刚稳定团安全有序撤离，保障维和人员和联合国资产的安全。

18）马里问题

2023年，安理会多次审议马里问题，听取联合国秘书长马里问题特别代表兼联合国马里多层面综合稳定特派团（简称"马里稳定团"）团长贾西姆·万恩等通报，通过1份决议，发表2份主席新闻谈话。

2月21日，安理会发表主席新闻谈话，强烈谴责当日针对马里稳定团并导致3名塞内加尔籍维和士兵身亡的袭击事件，敦促马里各方立即全面执行《马里和平与和解协议》。

6月9日，安理会发表主席新闻谈话，强烈谴责当日针对马里稳定团并导致1名布基纳法索籍维和士兵身亡的袭击事件，敦促马里各方立即全面执行《马里和平与和解协议》。

6月30日，安理会一致通过第2690号决议，决定即日起终止马里稳定团授权，启动缩编和人员撤离程序，于2023年12月31日前完成撤离和任务移交。

8月30日，安理会对分别由法国和阿联酋共同提出的以及俄罗斯提出的马里制裁措施延期决议草案进行表决。法国和阿联酋提出的草案要求将制裁措施和制裁委专家小组授权延期12个月，表决结果为13票赞成、1票反对（俄罗斯）、1票弃权（中国），因俄罗斯行使否决权未通过。俄罗斯提出的草案要求立即解散制裁委专家小组，现有制裁措施在1年后自动取消，表决结果为1票赞成（俄罗斯）、1票反对（日本）、13票弃权，因未获足够赞成票，亦未通过。

中国代表在安理会审议中表示，马里政治和平进程处于关键时期。国际社会要从马里和地区整体和平稳定大局出发，尊重马里主权和主导权，帮助马里应对各方面挑战，推动联合国同马里在新形势下深化合作。萨赫勒地区国家政局动荡，恐怖主义和极端势力乘机作乱，威胁地区稳定。地区国家要化解矛盾分歧，团结应对挑战。马里稳定团撤出后，国际社会对马里和地区国家反恐维稳不能撒手不管，要继续在装备、后勤、资金等方面提供支持，增强马里当局反恐和保护平民的能力。

19）哥伦比亚问题

2023年，安理会多次审议哥伦比亚问题，听取联合国秘书长哥伦比亚问题特别代表兼联合国哥伦比亚核查团（简称"联哥团"）团长卡洛斯·鲁伊斯·马谢乌等通报和介绍，共通过3份决议，发表4份主席新闻谈话。

1月11日，安理会一致通过第2673号决议，决定增加联哥团核查哥《结束冲突和建设稳定持久和平的最终协议》中关于农村改革、种族条款落实情况的2项授权。

1月13日，安理会发表主席新闻谈话，重申对哥和平进程的支持，回顾第2673号决议扩大联哥团有关授权，欢迎哥政府同"哥伦比亚民族解放武装"举行和谈等。

4月17日，安理会发表主席新闻谈话，重申对哥和平进程的支持，鼓励在哥政府与"哥伦比亚民族解放武装"和谈期间维持停火。

7月20日，安理会发表主席新闻谈话，重申对哥和平进程的支持，欢迎哥政府同"哥伦比亚民族解放武装"签署停火协议。

8月2日，安理会一致通过第2694号决议，决定授权联哥团核查哥政府与"哥伦比亚民族解放武装"停火协议执行情况，愿在联合国秘书长确认哥政府与"中央参谋部"达成停火协议后，授权联哥团核查该停火协议执行情况。

10月17日，安理会发表主席新闻谈话，重申对哥和平进程的支持，欢迎联哥团开始核查哥政府同"哥伦比亚民族解放武装"停火协议执行情况。

10月30日，安理会一致通过第2704号决议，将联哥团授权延期至2024年10月31日。

中国代表在安理会审议中高度肯定哥伦比亚各方在共同努力落实和平协议、推进"全面和平"构想方面取得的积极成果。中方欢迎哥政府与"哥伦比亚民族解放武装"和谈取得成果，期待哥政府与"中央参谋部"和谈顺利推进，呼吁国际社会继续向哥提供必要支持，推动哥取得更多积极成果。中方将继续坚定支持"哥人主导、哥人所有"的和平进程，赞赏联哥团所做工作和发挥的重要作用，希望联哥团认真履行决议授权，同哥密切配合，为推进哥和平进程发挥更大的积极和建设性作用。

20）海地问题

2023年，安理会多次审议海地问题，听取联合国秘书长海地问题特别代表兼联合国海地综合办事处（简称"联海办"）主任海伦·拉利姆及其继任者玛丽亚·伊莎贝尔·萨尔瓦多等通报和介绍，共通过3份决议，发表1份主席新闻谈话。

5月8日，安理会发表主席新闻谈话，严重关切海地安全和人道主义局势，呼吁全境止暴、保护平民，重申要立即采取措施阻止武器弹药非法流入海地。

7月14日，安理会一致通过第2692号决议，决定将联海办授权延期至2024年7月15日。

10月2日，安理会以13票赞成，2票弃权（中国、俄罗斯）通过第2699号决议，援引《联合国宪章》第7章，授权向海地派遣多国安全支助团，协助海警方恢复国家安全，同时规定对海地实施武器禁运，呼吁各方在政治进程中尽快达成共识。

10月19日，安理会一致通过第2700号决议，决定将对海地制裁措施授权延期1年。

中方在安理会审议中表示，中方高度重视海地局势，海地政治、安全、人道主义多重危机不断恶化，正在逐渐侵蚀国家和社会根基。全面解决海地问题，必须持续推进政治进程，努力打开海地乱局的症结。中方希望海地当局和各党各派能以海地人民利益为重，采取真正负责任、有利长远的做法。必须全力遏制黑帮暴力，逐步化解海地乱局的主因。中方期待安理会制裁机制发挥应有效力，在审查更新制裁名单、落实武器禁运措施方面采取更多有力举措，对黑帮形成真正震慑。中方敦促美方切实加强枪支弹药管控，同地区国家加强信息共享和行动协调，从源头上切断海地黑帮非法获取武器弹药的渠道。中方希望海地多国安全支助团尽快部署到位，制定切实可行、得到海地人民支持的行动方案，帮助海地加强安全能力建设，稳定地面局势。必须加紧缓解人道主义危机，尽量减少海地乱局的恶果。中方愿继续同国际社会一道，支持海地人民找到"海地人主导、海地人所有"的全面解决方案，不断提升海地人民和国际社会对海地未来的希望。

21）武装冲突中保护平民问题

2023年，安理会继续关注武装冲突中保护平民问题。

5月23日，安理会举行关于粮食安全与武装冲突中保护平民问题公开辩论会，联合国秘书长古特雷斯、红十字国际委员会主席米里亚娜·什波利亚里奇作通报。会上，古特雷斯秘书长呼吁国际社会打破武装冲突与饥饿的恶性循环，增加对人道主义行动的捐款。

7月28日，安理会举行维和行动保护平民问题公开会，听取联合国负责维和事务的副秘书长让–皮埃尔·拉克鲁瓦等通报。会议强调维和行动保护平民授权的重要性，充分肯定维和行动为保护平民所做工作。

中国代表在安理会审议中表示，消除冲突根源是实现持久和平的治本之策，国际社会应积极推动热点问题的政治解决，为保护平民安全创造有利条件。各冲突方应切实遵守包括国际人道法在内的国际法，履行保护平民的义务。当事国应承担保护平民的首要责任。国际社会应在尊重当事国主权的基础上，帮助当事国加强保护平民的能力。维和行动应该加强预防冲突，优化预警安排，着眼全局，准确把握保护平民授权。

22）妇女、和平与安全问题

2023年，安理会继续关注妇女、和平与安全问题。

3月7日，安理会举行妇女、和平与安全问题公开辩论会，总结安理会第1325号决议通过以来在妇女、和平与安全问题上取得的积极进展。联合国妇女署执行主任西玛·萨米·巴胡斯、红十字国际委员会主席米里亚娜·什波利亚里奇，以及非盟委员会主席妇女、和平与安全问题特使比纳达·迪奥普等通报。联合国妇女地位委员会第67届会议中国代表团团长、国务院妇女儿童工作委员会副主任林怡出席并发言，呼吁国际社会加快兑现妇女、和平与安全议程承诺。

7月13日，安理会举行冲突中性暴力问题公开辩论会。联合国秘书长冲突中性暴力问题特别代表普拉米拉·帕滕作通报。乌克兰、缅甸、苏丹、海地、刚果（金）、阿富汗等冲突地区的妇女问题受到关注。

10月25日至26日，安理会举行妇女、和平与安全问题公开辩论会，联合国秘书长古特雷斯、巴胡斯主任、什波利亚里奇主席等作通报。会议呼吁提升妇女对和平进程的参与度，关注中东、阿富汗、乌克兰等冲突地区妇女问题。

中国代表在安理会审议中表示，国际社会应加快推动冲突热点问题的政治解决，为女性发展营造和平安宁的环境，要进一步将性别视角贯穿和平进程始终，赋予女性更多参与权和决策权。发展是提高妇女地位的根本途径，安理会和国际社会要将发展促和平理念落到实处，推动实现以发展为基础的妇女赋权。中方强烈谴责一切对妇女和女童实施性暴力的行径，坚决反对将性暴力作为战争手段，呼吁国际社会共同努力、综合施策，早日消除冲突中性暴力，推动妇女、和平与安全事业取得新进展。

23）儿童与武装冲突问题

2023年，安理会继续关注儿童与武装冲突问题。

7月5日，安理会举行儿童与武装冲突问题公开辩论会，听取联合国秘书长儿童与武装冲突问题特别代表比希尼娅·甘巴等通报。会议讨论了联合国秘书长最新一期关于儿童与武装冲突问题的年度报告。

11月9日，马耳他就巴以冲突提交"儿童与武装冲突"文件。

11月15日，安理会以12票赞成、3票弃权（美国、英国、俄罗斯）通过关于巴以问题的第2712号决议，敦促各方遵守国际法、国际人道法义务，保护包括儿童在内的平民。

中国代表在安理会审议中表示，国际社会要采取切实行动、筑牢保护屏障，让每一个儿童都远离战火硝烟。制止严重侵害行为是对武装冲突中儿童最直接的保护。冲突当事方必须履行保护儿童免受伤害的国际法义务。实现持久和平是对武装冲突中儿童最根本的保护。国际社会要充分运用政治对话、斡旋调解、和平谈判等手段，加强冲突预防，共同推动争端的和平解决。支持儿童全面发展是最长效的保护。国际社会要着眼于儿童的未来发展，帮助当事国政府采取有效措施，消除饥饿与贫困，切实保障武装冲突中儿童的基本生活需求和受教育机会，重视心理健康及支持，特别是帮助儿童抵御极端恐怖思想的侵蚀。

（3）积极参与联合国反恐工作

2023年，联合国大会和安理会多次举行反恐问题会议，分别就反恐问题通过1项决议。

2月9日，安理会举行"恐怖行为威胁国际和平与安全"公开会，讨论联合国秘书长关于"伊斯兰国"威胁问题的第16次报告。联合国负责反恐事务的副秘书长弗拉基米尔·沃伦科夫、安理会反恐执行局代理执行主任陈伟雄作通报，指出国际社会面临的恐怖威胁依然严峻，恐怖势力向冲突地区蔓延趋势明显，呼吁国际社会提高前瞻性，综合施策、协调行动，进一步加强反恐合作。

6月22日，《联合国全球反恐战略》举行第8次审评并通过联合国大会决议。决议围绕联合国反恐四大支柱领域，就反恐工作进行全面规划，并将《联合国全球反恐战略》审评周期由2年调整为3年。

8月25日，安理会举行"恐怖行为威胁国际和平与安全"公开会，讨论联合国秘书长关于"伊斯兰国"威胁问题的第17次报告，沃伦科夫副秘书长、安理会反恐执行局执行主任纳塔利娅·盖尔曼等作通报。会议对非洲和阿富汗反恐局势表示关切，指出要警惕恐怖分子滥用新技术。西方国家强调反恐要尊重人权和法治。发展中国家呼吁加强反恐能力建设。

9月15日，安理会一致通过第2697号决议，将联合国收集"伊斯兰国"在伊拉克罪证调查组授权最后一次延期至2024年9月17日。

12月4日，安理会举行公开会，例行审议联合国收集"伊斯兰国"在伊拉克罪证调查组工作，调查组负责人兼联合国秘书长特别顾问克里斯蒂安·里彻介绍进展，并称无法在2024年9月前有意义地结束授权。伊拉克重申调查组授权应按期终止，要求尽快向伊政府移交全部证据。

中国代表在有关审议中表示，国际社会应秉持共同、综合、合作、可持续的安全观，支持联合国在反恐行动中发挥核心协调作用，全面落实联合国大会和安理会相关决议及《联合国全球反恐战略》，构筑最广泛的反恐统一战线。发展不足是恐怖主义发展蔓延的根源之一。国际社会要帮助发展中国家发展经济，消除贫困，提升教育，扩大就业，消除恐怖主义滋生的根源。地区冲突、极端思想是恐怖主义威胁高企的诱因。国际社会应共同推动热点问题的政治解决，推动不同文明和宗教平等对话、和谐共处，压缩极端思想生存空间。中方反对在反恐问题上搞双重标准和选择性适用，反对将恐怖主义与特定国家、民族和宗教挂钩。当前，国际社会应重点应对恐怖分子滥用新兴技术、恐怖融资多元化、恐怖主义与跨国有组织犯罪合流等突出问题，对非洲、中东、中亚等国际反恐前沿地区予以资源倾斜，支持有关国家加强反恐能力建设。

（4）安理会改革

2023年，联合国会员国继续围绕安理会改革问题展开讨论，并进行政府间谈判。第77届联合国大会期间各方举行了政府间谈判，继续阐述各自立场和关切，就安理会改革相关问题交换看法。

6月29日，第77届联合国大会举行第85次全会，协商一致通过简短技术性决定，将安理会改革政府间谈判过渡到第78届联合国大会。

中国代表在第77届联合国大会通过安理会改革政府间谈判过渡决定会议上发言表示，当今世界面临重重挑战，包括中方在内的各方都支持安理会进行合理、必要改革，切实履行好《联合国宪章》赋予的职责。安理会改革事关和平与安全，事关战争与和平，没有试错机会。推进安理会改革，需要不断积累、凝聚共识，缩小分歧，要让所有会员国均能从改革中获益，而不只是满足少数国家提升自身地位的愿望。要切实增加发展中国家代表性，特别是纠正非洲历史不公，给中小国家更多进入安理会的机会，让安理会组成更加公平、公正、平衡，让安理会决策更加民主。政府间谈判是讨论安理会改革问题的唯一合法平台，各方通过政府间谈判轨道推动改革进程，对维护会员国团结至关重要。中方愿同各方一道，维护政府间谈判轨道，维护会员国团结，推动安理会改革朝着凝聚最广泛共识、体现会员国共同利益、符合联合国长远发展的方向迈进。

2. 可持续发展领域

（1）联合国可持续发展目标峰会

2023年9月18日至19日，联合国可持续发展目标峰会在纽约联合国总部举行，会议通过了旨在加速实现可持续发展目标的政治宣言。国家副主席韩正出席可持续发展目标峰会领导人对话会并发言，表示习近平主席2021年提出全球发展倡议，旨在推动实现更加强劲、绿色、健康的全球发展。中国将落实2030年可持续发展议程同国家中长期发展战略有机结合，始终寓自身发展于世界的繁荣稳定中，以实际行动积极帮助"全球南方"国家。中方将继续同各方一道，为如期实现可持续发展目标、构建全球发展共同体作出积极贡献。

（2）第78届联合国大会第二委员会会议

第78届联合国大会第二委员会（经济和金融委员会）于2023年10月2日至11月22日在纽约联合国总部召开会议，举行一般性辩论，审议了宏观经济、国际金融、发展筹资、可持续发展、气候变化、消除贫困、粮食安全、南南合作等议题，通过40多项决议和决定。

中国参会代表在第二委员会各议题下发言，全面阐述中方在全球治理、联合国2030年可持续发展议程、南南合作、减贫、贸易、粮食、能源、气候变化、生物多样性、基础设施、发展筹资、数字经济等问题上的立场，呼吁把发展问题置于国际议程和联合国工作的中心位置，践行真正的多边主义，推动国际金融架构改革。中国等有关国家提出的农村减贫决议获高票通过。

（3）联合国经济及社会理事会和联合国可持续发展高级别政治论坛

联合国经济及社会理事会（简称"联合国经社理事会"）是负责统筹协调联合国经济和社会发展事务的主要机构。联合国可持续发展高级别政治论坛是联合国旨在指导、跟进、应对可持续发展领域问题的机制，在联合国大会和联合国经社理事会框架下分别举行会议。

2023年7月10日至20日，联合国经社理事会在纽约联合国总部召开可持续发展高级别政治论坛。论坛主题为"加速从新冠疫情中复苏并在各个层面全面实施2030年可持续发展议程"，重点审议清洁饮水和卫生，从可负担的清洁能源，产业、创新和基础设施，可持续城市和社区以及促进目标实现的伙伴关系等可持续发展目标。

2023年7月17日至19日，联合国经社理事会举行可持续发展高级别政治论坛部长级会议，有关国家就落实2030年可持续发展议程情况进行了国别自愿陈述。

中国代表出席论坛部长级一般性辩论并发言，分享中国经济社会发展成就，阐述共建"一带一路"和全球发展倡议对2030年可持续发展议程的重要贡献，呼吁实现共同发展，构建广泛包容的全球发展伙伴关系，推动构建人类命运共同体。

3. 人权领域

（1）积极参与联合国人权机构工作

2023年，中国继续积极和建设性参与联合国人权机构工作，积极参与联合国人权理事会和联合国大会第三委员会（社会、人道主义和文化委员会）会议，宣介中国人权理念、政策和成就，参加各项议题讨论和决议草案磋商，积极提出倡议、主张，为发展中国家仗义执言，揭批美西方国家"假人权、真干涉"的真实面目和其自身存在的种族主义和种族歧视，侵犯难民、移民和土著人权利以及宗教仇恨等严重人权问题。

2月27日至4月4日，联合国人权理事会第52届会议在瑞士日内瓦举行。本届会议期间举行人权主流化、死刑问题、儿童权利问题等专题讨论会；举行同贩卖儿童问题、住房权、食物权、白化病患者人权、环境与人权、宗教信仰自由、残疾人权利、反恐中保护人权、禁止酷刑、隐私权、外债、人权维护者、文化权、少数群体问题等特别机制互动对话；举行同有关国别机制互动对话；核可印度尼西亚、芬兰、英国、波兰、荷兰、南非等国国别人权审议报告。会议共通过43项决议。

本届会议期间，中国代表在议题三（促进和保护所有人权）一般性辩论中代表70余国就《世界人权宣言》通过75周年作共同发言,就进一步落实《世界人权宣言》提出四点主张:一是经社文权利、发展权与公民政治权利相辅相成,同等重要,应予以同等重视、平衡推进;二是要以人民为中心落实发展权,保障弱势群体权利,打击一切形式的歧视,取消单边强制措施,消除不平等;三是将人权普遍性原则与各国实际相结合,尊重各国自主选择的人权发展道路;四是凝聚共识,积累互信,摒弃对抗分裂,避免将人权政治化、工具化,共同推进全球人权保护事业,为《世界人权宣言》注入新动力。中国代表在议题八(《维也纳宣言和行动纲领》后续行动和执行情况)一般性辩论中代表近80国就《维也纳宣言和行动纲领》通过30周年作共同发言,就进一步有效落实《维也纳宣言和行动纲领》提出三点主张:一是经社文权利、公民政治权利及发展权应予以同等重视、平衡推进,应消除在促进和保护人权方面的不平衡现象;二是坚持以人民为中心,倾听发展中国家呼声,消除不平等,推动实现高质量发展、包容性发展和公平发展;三是各方应在平等、团结和相互尊重的基础上开展人权交流与合作。

5月11日,联合国人权理事会举行苏丹问题特别会议。中国代表发言表示,坚定支持苏丹主权、独立和领土完整,相信苏方能处理好内部事务,尽快平息冲突,赞赏阿盟、非盟等地区组织和地区国家为应对苏丹局势发挥的重要作用,呼吁国际社会切实尊重苏丹主权和主导权,为对话解决问题创造有利外部环境。

6月19日至7月14日,联合国人权理事会第53届会议在瑞士日内瓦举行。本届会议期间举行气候变化负面影响、媒体素养对言论自由作用等专题讨论会;举行同消除对妇女和女童歧视、健康权、针对妇女和女童暴力、言论自由、麻风病、移民权利、法官与律师独立性、法外处决、教育权、贩卖人口问题、人权与国际团结、和平集会、极端贫困、境内流离失所者人权等特别机制互动对话;举行同巴勒斯坦等国别机制互动对话;核可捷克、阿根廷、加蓬等国国别人权审议报告。会议共通过30项决议。

本届会议期间,中国代表在议题十(技术援助和能力建设)一般性辩论中,代表70国就人工智能促进残疾人权利作共同发言,指出近年来人工智能飞速发展,深刻改变残疾人的生活,呼吁各方加强合作,让人工智能技术的高质量发展惠及残疾人群体,推动人工智能促进残疾人权益保障制度,共同推动国际残疾人事业健康发展。中国代表就老年妇女问题代表60国作共同发言,指出北京世界妇女大会召开以来,全球妇女事业有了显著发展。同时,随着全球人口日益老龄化,老年妇女面临年龄歧视、贫困、社会保障不足等困难,促进和保护老年妇女权利是各国需要面对的重要议题。呼吁各方采取切实措施消除老年妇女面临的各类困难，保障其合法权益，不让任何一个人掉队。

本届会议期间，在"焚烧《古兰经》事件"紧急辩论中，中国代表发言指出，中方一贯主张不同文明相互尊重、包容互鉴，坚决反对一切形式的"伊斯兰恐惧症"。伊斯兰文明为世界文明作出了重要贡献，穆斯林的信仰和宗教感情应当得到尊重。所谓"言论自由"不应成为煽动文明冲突、制造文明对立的理由。中方愿同各方共同践行全球文明倡议，倡导文明平等、互鉴、对话、包容，以文明交流超越文明隔阂、文明互鉴超越文明冲突、文明包容超越文明优越。希望并相信此次紧急辩论以及之后将举行的专题对话与讨论，能推动一些国家拿出政治意愿，采取切实行动，解决导致傲慢、歧视和排外言行的深层次问题，增强对不同宗教和文明的理解与尊重，推动构建人类命运共同体。

9月11日至10月13日，联合国人权理事会第54届会议在瑞士日内瓦举行。本届会议期间举行土著人权利、单边强制措施、将性别平等纳入人权理事会工作、青年与人权、儿童网络欺凌等专题讨论会；举行同真相权、安全饮用水和卫生设施、老年人权利、任意拘留、当代形式奴役、民主公平国际秩序、雇佣军、发展权等特别机制互动对话；举行同缅甸等国别机制互动对话。会议共通过36项决议和1份主席声明。

本届会议期间，中国代表在议题三（促进和保护所有人权）一般性辩论中代表80余国就"残疾妇女与社会包容"作共同发言，指出残疾妇女是人类大家庭中平等成员，但残疾妇女仍面临社会保障不足、歧视、贫困等挑战；强调促进社会包容发展是惠及残疾女性的重要方式，有利于为其平等生存发展作贡献。要扩大残疾女性对经济社会文化事务的参与，让她们成为2030年可持续发展议程的参与者、贡献者和受益者。中国代表在议题八（《维也纳宣言和行动纲领》后续行动和执行情况）一般性辩论中代表80国就保障老年人权利作共同发言，呼吁完善社会保障，促进老年人权利，让所有老年人都能有一个幸福美满的晚年，强调各方应采取切实措施解决老年人面临的困难，不让任何一个人掉队。中国代表在人权高专关于经社文权利报告的互动对话中，代表埃及、南非、玻利维亚、巴基斯坦等国作共同发言，呼吁平衡推进包括经社文权利在内的各项人权，指出人权不分高低先后，不应厚此薄彼，各方应在平等和相互尊重基础上开展建设性对话合作，平衡推进各类人权。

9月28日至11月17日，第78届联合国大会第三委员会会议在纽约联合国总部举行。本届会议期间同50个人权特别机制举行互动对话，审议人权、社会发展、妇女、土著人、种族主义、自决权、难民、预防犯罪与刑事司法等议题。会议共通过64项决议。

本届会议期间。中国代表团全面参与各议题讨论和决议磋商，阐述中国立场和主张，全面介绍中国人权理念和成就，深入阐释全球发展倡议、全球安全倡议、全球文明倡议的核心内涵，揭批英国、美国等西方国家严重侵犯人权问题，强调在当今世界变乱交织的背景下，在多边平台挑起对抗不得人心、注定失败，引起发展中国家强烈共鸣。

（2）开展国际人权交流与合作

2023年，中国继续在平等和相互尊重基础上开展国际人权对话与交流。中国同瑞士、俄罗斯、埃及、卡塔尔、摩洛哥、印度尼西亚、越南、马来西亚、孟加拉国、马尔代夫、吉尔吉斯斯坦、墨西哥、智利等国家以及欧盟、阿盟、东盟等地区组织举行人权对话与磋商，邀请多批友好国家驻日内瓦使节访华并参访新疆、西藏，感受新疆、西藏社会稳定、经济繁荣、各族人民安居乐业的大好局面。

2月15日至16日，中国代表团在瑞士日内瓦参加《经济、社会和文化权利国际公约》第三次履约审议。中国代表团由最高人民法院、中共中央统一战线工作部、教育部、外交部、公安部、民政部、文化和旅游部、人力资源和社会保障部、国家民族事务委员会、国家卫生健康委员会、国家宗教事务局、国家疾病预防控制局、国务院新闻办公室、国务院妇女儿童工作委员会等14家单位组成，香港、澳门特别行政区代表作为中国代表团成员参加了履约审议。委员会专家肯定了中国实现全面脱贫并认真接受履约审议；注意到中国制定《中华人民共和国民法典》，调整完善生育政策，批准关于强迫劳动的两项公约等进展。中国代表团本着实事求是的态度，逐一答复委员会专家所提问题，介绍中国政府所作努力，通过翔实数据和具体案例增进委员会专家的理解。

4. 社会领域

（1）社会发展

联合国社会发展委员会是联合国经社理事会的职司委员会，由联合国经社理事会按地域均衡分配原则选举产生，共有46个成员，任期4年。委员会每年举行一次会议，主要审议1995年社会发展问题世界首脑会议和联合国大会第24届特别会议的后续行动、《到2000年及其后世界青年行动纲领》、《马德里老龄问题国际行动计划》、2030年可持续发展议程中涉社会领域目标等执行情况，有关会议成果提交联合国经社理事会。

中国于1981年、1983年、1985年、1987年连续四次派观察员出席该委员会当年会议。1989年，中国首次当选联合国社会发展委员会成员，并连选连任至今。

2023年2月，联合国社会发展委员会第61届会议在纽约联合国总部举行。会议围绕"通过创造充分和生产性就业及体面劳动克服不平等，加速疫后复苏和落实2030年可持续发展议程"举行一般性辩论，举行部长级论坛及专题会议。中国代表在一般性辩论发言中呼吁坚持实施就业优先战略，促进高质量充分就业；坚持以人民为中心的发展思想，充分照顾弱势群体诉求；坚持把发展摆在国际议程的优先位置，回应发展中国家关切；坚持真正的多边主义，推动构建开放型世界经济，打造稳定畅通的产业链供应链。中国代表团在新兴主题专题讨论会上发言，介绍中国推动包容普惠、可持续、有韧性复苏方面的经验做法，包括注重发展公平性，化解发展不均衡不充分问题；加强数字互联互通和发展方式绿色转型；增强社保制度的适应性、可持续性和公平性。

（2）妇女发展及权益保护

联合国妇女地位委员会成立于1946年，是联合国经社理事会职司委员会之一，系联合国系统负责性别平等和妇女赋权事务的主要机构。该机构职责是促进妇女在政治、经济、社会及教育等方面实现男女平等，就有关妇女权益问题向联合国经社理事会提出建议和报告。机构共有成员45个，由联合国经社理事会按照地区分配原则选举产生，任期4年。中国于1972年首次当选联合国妇女地位委员会成员，之后连选连任至2016年；2018年又重新担任该委员会成员，任期至2021年。在2021年联合国经社理事会选举中，中国再次成功当选联合国妇女地位委员会成员，任期自2023年至2026年。

2023年3月6日至17日，联合国妇女地位委员会第67届会议在纽约联合国总部举行，会议以"创新和技术变革以及数字时代的教育，促进实现性别平等及妇女和女童赋权"为主题举行一般性辩论、部长级圆桌会和互动对话，协商一致通过商定结论、工作方法决议、来文工作组报告等成果文件。国务院妇女儿童工作委员会副主任林怡率团与会并在一般性辩论中发言，积极宣介中国妇女发展成就。

联合国妇女署是根据2010年7月联合国大会决议成立的联合国机构，2011年1月1日正式开始运作，负责妇女事务，致力于推进性别平等和妇女赋权。该机构下设执行局作为管理机构，由41个成员组成，任期两年或三年。现任执行主任为西玛·萨米·巴胡斯（约旦籍），2021年9月就任。中国于2010年当选为首届执行局成员，之后连选连任至今。

联合国消除对妇女歧视委员会于1982年建立，是由全球23位妇女问题专家组成的专家机构，负责监督《消除对妇女一切形式歧视公约》缔约国履行消除对妇女歧视的法律义务情况，并监测所采取措施的执行情况。中国妇女专家自2005年起担任该委员会成员。2020年，全国妇联副主席、书记处书记夏杰成功当选2021—2024年度联合国消除对妇女歧视委员会委员。

（3）残疾人权益保护

2006年12月，联合国大会通过《残疾人权利公约》（以下简称《公约》），2008年5月正式生效。该公约是联合国核心人权公约之一，旨在保障和促进所有残疾人充分平等享有一切人权和基本自由。残疾人权利委员会是依《公约》成立的履约监督机构，由18名经缔约国选举产生的独立专家组成（中国非现任成员），负责审议各国报告并出具结论性意见。

《公约》缔约国需定期向残疾人权利委员会提交履约报告，首次报告应于《公约》对其生效两年内提交，此后应不少于每四年提交一次。中国于2008年批准《公约》，2010年提交首份履约报告（含港澳部分）。2012年9月，残疾人权利委员会在日内瓦首次审议中国提交的报告，审议过程平稳顺利、结论平衡。2018年8月，中国向联合国提交第二、三次合并履约报告（含港澳部分）。

联合国残疾人权利委员会以线上线下相结合的方式审议中国履行《公约》第二、三次合并报告。中国代表团团长、国务院残疾人工作委员会副主任张海迪在介绍性发言中指出，中国是《公约》的积极倡导者、坚定支持者和履行者。自2012年中国政府接受首次履约报告审议起，中国认真履行《公约》，为残疾人创造更好的生活。审议过程总体顺利有序，委员们对中国残疾人事业发展成就及履约情况予以肯定。

（4）文明交流互鉴

文明古国论坛由希腊和中国于2017年共同倡议发起。论坛旨在通过对话交流，使历史文明和传统在当代社会发展中焕发活力，为促进不同文明、不同种族、不同宗教间的相互了解和包容发挥积极作用。论坛每年在成员国轮流举行一届部长级会议，每年9月在联合国大会一般性辩论期间举行一次外长非正式会晤。论坛共有十个成员国，包括希腊、中国、玻利维亚、亚美尼亚、伊朗、伊拉克、意大利、秘鲁、埃及、墨西哥。

2023年9月22日，文明古国论坛主席国伊朗外长在纽约联合国总部主持召开文明古国论坛外长会。亚美尼亚、希腊、埃及、伊拉克、玻利维亚、墨西哥、秘鲁等论坛成员国代表与会并发言。中国代表出席会议并发言，宣介习近平主席提出的全球文明倡议。

2023年12月21日，第七届文明古国论坛部长级会议于伊朗德黑兰举行，文化和旅游部副部长李群与会。

联合国文明联盟于2004年由第59届联合国大会决定建立，2005年正式成立。现任高级代表为米格尔·安赫尔·莫拉蒂诺斯（西班牙籍），2019年1月就任。秘书处设在美国纽约。

2023年10月17日，莫拉蒂诺斯来华出席第三届"一带一路"国际合作高峰论坛，中共中央联络部部长刘建超同其会见。

2023年9月21日，联合国文明联盟之友小组举行年度高级别会议。中国代表与会并发言，积极宣介全球文明倡议。

2023年7月3日，莫拉蒂诺斯来华出席第三届文明交流互鉴对话会暨首届世界汉学家大会开幕式并致辞。

（5）难民和移民问题

联合国难民事务高级专员公署（简称"难民署"）于1951年成立，负责保护难民并促使难民问题永久解决，总部位于瑞士日内瓦。现任难民事务高级专员菲利普·格兰蒂（意大利籍）于2016年1月1日就任，任期5年。经2020年第75届联合国大会、2022年第77届联合国大会核可，任期延长至2025年12月31日。

中国是联合国1951年《关于难民地位的公约》及其议定书的缔约国，高度重视难民保护问题，严格履行应尽义务，与难民署保持良好合作关系。

2023年10月11日，中国代表在联合国难民署执行委员会第74次会议一般性辩论中发言，阐述中国关于难民问题的立场主张，强调要坚持多边主义，支持难民署等多边机构发挥协调作用，向难民提供及时有效的人道主义救助措施；加大对巴勒斯坦、叙利亚、阿富汗等难民和流离失所者帮扶力度，坚持标本兼治，秉持《联合国宪章》宗旨和原则，推动冲突各方通过对话协商解决分歧和争端。

国际移民组织成立于1951年（原名"欧洲移民问题政府间委员会"，1989年改为现名），是移民领域主要的政府间国际组织，总部设在瑞士日内瓦，共有175个成员国，8个观察员国。其宗旨是在世界范围内确保移民有序流动，并协助有关国家处理移民问题。2016年9月19日，国际移民组织成为联合国联系组织。现任总干事为艾米·珀普（美国籍），2023年10月1日就任，任期5年。

2001年，中国成为国际移民组织观察员国。2016年6月30日，国际移民组织特别理事会批准中国加入国际移民组织的申请，中国正式加入该组织。2017年，国际移民组织驻华联络处升级为代表处。中国同国际移民组织合作良好，双方已合作开展两期"中国移民管理能力建设项目"和两期"支持中欧人员往来和移民领域对话项目"。

2023年11月29日，中国代表在国际移民组织第114次会议一般性辩论中发言，阐述中国关于移民问题的立场和主张，指出国际社会必须聚焦发展主业，推动经济复苏，为处理移民问题提供坚实物质基础；保护移民群体合法权益，鼓励外来移民融入当地社会，释放移民生产力红利；利用人工智能、大数据等新兴技术，通过数据驱动算法优化就业；加强国际移民合作，各国应结合本国国情落实《安全、有序和正常移民全球契约》，推进全球移民治理。

5. 中国与联合国专门机构

（1）世界卫生组织

世界卫生组织（简称"世卫组织"）创建于1948年，是联合国专门机构，系国际卫生工作的指导和协调机构。总部位于瑞士日内瓦，共有194个成员和2个准成员。世卫组织的最高决策机构为世界卫生大会，由全体成员代表组成，每年举行例会。执行委员会是世界卫生大会的执行机构，由34名委员组成，名额按地域分配原则，由世卫组织区域委员会选出。现任总干事为谭德塞（埃塞俄比亚籍），2017年7月1日就任，2022年5月24日连任，任期自2022年至2027年。

中国是世卫组织创始国之一。1972年第25届世界卫生大会恢复了中国在该组织的合法席位。此后，中国出席了历届世界卫生大会，多次当选执行委员会委员。

2023年5月21日至30日，第76届世界卫生大会在瑞士日内瓦举行。国家卫生健康委员会副主任曹雪涛率中国代表团与会。

（2）国际电信联盟

国际电信联盟（简称"国际电联"）成立于1865年（时称"国际电报联盟"，1932年改成现名），是联合国负责信息通信技术事务的专门机构，总部位于瑞士日内瓦，共有193个成员国。全权代表大会是国际电联最高权力和政策制定机构。理事会是该组织管理机构，由48个理事国组成。现任秘书长为多琳·伯格丹－马丁（美国籍），2023年1月1日就任，任期至2026年12月31日。

中国于1920年加入国际电报联盟，1932年签署马德里《国际电信公约》，于1947年国际电联全权代表大会上被选为行政理事会理事国。1972年国际电联第27届行政理事会作出决议，恢复中国合法席位。此后，中国

第四章　中国与国际和地区组织的关系

一直担任国际电联理事国。2014—2022年，赵厚麟任国际电联秘书长，成为国际电联历史上首位中国籍秘书长。

2023年11月20日至12月15日，国际电联主办的2023年世界无线电通信大会在阿联酋迪拜召开，中国无线电频谱事务特使、工业和信息化部副部长张云明率中国代表团出席。

（3）国际海事组织

国际海事组织（简称"海事组织"），前身为于1959年正式成立的政府间海事协商组织，1982年改为现名。海事组织是联合国负责海上航行安全和防止船舶造成海洋污染的专门机构，其通过的条约对国际航运行为具有强制约束力。共有175个成员和3个联系会员（中国香港、中国澳门和法罗群岛）。秘书处设在英国伦敦，现任秘书长为阿塞尼奥·多明戈斯（巴拿马籍），2024年1月1日就任，任期至2027年12月31日。

中国于1973年恢复在政府间海事协商组织的合法席位，已批准该组织几乎所有的重要公约，自1989年起任该组织A类理事国。

2023年，海事组织举行了第33届大会，中国成功连任A类理事国。

（4）国际民用航空组织

国际民用航空组织（简称"民航组织"）于1947年成立，是联合国系统中负责处理国际民用航空事务的专门机构，按照《国际民用航空公约》授权，制定并更新航行方面的国际技术标准和建议措施。总部位于加拿大蒙特利尔，共有193个成员。

民航组织最高权力机构是大会，每三年召开一次。大会的常设机构为理事会，由36个理事国组成。现任理事会主席为萨尔瓦托雷·夏基塔诺（意大利籍），任期自2023年至2025年。民航组织秘书长为胡安·卡洛斯·萨拉萨尔（哥伦比亚籍），任期自2021年至2024年。

中国自1974年恢复在民航组织活动以来，在历届大会选举中连选连任二类理事国，在2004年大会第35届会议上首次成功当选一类理事国并连任至今。

2022年9月27日至10月7日，民航组织大会第41届会议在蒙特利尔举行，中国代表团与会。

（5）联合国教育、科学及文化组织

联合国教育、科学及文化组织（简称"教科文组织"）于1946年成立，旨在通过教育、科学及文化促进各国间合作，对世界和平与安全作出贡献。总部位于法国巴黎，共有195个会员国，9个准会员。现任总干事奥德蕾·阿祖莱（法国籍）于2017年11月当选。2021年11月9日，她在教科文组织大会第41届会议上成功连任，任期至2025年11月。

中国是教科文组织20个创始国之一，1971年恢复在该组织的合法席位。中国高度重视与教科文组织合作，积极参与其各项重要项目和活动。

2023年9月，阿祖莱总干事访华。其间，国家主席习近平会见阿祖莱总干事。国家主席习近平夫人、教科文组织促进女童和妇女教育特使彭丽媛同阿祖莱共同出席教科文组织女童和妇女教育奖颁奖仪式，并为巴基斯坦女童教育联盟发起的"星星学校计划"和中国儿童少年基金会实施的"春蕾计划"颁奖。

2023年11月9日，教科文组织大会第42届会议以协商一致的方式通过决议，决定在中国上海设立教科文组织国际STEM（科学、技术、工程、数学）教育研究所，标志着教科文组织全球性一类中心首次落户欧美以外发展中国家。

2023年9月17日，教科文组织第45届世界遗产大会通过决议，将中国"普洱景迈山古茶林文化景观"列入《世界遗产名录》。"普洱景迈山古茶林文化景观"成为中国第57项世界遗产。

（6）世界知识产权组织

世界知识产权组织（简称"产权组织"）根据1967年7月14日在瑞典斯德哥尔摩签署的《建立世界知识产权组织公约》（1970年生效）成立，1974年12月成为联合国专门机构，致力于促进使用和保护人类智力作品。产权组织总部位于瑞士日内瓦，共有193个成员国。现任总干事为邓鸿森（新加坡籍），2020年10月1日就任，任期至2026年9月30日。

自中国1980年加入世界知识产权组织起，双方始终保持友好合作关系。2014年7月，世界知识产权组织中国办事处在北京正式设立，为双方合作提供新平台。

2023年是中国同产权组织合作50周年，双方在北京和日内瓦举行系列纪念活动。4月26日，国家主席习近平向中国与世界知识产权组织合作50周年纪念暨宣传周主场活动致贺信，邓鸿森总干事出席活动。4月27日，国务院总理李强会见邓鸿森总干事。7月6日，中国政府同产权组织在瑞士日内瓦该组织总部举行庆祝中国同产权组织合作50周年活动。12月7日，邓鸿森总干事在香港出席第13届亚洲知识产权营商论坛开幕式并致辞。12月10日，邓鸿森总干事出席第20届上海知识产权国际论坛开幕式并致辞。

（7）国际劳工组织

国际劳工组织（简称"劳工组织"）成立于1919年，1946年成为联合国负责劳工事务的专门机构。总部位于瑞士日内瓦，共有187个成员国。国际劳工组织实行"三方性"原则，各成员国代表团由政府、雇主组织和工人组织的代表组成，三方代表享有平等独立的发言和表决权。现任总干事为吉尔伯特·洪博（多哥籍），2022年10月就任，任期至2027年9月。

中国是劳工组织创始成员国之一，1971年恢复在该组织的合法席位。自1983年起，中国担任劳工组织理事会常任理事国，全国总工会和中国企业联合会分别担任理事会工人理事和雇主副理事。中国重视并积极参与劳工组织各项活动，与其保持良好合作关系。

2023年6月5日至16日，国际劳工组织大会第111届会议在瑞士日内瓦召开。中国代表团团长、人力资源和社会保障部部长王晓萍代表中国政府出席会议并发言。全国总工会副主席、书记处书记江广平等参加会议。

（8）联合国世界旅游组织

联合国世界旅游组织（简称"旅游组织"），前身为国际官方旅游宣传组织联盟，1975年改为现名，2003年11月成为联合国专门机构。其宗旨是通过旅游业发展，推动经济增长，增进各国了解，促进世界和平与繁荣。总部位于西班牙马德里，共有正式成员160个，准成员6个，附属成员500多个。现任秘书长为祖拉布·波洛利卡什维利（格鲁吉亚籍），2018年1月就任，2021年12月连任，任期自2022年至2025年。

1983年10月5日，旅游组织全体大会第5届会议通过决议，接纳中国为正式成员国，成为它的第106个正式成员。此后，中国多次当选旅游组织执行委员会委员，本届任期自2023年至2027年。中国同旅游组织保持良好合作关系，多次共同组织国际旅游盛会，分别于2003年10月、2017年9月承办旅游组织全体大会第15届、第22届会议。2021年1月，《世界旅游组织章程》第38条修正案正式生效，自2021年1月25日起，中文正式成为该组织官方语言。2021年12月，《游客保护国际守则》在旅游组织网站公布中文版本。

2023年2月、9月，祖拉布秘书长分别应邀出席"世界旅游联盟·湘湖对话"与"第十届世界旅游经济论坛·澳门2023"。

2023年10月16日至20日，旅游组织全体大会第25届会议在乌兹别克斯坦撒马尔罕举行，文化和旅游部派代表团与会。

（9）万国邮政联盟

万国邮政联盟（简称"万国邮联"）成立于1874年，是有关国际邮政事务的联合国专门机构。该组织旨在促进、组织和改善国际邮政业务，并向成员提供邮政技术援助。总部位于瑞士伯尔尼，共有192个成员国。代表大会是万国邮联的最高权力机构，每四年召开一届会议。国际局为万国邮联秘书机构，现任国际局总局长为目时正彦（日本籍）。

中国于1914年加入万国邮联，1972年恢复合法席位。1974年以来，中国当选历届邮政经营理事会理事国，除两届轮空外，均当选行政理事会理事国。2021年，在第27届万国邮联代表大会上，中国成功连任新一届万国邮联行政理事会和邮政经营理事会理事国，当选邮政经营理事会副主席国。

2023年，中国邮政集团有限公司代表当选万国邮联EMS（邮政特快专递）合作机构董事会成员。10月1日至5日，万国邮联第四届特别大会在沙特利雅得举行。特别大会修订了万国邮联法规，整合优化国际邮政服务产品，优化邮政支付凭证交换方式和强化反洗钱和打击恐怖组织融资的有关规定。

（10）联合国开发计划署

联合国开发计划署（简称"开发计划署"）成立于1965年，总部位于美国纽约，是联合国系统内最大的发展援助机构。现任署长为阿奇姆·施泰纳（德国、巴西双重国籍），2017年4月就任，2021年4月连任，任期至2025年。

自1972年起，中国参加开发计划署活动，双方合作涉及农业、工业、能源、公共卫生、减贫和经济重建等多个领域。2016年9月，中国与开发计划署签署了《中华人民共和国政府与联合国开发计划署关于共同推进丝绸之路经济带和21世纪海上丝绸之路建设的谅解备忘录》。这是中国政府与国际组织签署的第一份政府间共建"一带一路"的合作谅解备忘录。2021年2月1日，开发计划署执行局审议通过了开发计划署《中国国别方案文件（2021—2025）》。中国同开发计划署在全球发展倡议框架下积极开展合作，中国使用全球发展和南南合作基金、中国—联合国和平与发展基金支持开发计划署实施了多个务实合作项目，为帮助发展中国家加快落实联合国2030年可持续发展议程提供有效助力。

2023年，中国当选为联合国开发计划署、联合国人口基金和联合国项目事务署执行局成员。该局2023年第一次常会、年会及第二次常会分别于2月、6月、8月在纽约举行，审议了署长的年度报告、财政预算和管理方案、国别方案、评估事项及项目计划安排等。中国代表出席会议并发言阐述中方立场。

（11）联合国工业发展组织

联合国工业发展组织（简称"工发组织"）成立于1966年，总部位于奥地利维也纳，1985年成为联合国专门机构。工发组织共有172个成员国。现任总干事为格尔德·穆勒（德国籍），2021年12月就任，任期至2025年。

中国于1972年当选为工发组织理事会成员。自1979年双方开展合作项目起，工发组织在华开展了500多个项目，涉及工业发展、贸易能力建设、环境保护等领域，有力推动其他发展中国家工业化进程，推动全球可持续工业发展。2017年，中国与工发组织签署共建"一带一路"合作谅解备忘录。

2023年10月，工发组织总干事穆勒来华参加第三届"一带一路"国际合作高峰论坛。

2023年11月27日至12月1日，工发组织大会第20届会议在维也纳召开，中国代表出席大会开幕式并发言。会议审议了《2024—2025年两年期经常预算经费分摊比额表》，任命了2024—2026年度外聘审计员。中国成功当选工发组织理事会和方案预算委员会成员。

（12）联合国人口基金

1969年，联合国人口活动基金成立，1987年正式定名为"联合国人口基金"（简称"人口基金"），总部位于美国纽约。现任执行主任为娜塔莉亚·卡奈姆（巴拿马籍），2017年就任，2021年连任，任期至2025年。

1978年5月，中国政府与人口基金在北京签署第一周期谅解备忘录。40多年来，双方在计划生育、生殖健康、妇幼保健、扶贫、人口普查数据研究、性别平等、艾滋病防治、人口老龄化等领域开展合作。2021年2月，人口基金执行局审议通过了人口基金《中国国别方案（2021—2025）》。

2023年，中国当选为联合国开发计划署、联合国人口基金和联合国项目事务署执行局成员。该局2023年第一次常会、年会及第二次常会分别于2月、6月、8月在纽约举行，审议了署长的年度报告、财政预算和管理方案、国别方案、评估事项及项目计划安排等。中国代表出席会议并发言阐述中方立场。

（13）联合国人类住区规划署

1978年10月，联合国人居中心成立。2001年12月，联合国大会第A/56/206号决议决定将联合国人居中心升格为联合国人类住区规划署（简称"人居署"），总部位于肯尼亚内罗毕。现任执行主任为迈穆娜·谢里夫（马来西亚籍），2018年就任，2022年连任，任期至2026年。

中国同人居署保持良好合作关系。1988年，中国成为联合国人居中心委员会成员国。1990年，中国在肯尼亚内罗毕正式设立常驻联合国人居中心代表处。近年来，双方交流合作进一步加强，合作领域主要包括可持续城市发展、城市规划、住房和城市基础设施、城市应对气候变化等。

2023年10月28日至31日，全球可持续发展城市奖（上海奖）颁奖活动暨2023年世界城市日中国主场活动在上海举办，人居署执行主任谢里夫出席活动并致辞。国务院副总理何立峰会见谢里夫主任。

2023年6月5日至9日，第二届联合国人居大会在肯尼亚内罗毕召开，主题为"通过包容和有效的多边主义实现可持续的城市未来：在全球危机时代实现可持续发展目标"，会议审查了联合国2030年可持续发展议程和《新城市议程》的执行情况，以及世界城市论坛报告、人居署2024—2027年战略计划等。

人居署执行局三次会议分别于2023年3月、6月、11月在内罗毕举行，审议人居署财务状况、第12届世界城市论坛筹备工作、2024年人居署工作方案草案，讨论人居署实施联合国发展系统改革情况等。中国代表出席会议并发言阐述中方立场。

（14）联合国儿童基金会

联合国儿童基金会（简称"儿基会"）成立于1946年，当时称"联合国国际儿童紧急基金会"。1953年改为现名，总部位于美国纽约。现任执行主任为凯瑟琳·拉塞尔（美国籍），2022年2月就任，任期至2027年。

1979年，中国开始与儿基会发展合作关系。40多年来，双方合作项目涉及儿童发展和社会福利政策、卫生与营养等领域。2021年2月，双方通过《中国国别方案（2021—2025）》，将重点围绕儿童教育、营养、卫生等领域开展合作。

儿基会执行局2023年第一次常会、年会、第二次常会分别于2月、6月、9月在纽约举行，审议了执行主任年度报告、财务预算、国别方案等。2023年6月，中国代表出席儿基会执行局2023年年会，表示中方将继续支持儿基会工作，欢迎儿基会加强伙伴关系建设，愿与儿基会积极对接，在全球发展倡议和儿基会战略计划相契合的领域开展务实合作。

（15）联合国环境规划署

联合国环境规划署（简称"环境署"）于1973年正式成立，总部位于肯尼亚内罗毕。现任执行主任为英格·安德森（丹麦籍），2019年6月就任，2023年连任，任期至2027年。

中国与环境署保持良好的合作关系。1976年，中国在内罗毕设立驻环境署代表处，由中国驻肯尼亚大使兼任代表。2003年9月，环境署在北京设立代表处。环境署理事会自2012年起升级为联合国环境大会，是全球最高级别的环境决策机构，每两年举办一届，截至2023年底已举办5届。历届联合国环境大会中国政府均派遣高级别代表团积极参会。

（16）联合国粮食及农业组织

联合国粮食及农业组织（简称"粮农组织"）成立于1945年，总部位于意大利罗马，为联合国专门机构。

中国为粮农组织创始成员国之一，自1973年恢复在该组织席位起，双方合作良好。粮农组织积极支持中国农村改革和农业发展，中国也积极履行成员国义务，通过设立信托基金、派遣农业专家、提供专门捐款等方式广泛参与和支持粮农组织活动。特别是中国—粮农组织南南合作信托基金的设立，为促进全球粮食安全发挥了积极作用。

2023年7月2日，粮农组织大会第43届会议在意大利罗马举行，选举新任总干事。中方候选人、粮农组织总干事屈冬玉以高票当选连任，开启第二个四年任期。

（17）国际农业发展基金

国际农业发展基金（简称"农发基金"）成立于1977年，总部位于意大利罗马，是联合国专门机构。现任总裁为阿尔瓦若·拉瑞奥（西班牙籍），2022年10月就任，任期至2026年。

中国于1980年正式加入农发基金，一直与其保持着良好的合作关系，是农发基金最大的受援国之一。中国积极发挥成员国作用，积极支持农发基金开展工作。2018年，中国在农发基金设立南南与三方合作专项基金，专门支持农村减贫和发展领域的南南经验与技术交流、知识分享、能力建设与投资促进等。

2023年2月14日至15日，农发基金第46届理事会在罗马举行，会议以"加快行动，促进粮食安全"为主题，审议通过了行政和资本预算等一系列政策文件。财政部副部长王东伟率中国代表团出席会议。

（18）世界粮食计划署

世界粮食计划署（简称"粮食计划署"）成立于1961年，总部位于意大利罗马，是联合国系统中负责多边粮食援助活动的机构。现任执行干事为辛迪·麦凯恩（美国籍），2023年4月就任，任期至2028年4月。

中国于1979年正式参加粮食计划署活动。2006年起，粮食计划署结束其在华常规粮援项目，中国从受援国转变为捐赠国，并逐渐加大对粮食计划署的支持力度。2020年5月，中方宣布同联合国合作在华设立全球人道主义应急仓库和枢纽。粮食计划署代表联合国同中方具体落实该仓库和枢纽的建设。2021年7月，全球人道主义应急仓库和枢纽（过渡期）在中国广州揭牌。

2023年6月26日至30日，粮食计划署执行局2023年年会在罗马召开，批准了2022年度绩效报告、道德办公室报告、检察长报告和评估报告，通过了埃及、肯尼亚和赞比亚等三个国家国别战略计划。中国代表出席会议并参与有关讨论。

（19）世界气象组织

世界气象组织（简称"气象组织"）成立于1950年，总部位于瑞士日内瓦，是开展气象业务和气象科学活动的政府间组织，为联合国专门机构。气象组织主席为格哈德·阿德里安（德国籍），2019年当选，任期至2023年；秘书长为佩特里·塔拉斯（芬兰籍），2019年当选，任期至2023年。

中国是气象组织创始会员之一。1972年2月，中国恢复在气象组织的合法席位。中国政府长期以来支持气象组织在气象防灾减灾、应对气候变化等领域发挥重要作用，认可气象组织是天气、气候和水文领域重要的多边合作机制。

2023年2月27日，气象组织执行理事会第76届会议以线上线下相结合的方式在日内瓦开幕，主要审议了气象组织第19财期（2024—2027年）战略规划、政策规则、监察事项、预算及技术议题等。中国代表团参会，介绍中方在灾害预警、治理方面开展的工作。5月22日至6月2日，气象组织第19次世界气象大会在日内瓦召开，大会将联合国全民早期预警倡议的实施列为该组织未来四年战略计划的首要任务，讨论通过了观测、预报、服务、能力建设等"一揽子"决议，选举阿根廷气象局局长、气象组织第一副主席塞莱丝特·绍洛担任新一任秘书长。中国代表在会上围绕全民早期预警倡议及相关能力建设等议题发言，提出中国的意见和建议，推动大会取得实质成果。

（20）世界贸易组织

世界贸易组织（简称"世贸组织"）前身为关税与贸易总协定。1994年

4月在摩洛哥马拉喀什举行的关贸总协定乌拉圭回合部长级会议正式决定成立世界贸易组织。1995年1月1日，世贸组织成立，总部位于瑞士日内瓦。世贸组织共有166个成员。现任世贸组织总干事恩戈齐·奥孔乔–伊维拉（尼日利亚籍）于2021年3月就任，任期至2025年8月。

2001年12月11日，中国正式加入世贸组织，成为第143个成员。加入世贸组织以来，中国认真履行承诺，坚定维护以世贸组织为核心的多边贸易体制，反对单边主义、保护主义和贸易霸凌行径，并通过二十国集团、金砖国家、亚太经合组织、世界经济论坛等重要国际平台推动各方积极营造开放、包容、透明、非歧视的国际贸易和投资环境，构建开放型世界经济。

2023年6月，国务院总理李强在中国天津会见伊维拉总干事。伊维拉总干事赞赏中国支持多边贸易体制，持续推进对外开放并取得举世瞩目的发展成就。

2022年6月12日至17日，世贸组织第12届部长级会议在瑞士日内瓦成功举行，商务部部长王文涛率团出席。会议就新冠疫情应对、防疫相关知识产权豁免、粮食安全、人道主义援助、渔业补贴、电子传输暂免关税和世贸组织改革等广泛议题进行讨论，并取得积极成果。

（二）中国与其他国际和地区组织、会议

1. 国际红十字组织

国际红十字组织包括红十字国际委员会（简称"国际红会"）和红十字会与红新月会国际联合会（简称"国际联合会"）。

国际红会成立于1863年，是国际红十字与红新月运动的发起者和创始组织，主要依据《日内瓦公约》所赋予的职责和权力，向战争和武装冲突受害者提供人道主义保护和救助，致力于发展和传播国际人道法。总部设在瑞士日内瓦。现任主席为米里亚娜·斯波利亚里茨·埃格（瑞士籍），2022年就任，任期至2026年。

国际红会于2005年在北京设立东亚地区代表处。历届国际红会主席多次访华或来华出席国际会议。2023年9月5日，习近平主席在北京会见国际红会主席斯波利亚里茨。

国际联合会成立于1919年，主要宣传红十字运动原则、救灾、备灾，

以及与各国红十字会或红新月会合作开展各项人道主义工作。总部设在瑞士日内瓦。现任主席凯特·福布斯（美国籍），于2023年就任，任期至2027年。

1919年，中国红十字会加入国际联合会，属于其最早一批成员。2000年，国际联合会在北京设立东亚地区代表处。2023年2月，国际联合会秘书长贾干·乔帕甘访华，分别会见中国红十字会、外交部、应急管理部和国家国际发展合作署负责人。

2. 国际刑事警察组织

国际刑事警察组织（简称"国际刑警组织"）成立于1923年，前身是"国际刑事警察委员会"，1956年改为现名，共有196个成员。下设全体大会、执行委员会、总秘书处、国家中心局、文件管理委员会以及顾问。总秘书处设于法国里昂，在新加坡设有全球综合创新中心（简称"第二总部"）。现任主席为艾哈迈德·纳赛尔·埃尔拉斯（阿联酋籍），2021年当选，任期至2025年。现任秘书长为于尔根·斯托克（德国籍），2014年当选，2019年连任，任期至2024年。

中国于1984年成为国际刑警组织成员，并于同年组建国际刑警组织中国国家中心局。2017年5月，双方签署《中华人民共和国政府和国际刑警组织战略合作的意向宣言》。2017年9月，国际刑警组织第86届全体大会在北京举行，国家主席习近平出席开幕式并发表主旨演讲。

2023年4月，公安部部长王小洪会见来华访问的国际刑警组织秘书长斯托克。2023年11月28日至12月1日，国际刑警组织第91届全体大会在奥地利维也纳举行，中国代表团出席。

3. 国际可再生能源署

国际可再生能源署是2011年正式成立的政府间国际组织，旨在推广可再生能源使用，提供可再生能源发展信息服务和政策咨询，促进可再生能源开发技术转移等。总部设在阿联酋首都阿布扎比。现任总干事为弗朗西斯科·拉·卡梅拉（意大利籍），2019年4月就职，2023年4月连任，任期至2027年。

国际可再生能源署由秘书处负责日常工作，成员国主要通过一年一次的全体大会和一年两次的理事会参与机构决策和治理。中国于2014年正式加入国际可再生能源署，曾担任2019年1月召开的国际可再生能源署第九次全体大会主席国。

2023年4月18日，国家能源局局长章建华和卡梅拉总干事共同为中国—国际可再生能源署合作办公室揭牌。

4. 二十国集团

二十国集团于1999年成立，原为部长级会议机制。2008年国际金融危机爆发后，二十国集团升级为领导人机制，旨在推动发达国家和新兴市场国家就世界经济和金融领域的重大问题开展对话与合作，促进世界经济强劲、可持续、平衡和包容增长。2023年9月二十国集团领导人第十八次峰会上，非盟成为二十国集团正式成员。二十国集团共有21个成员，即阿根廷、澳大利亚、巴西、加拿大、中国、法国、德国、印度、印度尼西亚、意大利、日本、韩国、墨西哥、俄罗斯、沙特、南非、土耳其、英国、美国、欧盟、非盟。

二十国集团无常设秘书处，峰会筹备工作由"三驾马车"（前任、现任和候任主席国）牵头、各成员共同参与，采取协调人、财金渠道双轨筹备机制。

截至2023年底，二十国集团已举行18次领导人峰会和1次领导人视频峰会。

2016年9月4日至5日，二十国集团领导人第十一次峰会在浙江杭州成功召开。国家主席习近平全程主持峰会，并在开幕式上发表题为《构建创新、活力、联动、包容的世界经济》的讲话。峰会围绕"构建创新、活力、联动、包容的世界经济"主题，就创新增长方式、更高效的全球经济金融治理、强劲的国际贸易和投资、包容和联动式发展等重点议题进行了深入讨论。峰会发表《二十国集团杭州峰会公报》，核准《二十国集团创新增长蓝图》等28份核心成果文件，形成"放眼长远，综合施策，扩大开放，包容发展"的"杭州共识"，指明了二十国集团从危机应对向长效治理机制转型的新方向。

2023年9月9日至10日，二十国集团领导人第十八次峰会在印度新德里召开，峰会通过《二十国集团领导人新德里峰会宣言》。国务院总理李强出席并发表讲话，指出二十国集团成员应当坚守团结合作初心，扛起和平与发展的时代责任，做推动全球经济复苏的伙伴、做推动全球开放合作的伙伴、做推动全球可持续发展的伙伴。

2023年11月22日，李强总理在北京出席二十国集团领导人视频峰会并发表讲话，指出要继续坚持发展优先，把发展合作置于突出位置，加快实现世界经济的强劲、可持续、平衡和包容增长，拿出更多务实举措，落实好新德里峰会达成的共识，不断取得实际成果。

5. 金砖国家

2001年，美国高盛公司用巴西、俄罗斯、印度、中国四国英文名称首字母组成缩写词，首次提出"BRIC概念"。因BRIC拼写和发音同英文单词brick（砖）相近，中国媒体和学者将其译为"金砖国家"。2011年，南非正式加入金砖国家，该组织英文名称改为"BRICS"。2023年8月24日，金砖国家领导人第十五次会晤特别记者会宣布，邀请沙特、埃及、阿联酋、阿根廷、伊朗、埃塞俄比亚正式加入金砖国家。

金砖国家分布于亚洲、非洲、欧洲、美洲，国土面积占世界领土总面积的30.55%，人口占世界总人口的46.01%。据国际货币基金组织最新数据，2023年，金砖国家经济总量约为28.3万亿美元，约占世界的27.09%。

2006年9月，金砖国家外长举行首次会晤，开启金砖国家合作序幕。2009年6月，金砖国家领导人在俄罗斯叶卡捷琳堡举行首次会晤。2011年11月，金砖国家领导人在法国戛纳出席二十国集团领导人第六次峰会前夕举行首次非正式会晤。2023年8月22日至24日，金砖国家领导人第十五次会晤在南非约翰内斯堡举行。截至2023年底，金砖国家领导人共进行了15次会晤和9次非正式会晤。

金砖国家合作机制成立以来，合作基础日益夯实，领域逐渐拓展，已经形成以领导人会晤为引领，以安全事务高级代表会议、外长会晤等部长级会议为支撑，在经贸、财金、科技、农业、文化、教育、卫生、智库、友城等数十个领域开展务实合作的多层次架构，成为促进世界经济增长、完善全球治理、促进国际关系民主化的建设性力量。

金砖国家合作机制是新兴市场和发展中国家合作的重要平台。中国是金砖国家的创始国之一，也是金砖国家合作机制的积极支持者和推动者。中国倡导金砖国家遵循开放包容、合作共赢的精神，加强团结合作，推动全球治理朝着更加公正合理的方向发展。

6. 亚太议会论坛

亚太议会论坛（以下简称"论坛"）由日本前首相中曾根康弘发起，于1993年1月在日本东京成立，是亚太地区影响最大的议会间组织。论坛由亚太地区主权国家议会组成，共有28个成员国。年会是论坛的最高决策机构，每年轮流在太平洋两岸举行；执行委员会是论坛的领导机构。中国是论坛创始成员之一。中国于2004年1月在北京首次承办了第十二届年会。全国人大派团出席了历届年会会议。

2023年11月，全国人大外事委员会副主任委员王可率团参加在菲律宾马尼拉举办的亚太议会论坛第三十一届年会。

7. 亚太经济合作组织

亚太经济合作组织（简称"亚太经合组织"）是亚太地区层级最高、领域最广、最具影响力的经济合作平台，成立于1989年，以加强开放的多边贸易体制，减少区域贸易和投资壁垒为宗旨。经过30多年的发展，亚太经合组织合作延伸至投资、金融、能源、农业、科技、电信、交通、旅游、人力资源，以及防灾减灾、反腐败、卫生等诸多领域。亚太经合组织共有21个成员及3个观察员。成员分别为澳大利亚、文莱、加拿大、智利、中国、中国香港、印度尼西亚、日本、韩国、墨西哥、马来西亚、新西兰、巴布亚新几内亚、秘鲁、菲律宾、俄罗斯、新加坡、中国台北、泰国、美国、越南。观察员分别为东盟秘书处、太平洋经济合作理事会、太平洋岛国论坛秘书处。亚太经合组织主要活动包括领导人非正式会议、部长级会议、高官会以及委员会、工作组会议等。

中国重视亚太经合组织的作用，一直支持并积极参与该组织各层次、各领域的合作，并为合作不断取得进展作出重要贡献。2013年以来，国家主席习近平出席或主持历次亚太经合组织领导人非正式会议。2014年11月10日至11日，中方在北京成功主办亚太经合组织第二十二次领导人非正式会议。会议围绕"共建面向未来的亚太伙伴关系"主题，达成广泛共识，取得丰硕成果，发表《北京纲领：构建融合、创新、互联的亚太——亚太经合组织领导人宣言》和《共建面向未来的亚太伙伴关系——亚太经合组织成立25周年声明》。

2023年11月16日至17日，习近平主席在美国旧金山出席亚太经合组织第三十次领导人非正式会议并发表题为《坚守初心　团结合作　携手共促亚太高质量增长》的重要讲话，在亚太经合组织工商领导人峰会上发表题为《同心协力　共迎挑战　谱写亚太合作新篇章》的书面演讲。

8. 新开发银行

新开发银行是金砖国家发起成立的多边开发银行。2012年3月，金砖国家领导人第四次会晤探讨了成立新开发银行的可能性。2013年3月，金砖国家领导人第五次会晤同意成立新开发银行。2014年7月，金砖国家领导人第六次会晤期间，五国领导人见证签署《成立新开发银行的协议》。2015年7月，新开发银行在上海正式开业。

新开发银行初始法定资本1000亿美元，初始认缴资本500亿美元，金砖五国各自出资100亿美元，平分股权。新开发银行实行三级治理结构，理事会为最高决策机构，董事会负责一般业务经营，行长和副行长组成管理层。现任行长为迪尔玛·罗塞夫（巴西籍）。

2021年，新开发银行理事会批准吸收阿联酋、乌拉圭、孟加拉国和埃及为首批新成员。2023年5月30日至31日，新开发银行在上海举行第八届理事会年会，国务院副总理丁薛祥出席年会开幕式并致辞。

9. 77国集团

77国集团是发展中国家在联合国经济社会发展领域加强团结与合作的重要机制。截至2023年底，77国集团共有133个成员。主席国由来自亚非拉三大区域的成员按地区原则轮流担任，任期一年。2023年主席国为古巴，2024年主席国为乌干达。

中国不是77国集团成员，但一贯支持其正义主张和合理要求，在"77国集团和中国"框架下参加77国集团工作。中国全面参与77国集团有关会议和活动，在经济、发展、社会等领域同77国集团协调立场，共同发声，维护发展中国家整体利益。

2023年9月15日至16日，"77国集团和中国"哈瓦那峰会在古巴举行。习近平主席特别代表、中共中央政治局常委、中央纪委书记李希出席峰会并发表致辞。9月22日，第47届"77国集团和中国"外长会在纽约联合国总部举行。中国常驻联合国代表张军大使出席会议并发言。

10. 各国议会联盟

各国议会联盟（简称"议联"）成立于1889年，由主权国家议会参加，是世界上历史最长、规模最大、最具影响的国际议会组织。共有180个成员和15个联系会员。总部设在日内瓦，在纽约、维也纳设有办事处。议联现任主席为坦桑尼亚国民议会议长图利娅·阿克松，2023年10月就任，任期3年。现任秘书长马丁·纯贡，2014年就任，后连续两次连任，任期至2026年。

议联作为各国议会间的中心，致力于促进和平、保护人权、加强各国议会间的合作和推动代议制机构的发展。议联赞同联合国的目标，支持联合国的各项努力。多年来，议联以各种方式在维护和平、促进可持续发展、维护人权和妇女儿童权利、加强代议制机构等方面做了许多工作，就重大国际问题进行了广泛而深入的讨论，并以决议等形式发出议联声音，为国际社会所关注。自2000年起，议联每五年举办一次的世界议长大会就成为议会界最高规格、最大规模的盛会。

中国全国人大于1984年加入议联。自此，全国人大派团出席了历届议联大会，以及一些特别会议和专题研讨会。多年来，全国人大与议联保持着密切的合作关系。议联领导层重视全国人大在议联中的作用，多任主席、秘书长先后访华。

2023年3月11日至15日，议联第146届大会在巴林麦纳麦举行。全国人大常委会委员、农业与农村委员会委员陈福利以视频方式出席。

7月6日，全国人大常委会副委员长雪克来提·扎克尔在北京出席第五次发展中国家议员研讨班开幕式并致辞，并在开幕式前会见了议联秘书长纯贡。

9月11日，全国人大常委会委员长赵乐际在北京会见议联主席杜阿尔特·帕切科。12日，外交部副部长邓励与帕切科主席会见。

10月21日至29日，议联第147届大会在安哥拉罗安达举行。全国人大教育科学文化卫生委员会副主任委员李静海率团出席。

11. 上海合作组织

上海合作组织成立于2001年6月15日，创始成员国为中国、俄罗斯、哈萨克斯坦、吉尔吉斯斯坦、塔吉克斯坦、乌兹别克斯坦。共有9个成员国，3个观察员国，14个对话伙伴。上海合作组织秘书处设在北京。现任秘书长为张明（中国籍），2022年1月就任，任期3年。

2023年，中国积极参与上海合作组织政治、安全、务实、人文等领域合作，并主办多场重要会议和活动。

7月4日，上海合作组织成员国元首理事会第二十三次会议以视频方式举行，国家主席习近平出席。与会各方一致认为要坚定践行上海合作组织初心使命，深入挖掘合作潜力，全面拓展合作广度和深度，让合作成果更好惠及各国人民。成员国领导人签署并发表《上海合作组织成员国元首理事会新德里宣言》，共同发表关于打击极端化合作的声明、关于数字化转型领域合作的声明，批准关于给予伊朗上海合作组织成员国地位、关于签署白俄罗斯加入上海合作组织义务备忘录、关于上海合作组织至2030年经济发展战略等一系列决议。

10月26日，国务院总理李强在吉尔吉斯斯坦比什凯克出席上海合作组织成员国政府首脑（总理）理事会第二十二次会议。各方围绕加强经贸、交通、农业、能源、金融、高新技术、生态环保、绿色发展等领域交换意见，达成广泛共识。成员国总理或代表签署《上海合作组织成员国政府首脑（总理）理事会第二十二次会议联合公报》等文件。

2023年，上海合作组织还举行了成员国安全会议秘书、外交部长、总检察长、最高法院院长、国防部长、司法部部长、经贸部部长、交通部部长、农业部部长、能源部部长、文化部部长、卫生部部长、科技部部长、紧急救灾部门负责人、工业部部长、财政部部长和央行行长、环境部部长、最高审计机关负责人、旅游部门负责人、铁路部门负责人、信息通信技术发展部门负责人、体育部门负责人会议，以及上海合作组织民间友好论坛暨友好城市论坛、减贫和可持续发展论坛、经济智库联盟会议、青年委员会会议等活动，各领域合作水平进一步提高。

12. 亚洲相互协作与信任措施会议

亚洲相互协作与信任措施会议（简称"亚信"）成立于1992年10月5日，是就亚洲地区安全问题进行对话与磋商的论坛。共有28个成员国，15个观察员国家或国际组织。亚信秘书处设在哈萨克斯坦阿斯塔纳。现任秘书长为海拉特·萨雷拜（哈萨克斯坦籍），2020年10月就任。

2023年，中国继续积极参与亚信各领域合作，推进亚信进程。

4月，外交部副部长马朝旭、中国政府欧亚事务特别代表李辉分别在北京会见到访的亚信秘书长萨雷拜。

5月，杨凌农业高新技术产业示范区国际交流中心举办亚信国家农业产业发展与减贫培训班。

8月，上海国际问题研究院在青海西宁举办第十一届亚信智库论坛，主题为"构建文明互鉴与合作共赢的亚洲：亚信的角色与使命"，青海省人民政府领导、萨雷拜秘书长及亚信成员国驻华使节等出席会议。

8月，中国外文局中东欧与中南亚传播中心（人民画报社）在北京举办亚信青年发展论坛。

9月，亚信成员国外长非例行会议在纽约举行，中国常驻联合国副代表耿爽出席会议并发言。

10月，萨雷拜秘书长来华出席第三届"一带一路"国际合作高峰论坛和第十届北京香山论坛。

13. 东南亚国家联盟

东南亚国家联盟（简称"东盟"）成立于1967年，成员国包括文莱、柬埔寨、印度尼西亚、老挝、马来西亚、缅甸、菲律宾、新加坡、泰国、越南十国。2022年11月，东盟峰会发表声明，原则上接纳东帝汶为第11个成员国。中国、日本、韩国、印度、澳大利亚、新西兰、美国、俄罗斯、加拿大、欧盟、英国为东盟对话伙伴。东盟秘书处设在印度尼西亚雅加达。现任秘书长为高金洪（柬埔寨籍），2023年1月就任，任期至2027年。

2023年是国家主席习近平提出建设更为紧密的中国—东盟命运共同体十周年。9月6日，国务院总理李强在印度尼西亚雅加达出席第26次中国—东盟（10+1）领导人会议。会议就"一带一路"倡议同东盟印太展望互利合作发表联合声明，通过《中国—东盟关于深化农业合作的联合声明》《中国—东盟农业绿色发展行动计划（2023—2027）》《中国—东盟关于加强电子商务合作的倡议》《共同推进实施中国—东盟科技创新提升计划的联合倡议》等成果文件，欢迎签署《中国—东盟技术合作协议》，宣布2024年为"中国—东盟人文交流年"。7月13日，中共中央政治局委员、中央外事工作委员会办公室主任王毅出席在雅加达举行的中国—东盟（10+1）外长会。

2023年为"中国—东盟农业发展和粮食安全合作年"。双方在农业发展相关领域举办了一系列活动，包括中国—东盟数字农业论坛、中国—东盟社会发展与减贫论坛、中国—东盟农业合作论坛、中国—东盟渔业论坛等。

2023年，中国与东盟其他领域合作稳步推进，机制性会议顺利举行。2月，第三次中国—东盟数字部长会议在菲律宾举行。6月，中国—东盟新兴产业论坛在深圳举行。7月，首届中国—东盟人工智能合作论坛在南宁举行。8月，中国—东盟教育交流周在贵州贵阳举行。同月，第22次中国—东盟（10+1）经贸部长会议在印度尼西亚三宝垄举行。9月，第20届中国—东盟博览会和首届中国—东盟建设部长圆桌会议在南宁举行。10月，第三届中国—东盟灾害管理部长级会议在越南下龙湾举行。11月，第22次中国—东盟交通部长会议在老挝琅勃拉邦举行。

14. 南亚区域合作联盟

南亚区域合作联盟（简称"南盟"）成立于1985年12月，包括阿富汗、孟加拉国、不丹、印度、马尔代夫、尼泊尔、巴基斯坦和斯里兰卡八个成员国。中国、日本、美国、欧盟、伊朗、韩国、毛里求斯、澳大利亚和缅甸为观察员。现任秘书长为戈拉姆·萨瓦尔（孟加拉国籍），2023年10月就任，任期3年。

2005年11月，第13届南盟峰会原则同意接纳中国为观察员。2006年8月，南盟第27届部长理事会审议通过南盟观察员指导原则，正式接纳中国为观察员。2007年4月、2008年8月、2010年4月、2011年11月、2014年11月，中国以观察员身份分别派团出席第14届至18届南盟峰会。

15. 阿拉伯国家联盟

阿拉伯国家联盟（简称"阿盟"）于1945年3月22日正式成立。阿盟共有22个成员，总部位于埃及首都开罗。现任秘书长为艾哈迈德·阿布·盖特（埃及籍），2016年7月就任，2021年3月连任，任期5年。

2023年，中国同阿盟的友好合作关系持续发展，在中国—阿拉伯国家合作论坛（简称"中阿合作论坛"）框架内共同举办了多项重要活动，推动首届中国—阿拉伯国家峰会（简称"中阿峰会"）成果落实和中阿命运共同体建设走深走实。

3月12日，盖特秘书长就习近平再次当选国家主席致贺信。

5月19日，第32届阿盟首脑理事会会议在沙特吉达举行，习近平主席向阿盟首脑理事会会议轮值主席国沙特国王萨勒曼·本·阿卜杜勒阿齐兹·阿勒沙特致贺信。

5月29日，中阿合作论坛第十八次高官会和第七次高官级战略政治对话在四川成都举行。论坛中方秘书处秘书长、外交部亚非司负责人和阿方主席、埃及常驻阿盟代表穆罕默德·欧尔菲共同主持，外交部中阿合作论坛事务大使李琛及中共中央宣传部、教育部、科学技术部等16家中方部门代表，阿盟助理秘书长哈立德·曼兹拉维和22个阿拉伯国家及阿盟秘书处主管官员与会。会议总结了首届中阿峰会和中阿合作论坛第九届部长级会议以来各项工作进展情况，就落实中阿峰会成果、推进中阿各领域务实合作、加强论坛建设等进行深入研讨，并就共同关心的国际和地区问题深入交换了意见。

6月11日，中阿合作论坛第十届企业家大会暨第八届投资研讨会在沙特利雅得举行。全国政协副主席胡春华、沙特外交大臣费萨尔·本·法尔汉·阿勒沙特、盖特秘书长等出席大会开幕式并发表主旨演讲，双方逾3500名代表参会。大会以"中阿携手、共创繁荣"为主题，与会代表围绕贸易、金融、基础设施、能源、绿色产业等议题进行深入研讨。

9月19日，第七届中阿能源合作大会在海南海口举行。国家能源局局长章建华、阿盟助理秘书长阿里·马利基等出席会议并致辞，外交部中阿合作论坛事务大使李琛出席会议。大会以"秉承高质量高标准可持续　开创中阿能源合作黄金期"为主题，与会代表就中国和阿拉伯国家在能源领域面临的投资机遇和挑战进行深入研讨。

9月21日，第五届中阿技术转移与创新合作大会在宁夏银川召开，科学技术部副部长陈家昌出席，中阿双方代表500余人与会。大会以"中阿科技合作，共享创新未来"为主题，与会代表就"传承中阿友好交流传统、深化中阿科技务实合作"进行深入研讨。大会面向阿拉伯国家发布300项先进适用技术，涉及生态环境保护、资源能源利用、污染控制等领域。

9月26日，第四届中阿改革发展论坛在上海举办。中国政府中东问题特使翟隽出席论坛开幕式并作主旨讲话，伊拉克前总理阿迪勒·阿卜杜勒马赫迪，约旦前经济事务副首相、前外交大臣杰瓦德·阿纳尼，阿曼前新闻大臣阿卜杜勒·哈萨尼，阿盟助理秘书长哈立德，外交部中阿合作论坛事务大使李琛出席开幕式；来自中国和17个阿拉伯国家的专家学者与会。

论坛以"落实首届中阿峰会成果,全力构建面向新时代的中阿命运共同体"为主题,与会代表就"高质量共建'一带一路',推动中阿合作提质升级""落实全球发展倡议,探索独立自主的现代化道路"议题进行深入探讨。

10月24日,中阿合作论坛第十届中阿关系暨中阿文明对话研讨会在阿联酋阿布扎比举行。中国政府中东问题特使翟隽、外交部中阿合作论坛事务大使李琛、阿联酋国务部长阿里·萨耶赫等出席开幕式。来自外交部、文化和旅游部、国务院新闻办公室、知名研究机构以及18个阿拉伯国家和阿盟的近80名代表出席。研讨会以"开展文明对话,促进可持续发展"为主题,与会代表围绕"加强文明交流,实现和平共处""尊重多元文化与民族特性,筑牢人类兄弟情谊""开展文明对话,助力人类社会发展繁荣""呼吁和平对话,夯实和平稳定根基"等议题进行深入研讨。

10月25日,第四届中阿北斗合作论坛在埃及亚历山大举办。阿盟助理秘书长阿里·马利基、毛里塔尼亚装备与运输部部长穆罕默德·阿里·乌尔德·西迪·穆罕默德、突尼斯交通部部长拉比阿·马吉迪、也门交通部部长阿卜杜萨拉姆·胡迈德、国家发展改革委创新驱动发展中心负责人出席论坛开幕式并致辞。与会代表围绕北斗在交通运输、油气安全、交通铁路建设等领域应用进行深入研讨。

11月30日,首届中阿青年发展论坛在海南海口举办。中华全国青年联合会主席徐晓出席论坛并致辞,阿盟助理秘书长海法·阿布·加扎莱和埃及青年与体育部部长阿什拉夫·塞比发表视频致辞,外交部中阿合作论坛事务大使李琛、22个阿拉伯国家驻华使节和外交官、中阿各领域青年代表等200余人出席论坛。论坛以"加强中阿青年伙伴关系,推动构建开放型世界经济"为主题,中阿青年代表围绕"粮食安全与生产"和"科技创新驱动绿色发展"议题进行深入研讨。

12月5日,第五届中阿图书馆与信息领域专家会议在沙特利雅得举行。来自12家中方机构、10个阿拉伯国家和阿盟秘书处的近40名馆长、专家、官员出席会议。会议以"信息环境变化下的图书馆服务转型"为主题,与会代表就当前图书馆的使命担当与信息领域的合作与发展进行深入研讨。

12月10日,第六届中阿广播电视合作论坛在浙江杭州举行。中共中央宣传部部长李书磊以视频方式出席开幕式并致辞,来自中国和15个阿拉伯国家的广电主管部门、媒体机构、视听企业以及阿盟、阿拉伯国家广播联盟的300余名代表参会。论坛以"传承中阿友谊·共享视听发展"为主题,与会代表就深化广播电视和网络视听交流合作进行深入研讨。

16. 海湾阿拉伯国家合作委员会

海湾阿拉伯国家合作委员会（简称"海湾合作委员会"或"海合会"）成立于1981年5月25日，成员包括沙特、阿联酋、科威特、卡塔尔、阿曼、巴林六个海湾阿拉伯国家。秘书处设在沙特首都利雅得。现任秘书长为贾西姆·穆罕默德·布达维（科威特籍），2023年2月就任，任期3年。

2023年，中国同海合会关系持续稳定发展。中海双方积极落实2022年12月国家主席习近平出席首届中国—海湾阿拉伯国家合作委员会峰会成果，推动各领域交流合作取得新进展。4月，"中海人文交流和互鉴双语文库"正式启动。10月，中国—海合会6+1经贸部长会在广州举行，通过《中华人民共和国与海湾阿拉伯国家合作委员会成员国经贸部长关于深化经贸合作的联合声明》。12月，第二届中海语言文化论坛在北京成功举办。

17. 非洲联盟

非洲联盟的前身是成立于1963年5月25日的非洲统一组织（简称"非统"）。1999年9月9日，非统决定成立非洲联盟（简称"非盟"）。2002年7月，非盟正式取代非统。非盟共有55个成员，总部在埃塞俄比亚首都亚的斯亚贝巴。现任非盟委员会主席为穆萨·法基·穆罕默德（乍得籍），2017年1月首次当选，2021年2月连任，任期4年。

2023年，中国同非盟关系发展顺利，各领域交流与务实合作成果丰硕。

政治互信进一步加强。1月，中国与非盟第八次战略对话成功举行。2月，国家主席习近平致电祝贺第36届非盟峰会召开。3月，法基主席致函祝贺习近平再次当选国家主席。9月，法基主席致函习近平主席祝贺中华人民共和国成立74周年。

务实合作成果丰硕。中非盟共建"一带一路"合作稳步推进。援非洲疾控中心总部一期项目竣工移交，总部实验楼被命名为"伍连德实验楼"。中方积极支持非洲大陆自贸区建设，继续为非盟机构、非盟在索马里维和行动和非洲常备军建设提供力所能及的帮助。

18. 欧洲联盟

欧洲联盟（简称"欧盟"）是在欧洲煤钢共同体、欧洲原子能共同体和欧洲经济共同体等被统称为欧洲共同体的三个机制的基础上发展而来的，总部位于比利时首都布鲁塞尔。

2023年是中国同欧盟建立全面战略伙伴关系20周年，在中欧高层引领和双方共同努力下，中欧关系呈现稳中向上的良好势头。

高层交往保持畅通。4月6日，国家主席习近平同法国总统埃马纽埃尔·马克龙、欧盟委员会主席乌尔苏拉·冯德莱恩举行中法欧三方会晤，并会见冯德莱恩主席。12月7日，第二十四次中国—欧盟领导人会晤在北京举行，习近平主席会见欧洲理事会主席夏尔·米歇尔、欧盟委员会主席冯德莱恩，国务院总理李强同欧盟两位主席共同主持会晤。6月22日，李强总理在巴黎出席新全球融资契约峰会期间会见米歇尔主席。9月9日至10日，李强总理在印度新德里出席二十国集团领导人第十八次峰会期间分别会见米歇尔主席、冯德莱恩主席。10月13日，国家副主席韩正在北京会见来华举行第十二轮中欧高级别战略对话的欧盟外交与安全政策高级代表兼欧盟委员会副主席何塞·博雷利。

各领域对话合作全面激活。7月4日，中共中央政治局常委、国务院副总理丁薛祥同欧盟执行委员会副主席弗兰斯·蒂默曼斯举行第四次中欧环境与气候高层对话。9月18日，中共中央政治局委员、国务院副总理张国清同欧盟委员会副主席薇拉·尧罗娃共同主持第二次中欧数字领域高层对话。9月25日，中共中央政治局委员、国务院副总理何立峰同欧盟委员会执行副主席瓦尔迪斯·东布罗夫斯基斯共同主持第十次中欧经贸高层对话。10月13日，中共中央政治局委员、外交部长王毅同博雷利高级代表举行第十二轮中欧高级别战略对话，与之保持经常性沟通。9月26日，外交部部长助理华春莹在北京会见欧盟委员会海洋事务和渔业总司长查琳娜·维特切娃。中欧还就国际和地区热点问题等保持沟通，3月13日、4月5日、5月25日，中国政府中东问题特使翟隽、中国政府朝鲜事务特别代表刘晓明、中国政府欧亚事务特别代表李辉先后访问欧盟总部。

务实合作保持稳定。2023年，中国同欧盟贸易总额达7829.9亿美元，双方互为第二大贸易伙伴。中国新增对欧盟投资82.1亿美元，同比增长17.4%，对欧盟累计投资1094亿美元。欧盟新增对华投资105.8亿美元，同比增长5.5%，对华累计投资1440亿美元。

19. 美洲国家组织

美洲国家组织成立于1948年，成员国包括33个美洲国家（2009年，美洲国家组织废除了1962年关于中止古巴成员国资格有关决议，但古巴拒绝重返该组织；2019年4月，委内瑞拉政府宣布正式退出该组织，美洲国家组织于同月强行通过决议接受委内瑞拉"临时总统"胡安·瓜伊多委任的常驻代表古斯塔沃·塔雷，2023年1月，塔雷宣布辞职，该组织关于接受塔雷为常驻代表的决议自动失效；2022年4月，尼加拉瓜政府宣布退出美洲国家组织，并关闭该组织驻尼机构，2023年11月，尼加拉瓜按规定程序正式退出美洲国家组织），是美洲重要的政府间政治组织。总部设在美国华盛顿，现任秘书长为路易斯·莱昂纳多·阿尔马格罗·莱梅斯（乌拉圭籍），2015年5月就任，2020年3月连选成功，任期至2025年5月。该组织现有74个常驻观察员（2022年4月，俄罗斯因乌克兰危机被暂停常驻观察员资格）。

中国重视发展与美洲国家组织的友好合作关系，2004年5月成为该组织第60个常驻观察员后，同其开展了合作基金、人力资源开发和奖学金等合作项目。2016年2月，阿尔马格罗秘书长访华，国务委员杨洁篪、外交部长王毅分别同其会见，外交部副部长王超同其会谈，商务部国际贸易谈判副代表张向晨同其会见。此系中国成为美洲国家组织常驻观察员后该组织秘书长首次访华。

2023年，中国驻美国大使兼常驻美洲国家组织观察员谢锋率中国政府代表团出席该组织第53届年会，并在该组织成员国与观察员对话会上发言。

20. 中美洲议会

中美洲议会成立于1991年，由多米尼加、萨尔瓦多、危地马拉、洪都拉斯、尼加拉瓜和巴拿马六个成员国组成，宗旨是促进中美洲地区政治对话，推进发展、民主和多边主义。总部位于危地马拉首都危地马拉城，现任议长西尔维亚·加西亚（多米尼加籍）于2023年10月当选，任期至2024年10月。

2023年6月，中美洲议会议长阿马多·塞鲁德率中美洲议会领导层代表团访华。8月，中美洲议会通过关于取消台湾地区"立法院"所谓"常驻观察员"地位、接纳中国全国人大为常驻观察员的决议。9月，塞鲁德议长率团访华，全国人大常委会委员长赵乐际同其会见，双方共同签署了《中华人民共和国全国人民代表大会以常驻观察员身份加入中美洲议会的特别协议》。根据上述协议精神，11月，全国人大任命18名中方常驻中美洲议会观察员代表。

21. 拉美和加勒比国家共同体

拉美和加勒比国家共同体（简称"拉共体"）于2011年12月成立，由拉美和加勒比33国组成，是拉美和加勒比首个囊括该地区所有独立国家的综合性组织，旨在推进地区各领域一体化建设，整合、协调现有的区域和次区域一体化组织。拉共体诞生后，地区原政治磋商和协调机制——里约集团完成转型并停止活动。拉共体实行轮值主席国制，议事规则为协商一致原则，在原"三驾马车"基础上设立"四驾马车"协助轮值主席国工作，拉共体现任轮值主席国、前任轮值主席国、候任轮值主席国和加勒比共同体轮值主席国一同组成"四驾马车"。2023年"四驾马车"成员为圣文森特和格林纳丁斯、阿根廷、洪都拉斯以及加勒比共同体轮值主席国（每半年轮换一次，2023年上半年为巴哈马，下半年为多米尼克）。

2015年1月8日至9日，中国—拉共体论坛（简称"中拉论坛"）首届部长级会议在北京举行，标志着中拉论坛正式启动。国家主席习近平出席开幕式并发表题为《共同谱写中拉全面合作伙伴关系新篇章》的重要讲话。

2023年1月，习近平主席为拉共体第七届峰会作视频致辞。

2023年，中拉论坛框架内举行了基础设施、减贫发展、经贸投资、数字技术、灾害治理、矿业、青年体育、中文教育、知识产权等领域18场分论坛活动。

22. 南方共同市场

南方共同市场（简称"南共市"）于1991年成立，1995年1月正式启动，是南美最大的经济一体化组织和关税同盟。成员国包括阿根廷、巴西、乌拉圭、巴拉圭、玻利维亚和委内瑞拉（自2017年8月起，委内瑞拉被暂停成员国资格）。秘书处设在乌拉圭首都蒙得维的亚。

中国同南共市关系良好。双方于1997年建立副部长级对话机制。截至2023年底，双方共举行六次对话。2012年6月，国务院总理温家宝在访问阿根廷期间与南共市国家领导人举行视频会议，就深化双方关系、加强经贸合作交换意见，并就发表《中华人民共和国与南方共同市场关于进一步加强经济、贸易合作联合声明》达成一致。同月，南共市第43届峰会正式发表该联合声明。2014年7月，南共市第46届峰会祝贺中国—拉美和加勒比国家领导人巴西利亚会晤成功举行，支持建立中国—拉共体论坛。2018年10月，中国—南共市第六次对话在乌拉圭首都蒙得维的亚举行，双方就推动中南关系发展、加深各领域合作进行交流，重申支持地区一体化及以世界贸易组织为核心的多边贸易体制。2019年12月，双方举行首次中国全国人大—南共市议会对话。

23. 太平洋联盟

太平洋联盟成立于2011年，宗旨是实现区域内货物、服务、资本和人员自由流通，促进成员国经济增长、社会发展、提升整体竞争力，搭建面向世界，特别是亚太地区的政治、经济和贸易一体化平台。该组织共有智利、哥伦比亚、墨西哥、秘鲁4个成员国，1个联系国，63个观察员国，2023年8月，秘鲁接任轮值主席国。

中国于2013年7月成为该组织观察员国。

2022年9月，太平洋联盟轮值主席国墨西哥以视频方式举行第四届同观察员国合作论坛东亚和大洋洲区域会议，外交部派员参加并致辞。

24. 美洲开发银行

美洲开发银行（简称"美开行"）成立于1959年，宗旨是为拉美和加勒比国家经济、社会发展计划提供资金和技术援助，促进拉美和加勒比经济社会发展。现有48个成员国，总部设在美国首都华盛顿。现任行长为伊兰·戈德法恩（巴西籍），2022年12月就职，任期5年。

中国重视发展与美开行的友好合作关系。1991年，中国人民银行成为美开行观察员。2009年1月，中国人民银行代表中国成为美开行正式成员。2013年1月，中国人民银行和美开行共同成立规模为20亿美元的"中国对拉美和加勒比地区联合融资基金"。

2023年3月，中国人民银行代表团出席在巴拿马举行的美开行第63届年会。截至2023年底，中方在美洲投资公司持股比例为4.85%。

25. 拉丁美洲议会

拉丁美洲议会（简称"拉美议会"）成立于1964年，由拉美和加勒比23个国家和地区的议员组成，宗旨是促进拉美和加勒比国家的团结和地区一体化。总部位于巴拿马首都巴拿马城，现任议长为罗兰多·米格尔·冈萨雷斯·帕特里西奥（古巴籍），2023年12月当选。

中国重视发展与拉美议会的友好合作关系。2004年3月，全国人民代表大会成为拉美议会观察员。2018年11月，中方与拉美议会合作建设的"中国馆"在拉美议会总部落成。

2023年5月，中方代表出席拉美议会第37届年会。12月，全国人大常委会委员长赵乐际致电祝贺冈萨雷斯当选拉美议会议长。

26. 东亚—拉美合作论坛

东亚—拉美合作论坛（简称"亚拉论坛"）于1999年成立，是唯一跨东亚和拉美两区域的官方多边合作论坛，旨在增进两区域之间的了解，促进双方政治、经济对话及各领域合作，推动东亚和拉美国家之间建立更为密切的关系。亚拉论坛共有36个成员国，现任协调员国为老挝和多米尼加。2019年11月，亚拉论坛第九届外长会及第20次高官会在多米尼加首都圣多明各举行。2021年11月，亚拉论坛第21次高官会以视频方式举行。

中国系亚拉论坛创始成员国，积极参与亚拉论坛活动，在论坛框架下面向成员国举办了近百个合作项目，现任论坛社会政治合作、可持续发展和气候变化工作组东亚方主席，中国政府派员出席了亚拉论坛历届外长会和高官会。

27. 亚欧会议

亚欧会议成立于1996年，是亚洲与欧洲之间的政府间论坛，旨在通过对话增进了解、加强合作，促进建立亚欧新型全面伙伴关系。亚欧会议现有成员53个，政治对话、经贸合作、社会文化及其他领域交流是其三大支柱。

2023年，中国积极落实中方领导人在亚欧会议各项承诺，并同亚欧基金开展合作项目。7月5日至7日，亚欧基金第44次董事会会议在西班牙巴塞罗那举行。11月3日，全球发展青年先锋交流营暨亚欧青年绿色发展论坛在陕西西安举办，主题为"加强青年合作 共促绿色发展"，来自亚欧国家的百余名中外青年代表参加。复旦大学与亚欧基金合办的第三、第四期"亚欧基金高等教育创新实验室"项目以线上线下相结合的方式举行。

28. 东亚峰会

东亚峰会成立于2005年。现有18个成员国，包括东盟十国、中国、日本、韩国、印度、澳大利亚、新西兰、美国和俄罗斯。

2023年9月7日，国务院总理李强出席第18届东亚峰会。7月14日，中共中央政治局委员、中央外事工作委员会办公室主任王毅出席东亚峰会外长会。3月7日，中方出席东亚峰会高官会。

第18届东亚峰会通过《东亚峰会关于维护和促进本地区作为增长中心的领导人声明》。中方积极推进东亚峰会重点领域合作，积极参加经贸、能源、教育部长级会议，举办了第九届东亚峰会新能源论坛、第六届东亚峰会清洁能源论坛和第六届东亚峰会区域安全架构二轨会议。

29. 中日韩合作

1999年11月，国务院总理朱镕基、日本首相小渊惠三、韩国总统金大中在菲律宾出席东盟与中日韩（10+3）领导人会议期间举行早餐会，启动中日韩合作进程。自2008年以来，中日韩合作进入新的发展阶段，建立起以领导人会议为核心、21个部长级会议和70多个工作层机制为支撑的合作体系，成立了中日韩合作秘书处。三国投资协定于2014年5月17日正式生效。

2023年，第十次中日韩外长会在韩国釜山举办。中日韩务实合作稳步发展。第四届中日韩体育部长会议、第23次中日韩财长和央行行长会议、第14次中日韩文化部长会议、第24次中日韩环境部长会议、第23次中日韩知识产权局局长会议、第16届中日韩卫生部长会议，以及2023年中日韩合作国际论坛、中日韩新农人交流项目、中日韩青年峰会等成功举办。中国潍坊市和大连市、日本石川县、韩国金海市共同入选2024年"东亚文化之都"。

30. 东盟与中日韩（10+3）合作

东盟与中日韩（10+3）合作是东亚合作主渠道，成员包括东盟十国、中国、日本和韩国。1997年以来，10+3在20多个领域建立66个对话与合作机制，形成了以领导人会议为核心，以部长级会议、高官会、大使级会议为支撑的合作体系。截至2023年12月，已举行26次领导人会议和1次领导人特别会议（即2020年4月10+3抗击新冠肺炎疫情领导人视频特别会议）。

2023年，10+3在经贸领域取得积极进展。8月，第26次10+3经贸部长会议上，各方表示将继续密切配合，共同实施好10+3经济合作工作计划，持续释放《区域全面经济伙伴关系协定》等自贸安排红利，研究举办10+3产业链供应链对接大会，共同推动地区经济复苏发展。会议通过增补后的《10+3经济合作工作计划（2023—2024）》。

2023年，中方积极参加10+3各层级会议。9月，国务院总理李强出席第26次10+3领导人会议。7月，中共中央政治局委员、中央外事工作委员会办公室主任王毅出席第24次10+3外长会。3月，中方代表出席10+3高官会。2023年年内，中方代表出席了10+3财长和央行行长会、经贸部长会、农林部长会、打击跨国犯罪部长级会、文化部长会等会议。中方还举办了第21届东亚论坛、首届10+3移民管理政策高级别研讨会、第6届10+3清洁能源圆桌对话等活动。

31. 博鳌亚洲论坛

博鳌亚洲论坛（以下简称"论坛"）成立于2001年，是首个定址中国的非官方、非营利的国际会议组织。论坛立足亚洲，面向世界，致力于促进和深化本地区内和本地区与世界其他地区间的经济交流、协调与合作，为政府、企业及专家学者等提供一个共商经济、社会、环境及其他相关问题的高层对话平台，通过论坛与政界、商界及学术界建立的工作网络，为会员与会员之间、会员与非会员之间日益扩大的经济合作提供服务。近年来，论坛国际地区影响力不断提升，为推动亚洲和新兴经济体发展、区域经济一体化作出积极贡献，已成为兼具亚洲特色和全球影响的重要政商对话平台。现任论坛理事长为联合国前秘书长潘基文，副理事长、中方首席代表为第12届全国政协副主席、中国人民银行原行长周小川。

论坛每年举办一次年会，邀请多国领导人和主要国际组织负责人、前政要、部长级官员以及企业、智库、媒体等各界代表出席。

论坛2023年年会于3月在海南博鳌召开，主题为"不确定的世界：团结合作迎挑战，开放包容促发展"，国务院总理李强出席论坛2023年年会开幕式，集体会见论坛理事和战略对话伙伴，并同中外企业家代表座谈。在论坛框架下，还举办了国际科技与创新论坛第三届大会、全球经济发展与安全论坛第二届大会、健康产业国际论坛、第二届创新与知识产权保护会议、经济学家圆桌会议等活动，在各相关领域推动亚洲各国以及亚洲与其他地区间的对话。

32. 东盟地区论坛

东盟地区论坛是亚太地区主要的官方多边安全对话与合作平台，包括东盟十国、中国、日本、韩国、俄罗斯、美国、加拿大、澳大利亚、欧盟等27个成员。1994年7月25日，东盟地区论坛首届外长会在泰国曼谷召开，截至2023年底已举行30届外长会。

2023年7月14日，中共中央政治局委员、中央外事工作委员会办公室主任王毅在印度尼西亚雅加达出席第30届东盟地区论坛外长会。2023年年内，在东盟地区论坛框架下，还举行了高官会、建立信任措施与预防性外交会间辅助会议、救灾会间会、反恐与打击跨国犯罪会间会、海上安全会间会、防扩散与裁军会间会、信息通信技术安全会间会、安全政策会议和国防官员对话会。中国与柬埔寨共同担任海上安全会间会主席，与老挝、加拿大共同担任救灾会间会主席。

33. 亚洲合作对话

亚洲合作对话由泰国于2002年倡议成立，是面向亚洲的官方对话与合作机制。亚洲合作对话成立以来，为促进亚洲国家间相互理解、培育亚洲意识、增进亚洲团结发挥了积极作用。亚洲合作对话共有35个成员国，即中国、东盟十国、日本、韩国、蒙古国、俄罗斯、印度、巴基斯坦、孟加拉国、斯里兰卡、阿富汗、不丹、哈萨克斯坦、吉尔吉斯斯坦、塔吉克斯坦、乌兹别克斯坦、沙特、伊朗、土耳其、阿联酋、科威特、阿曼、卡塔尔、巴林、尼泊尔、巴勒斯坦。2016年成立亚洲合作对话常设秘书处，定址科威特。2023年主席国是巴林。

2023年9月20日，中国常驻联合国副代表戴兵大使出席在联合国大会期间举行的亚洲合作对话第18次外长会。

34. 亚洲议会大会

亚洲议会大会于2006年11月在伊朗德黑兰成立，由亚洲和太平洋地区的主权国家议会组成，其宗旨是为亚洲和太平洋地区的各国议员提供相互交流、加强合作、增进友谊的平台，促进本地区乃至世界的和平与发展。亚洲议会大会共有43个成员国，14个观察员国。

2023年1月，全国人大外事委员会委员陈福利以视频方式出席亚洲议会大会第13届年会。5月，全国人大环境与资源保护委员会委员李海生率团出席在巴林举行的亚洲议会大会经济和可持续发展常设委员会会议。7月，全国人大农业与农村委员会委员陈福利率团出席在伊朗举行的亚洲议会大会财务和计划常设委员会暨章程和规则工作组会议。11月，全国人大民族委员会委员周敏率团出席在土耳其举行的亚洲议会大会执行理事会会议。

35. 澜沧江—湄公河合作

澜沧江—湄公河合作（简称"澜湄合作"）是中国与柬埔寨、老挝、缅甸、泰国、越南共商共建共享的新型地区合作机制，旨在通过深化澜湄六国睦邻友好和务实合作，促进沿岸各国经济社会发展，打造澜湄流域经济发展带，建设澜湄国家命运共同体，助力地区一体化进程，为落实联合国2030年可持续发展议程、实现地区和平发展作出新贡献。

自2016年至2023年，澜湄合作已开展七年，发展迅速，成果显著，成为最具活力和发展潜力的地区合作机制之一。六国搭建起领导人会议、外长会、高官会、联合工作组会四级会议机制，各国外交部均成立澜湄合作国家秘书处或协调机构，成立各优先领域联合工作组。澜湄水资源合作中心、澜湄环境合作中心、澜湄农业合作中心和全球湄公河研究中心成立并高效运营。六国高校联合成立澜湄青年交流合作中心。

2023年，澜湄合作持续高水平发展。国家主席习近平同湄公河国家领导人保持密切沟通，为澜湄合作领航定向。12月25日，澜湄合作第四次领导人会议以视频方式举行，国务院总理李强出席会议。会议通过《澜湄合作五年行动计划（2023—2027）》等三份成果文件，为澜湄合作发展指明方向。12月7日，澜湄合作第八次外长会在北京举行，中共中央政治局委员、外交部长王毅出席会议。此前，六国共同举办了第十次高官会和第十三次外交联合工作组会。

在执法安全领域，澜湄六国携手打击网赌电诈等跨国犯罪活动取得重大进展。中老缅泰湄公河联合巡逻执法、"守望-2023"中老缅泰四国水上联合搜救演练等继续开展。第二届澜湄流域安全合作论坛、澜湄非传统安全合作研讨会等分别举行。

在产能和互联互通领域，六国就《澜湄国家产能合作三年行动计划（2024—2026）》达成一致，致力于推动澜湄产能合作高质量发展。中老铁路客货两旺，作为联通内外、辐射周边的物流黄金大通道效应日益凸显。柬埔寨暹粒吴哥国际机场通航运营。9月，澜湄航空发展合作联盟筹备大会在广西南宁召开，各方积极探讨推进澜湄航空网络建设。

在跨境经济领域，2023年中国同湄公河国家贸易额为3842亿美元。六国完成制定《澜湄国家跨境经济合作五年发展规划（2023—2027）》，同意进一步提升经贸投资合作，推动区域经济一体化发展。

在水资源领域，中方持续向湄公河五国提供澜沧江水文信息，与五国共同实施"澜湄甘泉行动计划""澜湄兴水惠民行动"等务实合作项目。六国就《澜湄水资源合作五年行动计划（2023—2027）》达成一致。9月，第三届澜湄水资源合作论坛在北京召开。

在农业领域，"丰收澜湄"农业合作项目、"澜湄农业合作百千万行动计划"等持续推进。六国就《澜湄农业合作五年行动计划（2023—2027）》达成一致。9月，第三届澜湄水果节在北京举行。12月，2023澜湄农业农资经贸合作峰会在四川成都召开。

在科技创新领域，12月，澜湄合作第四次领导人会议通过《澜湄地区创新走廊建设共同倡议》，强调加强科技政策对接、人才交流，深化数字技术、卫生健康技术、绿色技术等合作。澜湄云计算创新中心在老挝、柬埔寨、缅甸等湄公河国家落地。

在社会人文领域，为庆祝澜湄合作启动七周年暨第六个"澜湄周"，六国各部门和地方政府举办了青年交流、智库论坛、文艺演出、慈善捐助等50余项庆祝活动。六国还以灵活多样的方式举行了2023澜湄合作媒体峰会、第二届澜湄合作知名人士论坛、2023中国（浙江）澜湄地方合作发展论坛、第七届澜湄流域治理与发展青年创新设计大赛、2023澜湄国际影像周、第四届澜湄视听周、2023澜湄合作中国藤球公开赛等活动。

36. 太平洋岛国论坛

太平洋岛国论坛成立于1971年，原名为"南太平洋论坛"，2000年更名为现名，共有18个成员。

2023年，中国与太平洋岛国论坛关系总体稳定发展。4月，外交部副部长马朝旭在访问斐济期间会见太平洋岛国论坛秘书长亨利·普那。11月，中国政府太平洋岛国事务特使钱波在库克群岛出席第52届太平洋岛国论坛对话会。

37. 拉丁美洲社会科学院

拉丁美洲社会科学院（简称"拉美社科院"），由联合国教科文组织倡议，于1957年在智利正式成立。该院共有18个成员国，2个观察员国，常设秘书处设在哥斯达黎加首都圣何塞。现任秘书长乔塞特·阿特曼–波旁（哥斯达黎加籍）于2016年当选，2020年连任，任期至2024年6月。

拉美社科院旨在加强拉美和加勒比地区社会教学与研究，致力于推动地区政学两界对话与合作，促进地区一体化和发展，与拉美经委会、拉美社会科学理事会并称拉美三大社科研究机构。2022年6月，该院举行的第24届大会表决通过接纳中国成为该院观察员国的决议，国务委员兼外交部长王毅向上述大会作视频致辞。11月，外交部同拉美社科院签署《中华人民共和国外交部和拉丁美洲社会科学院谅解备忘录》。

2023年2月，拉美社科院出版主题专刊，庆祝中国成为该院观察员国，收录王毅有关讲话，以及外交部副部长谢锋、阿特曼–波旁秘书长、哥斯达黎加前总统何塞·菲格雷斯等的署名文章等。11月，全国政协副主席石泰峰访问哥斯达黎加并会见阿特曼–波旁秘书长。同月，阿特曼–波旁秘书长访华并出席世界中国学论坛，外交部部长助理华春莹与之礼节性会见。

第五章

中国外交中的国际安全、军控与防扩散工作

（一）概述

当前，全球战略安全格局加速演变。大国军事竞争与对抗加剧，地区热点问题联动，各方围绕传统和新兴领域安全治理进行深度博弈，国际军控与防扩散进程面临严峻挑战。个别国家痴迷于谋求绝对安全，全方位强化军力，奉行冷战思维，大搞小圈子和集团政治，严重损害全球战略平衡与稳定。与此同时，国际社会普遍求和平、求稳定、求发展，维护全球战略稳定及现有多边军控机制仍是大多数国家的共同愿望。

中国继续奉行独立自主的和平外交政策，倡导平等有序的世界多极化和普惠包容的经济全球化，坚定维护自身主权、安全、发展利益。面对复杂的国际安全形势，中国始终秉持人类命运共同体理念，推动落实共同、综合、合作、可持续的全球安全观，深入参与和引领全球安全治理，积极推动热点安全问题政治解决，努力推进国际军控与防扩散进程，为维护世界和平、安全与稳定作出积极贡献。

（二）中国参与联合国框架内的国际安全与军控工作

1. 联合国大会第一委员会 2023年10月2日至11月3日，第78届联合国大会第一委员会（裁军与国际安全委员会）会议在纽约联合国总部举行。会议进行了一般性辩论，就核武器、其他大规模杀伤性武器、外空、常规武器、其他裁军措施与国际安全、裁军机制、地区裁军与安全等问题举行专题辩论，共审议通过了61项决议及决定。

中国代表团以积极和建设性的姿态参与会议各项工作。在一般性辩论中，外交部军控司负责人全面阐述中国对当前国际安全形势的看法，并就军控、裁军和防扩散问题提出中国主张，指出当前百年大变局加速演进，世界进入新的变革动荡期，各种不稳定不确定因素相互交织，人类社会正陷入前所未有的多重安全困境，世界面临再次分裂的危险，必须坚持以团结精神适应已经历深刻调整的国际格局，以共赢思维应对复杂交织的安全挑战。为此，要坚持共同维护全球战略稳定，坚定捍卫现行核不扩散体系，严格遵守国际安全领域规则，持续加强新兴技术治理，坚持多边军控机制。中国赞赏联合国秘书长安东尼奥·古特雷斯提出的《新和平纲领》，愿同各方共同努力，推动"未来峰会"取得积极成果。

在核武器问题专题讨论中，中国代表团系统阐述了中国在核裁军问题上的政策立场，指出中国坚持走和平发展道路、坚持奉行独立自主和平外交政策和防御性国防政策，中国的核战略与核政策具有高度稳定性、连续性和可预见性，在核武器国家中独树一帜，最为负责、最为透明。中国主张应遵循"维护全球战略稳定""各国安全不受减损"等原则，以公平合理、逐步削减、向下平衡的方式，循序渐进地推进核裁军。拥有最大核武库的国家应继续履行核裁军特殊、优先责任。中方呼吁其他核武器国家与中国一道奉行不首先使用核武器政策，缔结"互不首先使用核武器条约"，切实降低核武器在国家和集体安全政策中的作用。中方支持在《五个核武器国家领导人关于防止核战争与避免军备竞赛的联合声明》基础上，为减少战略风险进一步作出努力。

在其他大规模杀伤性武器问题专题讨论中，中国代表团介绍了中国在

第五章　中国外交中的国际安全、军控与防扩散工作

生物武器问题上的立场，主张进一步加强《禁止生物武器公约》权威性和有效性，重启该公约核查议定书谈判，解决合理遵约关切，加强科技发展审议，积极促进国际合作，倡导负责任的生物行为，鼓励所有利益攸关方自愿采纳《科学家生物安全行为准则天津指南》。中国代表团并阐述中国在化学武器问题上的主张，呼吁有关国家停止利用化武热点问题进行政治操弄、阻碍禁止化学武器组织发展，指出在全球库存化武已完成销毁的背景下，日遗化武已成为实现无化武世界最现实的挑战，敦促日方切实履行承诺，加大日遗化武销毁投入，尽早还中国人民一片净土。

在外空问题专题讨论中，中国代表团呼吁坚持和平利用外空的国际共识，指出个别国家谋求"主导外空"、加快外空军力建设等行为持续加剧当前外空军备竞赛风险，希望国际社会秉持共同、综合、合作、可持续的安全理念，保障各国和平利用外空的权利。中国代表团坚持推进防止外空军备竞赛国际法律文书谈判，欢迎各方就中俄"防止在外空放置武器、对外空物体使用或威胁使用武力条约"草案提出建设性意见和建议，同时坚持统筹外空安全国际治理，欢迎日内瓦裁军谈判会议附属机构、联合国裁军审议委员会就外空安全问题达成一致，期待新一届联合国"防止外空军备竞赛"政府专家组积极开展工作，并呼吁各方支持后续"防止外空军备竞赛"开放式工作组。中国代表团还对"负责任外空行为准则"及联合国大会外空领域平行进程表达了关切，主张坚持真正的多边主义，统筹考量不同倡议主张，形成有效合力，推动早日谈判达成外空军控法律文书。

在常规武器问题专题讨论中，中国代表团分析了当前常规武器非法转让和转用风险有增无减的严峻形势，介绍了中国批准《枪支议定书》、履行《武器贸易条约》义务、支持《特定常规武器公约》及其附加议定书、提供人道主义扫雷援助等具体行动，主张国际社会加强常规武器军控领域协调合作，坚持标本兼治，强化国家责任，加强资源整合，推动常规武器军控领域各项工作取得新进展，为建设一个持久和平、普遍安全的世界作出贡献。

在其他裁军措施与国际安全问题专题讨论中，中国代表团介绍了中国在信息安全和人工智能问题上的立场，指出个别国家将意识形态对抗引入网络空间，筑起"小院高墙"，无理剥夺其他国家正当发展权利。一些国家明目张胆发展进攻性网络力量，扩散进攻性网络技术，全球数字治理赤字凸显。中方主张坚决维护网络空间和平与稳定，坚定走多边主义道路，与时俱进推进网络空间治理，呼吁各方维护信息安全开放式工作组作为联合国唯一信息安全进程的权威。在人工智能问题上，中国代表团宣介《全球人工智能治理倡议》，呼吁各国加强交流合作，形成具有广泛共识的人工智

能治理框架。中方倡导以人为本、智能向善、注重发展、伦理先行等理念，主张确保人工智能始终朝着有利于人类文明进步的方向发展；主张实施分级分类管理，确保有关武器系统永远处于人类控制之下；在加强监管和治理的同时确保各国享有充分和平利用的权利。中方将积极支持在联合国框架下讨论成立人工智能国际治理机构。

在裁军机制问题专题讨论中，中国代表团指出，在一些国家渲染大国竞争、阵营对抗的阴霾之下，多边裁军机制空前承压，国际防扩散体系面临严峻挑战。日内瓦裁军谈判会议长期陷于僵局，联合国裁军审议委员会核裁军议题讨论缺乏实质进展，联合国大会第一委员会讨论协商一致的意愿进一步降低，平行进程不断出现。中方强调应总结裁军领域正反方面的经验，坚持正确安全理念，坚定对现有裁军机制的必要信心，积极因应新问题新挑战。中方愿与各方一道，为维护和加强多边裁军机制、不断推进国际军控和裁军进程而努力。

此外，中国代表"在国际安全领域促进和平利用国际合作"联合国大会决议共提国作共同发言，重申最大限度参与和平目的的科技、设备、材料交流与合作是国际法赋予各国不可剥夺的权利，欢迎各国在促进和平利用及国际合作方面所作承诺和努力，以及在多、双边层面取得的积极进展，呼吁各国继续就促进和平利用及国际合作开展对话，探讨加强合作的路径。中方将向2024年第79届联合国大会继续提交该决议。

2. 日内瓦裁军谈判会议

日内瓦裁军谈判会议（简称"裁谈会"）是国际上唯一的多边裁军谈判机构，冷战后曾谈判制定《禁止化学武器公约》《全面禁止核试验条约》等重要多边军控条约。裁谈会共有65个成员国，按协商一致原则开展工作。由于各方在会议议题上存在分歧，裁谈会已20余年未能开展实质性条约谈判工作。

2023年，各方未能就裁谈会年度工作计划及观察员国与会问题达成一致。中国代表团以建设性姿态积极参加裁谈会内各项讨论，全面宣介全球安全倡议，并就核裁军、核透明、防止核战争、消极安全保证、防止外空军备竞赛等问题阐述了中方立场和主张，呼吁各国坚定维护并充分利用现有多边机制，坚定维护和加强全球战略稳定，坚决反对冷战思维、集团政治、阵营对抗，携手践行多边主义，守护世界和平与安宁。

3. 联合国裁军审议委员会

联合国裁军审议委员会（简称"裁审会"）于2018年开启新一轮审议周期，讨论"核裁军与核不扩散目标"和"以防止外空军备竞赛为目标促进执行外空透明与建立信任措施"两项议题。

2023年裁审会实质性会议于4月3日至4月20日在纽约联合国总部举行，系本轮审议周期的最后一次会议。就外空问题，会议协商一致达成成果文件。中国代表团建设性参与会议讨论和磋商，全面阐述对当前国际安全环境的看法，宣介全球安全倡议，倡导共同、综合、合作、可持续的安全观，系统介绍中方在核裁军、核不扩散、防止外空军备竞赛等问题上的立场、主张及所作努力，为推动会议达成成果文件作出积极贡献。

4. 联合国常规武器登记册

联合国常规武器登记册系根据联合国大会第46/36L号决议于1992年设立的。该决议呼吁所有会员国每年提交其上一年度涉及作战坦克、装甲战斗车、大口径火炮、作战飞机和无人驾驶战斗机、攻击直升机、军舰、导弹及导弹发射器七大类常规武器的转让情况，并请各国自愿提供有关军事财产、国内生产采购、轻小武器转让等情况。自1994年开始，联合国每三年成立政府专家组对登记册的运作和进一步发展进行审议。

联合国常规武器登记册作为常规武器转让领域的一项透明机制，在增进国家间互信方面发挥了积极作用。中国政府一贯高度重视登记册，并以积极和建设性姿态参加了登记册各项相关工作，对登记册的健康运作和发展作出了重要贡献。1993—1997年，中国每年向登记册提交登记数据。1998—2006年，中国暂停参加提交登记数据。2007年，中国恢复登记，此后每年均按时提交登记数据，树立了致力于增进互信的负责任国际形象。2023年5月，中国提交了2022年度的有关数据。

5. 联合国军事开支标准报告制度

根据联合国大会第35/142B号决议，联合国于1981年设立联合国军事开支标准报告制度。该制度是联合国框架内的军事透明机制之一，各国自愿参加，以表格形式向联合国报告最近一个财政年度的军事开支。根据联合国大会第62/13号和第68/23号决议，联合国秘书长于2010年和2016年成立政府专家组，审议该制度的运作情况和未来发展。

中国于2007年参加联合国军事开支标准报告制度，并从2008年起在报告中说明军事开支的主要用途，从2011年起在报告中说明国防开支占国内生产总值的比重，所提供的信息更加丰富。2023年，中国政府提交了相关军事开支报告。

6.《武器贸易条约》

《武器贸易条约》（以下简称《条约》）于2013年4月2日在第68届联合国大会上获得通过，2013年6月3日在纽约联合国总部开放签署，2014年12月24日正式生效，旨在建立统一的国际武器转让原则和标准。截至2023年底，《条约》共有113个缔约国，28国签约但尚未批约。中国于2020年7月6日正式加入《条约》。

中国赞成国际社会采取必要措施，规范国际武器贸易行为，打击非法武器转让和贩运。中国以积极、建设性态度参与了《条约》的谈判进程，为《条约》达成作出重要贡献。中国代表团参加了《条约》历届缔约国会议。2020年7月6日，中国常驻联合国代表张军大使向联合国秘书长古特雷斯交存了中国关于《条约》的加入书。2021年8月，中国首次以正式缔约国身份参加《条约》第七届缔约国大会，为会议协商一致达成成果文件发挥了建设性作用。作为一项履约措施，中国于2021年10月4日前按规定向《条约》秘书处提交了首份国家履约初始报告，介绍了中国政府相关国内法律适用、军品出口国家管制清单以及其他法规和行政措施。2022年5月，中国向《条约》秘书处提交了首份国家年度报告，介绍了中国2021年七大类常规武器和轻小武器进出口情况，这也是中方首次对外报告轻小武器进出口情况。2023年5月，中国向《条约》秘书处提交2022年度的国家年度报告。

7.《枪支议定书》

《枪支议定书》（全称《联合国打击跨国有组织犯罪公约关于打击非法制造和贩运枪支及其零部件和弹药的补充议定书》）于2001年5月31日在第55届联合国大会获得通过，2005年7月3日正式生效。作为枪支管控领域唯一的全球性法律文书，《枪支议定书》旨在推动各国加强枪支管理，促进控枪执法合作。截至2023年底，《枪支议定书》共有123个缔约国，包括欧盟所有成员国和英国，中国、印度、南非、土耳其、巴西、墨西哥等发展中大国均是缔约国。美国、俄罗斯未签署该议定书。

2023年10月24日，十四届全国人大常委会第六次会议通过了关于批准《枪支议定书》的决定。2023年12月19日，中国常驻联合国代表张军大使向联合国秘书长古特雷斯交存了中国关于《枪支议定书》的批准书。《枪支议定书》于2024年1月18日起正式对中国生效。

《联合国打击跨国有组织犯罪公约》缔约方会议下设"枪支问题"政府间工作组，每年在奥地利维也纳举行会议，供各国交流控枪经验和做法，并就如何促进《枪支议定书》的执行向公约缔约方会议提交建议。自2012

年起，中国作为观察员参加工作组历届会议。2023年5月3日，中国代表团在工作组第十次会议上应邀代表亚太地区国家发言，全面介绍中国在枪支管控领域的经验和做法，表明中方愿与各方开展务实合作、严格管控枪支及其零部件跨境流动的诚意和决心。

（三）中国履行国际军控和防扩散法律文书的工作

1.《不扩散核武器条约》

《不扩散核武器条约》（以下简称《条约》）于1968年达成，1970年生效。1995年召开的《条约》第五次审议大会决定《条约》无限期有效。《条约》主要目的是推动核裁军、防止核武器扩散及促进和平利用核能。截至2023年底，《条约》共有191个成员国，中国于1992年加入，印度、巴基斯坦、以色列迄未加入，朝鲜于2003年宣布退约。《条约》第9条第3款规定"1967年1月1日前爆炸核武器或其他核爆炸装置的国家为核武器国家"，中国、美国、俄罗斯、英国、法国（合称"五核国"）由此获得核武器国家地位。

《条约》规定每五年召开一次审议大会，审议《条约》实施情况，其间召开三次筹备会。2022年8月，《条约》第十次审议大会（以下简称"十审会"）在纽约举行。中国向十审会提交履约国家报告和相关工作文件，全面阐述核领域政策主张，系统展示中国自2015年以来最新履约成就及参与国际合作情况。因美国及其他西方国家与俄罗斯在乌克兰危机涉核问题上立场对立，十审会未达成成果文件。2023年7月31日至8月11日，《条约》第十一次审议大会第一次筹备会议在奥地利维也纳举行。

2019年五核国北京会议以来，中方积极推动五核国合作进程，取得一系列重要成果。2020年3月，五核国外长在《条约》生效五十周年之际发表联合声明，重申五核国对《条约》的政治支持。2021年12月，五核国在巴黎举行第十次正式会议，会议发表公报并达成向十审会提交的成果。2022年1月，五核国领导人发表《关于防止核战争和避免军备竞赛的联合声明》，发出五核国维护全球战略稳定、防止核战争的共同声音，得到国际社会积极评价。五核国还就核政策、减少战略风险问题保持专家层面沟通。

在核裁军领域，中国一贯主张并积极倡导最终全面禁止和彻底销毁核武器，坚定奉行自卫防御的核战略，恪守在任何时候任何情况下不首先使用核武器、无条件不对无核武器国家和无核武器区使用或威胁使用核武器的承诺。中国未参加任何形式的核军备竞赛，将继续把自身核力量维持在国家安全需要的最低水平。中国认为，核裁军进程必须遵循"维护全球战略稳定"和"各国安全不受减损"原则，循序渐进地推进。拥有最大核武库的国家应切实履行特殊、优先责任，进一步大幅实质削减核武器。中国充分理解无核武器国家要求加快推进核裁军进程的良好愿望，愿与各方一道作出不懈努力。

中国支持国际社会减少战略风险的努力。同时，减少战略风险措施不存在普遍适用的模板，应充分考虑核武器国家核力量规模、核政策、安全环境等差异，根据各国战略互信水平循序渐进推进。中方呼吁核武器国家谈判缔结"互不首先使用核武器条约"，并在裁谈会谈判缔结无核安保国际法律文书。中方并呼吁采取切实措施降低核武器在国家和集体安全政策中的作用，有关核武器国家与无核武器国家均应发挥积极作用。

在核不扩散领域，中国始终以建设性姿态参与防扩散国际合作。中国支持朝鲜半岛核问题、伊朗核问题等地区热点核问题政治外交解决进程，反对将地缘政治私利凌驾于核不扩散之上的狭隘做法。中国坚定支持建立中东无核及其他大规模杀伤性武器区的国际努力，并将继续支持有关无核武器国家根据本地区实际情况，在自行协商、自愿协议的基础上建立无核武器区。核武器国家应尽快批准有关无核武器区条约的议定书，中方愿率先签署《东南亚无核武器区条约》议定书。美国、英国、澳大利亚核潜艇合作涉及核武器国家向无核武器国家转让核潜艇动力堆及大量武器级核材料，构成严重核扩散风险，中国对此表示严重关切并坚决反对。"核共享"安排加剧核扩散风险，遭到许多国家质疑，中国敦促有关国家摒弃冷战思维，撤出在海外部署的核武器，不以任何形式在亚太地区复制"核共享"安排。

同时，中国始终坚持开放共赢理念，与各国开展和平利用核能合作，积极向有需要的国家提供力所能及的帮助，为推动和平利用核能事业发展作出贡献。中国积极支持国际原子能机构在促进核能和平利用方面所做的工作，按时、足额缴纳会费和技术合作基金。国际社会应切实尊重各国特别是发展中国家和平利用核能的正当权利，反对并纠正一些国家以意识形态划线，泛化国家安全概念，将出口控制当作"脱钩断链"的政治工具，无端干扰和限制正常和平利用核能国际合作的消极趋势。

2. 国际原子能机构

国际原子能机构（以下简称"机构"）于1957年7月正式成立，总部设在奥地利维也纳。机构的主要职责包括促进和平利用核能和防止核武器扩散。截至2023年底，机构共有178个成员国。现任总干事为拉斐尔·格罗西（阿根廷籍），2019年10月当选，2023年获得连任，第二任期至2027年12月。

中国于1984年加入机构，于1988年9月与机构签署了自愿保障监督协定，并于1998年12月与机构签署附加议定书。中国重视机构作用，与机构在各领域开展了多层次、全方位合作，积极参与机构理事会、大会等决策机制工作。

中国支持机构推动核能成果普惠共享，助力实现联合国2030年可持续发展目标。中国支持机构根据自身授权和成员国实际需要，充分利用技术合作资金资源，为促进各国，特别是发展中国家和平利用核能事业发展发挥积极作用。中国支持机构继续积极推进核安全标准和核安保导则制订和推广应用，协助成员国提升核安全与核安保水平。中国支持加强机构全面保障监督协定和附加议定书的普遍性，同时主张应本着公正、客观、透明的原则提升机构保障监督效率和有效性。中国支持机构继续秉持客观公正立场，按照授权履行职责，为通过政治外交手段解决地区热点核问题发挥建设性作用。

3.《全面禁止核试验条约》

《全面禁止核试验条约》（以下简称《条约》）于1996年达成并开放签署。《条约》禁止任何核武器试验爆炸及任何其他核爆炸，是实现全面禁止和彻底销毁核武器过程中的一个重要步骤。截至2023年底，已有187国签署《条约》，178国批约。《条约》生效所必需的44国中，已有35国批约。2021年，《条约》组织筹备委员会（以下简称"筹委会"）临时技术秘书处执行秘书换届选举结束，罗伯特·弗洛伊德（澳大利亚籍）当选为新一任执行秘书，并于当年8月1日就任，任期4年。中国是筹委会第二大会费缴纳国，始终按时足额缴纳会费，并在自愿捐款、设备研发等方面与临时技术秘书处开展良好合作。

为确保《条约》得到遵守，《条约》规定设立以国际监测系统为主体的核查机制。国际监测系统由运用地震、水声、次声、放射性核素4种技术的321个台站和16个实验室组成。截至2023年底，约93.8%的监测设施已建成，其中约91%通过核证验收。

1996年9月24日《条约》开放签署当日，中国签署《条约》，是筹委会首批成员国之一。中国坚定支持《条约》宗旨和目标，在核武器国家中进行核试验次数最少，并一直恪守"暂停试"承诺。中国积极支持《条约》早日生效，投票支持历届联合国大会和安理会有关《条约》的决议。

中国以建设性姿态全面参与筹委会工作，参加了筹委会及行政与法律工作组、核查工作组、咨询组等附属工作组历次会议，为推进履约筹备工作、推动《条约》尽早生效作出不懈努力。截至2023年底，中国境内已建成两个基本地震台站、四个辅助地震台站、三个放射性核素台站、一个次声台站、一个核素实验室及中国国家数据中心。其中，兰州放射性核素台站、广州放射性核素台站、北京放射性核素台站、海拉尔基本地震台站和兰州基本地震台站已通过核证验收并开始传输数据。

4.《禁止生物武器公约》

《禁止生物武器公约》[全称《禁止细菌（生物）及毒素武器的发展、生产及储存以及销毁这类武器的公约》，以下简称《公约》]于1971年达成，1975年生效，共有185个缔约国。中国于1984年加入《公约》。

生物安全没有国界，事关全世界共同利益。国家主席习近平在博鳌亚洲论坛2022年年会开幕式上提出全球安全倡议时强调，要坚持统筹维护传统领域和非传统领域安全，共同应对生物安全等全球性问题。

《公约》是生物安全领域国际法体系的重要基石。《公约》总体执行情况良好，国际社会对《公约》的重视不断上升，履约支持机构运行平稳。随着时代发展，生物安全内涵更加丰富，对全面禁止生物武器、促进生物科技健康发展、加强生物安全国际合作与援助、促进履约机制和能力建设等核心议题的讨论不断深入。

中国积极参与全球生物安全治理，支持《公约》宗旨和目标，全面、严格履行《公约》义务，认真提交履约建立信任措施材料，深入参与《公约》审议进程，积极推动《公约》在消除生物武器威胁、防止生物武器扩散、促进生物技术和平利用等方面发挥重要作用。

2022年，《公约》第九次审议大会对全球生物安全形势和《公约》执行情况进行了全面审议，授权成立加强《公约》工作组，为缔约国携手合作加强《公约》有效性提供了新平台。2023年8月7日至18日、12月4日至13日，加强《公约》工作组在瑞士日内瓦召开会议，讨论生物科技审议、国际合作、国家履约、遵约与核查等方面问题。

中国支持全面加强《公约》机制，特别是谈判制定具有法律约束力的核查议定书。2023年12月，中国向加强《公约》工作组会提交了《新形势下的〈禁止生物武器公约〉核查机制问题》立场文件，主张建立核查机制是确保遵约、建立互信的最有效手段，近年来缔约国围绕遵约问题的争议凸显了建立核查机制的必要性和紧迫性。工作组应聚焦建立核查机制设计的各方面问题开展实质讨论，为重启多边谈判凝聚共识、夯实基础。

中国主张统筹《公约》的安全和发展两大属性，既要防范使用细菌（生物）及毒素作为武器的可能，也要促进生物科技和平利用。2023年8月，中国向加强《公约》工作组会提交了《在〈禁止生物武器公约〉框架下促进和平利用国际合作》工作文件，鼓励国际社会积极落实联合国大会"在国际安全领域促进和平利用国际合作"决议，呼吁切实保障发展中国家在生物领域和平利用的权利，不断促进生物科技和平利用及普惠共享。

中国倡导负责任的生物科研。2021年7月，中国科学家与国际同行一道，推动达成了《科学家生物安全行为准则天津指南》，并得到国际科学院组织核可。《科学家生物安全行为准则天津指南》既源于中国倡议，又经过广泛讨论，体现了国际共识，是国际社会推广负责任生物科研的重要成果。

5.《禁止化学武器公约》

《禁止化学武器公约》（全称《关于禁止发展、生产、储存和使用化学武器及销毁此种武器的公约》，以下简称《公约》）于1992年达成，1997年生效，共有193个缔约国。2023年7月，美国宣布完成其库存化武销毁，至此，《公约》缔约国已宣布的库存化武全部销毁。禁止化学武器组织是监督《公约》实施的机构。截至2023年底，禁止化学武器组织共对缔约国进行了8000余次现场核查。

中国于1997年批准《公约》，是《公约》原始缔约国。中国坚定支持《公约》的宗旨和目标，积极参与国际履约交流与合作。中国代表团深入参与历次《公约》审议大会、缔约国会和执行理事会，推动严格履行《公约》义务，平衡、有效落实《公约》各项条款，中国始终秉持客观、公正、负责任态度，参与叙利亚化武、乌克兰危机和巴以冲突相关化武问题解决进程，坚定维护《公约》的权威，坚决反对部分国家利用化武热点问题搞政治操弄。

中国认真全面履行《公约》各项义务，不断完善国内履约机制和履约立法，按时提交并宣布各类设施。截至2023年底，中国共接受禁止化学武器组织656次现场视察。2022年4月，中国组织开展纪念《公约》生效25周年系列活动，包括纪念中国履约座谈会、地方履约巡礼展等。2023年5月，中国向《公约》第五次审议大会提交了《中华人民共和国关于履行〈禁止化学武器公约〉的报告》以及《关于工业核查问题的立场文件》，与巴基斯坦等14国共同提交关于和平利用国际合作的工作文件，充分体现中国的建设性作用和负责任大国形象。

中国在《公约》框架内积极推进日遗化武处理进程。2022年9月，禁止化学武器组织总干事和执理会代表团通过日遗化武问题视频访华，进一步深化了对日遗化武现实危害性和销毁紧迫性的认识。2022年10月，禁止化学武器组织第101次执行理事会批准中国同日本达成的2022年后日遗化武销毁计划。2023年5月，中方向《公约》第五次审议大会提交了《关于日本遗弃在华化学武器问题的立场文件》并举办专题边会和图片展，向国际社会全面介绍日遗化武历史经纬、现实危害及中方所作努力。2023年，日方在华开展了哈尔巴岭挖掘回收和销毁作业，哈尔滨销毁作业，辽源调查作业，佳木斯、尚志、珲春、牡丹江、伊春挖掘回收作业，以及敦化、太原、天津现场调查作业，武汉、哈尔滨鉴别包装作业。受日方委托，中方进行了鸡西、佳木斯、齐齐哈尔至哈尔滨，清远、九江至武汉，巴彦淖尔、晋城至太原的日遗化武运输作业，同时进行了武汉、忻州销毁设施建设工作。2023年销毁的日遗化武数量超过2.2万枚，挖掘回收数量超过1.7万枚，分别是2022年的3.8倍和2倍多。日遗化武销毁虽取得一定进展，但仍有大量日遗化武还在危害中国人民的生命财产和生态环境安全。中国敦促日方切实履行政治责任和国际义务，尽早全面、干净、彻底销毁日遗化武。

中国积极参与《公约》框架内的国际援助与合作，分享本国履约经验，协助其他国家提升履约能力。截至2023年底，中国与技术秘书处在华举办过8次防化与援助培训班、2次医学援助培训班、2次视察员培训班、3次地区履约研讨会、2届亚洲地区国际履约机构会议，并围绕化工安全与安保、地区国际合作、化学品贸易和出口控制等问题合办多次研讨会。

6.《特定常规武器公约》

《特定常规武器公约》（全称《禁止或限制使用某些可被认为具有过分伤害力或滥杀滥伤作用的常规武器公约》，以下简称《公约》）于1983年生效，截至2023年底，共有127个缔约国。《公约》共有《关于无法检测的碎片的议定书》、《禁止或限制使用地雷、诱杀装置和其他装置的议定书》（以下简称《地雷议定书》）、《禁止或限制使用燃烧武器的议定书》、《关于激光致盲武器的议定书》、《战争遗留爆炸物议定书》五个附加议定书。2001年，《公约》第二次审议大会通过第一条修正案，将《公约》及其附加议定书的适用范围扩大至非国际武装冲突。2023年11月8日至17日，《公约》2023年缔约国大会及所附《地雷议定书》《战争遗留爆炸物议定书》年会在瑞士日内瓦举行。作为已批准《公约》及其五个附加议定书的完全缔约国，中国积极参加上述会议，介绍中国全面认真履约、开展人道主义扫雷援助等积极努力，重申支持就"致命性自主武器系统"制定国际法律文书等主张。

(1) 地雷问题

国际上关于地雷问题的法律文书，除《公约》所附经修订的《地雷议定书》外，还有《渥太华禁雷公约》(以下简称《渥约》)。

经修订的《地雷议定书》于1996年达成，1998年生效。截至2023年底，该议定书共有106个缔约国。中国作为缔约国参加了历届专家组会和缔约国会并发言，积极评价该议定书在解决地雷引发的人道主义问题上发挥的重要作用，并介绍中国在能力建设、宣传培训、国际合作与援助等方面的履约情况。2023年11月，经修订的《地雷议定书》第25次缔约国年会在瑞士日内瓦举行，中国代表团参加并发挥了建设性作用。

《渥约》于1997年12月3日达成，1999年3月1日正式生效。截至2023年底，共有164个缔约国。中国不是《渥约》缔约国，但曾多次以观察员身份参加《渥约》缔约国年会。

(2) 国际人道主义扫雷援助

中国政府高度重视地雷引发的人道主义问题，积极参与国际扫雷援助活动，帮助有关国家摆脱雷患困扰。1998年以来，中国政府建立长期、机制化的国际扫雷援助规划，通过捐款、援助扫雷器材和举办扫雷技术培训班等方式，累计向40多个亚、非、拉国家提供总额逾2亿元人民币的扫雷援助，培训1000余名专业扫雷技术人员。

中国积极与地雷受害国保持交流与合作。2023年，中国继续向柬埔寨和老挝提供资金、探扫雷器材和人道主义物资，并严格按照国际地雷问题相关政策法规和标准，为两国共40名扫雷员提供了为期3个月的系统培训。中方继续支持东盟加强扫雷区域合作，2023年首次向东盟区域地雷行动中心援派了2名技术专家。2023年9月7日至9日，在中方支持下，第二届东盟扫雷问题区域高级别会议在南京成功举办。作为东盟防长扩大会扫雷专家组共同主席，中国与柬埔寨于2023年9月1日至23日联合主办了"纯净家园-2023"多国联合扫雷行动。来自14个国家的300余人累计清排各类弹药残骸3000余枚，并于行动期间研讨修订了《东盟扫雷标准作业程序》等标准。

(3) 战争遗留爆炸物

《公约》所附《战争遗留爆炸物议定书》于2003年达成，2006年生效。截至2023年底，共有97个缔约国。中国作为缔约国参加了历届专家组会和缔约国大会并发言，积极评价该议定书在解决战争遗留爆炸物造成的人道主义问题上发挥的作用，并介绍中国在机制建设、战争遗留爆炸物清除销毁、受害者救助、国际交流合作等方面的工作和成绩。2023年11月，《战争遗留爆炸物议定书》第17次缔约国会议在瑞士日内瓦举行，中国代表团与会并发挥建设性作用。

（4）集束弹药问题

近年来，集束弹药问题成为人道主义军控领域热点。2007年成立以来，《公约》政府专家组就集束弹药问题进行密集谈判，但各方未能就《公约》框架下的集束弹药议定书达成一致。中国代表团以建设性态度积极参加了上述专家组工作。

在《公约》框架外，挪威、墨西哥等国发起"奥斯陆进程"，于2008年底达成《集束弹药公约》，并于2010年8月1日正式生效。截至2023年底，《集束弹药公约》缔约国数量增至112个。《集束弹药公约》禁止发展、生产、使用、储存和转让集束弹药。中国不是该公约缔约国，但曾作为观察员参加缔约国大会。

（5）"致命性自主武器系统"

随着人工智能、机器学习等新技术的迅速发展和广泛应用，关于"致命性自主武器系统"的国际讨论逐渐升温。

2016年12月，《公约》第五次审议大会授权成立"致命性自主武器系统"政府专家组。截至2023年底，"致命性自主武器系统"政府专家组共举行12次会议和7次非正式会议。各方主要围绕"致命性自主武器系统"的定义、技术、军事应用、法律适用等问题开展讨论，已达成"11条指导原则"。中国代表团建设性地参与了专家组会讨论，并介绍了中国在"致命性自主武器系统"问题上的立场和主张。

2021年12月，中国向《公约》第六次审议大会提交了《中国关于规范人工智能军事应用的立场文件》。2022年11月，中国向《公约》2022年缔约国大会提交了《中国关于加强人工智能伦理治理的立场文件》。

2023年，"致命性自主武器系统"政府专家组举行两次正式会议和两次非正式会议，并通过专家组报告，强调讨论"致命性自主武器系统"技术特征时应考虑未来技术发展；明确国际人道法适用于"致命性自主武器系统"，无法遵守国际人道法的"致命性自主武器系统"不得投入使用。2023年《公约》缔约国大会协商一致赋予专家组新授权，核心为"在不预设文书性质的前提下，进一步考虑并制定文书要素及其他可能措施"。

（四）中国在防扩散方面的工作

作为联合国安理会常任理事国和负责任大国，中国坚决反对一切形式的大规模杀伤性武器及其运载工具的扩散，一贯以高度负责的态度处理防扩散问题，深入参与国际防扩散努力。同时，不断提升防扩散出口管制体系与能力建设，加强防扩散出口管制执法工作。

中国支持联合国在防扩散领域发挥重要作用，认真履行安理会有关决议赋予的防扩散国际义务。中国高度关注防扩散热点问题的发展，深入参与朝鲜半岛核问题、伊朗核问题的政治外交解决进程。中国深入参与安理会防扩散委员会工作，为安理会第1540号决议全面审议发挥建设性作用，成功推动安理会于2022年11月30日通过第2663（2022）号决议，将防扩散委员会授权延期十年。

中国认为，美国、英国、澳大利亚三国决定开展核潜艇合作损害地区和平与稳定，并构成严重核扩散风险，违反《不扩散核武器条约》的目的和宗旨。三国此举有损以《不扩散核武器条约》为基石的国际核不扩散体系，损害《南太平洋无核区条约》，破坏东盟国家建立东南亚无核武器区的努力，同时对伊朗核问题、朝鲜半岛核问题等地区热点问题的解决造成严重负面影响。中国对此表示严重关切并坚决反对，敦促三国倾听国际社会呼声，撤销错误决定，忠实履行国际核不扩散义务，多做有利于地区和平稳定的事。

2022年12月8日，第77届联合国大会表决通过中国主提的"在国际安全领域促进和平利用国际合作"决议。此系联合国大会连续第二年通过该决议。该决议强调和平利用科技对可持续发展至关重要、国际法赋予各国和平利用科技的权利不容剥夺，敦促有关国家取消对发展中国家的过度管制，并鼓励就此开展对话合作。广大发展中国家热烈响应，94国投赞成票。2023年10月24日，中方代表上述决议24个共提国在第78届联合国大会第一委员会作共同发言。发言重申最大限度参与以和平为目的的科技、设备、材料交流与合作是国际法赋予各国不可剥夺的权利，呼吁国际社会采取措施，确保决议得到有效落实。决议体现发展中国家共同立场，符合国际社会共同利益。作为主提国，中方将与各方一道，共同推进全面、有效落实决议，令广大发展中国家和平利用科技以实现可持续发展的权利得到切实保障。

作为"核供应国集团"成员，中国积极参与集团相关工作，就集团扩员标准、管制清单修订等提出建设性意见，坚决维护国际核不扩散体系的权威性和有效性。同时，与"瓦森纳安排""导弹及其技术控制制度"等其他防扩散出口管制机制的成员国保持接触。

中国高度关注国际防扩散新挑战，作为"金融行动特别工作组"成员，中国积极参加历次全会及工作组会，与各方深入探讨反洗钱、打击恐怖融资和扩散融资等问题，积极为"金融行动特别工作组"第五轮互评估做好准备。

（五）中国与有关国家开展战略安全、军控与防扩散磋商

中国与十余个国家建有副部级、司局级战略安全、军控与防扩散磋商机制，对增进相互理解与合作发挥了重要作用。2023年，以新冠疫情后各类线下交流全面恢复为契机，中国积极开展战略安全、军控等领域的对外交流与合作。

4月11日，外交部军控司负责人与荷兰外交部安全政策司司长在北京举行军控与防扩散磋商，就国际和地区安全形势和军控、防扩散问题等交换了意见。

7月3日，外交部军控司负责人与德国外交部国际秩序、联合国和军控司司长在北京举行军控与防扩散磋商，就共同关心的问题交换了意见。

8月15日，外交部军控司负责人与联合国副秘书长、裁军事务高级代表在北京举行磋商，就联合国秘书长提出的"新和平纲领"、《不扩散核武器条约》审议进程、外空安全、网络安全、人工智能等交换了看法。

8月30日，外交部军控司负责人与巴基斯坦外交部辅秘在北京举行军控与防扩散磋商，就国际和地区安全形势、多边军控进程等共同关心的问题交换了意见。

9月19日，外交部军控司负责人与英国外交发展部国防与国际安全司负责人在北京举行军控与防扩散磋商，就共同关心的问题交换了意见。

11月6日，外交部军控司负责人与美国国务院主管军控事务的助理国务卿在华盛顿举行军控与防扩散磋商。双方围绕《不扩散核武器条约》、五核

国合作、核安全、防扩散出口管制、生化履约、外空安全和常规军控等广泛议题深入、坦诚、建设性地交换了意见。

（六）中国积极开展网络外交工作

2023年，人工智能、量子科技、网络和数字技术等突飞猛进，深刻影响全球经济、安全和治理格局。与此同时，网络和数字空间阵营化、军事化、碎片化风险突出，网络空间也面临合作与对抗、统一与分裂、开放与封闭、发展与倒退的严峻挑战。

中国高度重视网络问题。11月，国家主席习近平向2023年世界互联网大会乌镇峰会开幕式作视频致辞，指出当今世界变乱交织，百年变局加速演进，互联网日益成为推动发展的新动能、维护安全的新疆域、文明互鉴的新平台，构建网络空间命运共同体既是回答时代课题的必然选择，也是国际社会的共同呼声。各方要深化交流、务实合作，共同推动构建网络空间命运共同体迈向新阶段。中方强调倡导发展优先，构建更加普惠繁荣的网络空间；倡导安危与共，构建更加和平安全的网络空间；倡导文明互鉴，构建更加平等包容的网络空间。让各方携起手来，构建网络空间命运共同体，让互联网更好造福世界各国人民，共同创造人类更加美好的未来。

中国始终是网络空间的建设者、维护者和贡献者。中国倡导各方遵守以《联合国宪章》为基础的国际法和国际关系基本准则，尊重网络主权，尊重各国的互联网发展道路和治理模式，坚定维护网络空间国际规则和共同秩序，不搞网络霸权，不搞网络空间阵营对抗和军备竞赛。中国主张各国应坚持团结而非分裂、合作而非对抗、包容而非排他的原则，遵守各方共同达成的国际规则，确保网络空间用于促进社会经济发展、维护国际和平稳定和增进各国人民福祉。美国出于一己私利，以意识形态划线，搞封闭排他的"小圈子"，肆意破坏网络空间国际规则和秩序，人为割裂全球互联网，破坏产供链稳定，阻碍全球数字合作与发展。对于这种赤裸裸的霸凌行径，应予反对和摒弃。

中国始终支持联合国在全球网络数字治理和规则制定方面发挥主导作用。2023年，中国推动联合国大会再次通过包含"构建网络空间命运共同体"理念的决议，推动将"打造互联互通的网络空间""私营部门应促进供应链开放稳定"等纳入联合国报告；推动联合国信息安全开放式工作组达成年度报告，发布《中国关于全球数字治理有关问题的立场》文件，与77国集团达成共同立场，积极参与"全球数字契约"进程；持续推广落实《全球数据安全倡议》，叙利亚加入《中阿数据安全合作倡议》。中国建设性参与《联合国打击网络犯罪公约》谈判，推动纳入电信网络诈骗等重要内容。中国深入参与联合国互联网治理论坛，中国专家担任联合国互联网治理论坛、互联网域名与数字地址分配机构等机构的重要岗位，为推动互联网治理进程作出积极贡献。

中国始终积极开展网络事务对话交流与合作。2023年，中国同俄罗斯、法国等国举行网络事务对话，与法国等欧洲国家就全球数字治理及数据跨境流动开展深入交流。创新与中亚、非洲、拉美等国家网络和数字领域务实合作，推动发布《中国—拉美和加勒比国家数字技术合作论坛重庆倡议》。中国建设性参与金砖国家、上海合作组织、东盟地区论坛等网络安全进程，积极参与二十国集团、亚太经合组织数字经济合作，打造第三届"一带一路"国际合作高峰论坛数字领域合作成果，举办数字经济高级别论坛，推动"数字丝绸之路"建设不断走深走实。

第六章

中国外交中的条约法律工作

（一）中国对外缔结条约情况

1. 中国对外缔结条约概况

中国政府重视发展与世界各国的友好关系，深化与全球性、区域性国际组织的合作，维护以联合国为核心的国际体系、以国际法为基础的国际秩序、以《联合国宪章》宗旨和原则为基础的国际关系基本准则，维护和践行真正的多边主义，积极参与全球治理体系改革和建设。中国政府对外缔结或参加了大量政治、经贸、文化、卫生、科技等领域的双边、多边条约，为深化中国与世界各国及国际组织的全方位合作、推进中国特色大国外交提供了坚实的法律保障。

据不完全统计，2023年中国对外缔结的国家间、政府间和政府部门间的双边条约、协定及其他具有条约、协定性质的文件共300余项。多边条约方面，2023年中国签署《〈联合国海洋法公约〉下国家管辖范围以外区域海洋生物多样性的养护和可持续利用协定》《联合国船舶司法出售国际效力公约》，接受《渔业补贴协定》，批准《万国邮政联盟组织法第九附加议定书》，并决定加入《国际航标组织公约》。

2. 涉及香港特区和澳门特区的条约法律事务

中央人民政府严格依据"一国两制"方针和《中华人民共和国香港特别行政区基本法》《中华人民共和国澳门特别行政区基本法》处理涉及香港特区和澳门特区的条约和法律事务，为香港特区和澳门特区在有关领域参与国际合作、开展对外交往积极提供法律支持。

2023年，中央人民政府依法办理双多边条约适用于香港特区和澳门特区、授权两特区商签双边协定事务；启动《上海合作组织成员国边防合作协定》等9项多边条约适用于港澳通知程序；协助香港特区完成相关手续，将《实施税收协定相关措施以防止税基侵蚀和利润转移的多边公约》适用于特区对外缔结的相关税收协定；就国际海事组织25项公约修正案适用于港澳问题征求特区意见；授权香港特区与土耳其商签投资协定，与赞比亚商签移交逃犯协定、刑事司法协助协定和移交被判刑人协定；授权澳门特区与哈萨克斯坦商签移交逃犯协定、刑事司法协助协定和移交被判刑人协定。

（二）中国在联合国机构的法律工作

1. 第78届联合国大会的法律议题

（1）概述

2023年10月2日至11月17日，第78届联合国大会（以下简称"联合国大会"）共审议20余项法律议题。其中，联合国大会全会审议了国际法院的报告、国际刑事法院的报告等议题。联合国大会第六委员会审议了国际法委员会第74届会议工作报告，消除国际恐怖主义的措施，国内和国际法治，危害人类罪，发生灾害时的人员保护，普遍管辖权原则的范围和适用，联合国官员和特派专家的刑事责任，联合国国际法的教学、研究、传播和广泛了解协助方案，《联合国宪章》和加强联合国作用特别委员会的报告，东道国关系委员会的报告，联合国内部司法等议题。联合国大会第四委员会审议的法律议题主要涉及和平利用外层空间的国际合作。

中国代表团全面参加了上述议题的审议和决议草案的磋商，在有关议题下积极发言，阐述中国政府立场主张，介绍中国有关国家实践。

（2）关于"国际法委员会第74届会议工作报告"

中国代表团肯定国际法委员会（以下简称"委员会"）在过去70多年间对制定国际法律文件、推动国际法规则研究和应用作出的贡献，表示期待委员会立足自身职能，为推动国际法在新形势下的发展作出应有贡献。为此，委员会应进一步立足国际社会实际需要，在规则制定过程中更加注重考察国家实践，并充分体现法律体系和文明多样性。中国代表团还就以下具体问题发表了意见。

关于"一般法律原则"专题。中国代表团祝贺委员会一读通过了结论草案及其评注，感谢特别报告员和委员会所做工作，并对部分具体条款进行了评论。中国代表团表示，在国际法体系内可能形成一般法律原则这一结论值得商榷，尚缺乏支持这种一般法律原则存在的国际实践。

关于"国家官员的外国刑事管辖豁免"专题。中国代表团感谢历任特别报告员所做工作，并希望委员会在本专题工作中平衡好维护主权平等原则和消除有罪不罚的关系，确保研究成果既有利于实现司法正义，又有利于维护国家间友好关系。同时，委员会对国家实践和法律确信的考察应满足代表性和普遍性要求。中国代表团建议委员会不要急于完成二读，而应在充分回应各国意见的基础上妥处分歧，进一步完善条款草案。

关于"与国际法有关的海平面上升"专题。中国代表团表示感谢研究组共同主席及成员为推进研究所作努力，并表示委员会推进工作应审慎务实，不应对《联合国海洋法公约》等现行国际法提出修正建议，任何对《联合国海洋法公约》的解释性声明或制定框架公约草案等，都将超出授权。此外，研究《联合国海洋法公约》时，需要充分考虑一般国际法规则。

关于"无法律约束力的国际协定"专题。中国代表团支持委员会将该专题列入工作方案，认为该专题具有重要的现实意义，建议在充分考察各国实践的基础上开展研究，提出有说服力的研究成果。考虑到国际协定通常具有约束力，中国代表团赞同将本专题名称改为"无法律约束力的国际文书或安排"。

关于"国际组织作为当事方的争端解决"专题。中国代表团感谢特别报告员提交的第一次报告，并认为本专题研究的争端应限于国际争端，即争端主体应限于政府间国际组织，争端事项应限于国际法解释和适用争议或有关事实争议，不应涵盖涉及非政府间国际组织或实体的争端，或由国内法规制的私法性质的争端。

关于"防止和打击海盗和海上武装抢劫行为"专题。中国代表团感谢特别报告员提交的第一次报告。中国代表团认为，相关工作应有利于加大海盗打击力度、维护海上通道安全，有利于维护《联合国海洋法公约》制度的一揽子平衡，妥善处理各国普遍管辖权，沿海国主权、主权权利和管辖权，以及船旗国专属管辖之间的关系。中国代表团同时就有关条款草案发表了意见，并指出各国在沿海国专属经济区打击海盗，应加强与沿海国合作，不损及沿海国在专属经济区的主权权利和管辖权。

关于"确定国际法规则的辅助手段"专题。中国代表团感谢特别报告员提交的第一次报告，并注意到委员会以《国际法院规约》为基础，积极考察国际和各国国内司法实践、学术著作，并适当扩大辅助手段的范围，以适应当前形势和需求。中国代表团同时就委员会已暂时通过的结论草案发表意见，认为将国内法院决定作为辅助手段，需要特别谨慎，同时也不应忽视条约机构和司法机构在性质、授权、正当程序等方面的差别，而将人权等条约机构视同司法机构。

关于"一般国际法强制性规范（强行法）"专题。中国代表团感谢特别报告员所做工作，并注意到委员会二读通过的结论草案在联合国大会第六委员会讨论中存在很大争议，特别是关于第16条可能涉及的强行法与安理会决议冲突问题，以及草案附件中的强行法清单。中国代表团重申反对在附件中列入强行法清单。即使列举清单，也应在《联合国宪章》框架下依据实在法审慎识别具体强行法规则。中国代表团认为不宜通过关于本专题的专门决议，并应在关于委员会第74届会议工作报告的决议中如实反映争议情况。

（3）关于"国际法院的报告"

中国代表团表示，中国高度重视国际法院在维护和平、正义和国际秩序方面的体制性支柱作用，法院在维护国际和平与安全、维护国家主权、和平解决争端、维护《联合国宪章》宗旨和原则等方面至关重要。2023年，国际法院勤勉履职，先后收到两个咨询意见请求，反映了联合国机构和会员国对国际法院咨询职能的重视，中国代表团相信并期待国际法院在国际关系中发挥更大作用。中国积极参与巴勒斯坦被占领土咨询意见案和气候变化咨询意见案。

关于巴勒斯坦被占领土咨询意见案，中国向国际法院提交书面意见并在口头程序中进行陈述。书面意见中，中国阐述了在国际法院管辖权、国际人道法、国际人权法、民族自决权和国家责任等问题上的立场，主张以"两国方案"为基础，推动巴勒斯坦问题全面公正持久解决。口头陈述中，中国代表重申以色列非法占领巴勒斯坦领土的非法性质始终不变、被占领土的主权始终不变,表达对巴勒斯坦人民恢复合法权利正义事业的坚定支持。

关于气候变化咨询意见案,中国正在准备提交书面意见。中国认为,气候变化问题不仅是环境问题,更是可持续发展问题,还涉及国际公平正义问题。气候变化问题的解决,需要各国国内切实的气候行动与有效的国际合作相结合。气候变化问题的特殊性决定了应对气候变化要以国际气候变化法为主,其他领域的国际法为辅。中国愿继续与各国团结合作,积极履行《联合国气候变化框架公约》及其《京都议定书》《巴黎协定》体系义务,为应对气候变化全球性挑战作贡献。

（4）关于"国际刑事法院的报告"

中国代表团表示,国际刑事法院作为世界上唯一的常设国际刑事司法机构,在追究有关最严重罪行的刑事责任、推动实现公平正义和促进国际和平与安全方面肩负重任。国际社会期待国际刑事法院坚守《国际刑事法院罗马规约》授权,严格遵循补充性管辖原则和国际合作原则,独立、客观、公正确定情势,依法调查、起诉和审判案件,按照统一标准全面、善意地解释适用《国际刑事法院罗马规约》和一般国际法,为有关问题的妥善解决发挥建设性作用。

关于国际刑事法院对国家官员豁免问题的处理,中国认为,现任国家元首享有绝对刑事司法管辖豁免和不可侵犯权。《国际刑事法院罗马规约》第27条第2款规定的"不妨碍本法院对该人行使管辖权"的效力应仅限于缔约国,不能约束非缔约国,否则违背条约不及于第三方原则。同时,《国际刑事法院罗马规约》第98条规定,如被请求国执行合作请求,将违背其对第三国豁免权所承担的国际法义务,则法院不得提出该项请求。这一规定是对习惯国际法中的国家官员豁免的确认和保障,法院及规约缔约国都应遵守。

（5）关于"消除国际恐怖主义的措施"

中国代表团表示,国际反恐成效有目共睹,但恐怖主义对国际和平与安全的威胁依然严峻。面对复杂严峻的反恐形势,加强国际团结协作刻不容缓。国家主席习近平提出全球安全倡议,倡导以共赢思维应对复杂交织的安全挑战。中国代表团提出坚持真正多边主义、依法反恐、标本兼治、加强能力建设四点主张,并强调指出,希望国际社会认清恐怖组织的暴恐本质和严重危害,敦促有关国家从国际反恐合作大局出发,停止政治操弄。

（6）关于"危害人类罪"

中国代表团针对国际法委员会通过的《防止及惩治危害人类罪条款（草案）》指出，从以往讨论情况来看，各方对是否以该草案为基础制定一项国际公约远未形成共识。就危害人类罪制定专门公约是一项重大系统工程，各方应秉持负责任态度，充分协商，增进理解，在形成广泛共识基础上慎重决策。一是考察国家实践，夯实共识基础。二是提升国际互信，加强务实合作。三是避免概念泛化，防止内涵异化。中国代表团支持各国以符合自身国情的方式，继续加强国内立法和执法措施，积极开展国际交流合作，为预防和打击危害人类罪进一步凝聚共识。相关讨论不应预设讨论结果、时间表或路线图，而应逐步凝聚共识，在平衡反映各方关切基础上推进工作。

（7）关于"发生灾害时的人员保护"

中国代表团表示，人类是休戚与共的命运共同体，自然灾害是全人类面临的共同挑战，需要国际社会携手应对。国际法委员会通过的《关于发生灾害时的人员保护条款（草案）》部分内容反映了国际实践和共识，与中方的一贯主张和理念契合。该草案强调国家主权原则，重申受灾国在提供人道主义救援方面的首要责任，并强调各国在应对灾害时开展国际合作的重要性，为协调国际救灾行动提供了参考和指引。但该草案未能在受灾国与救助方之间达成权利义务的平衡，且规定受灾国不得任意拒绝外部援助，可能为以援助之名干涉受灾国内政提供可乘之机。各国对是否在该草案基础上拟定一项国际公约尚未达成共识。

（8）关于"普遍管辖权原则的范围和适用"

中国代表团支持各国充分利用已有条约机制等加强国家间刑事司法合作，避免有罪不罚。但普遍管辖权系涉及法律、政治和外交的综合性问题，必须严格依据现有国际法，审慎把握其范围和适用，避免被滥用。中国代表团强调，国际上对普遍管辖权的范围尚无共识，对除海盗行为以外的其他罪行能否适用普遍管辖权存在明显分歧。普遍管辖权攸关国际关系稳定，必须确保其在实践中不被滥用。一国确立和行使普遍管辖权对平衡处理司法正义及维护国际关系和国际秩序稳定至关重要，必须严格遵守国家主权平等和不干涉内政等国际法基本原则，以及国际法公认的豁免规则。

（9）关于"和平利用外层空间的国际合作"

中国代表团表示，面对外空新形势带来的机遇与挑战，各方要维护以《外层空间条约》为基石的外空国际秩序，充分发挥联合国和平利用外层空间委员会的作用。各方要考虑新兴航天国家和发展中国家在能力建设等方面的特殊需求，提升国际合作的针对性和有效性。中国努力实现普惠包容、互利共赢的外空国际合作格局，推动航天活动更好地造福各国人民。

（10）关于"《联合国宪章》和加强联合国作用特别委员会的报告"

中国代表团表示，支持《联合国宪章》和加强联合国作用特别委员会根据联合国大会授权开展工作，为捍卫《联合国宪章》、加强联合国作用付出更多努力、作出更大贡献。中国代表团还就制裁、和平解决争端、《联合国宪章》第33条所规定的"区域组织或安排"等议题发表意见。中国代表团重申制裁是手段而不是目的，实施制裁应符合《联合国宪章》和相关国际法原则；强调联合国安理会对制裁应采取慎重和负责任态度，各方应严格遵守和执行联合国安理会制裁决议；主张争端当事国通过谈判协商等和平手段妥善解决争端，应尊重各国自主选择争端解决方式的权利。中国代表团认为，区域组织在和平解决本地区国家争端方面具有独特优势，应以当事方同意为前提，通过符合《联合国宪章》的方式发挥作用，不能损害联合国安理会在维护国际和平安全方面的核心地位。中国代表团还就中方与有关各方共同推动国际调解院设立和成功运作进行宣介。

（11）关于"联合国国际法的教学、研究、传播和广泛了解协助方案"

中国代表团表示，联合国国际法的教学、研究、传播和广泛了解协助方案（以下简称"协助方案"）自1965年开始运作以来，在促进国际法的教学、研究和应用方面成效显著，为各国特别是发展中国家加强国际法能力建设发挥了不可替代的作用。2023年，协助方案各项工作取得积极进展。中国一贯高度重视国际法教学和研究，以实际行动支持协助方案，已连续多年向协助方案捐款，涵盖多个项目。

（12）关于"东道国关系委员会的报告"

中国代表团表示，东道国关系委员会的报告所载明的有关签证和旅行限制问题始终没有得到妥善解决，影响相关会员国正常参与联合国工作。

希望东道国政府重视会员国合理诉求，切实遵守《联合国和美国关于联合国总部协定》《联合国外交特权及豁免公约》《维也纳外交关系公约》等文书的原则和精神，保障外交人员尊严、豁免权利以及行动自由。《联合国和美国关于联合国总部协定》规定了争端解决的方法和步骤，在有关问题长期得不到妥善解决情况下，可以考虑适用这些方法和步骤。

（13）关于"联合国官员和特派专家的刑事责任"

中国代表团表示，对于联合国官员和特派专家实施的犯罪行为，中方支持依法追究其刑事责任，维护联合国形象、声誉和威望。为此，中国代表团主张综合施策，将预防性措施和惩罚性措施结合起来；坚持依法追责，有罪必罚；加强务实合作，协同增效。中国代表团指出，《中华人民共和国对外关系法》的有关规定表明了中国对联合国维和行动的高度重视，中国愿在追究联合国官员和特派专家刑事责任方面与各方加强国际合作，促进公平正义，维护联合国的整体利益。

（14）关于"联合国内部司法"

中国代表团表示，联合国内部司法系统对于完善联合国系统内部建设、保障员工合法权益具有重要意义。中国对此提出三点建议：应当提质增效，继续完善联合国内部司法程序；应当调解先行，充分使用非正式解决办法；应当标本兼治，提前防范化解上游问题。中国代表团就高晓力法官和孙祥壮法官分别当选联合国上诉法庭和争议法庭法官进行宣介。

2. 国际法委员会第74届会议情况

国际法委员会第74届会议分上下半期于2023年4月24日至6月2日、7月3日至8月4日在日内瓦举行。国际法委员会讨论了"国际组织作为当事方的争端解决""确定国际法规则的辅助手段""与国际法有关的海平面上升""防止和打击海盗和海上武装抢劫行为"等专题。中国籍委员黄惠康大使赴日内瓦参加会议。各专题审议情况如下。

关于"国际组织作为当事方的争端解决"专题。特别报告员于2023年提交第一份报告，主要梳理了国际法研究院、国际法委员会等机构既往相关工作，讨论了专题范围和定义方面问题，并提出2条指南草案。现有2条指南草案及其评注经起草委员会讨论暂时通过后提交全会通过。

关于"确定国际法规则的辅助手段"专题。特别报告员于2023年提交第1份报告，提出5条结论草案，涉及辅助手段的范围、类别、评估标准、法院法庭的决定和学说等。本专题以《国际法院规约》第38条为基础，讨论展现出较强学术性。起草委员会暂时通过了结论草案第1至5条案文并提交全会。因争议较大且时间有限，全会通过了结论草案第1至5条的案文及结论草案第1至3条的评注。

关于"与国际法有关的海平面上升"专题。国际法委员会于2019年将本专题列入工作方案并设立专题研究组。2021年，作为共同主席的罗马尼亚、土耳其委员提交关于海洋法问题的第一份问题文件，主要涉及海平面上升背景下的基线应否固定、岛礁建设如何定性等问题。2022年，作为共同主席的葡萄牙、秘鲁委员提交关于国家地位及受影响人员保护的第二份问题文件，主要涉及国家的认定标准、保护受影响人员的现有法律及国家实践等。2023年，作为共同主席的罗马尼亚、土耳其委员散发了第一份问题文件的补充文件，主要回应各国在2022年联合国大会第六委员会期间发言。讨论涉及的问题主要包括法律稳定性、边界不可改变和不可触犯、情势变更、历史性权利、公平原则等。

关于"防止和打击海盗和海上武装抢劫行为"专题。特别报告员于2023年提交第一份报告，总结了与海盗和海上武装抢劫行为相关的国家立法及司法实践，提出3条条款草案，即本专题范围、海盗行为定义和海上武装抢劫行为定义。起草委员会暂时通过了3条条款草案，并将其提交至全会通过。关于成果形式，起草委员会认为这将在很大程度上取决于之后的实质性条款内容，因而最终决定暂时搁置该问题。

3. 联合国和平利用外层空间委员会

联合国和平利用外层空间委员会（以下简称"外空委"）及其下设的科技小组委员会和法律小组委员会，是国际社会就和平利用外层空间事务进行交流与合作的主要平台。2023年，中国代表团出席外空委第66届会议、外空委科技小组委员会第60届会议和外空委法律小组委员会第62届会议。

（1）外空委第66届会议情况

2023年5月31日至6月9日，外空委第66届会议在维也纳举行，讨论外空委科技小组委员会和法律小组委员会报告、空间资源开发、外空委的未来作用等议题。

中国代表团在一般性辩论、维持外空用于和平目的等多个议题下发言，呼吁在面临外空活动挑战的情况下，应继续支持外空委发挥在促进和平利用外空全球治理和国际合作方面的独特平台作用，坚持真正的多边主义，维护以《关于各国探索和利用包括月球和其他天体在内外层空间活动的原则条约》(简称《外层空间条约》)为基石的外空国际秩序。中国代表团还深入参与空间资源法律问题和外空活动长期可持续性工作组磋商，围绕中国航天国际合作、北斗全球卫星导航系统、国际月球科研站和年度商业航天论坛有关情况作技术报告，介绍有关航天工程进展及国际合作机遇。

（2）外空委科技小组委员会第60届会议情况

2023年2月6日至17日，外空委科技小组委员会第60届会议以线上线下相结合的方式举行。主要讨论了外空活动长期可持续性、空间碎片、空间天气、近地天体、外层空间使用核动力源等议题。

中国代表团在多个议题下发言，全面介绍中国2022年航天发展成就，包括深空探测、载人航天、卫星导航等重大任务进展，宣传合作共赢的国际合作理念。中国代表团还参加了外空活动长期可持续性等工作组会议及非正式磋商，各方就已有21条准则全面交流执行经验，围绕制定新准则的可能方向初步交换意见。

（3）外空委法律小组委员会第62届会议情况

2023年3月20日至31日，外空委法律小组委员会第62届会议以线上线下相结合的方式举行。会议讨论了五项外空条约的现状和适用范围、空间资源开发、空间交通管理、空间碎片减缓、空间法能力建设等多项议题。中国代表团还参加了空间资源法律问题工作组会议及非正式磋商，各方首次就空间资源及空间资源开发活动的定义、工作组预期成果等问题进行实质性讨论。

中国代表团在一般性意见交流、空间资源开发、外空委未来作用、空间法能力建设等议题下发言，回顾了2022年中国航天事业取得的新进展和国际合作新情况。中国代表团表示，各方应重视外空委和其下设的法律、科技两个小组委员会在外空治理方面发挥的独特作用。面对外空治理新课题和新挑战，应当坚持真正的多边主义，维护以《外层空间条约》为基石的外空国际秩序。

（三）中国参与国际司法机构"三大咨询意见案"

1. 国际海洋法法庭气候变化与海洋咨询意见案

2022年12月12日，小岛屿国家气候变化与国际法委员请求国际海洋法法庭（以下简称"法庭"）针对《联合国海洋法公约》（以下简称《公约》）缔约方在气候变化对海洋环境不利影响方面的义务发表咨询意见。2023年6月，中国、印度、巴西、欧盟、英国、澳大利亚等34个《公约》缔约方以及联合国、非洲联盟等9个国际组织应法庭邀请提交书面意见。2023年9月11日至25日，法庭举行口头程序，听取中国、欧盟、英国、印度等33个《公约》缔约方和非洲联盟、世界自然保护联盟、太平洋共同体等3个国际组织口头陈述。

中国积极参与国际海洋法法庭气候变化与海洋咨询意见案。2023年6月15日，中国政府提交书面意见，阐述法庭全庭没有咨询管辖权的立场，同时正面阐述中国应对气候变化的政策、立场、主张和举措。9月15日，中国政府派代表出庭作口头陈述，重申反对法庭全庭咨询管辖权的立场；主张《联合国气候变化框架公约》在处理气候变化及其对海洋的不利影响问题上处于基础和首要地位，强调各方应充分尊重《联合国气候变化框架公约》的原则、规则及立法精神；主张《公约》在保护保全海洋环境免受气候变化不利影响方面发挥辅助作用，解释和适用《公约》应与《联合国气候变化框架公约》体系保持一致，人为温室气体排放对海洋的影响自成一类，不应将其定性为"海洋环境污染"，气候变化问题所具有的特殊性决定了其不能适用《公约》有关国家责任制度；阐述中国作为负责任的发展中大国，在习近平生态文明思想指引下，为全球气候治理所作的重要贡献。

2. 国际法院巴勒斯坦问题咨询意见案

2022年12月，联合国大会通过第77/400号决议，请求国际法院就"以色列长期占领包括东耶路撒冷在内的巴勒斯坦领土的政策和实践法律后果"发表咨询意见。这是自2004年国际法院发表咨询意见认定以在巴被占领土修建隔离墙非法后，联合国大会第二次请求国际法院就巴以问题发表咨询意见。2023年7月，中国政府就本案向国际法院提交书面意见。包括中国在内的54国和3个国际组织参与本案书面程序。

中方书面意见阐述了中国关于巴勒斯坦问题的政策立场，主张应以切实行动推动巴勒斯坦问题全面公正持久解决。中国一贯坚定支持巴勒斯坦人民恢复民族合法权利的正义事业，支持一切有利于政治解决巴勒斯坦问题的努力，支持以"两国方案"、联合国有关决议、"土地换和平"、"阿拉伯和平倡议"等国际共识和准则为基础，推动巴以进行平等对话和谈判。

中方书面意见主要提出五点法律主张：

一是主张国际法院有管辖权，联合国大会请求涉及国际和平与安全，法院发表咨询意见并未规避"当事国同意"原则，不存在拒绝行使咨询管辖权的重大理由。

二是主张国际人道法中的军事占领规则适用于巴勒斯坦被占领土，以色列有关政策和做法违反占领国义务，并涉嫌构成兼并。

三是主张国际人权法适用于巴勒斯坦被占领土，以色列有关政策和做法违反有关人权条约义务。

四是阐述巴勒斯坦人民享有不可剥夺的民族自决权，以色列严重妨碍了巴勒斯坦人民自决权的实现。同时强调，民族自决权适用范围限于受殖民统治和外国占领两种情形，国际法上不存在所谓的"救济性分离"或"救济性自决"。

五是主张以色列应承担有关国家责任，其他国家及联合国也负有相应义务和责任。

3. 国际法院气候变化问题咨询意见案

2023年3月，小岛屿国家等推动联合国大会以协商一致方式通过决议，请求国际法院就各国涉气候变化国际义务和法律后果发表咨询意见。其后，国际法院发布命令，决定联合国及其会员国可于2024年3月22日前向法院提交书面意见。

2023年3月22日，中方向国际法院提交书面意见，全面系统阐述对气候变化问题实质、法律适用、义务责任和相关法律后果等的立场，提出一系列重要观点，聚焦发达国家历史责任以及发展中国家实现可持续发展和减贫的正当诉求，同时全面展现中国作为最大发展中国家在应对气候变化方面的贡献、成就和大国担当。中方书面意见重点强调，气候变化问题涉及环境、人权、发展、贸易等诸多问题，但根本是可持续发展问题，要统筹兼顾经济社会发展与气候系统保护。在应对气候变化及其不利影响方面，

《联合国气候变化框架公约》及其《京都议定书》《巴黎协定》体系（包括缔约方大会决定在内）处于基础和首要地位。国际海洋法、国际人权法、一般国际法中的相关规则仅可发挥辅助作用，其适用不能损害《联合国气候变化框架公约》及其《京都议定书》《巴黎协定》体系确定的目标、原则和规则。中方认为温室气体排放造成的不利影响不构成污染，难以归责于特定国家，应自成一类；其造成的损失和损害不适用国际法上的国家责任制度和损害赔偿制度。

（四）中国在打击跨国犯罪领域的法律工作

1.《联合国打击跨国有组织犯罪公约》

2023年，中国代表团赴维也纳参加了《联合国打击跨国有组织犯罪公约》（以下简称《公约》）技术援助问题政府专家工作组第十四次会议、国际合作工作组第十四次会议、贩运人口问题工作组十三次会议、偷运移民问题工作组第十次会议、枪支问题工作组第十次会议等《公约》框架下的工作组会议，阐述中方立场主张，分享打击相关犯罪的实践和经验，推动国际交流与合作。

技术援助问题政府专家工作组第十四次会议主要讨论了《公约》履约审议工作进展、预防有组织犯罪方面的技术援助等问题。

国际合作工作组第十四次会议上，各方主要围绕《公约》执法合作条款的实施情况、引渡和司法协助中的"双重犯罪"原则以及履约审议机制等问题展开深入讨论。

贩运人口问题工作组第十三次会议和偷运移民问题工作组第十次会议聚焦犯罪热点问题，围绕预防打击与人口贩运相关的腐败、贩运儿童、偷渡和非法移民等议题展开讨论，达成多项共识。

枪支问题工作组第十次会议重点围绕《枪支议定书》执行、加强国际控枪合作、《公约》及其各项议定书履约审议等问题展开务实讨论。

关于《公约》履约审议工作，中国正作为审议国审议冰岛实施《公约》有关情况，并作为受审议国就实施《公约》情况接受摩洛哥、密克罗尼西亚的审议。

2.《联合国反腐败公约》

（1）《联合国反腐败公约》第十届缔约国会议

2023年12月,《联合国反腐败公约》(以下简称《公约》)第十届缔约国会议在亚特兰大召开。本届缔约国会议正逢《公约》通过二十周年,各方就《公约》履约、反腐败国际合作、资产追回、预防腐败、技术援助等重要议题展开深入讨论,并就推动廉政、问责和透明度、腐败测评、受益所有权人信息登记、预防腐败等通过十三项决议,并就卡塔尔承办2025年第十一届缔约国会议、履约审议机制第一阶段第二周期延期至2026年6月达成两项决定。

中国驻美国大使谢锋任中国代表团团长,代表团在会上积极宣介党的二十大精神和反腐败政策理念,表示中方坚定维护多边主义,忠实履行《公约》义务,全面参与反腐败国际规则制定,建设性提出反腐败重要倡议主张,大力推动反腐败执法司法务实合作,是反腐败全球治理的积极参与者和重要贡献者。二十年来,《公约》的适用性显著增强,缔约国会议进程深入推进,务实合作成果逐步积累,以《公约》为核心的反腐败全球治理体系不断完善。中方呼吁各国秉持人类命运共同体理念,推动构建更加公正合理的反腐败全球治理体系,让反腐败国际合作成果更好惠及每一个国家。

参会期间,中国代表团举办了三场边会。其中,中央纪委国家监察委员会举办"一带一路"廉洁建设主题边会,香港特区廉政公署与有关国家、国际组织共同举办青年参与反腐败、反腐败执法实务经验交流边会。

（2）《联合国反腐败公约》各工作组会议

2023年6月,《公约》履约审议工作组第十四次会议和预防腐败工作组第十四次会议举行,讨论履约审议机制实施、财务事项、技术援助等,并进行履约审议抽签和有关专题讨论。

9月,《公约》履约审议工作组第十四次会议续会、国际合作专家会第十二次会议及资产追回工作组第十七次会议举行,讨论各国履约实践及经验、公职人员财产申报制度、促进利用信息和通信技术实施《公约》等。

中国代表团参加了上述各工作组会,积极参加各项议题讨论,阐述中国反腐败理念主张,介绍中国开展《公约》第二周期履约审议进展及国内立法、缔结条约以及根据《公约》开展追逃追赃及国际执法司法合作等情况,呼吁各方切实履行《公约》义务,加强反腐败国际合作,不断提升履约实效。

（五）中国在国际人权条约领域的工作

1. 履行国际人权条约

2023年5月12日，中国代表团在日内瓦参加中方执行《消除对妇女一切形式歧视公约》第九次履约报告审议。国务院妇女儿童工作委员会副主席黄晓薇作为代表团团长，率领中央政府、香港特区政府、澳门特区政府代表组成的代表团出席。

中国代表团表示，中国政府高度重视男女平等和妇女全面发展，持续完善保障妇女权益的法律体系，实施促进妇女全面发展的国家行动计划，显著改善妇女生存发展状况。中国政府坚持生命至上，大幅提升妇女健康水平，积极保障女童和妇女平等受教育权，着力消除针对妇女一切形式的暴力，推动妇女广泛参与决策和管理。中国妇女事业取得历史性成就，迈上新台阶，将进一步保障妇女平等依法行使民主权利，平等参与经济社会发展，平等享有改革发展成果。香港特区政府和澳门特区政府代表分别介绍了在执行《公约》方面的积极进展。

审议过程中，委员会专家对中国妇女事业发展成就及履约情况予以肯定，并就所关心的事项进行提问。代表团本着实事求是的态度，逐一认真答复委员会专家所提问题，通过翔实数据和具体案例介绍了中国政府履约工作。

2. 参加跨国公司与人权法律文书谈判

2023年10月23日至27日，"跨国公司及其他工商企业与人权"法律文书政府间工作组（以下简称"工作组"）第九次会议在日内瓦举行，近80个国家及有关国际组织、行业组织和非政府组织与会。外交部、国务院国有资产监督管理委员会及相关行业组织等单位组团参会。

工作组是根据2014年联合国人权理事会通过第26/9号决议设立的，旨在谈判制定一项从国际人权法角度规范跨国公司及其他跨国商业活动的法律文书，从国际层面明确跨国公司侵害人权的法律责任，建立预防、监督和追责机制。工作组第九次会议就工作组主席提出的第四版修订案文展开了讨论。中国代表团主张法律文书谈判应严格遵循人权理事会第26/9号决议的授权；应坚持公平原则，统筹兼顾发展权和其他人权；充分尊重各国司法主权，符合国际公认的法律原则，为跨国企业提供稳定可预期的营商环境；坚持协商一致，最大程度凝聚共识。

（六）中国在国际私法领域的工作——海牙国际私法会议

2023年3月，海牙国际私法会议2023年总务与政策理事会在荷兰海牙召开，中国代表团与会。会议推选出下任秘书长克里斯托弗·贝纳斯科尼，决定自2024年7月1日起将西班牙语正式增加为海牙国际私法会议工作语言，讨论了新文书制定进展、既有公约履行、区域办事处运行和财政预算等议题。

2023年2月和9月，海牙国际私法会议"管辖权公约"第四次和第五次工作组会分别在荷兰海牙和阿根廷布宜诺斯艾利斯召开，就各国法院如何行使涉外民商事诉讼管辖权讨论制定统一规则。11月，"跨国代孕与亲子关系"第一次工作组会召开，就法定亲子关系讨论制定国际法律文书。中国代表团建设性参加上述谈判，阐述中方立场，推动会议取得积极成果。

2023年9月，"海牙国际私法会议亚太周暨成立130周年国际研讨会"在中国香港特区召开，来自亚太区域30多个国家的200多名代表和专家学者围绕"司法公正与可持续发展：海牙国际私法会议在互联互通世界中的影响力"进行深入讨论。外交部部长助理华春莹出席该研讨会开幕式并致辞，表示海牙国际私法会议是国际私法领域最具影响力的国际组织，为扩大各国民商事交往发挥积极作用。2023年是共建"一带一路"倡议提出十周年，互联互通是"一带一路"与海牙国际私法会议的共同目标，两者携手将极大促进国际民商事法律合作和国际法治。各方应与时俱进完善国际规则，遵信守诺提升履约效果，交流合作促进包容互鉴，推动构建人类命运共同体。

（七）中国与外国的司法协助和法律合作

1. 涉及香港特区和澳门特区的条约法律事务

中央人民政府严格根据"一国两制"方针和《中华人民共和国香港特别行政区基本法》《中华人民共和国澳门特别行政区基本法》处理涉及香港特区和澳门特区的司法合作事务，为两特区在该领域开展对外交往、参与国际合作提供协助。

2023年5月，中央人民政府授权澳门特区与哈萨克斯坦谈判移交逃犯协定、刑事司法协助协定、移交被判刑人协定。11月，中央人民政府授权香港特区与赞比亚谈判移交逃犯协定、刑事司法协助协定、移交被判刑人协定。

2. 与外国缔结双边司法协助类条约状况

中国主张各国在司法领域加强国际合作，共同打击跨国犯罪，并积极推动与各国谈判缔结双边引渡条约和司法协助条约，以进一步夯实司法合作法律基础，保障中国和其他国家之间人员和经贸的正常往来。

2023年生效的双边司法协助类条约共有5项：《中华人民共和国和乌拉圭东岸共和国引渡条约》《中华人民共和国和亚美尼亚共和国引渡条约》《中华人民共和国和摩洛哥王国关于刑事司法协助的条约》《中华人民共和国和刚果共和国关于刑事司法协助的条约》《中华人民共和国和厄瓜多尔共和国关于刑事司法协助的条约》。

截至2023年底，中国已与83个国家缔结各类司法协助类条约171项、修约议定书1项（147项已生效）。其中，引渡条约60项（46项已生效），司法协助条约86项及修约议定书1项（79项已生效），移管被判刑人条约17项（15项已生效），打击"三股势力"协定7项（均已生效），资产返还和分享协定1项（尚未生效）。

309

（八）中国在国际海洋法领域的工作

1. 多边海洋法和极地事务

（1）《联合国海洋法公约》第33次缔约国会议

2023年6月12日至16日，《联合国海洋法公约》（以下简称《公约》）第33次缔约国会议在纽约联合国总部举行。各方共商全球海洋治理，就《公约》机构工作以及联合国秘书长有关《公约》一般性问题报告发表意见，选举国际海洋法法庭七名法官，修改大陆架界限委员会委员选举时间等。中国代表团主张弘扬多边主义，完善全球海洋治理机制；坚持命运与共，保护和可持续利用海洋；共商共建共享，为蓝色合作注入强劲动力；善意履行《公约》，共同捍卫全球海洋秩序。

（2）《〈联合国海洋法公约〉下国家管辖范围以外区域海洋生物多样性养护和可持续利用协定》谈判

2023年3月4日，《〈联合国海洋法公约〉下国家管辖范围以外区域海洋生物多样性养护和可持续利用协定》（以下简称《协定》）谈判历经19年终于完成。6月19日，《协定》正式通过，这是国际海洋法发展的里程碑，将开启全球海洋治理新篇章。《协定》于2023年9月20日至2025年9月20日开放供所有国家和区域经济一体化组织签署，并将在第60份批准书、核准书、接受书或加入书交存之日后120天生效。2023年9月20日，外交部副部长马朝旭在纽约联合国总部签署《协定》。《协定》建立了海洋遗传资源、划区管理工具、环境影响评价、能力建设和海洋技术转让四大制度，总体务实平衡。中国代表团全程积极参与《协定》谈判，为推动《协定》达成贡献中国智慧与中国方案。

（3）第78届联合国大会"海洋和海洋法"议题审议

2023年12月5日，第78届联合国大会就"海洋和海洋法"议题举行一般性辩论，表决通过了年度"海洋和海洋法"决议以及"可持续渔业"决议。"海洋和海洋法"决议是联合国框架下关于全球海洋治理和海洋法的综合性决议，内容涵盖《联合国海洋法公约》地位、海洋生物多样性保护区、海洋争端解决、海上安全和海洋环境等内容。"可持续渔业"决议涉及渔业资源养护和管理、能力建设、国际合作、打击非法捕鱼等内容。中国代表团建设性参与磋商，坚持涉海基本立场，推动实现决议客观平衡，拓展中国在涉海领域话语权和影响力。

（4）国际海底管理局第28届会议

2023年，国际海底管理局举行了第28届会议大会及三期理事会。会议主要对国际海底开发规章进行磋商，并讨论了规章制定进展评估、环境阈值制定、企业部临时总干事设立等问题。中国代表团积极参与会议议程，就开发规章新路线图、下一步谈判形式、环境保护标准、财务制度、检查机制等问题积极研提中国方案，作出中国贡献。中国候选人成功补选财务委员会委员，推荐专家全部入选环境阈值制定专家组。

（5）多边渔业

中国政府高度重视渔业资源的养护与可持续利用，积极参与相关国际渔业组织活动。2023年，中国政府派团参加了南太平洋区域渔业管理组织、北太平洋渔业委员会、大西洋金枪鱼养护国际委员会、印度洋金枪鱼委员会、南印度洋渔业协定、中西太平洋渔业委员会等区域渔业管理组织会议，积极参加相关条约、议事规则和养护管理措施的制订、修改和实施等工作。

（6）极地事务

1）第45届南极条约协商会议

2023年5月28日至6月9日，第45届南极条约协商会议在芬兰赫尔辛基举行。《南极条约》29个协商国均派员参会，加拿大等非协商国以及相关国际组织派代表出席。各方就南极旅游规管、气候变化、生物勘探等议题展开讨论。中国代表团建设性参与会议讨论，并就重要议题提交工作文件。

2）南极海洋生物资源养护委员会会议

2023年6月19日至23日，南极海洋生物资源养护委员会在智利圣地亚哥举行南极海洋保护区特别会议。各方就保护区运作、保护区总体框架等议题深入讨论、激烈博弈，但未能就下一步工作路线图达成一致。中方代表团建设性参与各议题讨论，积极与有关方进行双边交流，切实维护中国利益。

2023年10月16日至27日，南极海洋生物资源养护委员会第42届年会在澳大利亚霍巴特举行，会议重点围绕海洋保护区、渔业资源养护措施、气候变化影响等议题展开讨论。美西方强推积极提案，但相关议题未达成共识，无实质进展。会上，中方代表团制止了激进养护措施提案的通过，保障中国南极渔业活动。

3）北极理事会

受乌克兰危机影响，北极理事会暂时停摆。2023年5月12日，北极理事会第13次部长会在俄罗斯萨列哈尔德举行，此次会议系首次八个成员国外长均未参加、亦未邀请中国等观察员参加的部长会。会议在俄方推动下以北极国家和永久参与方名义发表一份联合声明，重申理事会基本任务，确认了2021年雷克雅未克部长会通过的理事会10年战略规划，批准了秘书处年度预算等。会上，挪威与俄罗斯完成轮值主席国交接。

挪威接任轮值主席后，努力维持理事会机制，逐步恢复理事会工作，取得一些进展，但在推动恢复与俄罗斯合作上仍面临阻碍。2023年9月1日，挪散发工作指南称，当前理事会及其全部下属机构的正式会议仍处于暂停状态，直到北极国家高官就如何恢复这些会议达成共识；工作组、专家组及其他下属机构工作可通过线上方式开展，理事会可按照既有工作指南和程序同观察员国和外部专家保持接触。

包括中国在内的19个北极理事会观察员原定于挪威主席国任期内接受观察员地位评审。2023年10月11日，北极理事会秘书处告知各方，本轮观察员地位评审推迟至2025—2026年丹麦主席国任内进行，2023年提交的评审报告将直接作为本届主席国任内的常规报告散发，秘书处拟于2024年秋同相关观察员联系重新提交评审报告事宜。

4）《预防中北冰洋不管制公海渔业协定》第二次缔约方大会

2023年6月12日至14日，《预防中北冰洋不管制公海渔业协定》第二次缔约方大会在韩国仁川举行。各方一致同意通过联合科研监测计划工作框架和数据共享协议，并逐步开展试探性捕鱼相关规则制定。

2. 双边海洋法和极地事务对话

第四轮中欧海洋法和极地事务对话

2023年9月26日，第四轮中欧海洋法和极地事务对话在北京举行。双方就在《海洋生物多样性协定》谈判中达成的划区管理工具排除争议海域适用共识，就国际海底开发、北极政策及南极海洋保护区等问题深入交换意见。双方一致认为对话坦诚务实，增进了理解，扩大了共识，为下一步合作奠定基础，愿继续巩固加强合作，共同为极地海洋治理贡献力量。

（九）中国在国际气候变化领域的工作

《联合国气候变化框架公约》第二十八次缔约方大会

2023年11月30日至12月13日，《联合国气候变化框架公约》第二十八次缔约方大会（以下简称"大会"）在阿联酋迪拜举行。来自195个缔约方及千余家观察员、媒体等的超10万人注册，参会人数达8万，会议规模创历史之最。大会期间举行了世界气候行动峰会，140余位国家元首、政府首脑以及联合国秘书长古特雷斯出席。77国集团轮值主席国古巴还在世界气候行动峰会期间举办"77国集团和中国"气候变化领导人峰会，古巴国家主席迪亚斯－卡内尔等40多国领导人或高级官员出席并发言。国家主席习近平特别代表、国务院副总理丁薛祥出席上述峰会并致辞。

大会进行了《巴黎协定》下首次全球盘点，总结了《巴黎协定》达成以来的进展和不足，提出未来全球气候行动目标，安排下一步行动与合作。其成果文件首次提出"以公正、有序和公平的方式实现能源系统转型，逐步脱离化石燃料"，并对提交下一轮国家自主贡献和第二次全球盘点作出安排。大会就全球盘点、损失与损害、减缓、适应等议题达成一揽子"阿联酋共识"，释放了坚持多边主义、合作应对气候变化、加速绿色低碳转型的积极信号。

2023年是全面贯彻党的二十大精神开局之年，作为全球气候治理进程的参与者、贡献者和引领者，中国全力支持主席国阿联酋办会，致力于与各国携手共建清洁美丽世界。中国派出由生态环境部、外交部、国家发展和改革委员会等部门组成的代表团参会。会议期间，中方代表团全面参与近百项议题磋商，与《联合国气候变化框架公约》秘书处、主席国阿联酋等各方密切沟通协调，引导各方相向而行，坚定维护广大发展中国家共同利益，在推动大会达成一揽子成果文件方面发挥了重要作用，充分展现中国负责任大国形象。

（十）中国在网络领域的条法外交工作

联合国打击网络犯罪公约政府间特设委员会　2023年，联合国打击网络犯罪公约（以下简称"公约"）政府间特设委员会先后举行三次谈判会议，就公约案文草案开展讨论，取得一些积极进展：一是强调缔约国在履行公约义务时应恪守主权平等、领土完整和不干涉内政原则。二是同意将非法侵入计算机系统等纯粹网络犯罪纳入公约，并就打击电信网络诈骗、儿童色情等达成原则共识。三是同意将公约有关电子证据合作的机制适用于未列入公约的严重犯罪。四是支持强化网络犯罪预防，向发展中国家提供技术援助以强化能力建设，并同意在打击网络相关洗钱犯罪和资产追回方面开展合作。与此同时，各国在适用范围、定罪、人权保护、国际合作等重要问题上的立场分歧仍然明显。

外交部、中央网络安全和信息化委员会办公室、全国人大常委会法制工作委员会、公安部、工业和信息化部、最高人民法院、最高人民检察院以及常驻联合国代表团、常驻维也纳联合国和其他国际组织代表团等单位组团参与历次谈判会议，秉持网络空间命运共同体理念，推动各方求同存异，争取如期谈成公约，为国际社会强化打击网络犯罪合作提供务实高效的法律框架。

（十一）中国在国际人道法领域的工作

中国积极参与国际人道法相关国际进程　一是高举人道主义旗帜，在乌克兰危机、巴以冲突等地区热点问题中积极促进国际人道法的实施。在联合国大会、联合国安理会等国际平台有关讨论中，多次呼吁冲突各方遵守国际人道法，切实保护平民和民用设施。以中国政府名义分别发布《关于政治解决乌克兰危机的中国立场》《中国关于解决巴以冲突的立场文件》，呼吁各方遵守国际人道法义务、解决人道危机，对国际人道法在国际社会的实施发挥了重要作用，展现了中国政府重视、遵守和促进国际人道法的积极形象。

二是积极参与红十字国际委员会（简称"国际红会"）及学术界相关人道法研讨活动。2023年1月，参加国际红会和瑞士政府举办的"国际人道法：武装冲突中的环境保护"政府专家会议，宣介中方立场主张；6月，参加国际红会与同济大学举办的海上武装冲突法学术研讨会；11月，参加国际红会与韩国政府共同举办的亚太区域研讨会，并应邀在外空、人工智能等议题下作主旨发言。

三是积极参与私营军事和安保公司国际规管谈判进程。2023年4月，联合国人权理事会下设私营军事和安保公司政府间工作组召开第四次会议，讨论制定国际监管规则。中国代表团参会，深入参与文书谈判，要求私营军事和安保公司严格遵守国际人道法等国际法，支持加强对其监管。

（十二）"一带一路"法治合作

国家主席习近平指出，推动共建"一带一路"，需要法治保障。中国愿同各国一道，营造良好法治环境，构建公正、合理、透明的国际经贸规则体系，推动共建"一带一路"高质量发展，更好造福各国人民。当前，"一带一路"法治合作稳步推进，为"一带一路"行稳致远提供支撑保障。

持续完善合作规则框架，推动双多边条约网络初具规模。2023年，中国对外商签多份共建"一带一路"谅解备忘录和合作文件，并与共建国缔结多份经贸、税收、交通等领域双边条约，持续优化"一带一路"条约保障。

有序推进规则标准衔接，不断释放互联互通积极效应。加强与共建国在财政、税收、交通等领域法律规则协调，在会计准则、税收征管、审计监管等领域建立交流合作机制，同29国共同核准《"一带一路"融资指导原则》，发布《"一带一路"债务可持续性分析框架（市场融资国家适用）》等指导性文件，推动共建国在相关领域形成统一规则体系。

积极搭建法治交流平台，有力促进法治文明互学互鉴。成功举办第二期"一带一路"法治合作研修项目，邀请共建国法律官员参加，进一步加强法治交流与合作水平。举办第三届"一带一路"国际合作高峰论坛廉洁丝绸之路专题论坛、亚洲—非洲法律协商组织年会、"发展中国家与国际法"

论坛等国际法律活动，宣介"一带一路"法治合作理念与实践。

持续加强对企业法律服务，提升企业国际化运营水平。加强法律信息供给，建设完善"中国条约数据库"，为参与"一带一路"建设的企业和个人查询条约信息提供便利。结合典型案例，向企业提示境外经营法律风险等。

（十三）其他条约法律工作

1. 国际刑事法院

国际刑事法院（以下简称"法院"）是根据2002年生效的《国际刑事法院罗马规约》（简称《罗马规约》）设立的，旨在对犯有灭绝种族罪、战争罪、危害人类罪和侵略罪的个人追究刑事责任。

截至2023年12月31日，《罗马规约》共有124个缔约国。截至2023年底，法院已审结18个案件（含5个已判决待赔偿案件），有13个案件正在审理（含8个预审案），正在调查的情势有17项，涉及乌干达、刚果（金）、苏丹、中非、肯尼亚、利比亚、科特迪瓦、马里、格鲁吉亚、布隆迪、孟加拉国、缅甸、阿富汗、巴勒斯坦、菲律宾、委内瑞拉、乌克兰等。此外，法院检察官办公室正对尼日利亚、委内瑞拉、刚果（金）3项情势展开初步审查。

2023年12月4日至14日，第22届《罗马规约》缔约国大会在美国纽约召开，中国代表团作为观察员与会发言，强调法院应坚守《罗马规约》授权，严格遵循补充性管辖原则和国际合作原则，独立、客观、公正地行使管辖权；对于巴勒斯坦情势的调查，法院应依法行使职权，完整解释和适用《罗马规约》和公认的国际法，避免政治化和双重标准；根据公认的国际法，现任国家元首享有绝对刑事司法管辖豁免和不可侵犯权，《罗马规约》第27条第2款有关法院行使管辖权不受国家官员豁免限制的规定，其效力仅限于缔约国。

2. 国际法院

国际法院依据《联合国宪章》于1945年6月成立，1946年4月开始运作，设于荷兰海牙。国际法院是联合国的主要司法机关，职能包括就国家间争端行使诉讼管辖权，就联合国有关机构提交的法律问题发表咨询意见。国际法院共有15名法官。

截至2023年12月31日，提交到国际法院的案件共有192件，其中161件是国家之间的诉讼案件，31件是联合国机关或专门机构要求发表咨询意见的案件。在诉讼案件中，半数以上涉及领土和边界纠纷，不少涉及海洋争端及有关国际法问题，还有一些涉及非殖民化、不使用武力、外交和领事关系、条约的解释和适用等问题。此外，国际法院还曾处理过十几起国家为保护私人或商业利益而提起的诉讼案件。国际法院处理的咨询案件主要涉及与国际组织行使职能有关的法律问题。

近年来，国际法院在和平解决国际争端方面的作用明显增强，审理的案件数量呈上升趋势，其判决和咨询意见越来越受到各国重视。截至2023年底，国际法院有未决案件共22件。中国是《国际法院规约》缔约国，一直积极参加国际法院工作，支持国际法院依法履行司法职能。新中国成立后，先后有倪征燠、史久镛、薛捍勤当选国际法院法官。其中，史久镛曾于2003—2006年任国际法院院长，薛捍勤于2018—2021年任副院长。2023年，中国政府就国际法院"巴勒斯坦被占领土咨询意见案"提交书面意见，就国际法院管辖权、民族自决权、国际人道法、国际人权法等相关国际法问题阐述中方立场和关切。

3. 国际调解院

近年来，国际争端解决机制面临问题与挑战，改革已成为各方共识。调解作为和平解决争端的方式受到青睐，国际社会对调解的需求不断增大。一些国际组织开始采取措施加强调解的作用，并推出调解领域新规则。但国际上还没有专门以调解方式解决国际争端的政府间国际组织。为顺应国际调解发展趋势和需求，中国与持相近理念的国家共同达成了《关于建立国际调解院的联合声明》，决定共同发起建立国际调解院，专门提供调解服务，为国际争端提供友好、灵活、经济、便捷的解决方案。

筹建国际调解院是《联合国宪章》规定的和平解决国际争端原则的重要实践。建成后，国际调解院将是世界上首个专门以调解方式解决国际争端的政府间国际法律组织，将丰富和发展国际争端解决的机制和方式，是发起国向国际社会提供的一项全球法治公共产品，对维护和建设国际法治、完善全球治理体系、促进国际和平安全发展和国际秩序稳定具有重要意义。

2023年2月，国际调解院筹备办公室（以下简称"筹备办公室"）在香港特别行政区成立，标志着国际调解院进入实质创建阶段。中共中央政治局委员、中央外事工作委员会办公室主任王毅向筹备办公室成立仪式致信，表示中国与有关国家共同发起建立国际调解院，致力于以和平方式处理分歧，以对话协商解决争端，以互利互惠摒弃零和博弈，回应国际社会对和平安全、公平正义、合作共赢的强烈诉求；希望筹备办公室在香港特别行政区政府大力支持下，早日完成谈判，为促进人类和平事业、推动构建人类命运共同体作出更大贡献。

2023年5月和10月，两届《关于建立国际调解院的公约》谈判会议在香港特别行政区成功举办。各方秉持相互尊重、求同存异、开放包容的精神，围绕公约案文条款进行了富有建设性的讨论，公约谈判取得重要成果。

4. 亚洲—非洲法律协商组织

2023年10月16日至20日，亚洲—非洲法律协商组织第61届年会在印度尼西亚巴厘岛举行，34个成员国派团出席，俄罗斯、塞舌尔、布基纳法索、突尼斯等国及亚洲国际法律研究院、国际红十字委员会、海牙国际私法会议等国际组织作为观察员与会。外交部、香港特别行政区政府和中国驻印度大使馆组团与会。

中国代表团团长在一般性辩论中指出，当前，百年未有之大变局加速演进，国际秩序和国际法正遭受单边主义和霸权主义的严峻挑战。亚非国家应进一步加强团结合作，坚守多边主义，共同维护以国际法为基础的国际秩序；更好发挥国际法作用，共同守护世界和平稳定发展；加强法治交流，共同推进全球治理和规则制定。中国永远是发展中国家大家庭的一员，始终同发展中国家同呼吸、共命运，将秉持开放包容的伙伴精神，推动共同实现可持续发展。呼吁各国共同提升发展中国家在全球治理领域的代表性和话语权，坚决反对丛林法则和弱肉强食的霸权行径，共同用好国际法明是非、护和平、谋发展、促合作。

中国代表团积极参与会议关于国际法委员会工作、海洋法、巴以问题、网络空间国际法、环境和可持续发展、国际贸易和投资等议题的讨论。

5. "发展中国家与国际法"论坛

2023年7月24日，"发展中国家与国际法"论坛在北京成功举办。论坛由中国国际法学会、亚洲国际法律研究院、武汉大学国际法研究所联合举办，来自亚非国家的200余名代表与会。

外交部部长助理农融出席论坛并指出，发展中国家是国际舞台上一支重要力量，为国际关系和国际法发展作出独特贡献。面临新形势新挑战，发展中国家应坚守多边主义，坚定维护以国际法为基础的国际秩序，反对以"家法帮规"破坏国际法治；促进普遍安全，共同守护世界和平稳定，旗帜鲜明践行《联合国宪章》；促进合作共赢，让发展成果更好惠及各国人民；促进法治对话，推动不同法律文化的和合共生；共同用好国际法，明是非、护和平、谋发展、促合作。中国永远是发展中国家大家庭的一员，将坚定落实全球发展倡议、全球安全倡议、全球文明倡议，共同提升发展中国家在全球治理领域的代表性和话语权，携手开创更加美好的明天。

泰国前副总理素拉杰、联合国前副秘书长刘振民、外交部条法司负责人、亚非法协秘书长卡玛琳、中国香港律政司前负责人等发言，呼吁发展中国家加强团结协作，积极参与国际规则制定，共同推动国际法更多反映发展中国家诉求，更好地体现和平、发展、公平、正义、民主、自由的全人类共同价值。

与会专家围绕"国际法与国际秩序""发展中国家对国际法的贡献""第三世界国际法学派与中国国际法理论创新"三个专题开展深入研讨。

第七章

中国外交中的边界与海洋工作

（一）概述

中国与14个陆地邻国接壤，陆地边界总长度约2.2万千米，是世界上陆地边界最长、邻国最多、边界情况最复杂的国家之一。当前，中国已与12个陆地邻国划定并勘定边界约2万千米，占中国陆地边界总长度的90%。中国海域辽阔，在海上与8个国家相邻或相向，与越南已划定在北部湾的领海、专属经济区和大陆架的分界线。

边界与海洋工作事关国家主权、安全和发展利益，是中国外交的重要组成部分。中国政府高度重视边界与海洋工作，从维护与周边国家友好关系和地区和平稳定出发，主张根据国际法基本原则，在平等基础上通过友好协商，公平合理地解决领土主权和海洋权益争端，不断加强与周边国家涉边涉海合作。

2023年，中国政府继续坚持睦邻友好、稳定周边，结合新冠疫情防控转段后的新形势，积极恢复与周边及有关国家线下互动，推动外交中的边界与海洋工作走深走实。优化陆地边界管理，推进边界联检巡检工作改革创新，维护陆地边界清晰稳定。不断增进涉边合作，加强与陆地邻国边界联合委员会机制建设，推动边境口岸全面恢复客货运功能，完善跨境基础设施建设，提升边境互联互通水平。坚决捍卫国家领土主权和海洋权益，妥善处理同有关国家的领土主权和海洋权益争端。同印度和不丹就边界问题保持磋商谈判，共同维护边境地区和平安宁。同有关国家建立和完善海洋事务对话合作机制，推进海上合作和共同开发，携手维护周边和平稳定。推动制定《中华人民共和国陆地国界法》相关配套法规，加快推进边海治理体系和治理能力现代化。

（二）陆地边界问题工作

1. 中印边界问题

2023年2月22日，中印边境事务磋商和协调工作机制第26次会议在北京举行。双方回顾了前期中印边境管控取得的积极进展，肯定两国边防部队前期在加勒万河谷等四个地点脱离接触成果，并就下一阶段磋商思路坦诚深入交换意见。双方同意积极落实两国领导人重要共识，推动边境局势进一步稳下来；同意巩固谈判成果，严格遵守双方达成的协议协定和有关共识精神，避免现地局势反复，确保边境地区和平安宁；同意在此前达成共识的基础上相向而行，加快推进解决中印边界西段有关问题，早日达成双方都能接受的方案，探讨了进一步缓和边境局势的其他措施，同意努力推动边境局势进入常态化管控阶段。双方同意继续保持外交军事渠道密切沟通，尽早举行第18轮军长级会谈。

2023年5月31日，中印边境事务磋商和协调工作机制第27次会议在印度新德里举行。双方充分肯定此前外交军事沟通取得的成效，就当前共同关切的问题及下一阶段工作思路深入交换意见。双方就落实两国外长达成的共识充分交换意见，同意加快解决边界西段等有关问题；同意继续保持外交军事渠道沟通，继续推动边境局势降温缓局，进一步维护边境地区和平与安宁。双方同意尽早举行第19轮军长级会谈及中印边境事务磋商和协调工作机制第28次会议。

2023年11月30日，中印边境事务磋商和协调工作机制第28次会议以视频方式举行。双方充分肯定中印边境局势谈判取得的积极进展，就当前中印边界有关问题进行了全面、深入和建设性讨论。双方同意认真落实两国领导人重要共识精神，保持外交军事谈判势头，尽早举行第21轮军长级会谈，推动解决边界有关问题，早日实现边境局势翻篇。双方同意完善谈判磋商机制，巩固谈判既有成果，严格遵守双方达成的协议协定和信任措施，共同维护边境地区和平与安宁。

2. 中不边界问题

2023年1月10日至13日，中不边界问题专家组第十一次会议在昆明举行。双方就落实《关于加快中不边界谈判"三步走"路线图的谅解备忘录》深入交换意见，并达成积极共识。双方同意同步推进"三步走"路线图所有步骤的落实。

2023年5月24日至25日，中不边界问题专家组第十二次会议在不丹廷布举行。双方就落实《关于加快中不边界谈判"三步走"路线图的谅解备忘录》进行了坦诚和建设性讨论，对本次会议就落实"三步走"路线图取得的进展表示满意。双方表达了对"三步走"路线图的信心，重申了增加专家组会议频次的重要性。

2023年8月21日至24日，中不边界问题专家组第十三次会议在北京举行。双方在专家组第十二次会议共识基础上，继续就落实《关于加快中不边界谈判"三步走"路线图的谅解备忘录》进行坦诚、友好和建设性的讨论。双方同意加快同步推进"三步走"路线图所有步骤的落实。此次会议的重要成果之一是成立中不划界联合技术小组，并在专家组第十三次会议期间举行首次会议。

2023年10月23日至24日，第二十五轮中国不丹边界会谈在北京举行。双方注意到2016年第二十四轮边界会谈以来双方一系列中不边界问题专家组会议取得的进展，同意巩固这一积极势头。会谈期间签署了《中华人民共和国和不丹王国政府关于中不划界勘界联合技术小组职能的合作协议》。

3. 中哈国界第一次联合检查

2023年，中哈国界第一次联合检查委员会举行多次会议，双方就联检工作深入交换意见，并顺利完成联检野外作业试点。

4. 中缅边界第三次联合检查

2023年7月24日至28日，中缅边界第三次联合检查筹备委员会举行第四次会议，就联检筹备相关问题深入交换意见并达成多项共识。

（三）陆地边界管理与合作开发

1. 中俄边界联合委员会会议　2023年8月30日至31日和12月13日至16日，中俄边界联合委员会第27次和第28次会议分别在莫斯科和北京举行。双方就《中华人民共和国政府和俄罗斯联邦政府关于中俄国界管理制度协定》执行情况、边境管控和执法合作、界标维护、口岸和互联互通合作、跨界水合作等议题深入交换意见，并签署会议纪要。

2. 中哈吉俄塔"两个协定"履约工作联合监督小组会议　2023年8月1日和12月17日至23日，中哈吉俄塔"两个协定"（《关于在边境地区加强军事领域信任的协定》《关于在边境地区相互裁减军事力量的协定》）履约工作联合监督小组第44次和第45次会议分别在塔吉克斯坦杜尚别和北京举行。双方高度评价联合监督小组为促进五国军事领域信任、交流与合作以及维护边境地区安全稳定所发挥的积极作用，并制定了2024年工作计划。

3. 中缅《边境管理与合作协定》执行情况司局级会晤　2023年8月28日至29日，《中华人民共和国政府和缅甸联邦政府关于中缅边境管理与合作的协定》执行情况第17轮司局级会晤在北京举行。双方重点就维护边界清晰稳定、保障边境地区和平安宁、共促边境地区发展繁荣、营造边境地区良好生态环境、促进边境事务合作机制提质升级等议题交换意见。

4. 中老边界联合委员会会议　2023年5月8日至10日，中老边界联合委员会第十八次会议在老挝琅勃拉邦举行。双方重点就边境管控与执法部门合作、边防部门合作、口岸和跨境设施合作等议题交换意见。

5. 中越陆地边界联合委员会会议

2023年9月13日至14日，中越陆地边界联合委员会第十次会议在越南下龙市举行。双方积极评价中越两国关系和边界合作成就，回顾了两国边境地区抗疫合作成果，就界务工程和边界联检、边境口岸开放升格与智慧口岸建设、跨境基础设施互联互通、边界管控和边境地区执法安全合作等议题深入交换意见并达成广泛共识。

2023年11月4日，中越陆地边界联合委员会首席代表特别会晤在北京举行。双方高度评价两国在陆地边界管理与合作领域取得的积极进展，一致同意继续发挥好联合委员会机制作用，深化两国边界管理与合作，确保中越边界清晰稳定和边境和平安宁。

（四）与周边国家间海洋问题工作

1."海洋合作与治理论坛"

2023年11月8日至9日，第四届"海洋合作与治理论坛"在三亚举办，来自30多个国家的300余名各界代表参加了论坛。中共中央政治局委员、外交部长王毅致辞，强调中方将秉持海洋命运共同体理念，与国际社会携手建设各国共享的和平之海、繁荣之海、美丽之海。

2. 中美海洋事务磋商

2023年11月3日，首轮中美海洋事务磋商在北京举行。双方围绕海上形势、海上安全、海洋经济和环境等议题坦诚、深入、建设性地交换了意见。双方强调应加强对话沟通，管控海上局势，避免误解误判，探讨互利合作。

3. 中日海洋事务高级别磋商

2023年4月10日，中日海洋事务高级别磋商机制第十五轮磋商在日本东京举行。双方一致认为，2023年是《中华人民共和国和日本国和平友好条约》缔结45周年，应以两国领导人重要共识为引领，重温和恪守条约精神，根据中日四点原则共识，通过对话妥善处理涉海矛盾分歧，深化海洋领域务实合作，为将东海建设成为和平、合作、友好之海，推动构建契合新时代要求的中日关系作出积极努力。中方就日方在东海、钓鱼岛、南海、台海等问题上的消极动向阐明严正立场，并再次对日本向海洋排放核污染水计划表达关切，敦促日方正视国际社会正当合理关切，本着对海洋环境和人类健康负责任的态度，以公开、透明、科学、安全的方式妥善处理。

2023年10月13日，中日海洋事务高级别磋商机制第十六轮磋商在扬州举行。中方阐述了在东海、钓鱼岛、南海、台海等问题上的立场，敦促日方切实尊重中国领土主权和安全关切，停止在上述问题上的一切消极言行。中方对日本向海洋排放核污染水表示强烈不满，要求日方以负责任态度妥善处置，并接受严格国际监督。双方同意，继续坚持把东海建设成为和平、合作、友好之海的目标和宗旨，就涉海事务保持密切沟通，努力管控矛盾分歧，加强互利合作，共同维护海上局势稳定。

4. 中韩涉海问题磋商

2023年12月6日，中韩涉海问题磋商在上海举行。双方同意在中韩海洋事务对话合作机制框架下，加强涉海人员交流，妥处海上敏感问题，强化海空安全、海洋环保、科研、搜救、渔业、执法、航运等方面务实合作。双方还就日本福岛核污染水排海问题交换意见。

5. 中韩海域划界谈判

2023年9月19日，中韩海域划界谈判工作组第十一轮会谈在北京举行，双方就中韩海域划界有关问题坦诚深入交换意见。

6. 中菲南海问题双边磋商机制会议

2023年3月24日，外交部副部长孙卫东在菲律宾马尼拉同菲律宾外交部副部长特雷莎·拉扎罗共同主持召开中菲南海问题双边磋商机制第七次会议。双方积极评价中菲关系发展，强调应加快落实两国元首就涉海问题达成的重要共识。双方就南海形势和各自关切的涉海问题坦诚、深入地交换了意见，同意保持克制，用好外交部门涉海联络热线，健全完善涉海沟通对话机制，加强各部门各层级间的涉海对话沟通联系，通过友好协商妥善管控矛盾分歧，处理好海上紧急事态。双方一致同意，要进一步发挥中菲南海问题双边磋商机制的作用，继续推进外交、防务、海警、油气、渔业、海事、海上搜救、海洋科研与环保等各领域涉海务实合作。双方强调，应全面有效落实《南海各方行为宣言》，加快"南海行为准则"磋商进程，共同致力于维护南海的和平稳定。

7. 中越政府级边界谈判代表团团长会晤

2023年11月9日，外交部副部长孙卫东与越南外交部常务副部长、国家边界委员会主任阮明羽在越南河内举行中越政府级边界谈判代表团团长会晤。双方在坦诚、友好的气氛中就中越关系、陆地边界、海上问题深入交换意见。双方一致认为，在两党两国最高领导人的战略引领下，中越关系保持积极发展的势头。两国充分利用中越政府级边界谈判代表团机制，密切沟通、积极工作，确保了中越边海形势总体稳定可控，为巩固和深化中越全面战略合作伙伴关系作出了重要贡献。

双方高度评价两国在口岸开放升格和基础设施互联互通方面取得的进展，同意加快口岸开放升格，继续落实《关于合作保护和开发德天（板约）瀑布旅游资源的协定》和《北仑河口自由航行区航行协定》，努力将中越陆地边界打造成为永久和平、世代友好、繁荣发展的边界。

双方充分肯定两国为维护海上局势稳定所做的共同努力，积极评价中越涉海合作成果，重申要继续按照两国领导人达成的重要共识和《关于指导解决中华人民共和国和越南社会主义共和国海上问题基本原则协议》精神，继续加强对话协商，妥善管控分歧，不断扩大和深化海上务实合作，助力双边关系发展。

中方表示，中方高度重视发展对越关系，愿按照两国领导人重要共识，将两国关系提升到更高水平。越方表示，愿同中方加强全方位合作，推动两国关系迈上新台阶。

8. 中越海上低敏感领域合作专家工作组磋商

2023年8月2日，中越海上低敏感领域合作专家工作组第十六轮磋商在越南岘港举行。双方就推进中越海上低敏感领域合作深入交换意见，一致认为海上低敏感领域合作是双方海上合作的亮点，应按照两国领导人达成的共识，继续开展好各项合作，为深化双边关系作出更大贡献。双方积极评价海上低敏感领域合作取得的成果，梳理总结已开展项目的进展情况，并探讨下一阶段合作项目。双方就有关涉海合作协议文本总体达成一致，同意未来择机签署。双方还探讨了开展海洋生态环境保护、深化拓展北部湾海上合作等新的合作倡议。

第七章 中国外交中的边界与海洋工作

9. 中越北部湾渔业可持续发展合作协定磋商

2023年3月29日，中越北部湾渔业可持续发展合作协定第三轮磋商在北京举行。两国相关部门代表参加。双方在坦诚、友好、务实的气氛中，回顾两国在前期磋商中达成的重要共识，就共同关心的渔业可持续发展等问题深入交换意见。双方高度评价北部湾渔业合作的重要意义，一致同意加快协定案文磋商，争取早日签署协定。

10. 中越北部湾湾口外海域工作组磋商和海上共同开发磋商工作组磋商

2023年7月4日，中国和越南在广州举行中越北部湾湾口外海域工作组第十六轮磋商和海上共同开发磋商工作组第十三轮磋商。双方一致同意要落实好两党两国领导人达成的重要共识和《关于指导解决中华人民共和国和越南社会主义共和国海上问题基本原则协议》精神，加快同步推进北部湾湾口外海域划界和南海油气共同开发，相互尊重彼此关切，相向而行，争取尽早取得实质进展。双方还就其他涉海问题交换意见，一致同意加快商签新的北部湾渔业合作协定、推进无争议海域的油气合作，为两党两国关系发展作出更大贡献。

11. 中越北部湾渔业资源增殖放流活动

2023年5月6日，2023年中越北部湾渔业资源增殖放流活动在广西壮族自治区东兴市北仑河口举行。本次放流活动共向北部湾放流水产种苗约1亿尾。自2017年起，中方累计向北部湾放流各类水产种苗超过2.26亿尾，重点放流种类的产量大幅增加，资源恢复效果明显。

12. 中越北部湾联合巡逻

2023年4月11日至13日，中国海警与越南海警开展2023年第一次北部湾海域联合巡逻，累计巡航59小时，航程542.4海里。11月29日至12月1日，中国海警与越南海警开展2023年第二次北部湾海域联合巡逻，累计巡航53小时，航程330海里。海上生产作业秩序总体良好，巡航取得预期效果。

6月27日至28日，中越海军开展第34次北部湾联合巡逻，其间，双方联合巡逻舰艇编队密切协同，完成了所有既定演练项目，达到预期效果。11月22日至23日，中越海军开展第35次北部湾联合巡逻，互相通报信息要素，并通过交替指挥联合巡逻编队，进一步强化了联合巡逻的组织指挥和协同能力。

13. 中国—巴基斯坦海上合作对话

2023年11月30日，第四轮中国—巴基斯坦海上合作对话在巴基斯坦伊斯兰堡举行。双方就加强两国海军交流、地区合作、海上基础设施建设、海洋渔业、海洋科技、海上搜救、防灾减灾及海洋污染防治等领域合作深入交换意见。双方对第三轮海上合作对话以来不断取得的海上合作进展表示满意。双方注意到加速演变的地区和全球海洋局势，一致认为深化中巴海上合作符合双方维护亚太地区和平与繁荣的共同愿景。双方强调应通过推进务实合作共同应对日益增多的威胁和挑战，同意保持双边交往势头，推进两国海洋关系发展。双方同意2024年在中国举行第五轮海上合作对话。

14. 落实《南海各方行为宣言》和"南海行为准则"磋商活动

2023年，中国和东盟国家继续在全面有效落实《南海各方行为宣言》框架下，积极推进"南海行为准则"磋商和海上务实合作。中方主办了第二届南海海洋科研研讨会、第三届南海海洋科研培训班、中国—东盟国家海上搜救高级培训班等项目，为妥善处理南海问题和"南海行为准则"磋商营造了良好氛围。

在7月的中国—东盟外长会上，各方欢迎成功完成"南海行为准则"二读，并通过加快达成"南海行为准则"指针文件。2023年，中国和东盟国家共举行两次落实《南海各方行为宣言》高官会、三次联合工作组会。10月，落实《南海各方行为宣言》第21次高官会在北京举行。各方于会上宣布正式启动"南海行为准则"案文三读，同意加快推进磋商，争取早日达成有效、富有实质内容、符合国际法的"南海行为准则"。

第八章

中国外交中的新闻和公共外交工作

（一）阐述外交政策

1. 介绍国家领导人出访和出席国际会议情况

2023年3月20日至22日，国家主席习近平对俄罗斯进行国事访问。22日，外交部向随行记者介绍访问情况，指出此访体现了中国坚持独立自主和平外交政策的凛然风骨和促进世界和平的宏阔胸怀，展现了中国作为和平建设者的国际形象，彰显了中国的大国作用和担当，将为错综复杂的国际形势注入更多稳定性，有助于推进世界多极化和国际关系民主化。

5月19日，国家主席习近平在西安主持首届中国—中亚峰会。19日，外交部向媒体介绍峰会成果，指出峰会是党的二十大和2023年全国两会后，中国主办的首场大型多边活动，是中国同中亚国家建交31年来首次以实体形式举办峰会，也是中国—中亚机制建立3年来的首次峰会，为深化中国—中亚关系提供了新动力，为扩大各领域交流合作搭建了新平台，为深化互利共赢开辟了新前景，为维护国际公平正义贡献了新力量，为发展中国家团结自强树立了新典范。

8月21日至24日，国家主席习近平赴南非约翰内斯堡出席金砖国家领导人第十五次会晤，并对南非进行国事访问。25日，中共中央政治局委员、外交部长王毅向随行记者介绍访问情况，指出此访立足南非和金砖，放眼非洲和世界，传承中非传统友好，汇聚南南合作新共识，增添和平发展正能量。中南战略互信达到新高度，金砖机制扩员开启新征程，中非命运共同体建设增添新内涵。

10月17日至18日，国家主席习近平在北京出席第三届"一带一路"国际合作高峰论坛开幕式发表主旨演讲，为来华出席高峰论坛的嘉宾举行欢迎宴会并进行双边活动。18日，中共中央政治局委员、外交部长王毅在高峰论坛新闻中心举行中外记者会，介绍高峰论坛重要成果并答记者问，指出此次高峰论坛是共建"一带一路"进程中又一个重要里程碑，发出的最清晰信号是团结合作、开放共赢，形成的最重要共识是开启高质量共建"一带一路"新阶段，提出的最宏伟愿景是携手实现世界现代化，坚持的最鲜明特色是行动导向高效务实。

11月14日至17日，国家主席习近平赴美国旧金山举行中美元首会晤，同时应邀出席亚太经合组织第三十次领导人非正式会议。15日，中共中央政治局委员、外交部长王毅就中美元首会晤向媒体介绍情况并答记者问，指出此次中美元首会晤具有战略性、历史性、引领性，是一次为中美关系增信释疑、管控分歧、拓展合作的重要会晤，也是一次为动荡变革的世界注入确定性、提升稳定性的重要会晤。18日，王毅向随行记者介绍访问情况，指出此访举世瞩目、成果丰硕、意涵深远，为新时期中美关系导航定向，汇聚两国友好合作共识，为亚太合作带来新动力，为国际和地区格局注入正能量。

12月12日至13日，中共中央总书记、国家主席习近平对越南进行国事访问。14日，中共中央政治局委员、外交部长王毅向随行记者介绍访问情况，强调此访成为中越两党两国关系新的里程碑，是中国亲诚惠容周边外交理念的又一次生动诠释，也是习近平外交思想的又一次成功实践。

2. 举行例行记者会

2023年，外交部发言人共举行229场例行记者会，发布外事活动消息，回答中外记者关心的外交问题，阐明中国政府立场；全年共主动发布消息133条；通过举行例行记者会、主动表态、通电话等方式回答记者提问近3000个。

2023年，外交部共接待近90批2200余人次旁听例行记者会，增进了国

第八章　中国外交中的新闻和公共外交工作

内外公众对中国外交的了解和认识。

（二）外国记者工作

1. 外国常驻记者概况

截至2023年底，外国媒体驻华新闻机构共计257家，来自42个国家的415名记者在华常驻。其中，常驻北京的有177家机构，325名记者；常驻上海的有65家机构，75名记者；常驻广州的有6家机构，6名记者；常驻重庆的有2家机构，2名记者；常驻沈阳的有4家机构，4名记者；常驻大连的有1家机构，1名记者；常驻深圳的有2家机构，2名记者。

2. 国家领导人会见外国记者及接受外国媒体采访情况

2023年2月18日，中共中央政治局委员、中央外事工作委员会办公室主任王毅在德国出席第59届慕尼黑安全会议，并就乌克兰危机、中美关系、台湾问题回答提问。

3月10日，中共中央政治局委员、中央外事工作委员会办公室主任王毅在主持沙特和伊朗北京对话闭幕式后向记者介绍此次对话会重要意义。

3月13日，十四届全国人大一次会议在北京人民大会堂举行记者会，国务院总理李强出席记者会，并回答美国消费者新闻与商业频道、新加坡《联合早报》、乌兹别克斯坦《人民言论报》、中阿卫视等媒体记者提问。

3月20日，国家主席习近平在《俄罗斯报》和俄新社网站发表题为《踔厉前行，开启中俄友好合作、共同发展新篇章》的署名文章。21日，习近平主席在莫斯科克里姆林宫同俄罗斯总统普京会谈后共同会见记者，介绍会谈情况。

4月6日，国家主席习近平在北京同法国总统马克龙共同会见记者。

5月19日，中国—中亚峰会在西安成功举行，国家主席习近平同中亚五国元首共同会见记者。

6月20日，国务院总理李强在柏林同德国总理朔尔茨主持第七轮中德政府磋商后共同会见记者。

8月21日，国家主席习近平在南非《星报》《开普时报》《水星报》和南非独立媒体网站发表题为《让中南友好合作的巨轮扬帆远航》的署名文章。

22日，习近平主席在比勒陀利亚总统府同南非总统拉马福萨会谈后共同会见记者。

10月13日，中共中央政治局委员、外交部长王毅在北京同欧盟外交与安全政策高级代表博雷利共同会见记者。

11月24日，中共中央政治局委员、外交部长王毅在北京同法国外交部长科隆纳共同会见记者。

11月29日，中共中央政治局委员、外交部长王毅在主持联合国安理会巴以问题高级别会议后向媒体发表谈话。

12月7日，中共中央政治局委员、外交部长王毅和缅甸副总理兼外交部长丹穗在主持澜沧江—湄公河合作第八次外长会后共同会见记者。

12月12日，国家主席习近平在越南《人民报》发表题为《构建具有战略意义的中越命运共同体　开启携手迈向现代化的新篇章》的署名文章。

3. 组织外国驻华记者赴地方采访情况

2023年1月10日，中方组织来自美国、英国、法国、俄罗斯、德国、意大利、日本、韩国等驻京记者参访北京市，了解新冠疫情防控政策优化调整后北京市药品生产、物流保通保畅、复工复产情况。

2月19日至23日，中方启动"同行新时代，追光中国式现代化"参访活动，组织俄罗斯塔斯社、《爱尔兰时报》社、《日本经济新闻》社、韩国纽斯频通讯社、新加坡《海峡时报》社、新加坡《联合早报》社、《印度教徒报》社等驻华记者参访海南省。

4月10日至14日，中方组织英国《金融时报》社、"今日俄罗斯"国际通讯社、日本《读卖新闻》社、韩国《京乡新闻》社、越南电视台等驻华记者参访江苏省。

5月8日至12日，中方结合湖北"世界因你而来——外媒记者湖北行"活动，组织美联社、《爱尔兰时报》社、日本共同社、日本东京广播公司、韩国每日放送电视台、新加坡亚洲新闻台等驻华记者参访湖北省。

5月30日，中方组织"北京高质量发展·走进大兴——感受科技发展利用和新农村特色种植产业"集体采访活动，美联社、英国路透社、美国消费者新闻与商业频道、日本广播协会、《朝鲜日报》社、中阿卫视等驻华记者参加。

6月27日至7月7日，中方组织菲律宾新闻部官员及菲律宾《马尼拉时报》社、《菲律宾每日问询者报》社等菲主流媒体驻华记者赴北京、陕西、湖南、上海等地参访。

6月30日，中方组织美联社、英国广播公司、法国国际广播电台、韩国

第八章　中国外交中的新闻和公共外交工作

文化广播公司、巴基斯坦联合通讯社、古巴拉通社等驻华记者在北京参加"二十四桥明月夜，流光溢彩亮马河"主题采访活动。

9月4日至10日，中方组织美联社、日本广播协会、日本时事通讯社、《爱尔兰时报》社及尼泊尔、马尔代夫主流媒体记者参访四川省。

11月6日至7日，中方组织日本共同社、日本广播协会、日本东京广播公司、日本电视新闻网、日本富士电视台驻华记者赴四川省的中国大熊猫保护研究中心雅安碧峰峡基地，探访2023年2月归国的旅日大熊猫"香香"。

11月22日至24日，中方组织《爱尔兰时报》社、意大利诺瓦新闻社、俄罗斯《议会报》社、日本广播协会等驻华记者参访山东省。

12月18日至21日，中方组织"今日俄罗斯"国际通讯社、西班牙埃菲社、日本共同社、《日本经济新闻》社、朝鲜《劳动新闻》社、朝鲜中央通讯社、印尼安塔拉通讯社、伊拉克如道媒体集团、巴西劳动者电视台等驻华记者参访黑龙江省。

（三）对外新闻交往

2023年11月，外交部发言人出席在北京举行的上海合作组织成员国外交部新闻部门2023年度磋商。同月，外交部发言人在北京会见埃塞俄比亚外交部发言人、乌兹别克斯坦外交部发言人。

（四）公共外交

1. 公共外交活动

2023年3月15日，中国公共外交协会举办"临甲7号沙龙"专题吹风会，邀请外交部西亚北非司负责人介绍沙特同伊朗在北京对话、复交有关情况。

3月16日，中国公共外交协会举办"临甲7号沙龙"吹风会，邀请外交部军控司负责人等就日本核污染水排海问题阐明中方相关立场。

3月24日，中国公共外交协会举办"临甲7号沙龙"吹风会，邀请外交部欧亚司负责人就国家主席习近平应邀对俄罗斯进行国事访问情况与成果同中外记者交流，并回答记者提问。

3月25日至27日，中国公共外交协会与中国和平发展基金会、广州市政府、亚洲青年领袖联合会在广州共同主办以"增强青年合作，凝聚共同价值，促进亚洲和平与发展"为主题的第二届亚洲青年领袖论坛。

3月30日至4月4日，中国公共外交协会邀请菲律宾前总统、众议院高级副众议长阿罗约率菲青年代表团一行访问北京、广州、长沙、上海、杭州等地。

4月2日至3日，中国公共外交协会与中日韩合作秘书处、日本中曾根和平研究所、韩国国际交流财团在福建厦门共同主办中日韩展望对话会。

4月4日，中国公共外交协会与中国人民大学共同主办"构建人类命运共同体10周年与人类文明新形态的创造"国际研讨会。

4月12日，中国公共外交协会副会长胡正跃出席由中国外文局当代中国与世界研究院、北京市政府新闻办公室主办的第二届国际青年北京论坛。

4月23日，中国公共外交协会和云南省麻栗坡县委、县政府在麻栗坡共同举办"老山国际春茶节"开幕式。

5月19日，中国公共外交协会、中国—东盟中心、环球网、福建省商务厅、福建省政府外事办公室和福州市政府在福建省福州市共同举办第二届中国—东盟网络达人大会。

5月22日，中国公共外交协会联合环球网在山东省青岛市共同举办"走读中国"大型中外媒体交流与全球化网络宣传项目启动仪式。

6月2日，中国公共外交协会举办"临甲7号沙龙"吹风会，邀请中国政府欧亚事务特别代表李辉就访问乌克兰、波兰、法国、德国、欧盟总部和俄罗斯，推动政治解决乌克兰危机有关情况进行吹风。

6月21日至29日，中国公共外交协会会长吴海龙率国内专家、媒体代表及文化演出团体访问希腊、波兰、罗马尼亚。

7月3日，中国公共外交协会与中日韩合作秘书处、青岛市政府在山东省青岛市共同主办中日韩合作国际论坛。中共中央政治局委员、中央外事工作委员会办公室主任王毅出席开幕式并致辞。

7月21日，中国公共外交协会举办"临甲7号沙龙"，邀请美籍知名徒步旅行家兼作家保罗·萨洛佩科结合中国徒步之旅分享其讲好中国故事的体会。

8月14日，中国公共外交协会副会长胡正跃出席由中日韩合作秘书处主办的2023年中日韩青年峰会。

8月25日，中国公共外交协会和北京商务中心区管理委员会共同举办"全球共此时·北京CBD活力消夏之夜"文化交流活动。

9月7日，中国公共外交协会、国资委新闻中心和环球网共同主办第五届"一带一路"百国印记短视频大赛颁奖仪式。

9月13日，中国公共外交协会举办"临甲7号沙龙"交流会，邀请生态环境部代表介绍中国空气质量改善情况。

9月19日，中国公共外交协会副会长胡正跃出席由北京市政府外事办公室、北京市朝阳区政府等主办、协会支持的2023北京CBD论坛。

9月23日，中国公共外交协会会长吴海龙率国内中东问题专家和媒体代表赴阿联酋迪拜，围绕"一带一路"倡议10周年开展系列公共外交活动。

9月25日，中国公共外交协会副会长陈育明出席由中国人民对外友好协会和山东省政府共同主办的2023世界友城论坛暨友好省州领导人大会并致辞。

10月9日，中国公共外交协会会长吴海龙出席主题为"中国式现代化与公共外交"的第十一次上海公共外交对话会。

10月14日，中国公共外交协会副会长陈育明出席2023国际城市媒体北京论坛。

10月19日，中国公共外交协会举办第三届"一带一路"国际合作高峰论坛智库交流专题论坛。中共中央政治局委员、中央宣传部部长李书磊出席并发表主旨演讲。

10月23日，中国公共外交协会副会长罗林泉出席由协会主办的"中拉·天涯若比邻"短视频大赛颁奖典礼。

10月27日至29日，中国公共外交协会联合中国（海南）改革发展研究院、中国日报社在海口共同主办"全面深化改革开放的中国与世界——第89次中国改革国际论坛"。

11月13日至20日，中国公共外交协会副会长胡正跃率国内媒体、智库代表团访问印度尼西亚、新加坡。

11月21日，中国公共外交协会举办"临甲7号沙龙"吹风会，邀请多名高校教授就"一带一路"与国际形势专题同国内外媒体记者交流。

11月22日，中国公共外交协会举办"临甲7号沙龙"中外媒体见面会，邀请中国著名运动员就"以体育促和平、促团结、促包容"主题与中外记者互动交流。

11月23日，中国公共外交协会、中国驻欧盟使团、欧洲知名智库"欧洲之友"在比利时布鲁塞尔共同举办主题为"中欧全面战略伙伴关系二十周年回顾与展望"的第十一届中欧论坛，中国公共外交协会副会长罗林泉率团出席论坛。

11月24日，中国公共外交协会举办"临甲7号沙龙"中外媒体吹风会，邀请中央网络安全和信息化办公室、工业和信息化部科技司负责人就《全球人工智能治理倡议》与中外媒体记者交流。

12月7日，中国公共外交协会副会长刘碧伟出席由协会与上海市政协共同主办的第十次中国企业"走出去"研讨会。

12月12日，中国公共外交协会副会长陈育明出席中国公共外交协会与北京市政府新闻办公室、光明网和北京市延庆区政府共同主办的《外国领导人登长城》系列微视频（二期）发布仪式。

12月15日，中国公共外交协会副会长刘碧伟出席由中国公共外交协会作为指导单位、中国交通建设集团有限公司主办的共建"一带一路"10周年发布会。

12月15日至19日，中国公共外交协会副会长邱小琪率团访问日本。

2. 外交部网站群建设

外交部网站群旨在及时、准确、全面发布中国外交信息，为国内外公众第一时间了解中国外交政策和外交工作提供服务。外交部网站群包括外交部网站、驻外外交机构网站及相关子网站等292个网站。2023年，外交部网站群共发布消息73万余条，共计约19.7亿字。

3. 新媒体公共外交

外交部高度重视并积极运用新媒体开展公共外交。持续推进外交部和驻外外交机构新媒体工作，通过外交部网站群、外交新媒体矩阵及驻在国主流社交媒体平台宣介中国外交政策，积极向国内外发出中国声音，讲好中国故事。

"外交部"新媒体账号是外交部发布中国外交政策、提供领事服务信息、与网民交流互动的重要平台。截至2023年底，账号粉丝总数逾860万，2023年共发布信息1900余条。"外交部发言人办公室"新媒体账号及时发布中英文双语版外交部发言人例行记者会重要问答实录及记者会实录，2023年共发布信息5600余条。公众留言与互动积极踊跃，多条发言人表态登上微博热搜榜。截至2023年底，外交部部内及部属单位新媒体账号总数达156个。驻外外交机构也积极利用新媒体宣介外交政策、提供政务服务、开展公共外交。

第九章

中国外交中的领事工作

（一）概述

2023年是全面贯彻党的二十大精神的开局之年。外交部和驻外使领馆坚决贯彻落实中共中央总书记习近平重要批示指示精神和党中央决策部署，紧紧围绕践行外交为民、服务国家发展、配合外交大局三大任务，攻坚克难，守正创新，全力促进中外人员往来，全面维护海外人员和机构安全，全方位提升中外领事合作、海外领事服务水平。

1. 构建中外人员往来新秩序　保障疫情防控平稳转段，分阶段全面取消远端检测安排；分批恢复中国公民出境团队游，推动重点方向国际客运航班增班取得实质性进展；签证及入境政策全面恢复至疫情前水平，并在此基础上，陆续推出全面取消签证预约、简化签证申请表、阶段性免采指纹并减免来华签证费等便利化举措；同阿尔巴尼亚、哈萨克斯坦等达成了人员往来便利化安排，对法国、德国等八国实行单方面免签，为外国人来华经商、学习、旅游提供更多便利；加入并实施《取消外国公文书认证要求的公约》，大幅降低文书跨境流转时间和经济成本。

2. 坚决维护海外中国公民和机构安全及合法权益　　出台首部聚焦于海外利益保护的行政法规《中华人民共和国领事保护与协助条例》；妥善应对有关国家政局动荡、武装冲突，做好中国公民和机构安全保护和转移撤离工作，圆满完成中方在苏丹人员紧急撤离行动；围绕出境旅游安全、跨境电诈网赌、境外违法犯罪等开展专项治理行动，全年共处置重大领事保护案件140余起，处理各类领事保护和协助案件8万余起，接听12308领事保护热线求助来电53万余通；加大预防性领事保护宣传，加快突发事件应急指挥体系信息化建设。

3. 全面深化中外领事关系与合作　　与哈萨克斯坦、巴基斯坦、澳大利亚、伊朗、蒙古国、智利、法国等举行线下领事磋商，推动就人员往来、公民安全与权益保护等达成重要共识与安排，为中外高层交往积累成果；加强驻华使领馆管理与服务，规范有序做好外国在华设领等工作。

4. 提升领事服务水平　　用心用情用力解决民众急难愁盼问题，指导驻外使领馆有效应对"乙类乙管"后证照申请激增的情况，不断优化业务流程；加快"中国领事"App项目建设，上线微信/支付宝小程序公民登记模块、签证在线办理功能，实现APEC商务旅行卡（亚太经合组织商务旅行卡）全链条在线办理；全面推广海外远程视频公证；出版发行新版《中国领事》；开展2023"温暖迎春"慰侨专项行动。

（二）领事保护

2023年，中国企业和人员"走出去"的步伐日益加快，海外安全风险更加突出。外交部和驻外使领馆坚决贯彻落实习近平总书记重要指示批示精神，积极践行以人民为中心的发展思想，坚决有力维护海外中国公民和机构安全及合法权益。

1. 聚焦机制建设

9月1日，《中华人民共和国领事保护与协助条例》正式实施，有力提升了海外安全保护工作法治化、制度化、规范化水平。境外中国公民和机构安全保护工作部际联席会议机制组织架构得以提升，突发事件应急指挥体系信息化建设获得进一步推进。

2. 聚焦应急处突

外交部全年处理各类领事保护与协助案件8万余起，重大领事保护案件140余起，推动12308领事保护热线服务提质增效，全年共接听求助来电53万余通，切实维护了海外同胞生命财产安全。

3. 聚焦宣传预防

外交部加强海外安全风险评估，动态调整各国安全风险等级并发布安全提醒；与有关部门和地方人民政府共同开展"安全文明健康出境游"活动。《万里归途 祖国带你回家——苏丹紧急撤离背后的故事》新闻片在中央广播电视总台播出，引发热烈反响。

（三）领事证件

领事证件工作是领事业务的基础。2023年，外交部统筹国内国外两个大局，坚持守正创新，多措并举，不断优化调整领事证件工作模式，出台人员便利化往来政策"组合拳"，服务高质量发展和高水平对外开放，构建中外人员往来新秩序。

1. 护照方面

驻外使领馆持续优化海外证照办理流程，加快审核处理速度，保持证照申请"即来即审"。外交部指导部分驻外使领馆赴侨胞较为集中的地区开展"异地办证"服务，为老弱病残等不方便使用手机的特殊群体送服务上门。对外咨询电话和热线保持畅通，为海外中国公民申办各类证照提供更加高效、便捷、优质的服务。

外交部妥善处理群众咨询、信访案件，有力保障便民、惠民措施落地见效，不断提升海外中国公民办证满意度。2023年，驻外使领馆颁发普通护照约56.4万本，颁发旅行证约18.7万本。

2. 签证方面

因应中外人员往来新形势新变化，外交部持续优化来华签证政策，推出"三减三免"，即简化签证申请表、调减签证费、简化来华留学审批手续、免采部分申请人指纹、取消签证申请预约、对法德等8国实施免签政策，全力为第三届"一带一路"国际合作高峰论坛、第31届世界大学生运动会、第十九届亚洲运动会、中国进出口商品交易会、中国国际进口博览会等重大活动参会人员提供专项保障。此外，积极便利中国公民"走出去"，推动商签更多双边互免签证协定。同阿尔巴尼亚、洪都拉斯、马达加斯加、哈萨克斯坦、伊拉克、黎巴嫩的免签协定于2023年内生效。同新加坡、泰国、安提瓜与巴布达、巴勒斯坦、圭亚那、基里巴斯等国商谈互免签证协定取得重大进展。截至2023年底，中国已与155个国家和地区缔结涵盖不同种类护照的互免签证协定，其中全面免签协定20个，与44个国家达成简化签证手续安排。此外，持普通护照的中国公民还可以单方面免签或办理落地签的形式前往63个国家和地区。

3. 亚太经合组织商务旅行卡方面

充分发挥亚太经合组织商务旅行卡便利优势，优化申办条件，提高审批效率，升级管理系统。2023年受理中、外方申请分别约为4.8万和15万次，分别达新冠疫情前同期3倍和1.9倍。截至2023年底，中方人员有效持卡量居各经济体首位。

4. 公证认证和婚姻登记工作方面

以2023年3月8日中国正式加入《取消外国公文书认证要求的公约》（以下简称《公约》）为契机，外交部进一步加强领事涉外文书工作便利化、信息化、规范化、法治化建设，确保《公约》于2023年11月7日在中国顺利生效实施。具体举措包括：为中外用文方建立中方附加证明书线上核验平台，并协助国内用文单位核查其他《公约》缔约国附加证明书；全面实施驻外使领馆同国内公证机构合作开展的海外远程视频公证，实施范围扩大至196家驻外使领馆和近300家国内公证机构；不断优化"智慧领事平台"功能，完善驻外使领馆海外中国公民婚姻登记预约系统；领事认证应急服务"绿色通道"持续保障中国公民、企业"走出去"。

2023年，驻外使领馆办理领事认证约53.05万份，公证约5.76万份，婚姻登记约0.8万对，远程视频公证600多例。外交部全年办理附加证明书/领事认证约54.84万份，委托地方外事办公室办理附加证明书/领事认证约70.9万份。

（四）领事磋商

2023年，外交部领事司因应中外人员往来新常态，全面恢复线下领事磋商，先后同哈萨克斯坦、巴基斯坦、澳大利亚、伊朗、蒙古国、智利、法国等国举行领事磋商，进一步深化中外领事关系。

4月21日，外交部领事司与哈萨克斯坦外交部领事局在北京举行中哈第二十一轮领事磋商。双方就尽快商签中哈互免签证协定、维护公民和机构安全与合法权益等交换意见。双方一致同意落实好两国领导人达成的重要共识，不断提升领事合作水平，为人员往来提供更多便利，采取切实措施保障公民和机构安全与合法权益，不断丰富中哈永久全面战略伙伴关系内涵。

7月13日，外交部领事司与巴基斯坦外交部中国司在北京举行中巴第九轮领事磋商。双方就便利人员往来、维护公民和机构安全与合法权益等交换意见。双方一致同意落实好两国领导人重要共识，不断提升领事合作水平，积极推进签证便利措施，维护两国公民安全与合法权益，丰富中巴全天候战略合作伙伴关系内涵。

8月21日，外交部领事司与澳大利亚外交贸易部领事与危机管控司在北京举行中澳第十七轮领事磋商。双方就便利人员往来、维护公民和机构安全与合法权益等交换意见。双方一致同意落实好两国领导人重要共识，进一步便利双方人员往来，切实维护公民和机构安全与合法权益，为双方各领域务实合作创造良好条件，共同推动中澳全面战略伙伴关系继续向前发展。

9月14日，外交部领事司与伊朗外交部领事总司在山东曲阜举行中伊第八轮领事磋商。双方就发展中伊领事关系、便利人员往来、维护海外公民和机构安全与合法权益等深入交换意见。双方一致同意落实好两国领导人重要共识，不断提升领事合作水平，为人员往来提供更多便利，采取切实措施保障海外公民和机构安全与合法权益，助力中伊全面战略伙伴关系发展。

10月18日，外交部领事司与蒙古国外交部领事局在北京举行中蒙第二十三轮领事磋商。双方就便利人员往来、维护海外公民和机构安全与合法权益等深入交换意见。双方一致同意落实好两国领导人重要共识，不断提升领事合作水平，积极推进签证便利化安排，采取切实措施保障海外公民和机构安全与合法权益，推动中蒙全面战略伙伴关系迈上新台阶。

10月24日，外交部领事司与智利外交部领事、移民和海外公民司在北京举行中智第二轮领事磋商。双方就便利人员往来、维护海外公民安全与合法权益、中方加入《取消外国公文书认证要求的公约》等议题深入交换意见。双方一致同意，要落实好两国领导人近期达成的重要共识，加强领事合作，积极探讨为双方商务、旅游等人员赴对方国家提供更多签证便利，为两国各领域务实合作创造有利条件。

11月28日，外交部领事司与法国外交部海外侨民事务和领事管理司在北京举行中法第六轮领事磋商。双方就便利人员往来、维护海外公民安全与合法权益等深入交换意见。双方一致同意，要落实好两国领导人达成的重要共识，以2024年是中法建交60周年暨文化旅游年为契机，进一步深化领事合作，推动更多签证便利化安排，采取切实措施加强海外公民合法权益保护，为两国人文交流和各领域务实合作创造有利条件。

（五）海外侨务

海外侨务工作是中国领事工作的重要内容。中国驻外使领馆积极开展工作，充分发挥海外华侨华人的资源优势和桥梁作用，加深与侨胞居住国交流合作，巩固海外对华友好力量基础。

2023年，外交部坚持以习近平总书记关于海外统战和侨务工作的重要论述为指引，认真贯彻落实党的二十大精神，扎实推进海外侨务工作。

1. 持续提高为侨服务水平

外交部着力解决海外侨胞"急难愁盼"问题，指导驻外使领馆统筹做好各项惠侨举措，强化为侨公共服务体系建设。会同有关部门研究解决海外华文教育发展面临的难题，积极帮扶海外困难华校和华教组织。支持举办第十六届世界华商大会、第三届世界华侨华人工商大会，鼓励海外侨胞积极参与共建"一带一路"和中国经济高质量发展，共享发展机遇和成果。

2. 积极开展慰侨暖侨活动　　春节期间，外交部指导驻外使领馆在全球范围内开展"温暖迎春"慰侨专项行动，向海外侨胞传递党和政府的关心关爱。各驻外使领馆走访困难侨胞，发放慰问物资，举办形式多样的新春庆祝活动。

3. 加强与海外侨胞联络联谊　　外交部支持举办第十届世界华侨华人社团联谊大会、第十一次全国归侨侨眷代表大会、2023年全球华侨华人促进中国和平统一大会等活动，巩固和发展最广泛的爱国统一战线。持续开展少数民族侨务工作，团结海外少数民族侨胞，推动海外各民族侨胞交往交融，铸牢中华民族共同体意识。

（六）涉及外国驻华领事机构事务和涉外案件

1. 外国驻华领事机构事务处理情况　　2023年，中国政府认真履行国际义务，依据《维也纳领事关系公约》、中外双边领事条约（协定）、《中华人民共和国领事特权与豁免条例》及其他中国法律法规，妥善处理涉及外国驻华领事机构的各类事务，为外国驻华领事机构和人员在华工作生活提供必要协助和便利。地方政府积极发挥外国驻华领事机构的桥梁作用，加强本地区与有关国家在经贸、文化、旅游、教育等领域的交流与合作，有效促进中外友好和推动地方经济社会发展。

2023年，外交部共为74位外国新任驻华总领事颁发领事证书。

2. 涉外案（事）件处理情况　　中国政府依法保障在华外国公民和机构合法权益，中国司法机关依法处理涉及外国公民和机构的案件。外交部协调主管部门，依据国际公约、双边领事条约（协定）有关规定，及时进行领事通报，为外国驻华使领馆官员执行领事职务提供必要的协助和便利，积极回应外方合理关切。

各部门和地方不断完善涉外案（事）件应急处置机制，加强协调配合和信息通报，发生重大涉外突发案（事）件时，第一时间启动应急机制，及时了解外国公民及机构情况，向外方通报或回复外国驻华使领馆问询。

（七）互免签证协定

2023年，中国本着互利共赢的原则，分别同六个国家缔结互免签证协定，不断提升中外双边人员往来便利化水平。

2023年缔结的互免签证协定

序号	协定名称	生效日期
1	《中华人民共和国政府和阿尔巴尼亚共和国部长会议关于互免持公务普通和普通护照人员签证的协定》	2023年3月18日
2	《中华人民共和国政府和洪都拉斯共和国政府关于互免持外交、官员、公务、公务普通护照人员签证的协定》	2023年9月25日
3	《中华人民共和国政府和马达加斯加共和国政府关于互免持外交、公务护照人员签证的协定》	2023年11月4日
4	《中华人民共和国政府和哈萨克斯坦共和国政府关于互免签证的协定》	2023年11月10日
5	《中华人民共和国政府和伊拉克共和国政府关于互免持外交、特别、公务、公务普通护照人员签证的协定》	2023年12月19日
6	《中华人民共和国政府和黎巴嫩共和国政府关于互免持外交、特别、公务、公务普通护照人员签证的协定》	2023年12月24日

（八）领事机构

领事机构是加强中外领事关系的重要平台。2023年，中国政府在对等互惠基础上，通过友好协商，与两国就其在华新设领事机构达成一致。五国在华新设立的领事机构正式开馆。中国驻伊拉克巴士拉总领事馆开馆。

2023年中外双方同意在华新设的领事机构

序号	机构名称	达成协议日期
1	马拉维共和国驻长沙总领事馆	2023年1月31日
2	墨西哥合众国驻重庆领事馆	2023年7月31日

2023年外国在华新设立的领事机构

序号	机构名称	开馆日期
1	俄罗斯联邦驻哈尔滨总领事馆	2023年2月2日
2	柬埔寨王国驻济南总领事馆	2023年4月6日
3	瓦努阿图共和国驻广州总领事馆	2023年4月27日
4	哈萨克斯坦共和国驻西安总领事馆	2023年5月19日
5	土耳其共和国驻成都总领事馆	2023年6月13日

附　录

（一）2023年中华人民共和国外交部组织机构表

办　公　厅
政策规划司
亚　洲　司
西亚北非司
非　洲　司
欧　亚　司
欧　洲　司
北美大洋洲司
拉丁美洲和加勒比司
国　际　司
国际经济司
军　控　司
条约法律司

边界与海洋事务司

新　闻　司

礼　宾　司

领　事　司（外交部领事保护中心）

香港澳门台湾事务司

翻　译　司

外事管理司

涉外安全事务司

干　部　司

离退休干部局

行　政　司

财　务　司

机　关　党　委（部党委国外工作局）

外交部巡视工作领导小组办公室

档　案　馆

服　务　中　心

（二）中华人民共和国外交部领导成员名单

（截至2024年9月9日）

王　毅	中央政治局委员、中央外事工作委员会办公室主任、外交部部长
齐　玉	外交部党委书记
马朝旭	外交部副部长（分管外交日常业务工作，正部长级）
张　骥	中央纪委国家监委驻外交部纪检监察组组长
孙卫东	外交部副部长
陈晓东	外交部副部长
邓　励	外交部副部长
华春莹	外交部副部长
苗得雨	外交部部长助理
赵志远	外交部部长助理
刘　彬	外交部部长助理

（三）同中国建交的国家、建交日期和2023年中国驻外使节一览表

（截至2023年12月31日，以建交日期为序）

序号	国名	建交日期	中国在任使节
1	俄罗斯联邦①	1949年10月2日	张汉晖
2	保加利亚共和国	1949年10月4日	董晓军（12月以后空缺）
3	罗马尼亚	1949年10月5日	韩春霖
4	匈牙利	1949年10月6日	龚韬（9月以后）（9月以前空缺）
5	朝鲜民主主义人民共和国	1949年10月6日	王亚军（3月以后）（3月以前空缺）
6	捷克共和国②	1949年10月6日	冯飚
7	斯洛伐克共和国	1949年10月6日	孙立杰 蔡革（9月以后）
8	波兰共和国	1949年10月7日	孙霖江
9	蒙古国	1949年10月16日	柴文睿 沈敏娟（女，9月以后）
10	阿尔巴尼亚共和国	1949年11月23日	周鼎（3月以后空缺）
11	越南社会主义共和国	1950年1月18日	熊波
12	印度共和国	1950年4月1日	（空缺）
13	印度尼西亚共和国	1950年4月13日	陆慷
14	瑞典	1950年5月9日	崔爱民
15	丹麦王国	1950年5月11日	冯铁（12月以后空缺）
16	缅甸联邦共和国	1950年6月8日	陈海
17	瑞士联邦	1950年9月14日	王世廷
18	列支敦士登公国③	1950年9月14日	赵清华（兼）陈昀（兼）（女，3月以后）
19	芬兰共和国	1950年10月28日	王同庆

续表

序号	国名	建交日期	中国在任使节
20	巴基斯坦伊斯兰共和国	1951年5月21日	农融 姜再冬（9月以后）
21	挪威王国	1954年10月5日	侯悦（女）
22	塞尔维亚共和国④	1955年1月2日	陈波（女） 李明（9月以后）
23	阿富汗	1955年1月20日	王愚 赵星（9月以后）
24	尼泊尔	1955年8月1日	陈松
25	阿拉伯埃及共和国	1956年5月30日	廖力强
26	阿拉伯叙利亚共和国	1956年8月1日	史宏微
27	也门共和国	1956年9月24日	（空缺）
28	斯里兰卡民主社会主义共和国	1957年2月7日	戚振宏
29	柬埔寨王国	1958年7月19日	王文天
30	伊拉克共和国	1958年8月25日	崔巍
31	摩洛哥王国	1958年11月1日	李昌林
32	阿尔及利亚民主人民共和国	1958年12月20日	李健
33	苏丹共和国	1959年2月4日	（空缺）
34	几内亚共和国	1959年10月4日	黄巍
35	加纳共和国	1960年7月5日	卢坤
36	古巴共和国	1960年9月28日	马辉
37	马里共和国	1960年10月25日	陈志宏
38	索马里联邦共和国⑤	1960年12月14日	费胜潮
39	刚果民主共和国	1961年2月20日	朱京 赵斌（5月以后）
40	老挝人民民主共和国	1961年4月25日	姜再冬 （8月以后空缺）
41	乌干达共和国	1962年10月18日	张利忠
42	肯尼亚共和国	1963年12月14日	周平剑
43	布隆迪共和国	1963年12月21日	赵江平（女）
44	突尼斯共和国	1964年1月10日	万黎
45	法兰西共和国	1964年1月27日	卢沙野
46	刚果共和国	1964年2月22日	马福林 李岩（女，9月以后）
47	坦桑尼亚联合共和国	1964年4月26日	陈明健（女）
48	中非共和国	1964年9月29日	李钦峰
49	赞比亚共和国	1964年10月29日	杜晓晖

续表

序号	国名	建交日期	中国在任使节
50	贝宁共和国	1964年11月12日	彭惊涛
51	毛里塔尼亚伊斯兰共和国	1965年7月19日	李柏军
52	加拿大	1970年10月13日	丛培武
53	赤道几内亚共和国	1970年10月15日	王文刚（12月以后） （12月以前空缺）
54	意大利共和国	1970年11月6日	贾桂德
55	埃塞俄比亚联邦民主共和国	1970年11月24日	赵志远
56	智利共和国	1970年12月15日	牛清报
57	尼日利亚联邦共和国	1971年2月10日	崔建春
58	科威特国	1971年3月22日	张建卫
59	喀麦隆共和国	1971年3月26日	王英武
60	圣马力诺共和国⑥	1971年5月6日	贾桂德（兼）
61	奥地利共和国	1971年5月28日	亓玫（女，3月以后） （3月以前空缺）
62	塞拉利昂共和国	1971年7月29日	王擎
63	土耳其共和国	1971年8月4日	刘少宾
64	伊朗伊斯兰共和国	1971年8月16日	常华
65	比利时王国	1971年10月25日	曹忠明
66	秘鲁共和国	1971年11月2日	宋扬
67	黎巴嫩共和国	1971年11月9日	钱敏坚
68	卢旺达共和国	1971年11月12日	王雪坤
69	塞内加尔共和国	1971年12月7日	肖晗
70	冰岛	1971年12月8日	何儒龙
71	塞浦路斯共和国	1971年12月14日	刘彦涛
72	马耳他共和国	1972年1月31日	于敦海
73	墨西哥合众国	1972年2月14日	张润（2月以后） （2月以前空缺）
74	阿根廷共和国	1972年2月19日	邹肖力 王卫（9月以后）
75	大不列颠及北爱尔兰联合王国	1972年3月13日	郑泽光
76	毛里求斯共和国	1972年4月15日	朱立英
77	荷兰王国	1972年5月18日	谈践
78	希腊共和国	1972年6月5日	肖军正
79	圭亚那合作共和国	1972年6月27日	郭海燕（女）
80	多哥共和国	1972年9月19日	巢卫东

续表

序号	国名	建交日期	中国在任使节
81	日本国	1972年9月29日	孔铉佑 吴江浩（3月以后）
82	德意志联邦共和国	1972年10月11日	吴恳
83	马尔代夫共和国⑦	1972年10月14日	王立新（女）
84	马达加斯加共和国	1972年11月6日	郭晓梅（女） （8月以后空缺）
85	卢森堡大公国	1972年11月16日	华宁
86	牙买加	1972年11月21日	陈道江
87	乍得共和国	1972年11月28日	王晰宁
88	澳大利亚联邦	1972年12月21日	肖千
89	新西兰	1972年12月22日	王小龙
90	西班牙王国	1973年3月9日	吴海涛 姚敬（9月以后）
91	布基纳法索	1973年9月15日	卢山
92	几内亚比绍共和国	1974年3月15日	郭策
93	加蓬共和国	1974年4月20日	李津津
94	马来西亚	1974年5月31日	欧阳玉靖
95	特立尼达和多巴哥共和国	1974年6月20日	方邎
96	委内瑞拉玻利瓦尔共和国	1974年6月28日	李宝荣 蓝虎（4月以后）
97	尼日尔共和国	1974年7月20日	蒋烽
98	巴西联邦共和国	1974年8月15日	祝青桥
99	冈比亚共和国	1974年12月14日	刘晋
100	博茨瓦纳共和国	1975年1月6日	王雪峰
101	菲律宾共和国	1975年6月9日	黄溪连
102	莫桑比克共和国	1975年6月25日	王贺军
103	泰王国	1975年7月1日	韩志强
104	圣多美和普林西比民主共和国	1975年7月12日	徐迎真（女）
105	孟加拉人民共和国	1975年10月4日	姚文
106	斐济共和国	1975年11月5日	周剑
107	萨摩亚独立国	1975年11月6日	巢小良 费明星（12月以后）
108	科摩罗联盟	1975年11月13日	郭志军
109	佛得角共和国	1976年4月25日	徐杰
110	苏里南共和国	1976年5月28日	韩镜

续表

序号	国名	建交日期	中国在任使节
111	塞舌尔共和国	1976年6月30日	郭玮（女） 林楠（女，12月以后）
112	巴布亚新几内亚独立国	1976年10月12日	曾凡华
113	利比里亚共和国	1977年2月17日	任义生 尹承武（9月以后）
114	约旦哈希姆王国	1977年4月7日	陈传东
115	巴巴多斯	1977年5月30日	延秀生
116	阿曼苏丹国	1978年5月25日	李凌冰（女）
117	利比亚国	1978年8月9日	（空缺）
118	美利坚合众国	1979年1月1日	谢锋（5月以后） （5月以前空缺）
119	吉布提共和国	1979年1月8日	胡斌
120	葡萄牙共和国	1979年2月8日	赵本堂
121	爱尔兰	1979年6月22日	何向东
122	厄瓜多尔共和国	1980年1月2日	陈国友
123	哥伦比亚共和国	1980年2月7日	蓝虎 朱京阳（8月以后）
124	津巴布韦共和国	1980年4月18日	周鼎（6月以后） （6月以前空缺）
125	基里巴斯共和国	1980年6月25日	唐松根 周立民（9月以后）
126	瓦努阿图共和国	1982年3月26日	李名刚
127	安提瓜和巴布达	1983年1月1日	张艳玲（女）
128	安哥拉共和国	1983年1月12日	龚韬
129	科特迪瓦共和国	1983年3月2日	吴杰（5月以后） （5月以前空缺）
130	莱索托王国	1983年4月30日	雷克中
131	阿拉伯联合酋长国	1984年11月1日	张益明
132	多民族玻利维亚国[⑧]	1985年7月9日	黄亚中 （8月以后空缺）
133	格林纳达	1985年10月1日	韦宏添
134	尼加拉瓜共和国	1985年12月7日	陈曦
135	乌拉圭东岸共和国	1988年2月3日	王刚 黄亚中（9月以后）
136	卡塔尔国	1988年7月9日	（空缺）

续表

序号	国名	建交日期	中国在任使节
137	巴勒斯坦国[9]	1988年11月20日	郭伟 曾继新（4月以后）
138	巴林王国	1989年4月18日	倪汝池（2月以后） （2月以前空缺）
139	密克罗尼西亚联邦	1989年9月11日	吴伟（6月以后） （6月以前空缺）
140	纳米比亚共和国	1990年3月22日	赵卫平
141	沙特阿拉伯王国	1990年7月21日	陈伟庆
142	新加坡共和国	1990年10月3日	孙海燕（女） （7月以后空缺）
143	爱沙尼亚共和国	1991年9月11日	郭晓梅（女，9月以后） （9月以前空缺）
144	拉脱维亚共和国	1991年9月12日	梁建全 唐松根（6月以后）
145	立陶宛共和国	1991年9月14日	（空缺） （2021年11月降为代办级）
146	文莱达鲁萨兰国	1991年9月30日	肖建国（3月以后） （3月以前空缺）
147	乌兹别克斯坦共和国	1992年1月2日	姜岩（女） 于骏（7月以后）
148	哈萨克斯坦共和国	1992年1月3日	张霄
149	乌克兰	1992年1月4日	范先荣
150	塔吉克斯坦共和国	1992年1月4日	吉树民
151	吉尔吉斯共和国	1992年1月5日	杜德文（女）
152	土库曼斯坦	1992年1月6日	钱乃成
153	白俄罗斯共和国	1992年1月20日	谢小用
154	以色列国	1992年1月24日	蔡润
155	摩尔多瓦共和国	1992年1月30日	闫文滨
156	阿塞拜疆共和国	1992年4月2日	郭敏（女）
157	亚美尼亚共和国	1992年4月6日	范勇
158	斯洛文尼亚共和国	1992年5月12日	王顺卿
159	克罗地亚共和国	1992年5月13日	齐前进
160	格鲁吉亚	1992年6月9日	周谦
161	大韩民国	1992年8月24日	邢海明

续表

序号	国名	建交日期	中国在任使节
162	厄立特里亚国	1993年5月24日	蔡革（8月以后空缺）
163	北马其顿共和国⑩	1993年10月12日	张佐
164	安道尔公国⑪	1994年6月29日	吴海涛（兼）姚敬（兼，9月以后）
165	摩纳哥公国⑫	1995年1月16日	卢沙野（兼）
166	波斯尼亚和黑塞哥维那	1995年4月3日	季平
167	巴哈马国	1997年5月23日	戴庆利（女）
168	库克群岛⑬	1997年7月25日	王小龙（兼）
169	南非共和国	1998年1月1日	陈晓东
170	汤加王国	1998年11月2日	曹小林（12月以后空缺）
171	东帝汶民主共和国	2002年5月20日	王文丽（女，9月以后）（9月以前空缺）
172	多米尼克国	2004年3月23日	林先江
173	黑山⑭	2006年7月6日	范琨
174	哥斯达黎加共和国	2007年6月1日	汤恒
175	纽埃⑮	2007年12月12日	王小龙（兼）
176	马拉维共和国	2007年12月28日	龙舟
177	南苏丹共和国	2011年7月9日	马强
178	巴拿马共和国	2017年6月13日	魏强
179	多米尼加共和国	2018年5月1日	张润 陈鲁宁（4月以后）
180	萨尔瓦多共和国	2018年8月21日	张艳辉
181	所罗门群岛	2019年9月21日	李明 蔡蔚鸣（12月以后）
182	洪都拉斯共和国	2023年3月26日	于波（6月以后）

注：

① 1949年10月2日系中国与苏联建交日。1991年12月27日，国务委员兼外交部长钱其琛致电俄罗斯外交部长，宣布中国承认俄罗斯联邦政府并决定中国驻苏联大使改任驻俄罗斯大使。

② 1949年10月6日系中国与捷克斯洛伐克共和国（后改称"捷克斯洛伐克社会主义共和国""捷克斯洛伐克联邦共和国"）建交日。1992年12月31日，捷克斯洛伐克联邦共和国解体。1993年1月1日，捷克共和国和斯洛伐克共和国成为独立主权国家，中国政府分别予以承认并与两国建立大

使级外交关系。

③ 中国驻苏黎世总领事兼任驻列支敦士登公国总领事。

④ 1955年1月2日系中国与南斯拉夫联邦人民共和国（后改称"南斯拉夫社会主义联邦共和国"）建交日。1991年，南斯拉夫联邦人民共和国开始解体。1992年4月27日，塞尔维亚共和国、黑山共和国联合成立南斯拉夫联盟共和国。2003年2月4日，南斯拉夫联盟共和国将国名改为塞尔维亚和黑山。2006年6月3日，黑山共和国独立，塞尔维亚共和国继承塞尔维亚和黑山国际法主体地位。6月14日，中国外交部照会塞尔维亚外交部，宣布中国驻塞尔维亚和黑山特命全权大使转任驻塞尔维亚共和国特命全权大使，驻塞尔维亚和黑山大使馆同时更名。

⑤ 基于索马里国内原因，中国驻索马里外交人员曾于1991年撤离。2014年10月，中国驻索马里大使馆复馆。

⑥ 中国驻意大利大使兼任驻圣马力诺大使。

⑦ 中国于2011年11月在马尔代夫共和国设立大使馆。中国驻斯里兰卡大使不再兼任驻马尔代夫大使。

⑧ 2009年3月，玻利维亚共和国将国名改为多民族玻利维亚国。

⑨ 中国于1995年12月在加沙设立驻巴勒斯坦民族权力机构办事处，2004年5月迁至拉马拉，2013年10月更名为驻巴勒斯坦国办事处（简称"驻巴办"）。2008年6月，中国驻突尼斯大使不再兼任驻巴勒斯坦大使，由驻巴办主任（大使衔）全权负责同巴交往事宜。

⑩ 2018年6月12日，马其顿、希腊两国总理宣布就国名问题达成协议，同意马将国名更改为北马其顿共和国，并于当月17日签署正式协议。2019年2月12日，马政府宣布正式更改国名为北马其顿共和国。

⑪ 中国驻西班牙大使兼任驻安道尔大使。

⑫ 中国同摩纳哥公国自1995年1月16日起建立领事关系，中国驻马赛总领事兼任驻摩纳哥总领事；2006年2月升格为大使级外交关系，中国驻法国大使兼任驻摩纳哥大使。

⑬ 中国驻新西兰大使兼任驻库克群岛大使。

⑭ 2007年10月19日，黑山共和国将国名改为黑山。

⑮ 中国驻新西兰大使兼任驻纽埃大使。

（四）中华人民共和国常驻联合国、驻其他国际组织代表团（处）名称、驻地和2023年常驻代表（团长）一览表

（截至2023年12月31日）

序号	名称	驻地	常驻代表（团长）
1	中华人民共和国常驻联合国代表团	纽约	张军
2	中华人民共和国常驻联合国日内瓦办事处和瑞士其他国际组织代表团	日内瓦	陈旭
3	中华人民共和国常驻维也纳联合国和其他国际组织代表团	维也纳	李松（2月以后）（2月以前空缺）
4	中华人民共和国驻欧盟使团	布鲁塞尔	傅聪
5	中华人民共和国常驻美洲国家组织观察员办事处[①]	华盛顿	谢锋（兼，5月以后）（5月以前空缺）
6	中华人民共和国常驻禁止化学武器组织代表团[②]	海牙	谈践（兼）
7	中华人民共和国常驻联合国环境规划署代表处[③]	内罗毕	周平剑（兼）
8	中华人民共和国常驻联合国人类住区规划署代表处[④]	内罗毕	周平剑（兼）
9	中华人民共和国常驻国际海底管理局代表处[⑤]	金斯敦	陈道江（兼）
10	中华人民共和国常驻世界贸易组织代表团	日内瓦	李成钢
11	中华人民共和国常驻联合国教育、科学及文化组织代表团	巴黎	杨进 杨新育（女，12月以后）
12	中华人民共和国常驻联合国粮农机构代表处	罗马	广德福
13	中华人民共和国常驻国际民用航空组织理事会代表处	蒙特利尔	杨胜军 吕新明（9月以后）
14	中华人民共和国常驻联合国亚洲及太平洋经济社会委员会代表处	曼谷	柯友生
15	中华人民共和国驻东盟使团	雅加达	侯艳琪（女）
16	中华人民共和国驻非盟使团	亚的斯亚贝巴	胡长春

注：

① 中国驻美国大使兼任中国常驻美洲国家组织观察员。
② 中国驻荷兰大使兼任中国常驻禁止化学武器组织代表。
③ 中国驻肯尼亚大使兼任中国常驻联合国环境规划署代表。
④ 中国驻肯尼亚大使兼任中国常驻联合国人类住区规划署代表。
⑤ 中国驻牙买加大使兼任中国常驻国际海底管理局代表。

（五）中国与外国互设领事机构一览表

（截至2023年12月31日）

1. 中国在外国设立领事机构一览表

（按国名英文字母顺序排列）

（1）总领事馆

序号	国名	驻地	协议日期	开馆日期	领区	2023年在任馆长
1	澳大利亚	悉尼	1978.09.18	1979.03.19	新南威尔士州	周立民（8月离任）
2	澳大利亚	墨尔本	1986.06.23	1986.09.11	维多利亚州、塔斯马尼亚州	（空缺）
3	澳大利亚	珀斯	1994.04.15	1994.10.18	西澳大利亚州	龙定斌
4	澳大利亚	布里斯班	2004.11达成设领协议	2005.07.12领事馆开馆，2006.09.22升格为总领事馆，2007.03.24总领事馆开馆	昆士兰州	阮宗泽
5	澳大利亚	阿德莱德	2015.01.30	2016.01.18	南澳洲	何岚菁（女）李东（9月到任）
6	玻利维亚	圣克鲁斯	2013.12.23	1992.05.06设总领事馆，2002.03.01降格为领事馆，2013.12.23升格为总领事馆	圣克鲁斯省	王家雷

359

续表

序号	国名	驻地	协议日期	开馆日期	领区	2023年在任馆长
7	巴西	圣保罗	1984.08.15	1985.11.04	圣保罗州、巴拉那州、圣卡塔琳娜州、南里奥格朗德州	陈佩洁（女）余鹏（9月到任）
8	巴西	里约热内卢	1991.08.05	1992.06.15	里约热内卢州、米纳斯吉拉斯州、圣埃斯皮里图州、巴伊亚州	田敏（女）
9	巴西	累西腓	2013.11.27	2016.02.22	伯南布哥州、帕拉伊巴州、北里奥格朗德州、塞阿腊州、皮奥伊州、马拉尼昂州、阿拉戈斯州、塞尔希培州	严宇清（女，2月离任）
10	加拿大	温哥华	1973.10.24	1974.11.17	不列颠哥伦比亚省、育空地区	杨舒
11	加拿大	多伦多	1980.08.25	1984.12.20	安大略省、曼尼托巴省	罗伟东（9月到任）
12	加拿大	卡尔加里	1997.11.28	1998.10.02	阿尔伯塔省、萨斯喀彻温省、西北地区	赵丽莹（女，1月到任）
13	加拿大	蒙特利尔	2010.03.22	2011.06.22	魁北克省、新不伦瑞克省	戴玉明
14	智利	伊基克	1985.04.29	1997.12.30（2002.04.01起暂时关闭），2010.10复馆，2011.05.25正式开馆	第一行政区、第二行政区、第十五行政区	傅新蓉（女）
15	朝鲜	清津	1987.01.15	1987.07.01	咸镜北道、咸镜南道、两江道、罗先特别市	（空缺）
16	厄瓜多尔	瓜亚基尔	1984.05.17	1984.09.10	瓜亚斯省、马纳比省、洛斯里奥斯省、埃尔奥罗省、圣埃莱纳省	高振廷（8月到任）
17	埃及	亚历山大	1967.07.04	1968.02.05	塞得港省、亚历山大省、伊斯梅利亚省、苏伊士省	杨易

续表

序号	国名	驻地	协议日期	开馆日期	领区	2023年在任馆长
18	赤道几内亚	巴塔	2013.05.13	2014.06.25	海岸省、中南省、基埃–恩特姆省、维勒–恩萨斯省及吉布劳省	陈泳（1月到任）
19	法国	马赛	1980.10.17	1985.12.19	普罗旺斯–阿尔卑斯–蓝色海岸大区的6个省、奥克西塔尼大区的13个省、科西嘉地方行政区	董广利
20	法国	斯特拉斯堡	1997.03.21	1998.04.28	大东部大区和勃艮第–弗朗什–孔泰大区的14个省	潘昱旻
21	法国	里昂	2006.09.13	2009.12.02	奥弗涅–罗讷–阿尔卑斯大区的12个省	陆青江（女）
22	法国	圣但尼	2007.06.25	2010.02.06	法国留尼汪大区（海外领区）	王向阳
23	德国	汉堡	1979.10.24	1984.05.14	汉堡州、不来梅州、下萨克森州、石勒苏益格–荷尔施泰因州	丛武
24	德国	慕尼黑	1995.07.13	1997.06.07	巴伐利亚州	童德发
25	德国	法兰克福	2003.12.01	2005.06.23	黑森州、巴登–符腾堡州、莱茵兰–普法尔茨州、萨尔州	孙从彬 黄昳扬（7月到任）
26	德国	杜塞尔多夫	2014.03.28	2015.12.19	北莱茵–威斯特法伦州	杜春国
27	印度	孟买	1991.12.13	1992.12.08	孟买市、马哈拉施特拉邦、卡纳塔克邦	孔宪华
28	印度	加尔各答	2006.11.21	2008.09.07	西孟加拉邦、奥里萨邦、切蒂斯格尔邦、恰尔肯德邦、比哈尔邦	查立友
29	印度尼西亚	泗水	2005.02.28	2006.11.09	东爪哇省、中爪哇省、日惹特区、北马鲁古省、马鲁古省	徐永

续表

序号	国名	驻地	协议日期	开馆日期	领区	2023年在任馆长
30	印度尼西亚	棉兰	2009.11.30	2011.09.08	北苏门答腊省、南苏门答腊省、西苏门答腊省、占碑省、明古鲁省、廖内省、廖内群岛、邦加–勿里洞省、楠榜省、亚齐特区	张敏
31	印度尼西亚	登巴萨	2013.09.27	2014.12.08	巴厘省、东努沙登加拉省、西努沙登加拉省	朱兴龙
32	伊朗	阿巴斯	2022.04.17	2022.12.21	胡泽斯坦省、恰哈尔马哈勒–巴赫提亚里省、科吉卢耶–博韦尔艾哈迈德省、法尔斯省、布什尔省、克尔曼省、霍尔木兹甘省、锡斯坦–俾路支斯坦省	徐炜（8月到任）
33	伊拉克	埃尔比勒	2014.05.04	2014.12.30	埃尔比勒省、苏莱曼尼亚省、代胡克省	倪汝池 刘军（9月到任）
34	伊拉克	巴士拉	2022.07.19	2023.10.16	巴士拉省、穆萨纳省、济加尔省、迪瓦尼耶省、米桑省、纳杰夫省	（空缺）
35	意大利	米兰	1979.11.06	1985.06.11	伦巴第大区、艾米利亚–罗马冯大区、皮埃蒙特大区、威尼托大区	刘侃
36	意大利	佛罗伦萨	1997.11.03	1998.06.01	托斯卡纳大区、翁布里亚大区、马尔凯大区、利古里亚大区	王文刚（12月离任）
37	日本	大阪	1975.08.15	1976.03.08	大阪府、京都府、兵库县、奈良县、和歌山县、滋贺县、爱媛县、香川县、高知县、德岛县、岛根县、鸟取县、广岛县、冈山县	薛剑
38	日本	札幌	1980.02.01	1980.09.10	北海道、青森县、秋田县、岩手县	刘亚明（女，1月离任）

续表

序号	国名	驻地	协议日期	开馆日期	领区	2023年在任馆长
39	日本	福冈	1984.12.26	1985.05.04	福冈县、佐贺县、大分县、熊本县、鹿儿岛县、宫崎县、冲绳县、山口县	律桂军
40	日本	长崎	1984.12.26	1985.05.04	长崎县	张大兴
41	日本	名古屋	2007.07.17	2007.08.20	爱知县、岐阜县、富山县、石川县、三重县、福井县	杨娴
42	日本	新潟	2009.06.25	2010.06.24	新潟县、山形县、福岛县、宫城县	崔为磊（9月到任）
43	哈萨克斯坦	阿拉木图	2007.08.18	2008.12.23	阿拉木图市、奇姆肯特市、阿拉木图州、图尔克斯坦州、江布尔州、东哈萨克斯坦州、阿拜州、杰特苏州	蒋薇（女）
44	哈萨克斯坦	阿克托别	2022.09.14	暂未开馆	阿克纠宾州、阿特劳州、曼吉斯套州、西哈萨克斯坦州、克孜勒奥尔达州	（空缺）
45	老挝	琅勃拉邦	2012.08.14	2013.12.25	琅勃拉邦省、丰沙里省、乌多姆赛省、南塔省、波乔省、华潘省	李志工 张社平（9月到任）
46	马来西亚	古晋	1993.10.18	1994.08.03	沙捞越州	邢伟平
47	马来西亚	哥打基纳巴卢	2014.05.29	2015.04.27	沙巴州和纳闽联邦直辖区	黄世芳（女）
48	马来西亚	槟城	2014.05.29	2015.12.22	槟榔屿州、玻璃市州、霹雳州、吉打州	周游斌
49	墨西哥	蒂华纳	1984.10.10	1985.08.15	北下加利福尼亚州、南下加利福尼亚州、奇瓦瓦州、索诺拉州	虞越（女）
50	蒙古国	扎门乌德	2012.12.27	2014.07.03	东戈壁省、南戈壁省、中戈壁省、苏赫巴托省、东方省	李雁军

续表

序号	国名	驻地	协议日期	开馆日期	领区	2023年在任馆长
51	缅甸	曼德勒	1993.08.19	1994.08.22	曼德勒省、克钦邦、掸邦	陈辰
52	荷兰	威廉斯塔德	2013.06.11	2014.09.25	由库拉索、阿鲁巴、圣马丁、圣俄斯塔休斯、博纳尔、萨巴组成的荷兰王国加勒比地区	李意钢
53	新西兰	奥克兰	1991.05.09	1992.06.15	奥克兰市、怀卡托地区、北部地区	陈世杰
54	新西兰	克赖斯特彻奇	2010.06.14	2011.12.02	整个南岛，即坎特伯雷、马尔堡、纳尔逊、奥塔哥、塔斯曼、西岸和南地	何颖（女）
55	尼日利亚	拉各斯	2003.08.27	2003.09.03	拉各斯州、奥贡州、奥逊州、埃基提州、翁多州、科吉州、埃多州、三角州、巴耶尔萨州、阿南布拉州、伊莫州、河流州、埃努古州、阿比亚州、阿夸依博姆州、纳萨拉瓦州、贝努埃州、埃邦伊州、十字河州、塔拉巴州	储茂明 严宇清（女，5月到任）
56	巴基斯坦	卡拉奇	1966.05.16	1966.08.05	信德省、俾路支省	李碧建 杨云东（4月到任）
57	巴基斯坦	拉合尔	2014.07.09	2015.09.30	旁遮普省（拉瓦尔品第除外）	赵世人
58	菲律宾	宿务	1994.12.08	1995.10.02	比利兰省、怡朗省、西内格罗省、薄荷省、宿务省、东内格罗省、锡基霍尔省、东萨马省、莱特省、北萨马省、西萨马省、南莱特省	张琪（女，4月到任）

续表

序号	国名	驻地	协议日期	开馆日期	领区	2023年在任馆长
59	菲律宾	达沃	1996.11.26	2018.10.28	三宝颜半岛、北棉兰老岛区、达沃区、南哥苏库萨将区、卡拉加区、棉兰老穆斯林邦萨摩洛自治区	黎林 赵秀珍（女，6月到任）
60	波兰	革但斯克	1954.04.07	1958.12.01	滨海省、库亚瓦-滨海省、西滨海省、瓦尔米亚-马祖里省	樊晓东
61	韩国	釜山	1992.12.30	1993.09.06	釜山市、庆尚南道、庆尚北道	陈日彪
62	韩国	光州	2008.10.20	2009.06.18	光州广域市、全罗北道、全罗南道	张承刚
63	韩国	济州	2012.01.04	2012.07.14	济州特别自治道	王鲁新
64	俄罗斯	圣彼得堡	1985.06.13	1986.12.10	圣彼得堡市、列宁格勒州、卡累利阿自治共和国、摩尔曼斯克州、普斯科夫州、阿尔汉格尔斯克州、诺夫哥罗德州	王文丽（女，8月离任）
65	俄罗斯	哈巴罗夫斯克	1990.09.25	1992.09.09	哈巴罗夫斯克边疆区、阿穆尔州、萨哈（雅库特）共和国、犹太自治州	姜笑洋
66	俄罗斯	叶卡捷琳堡	2004.10.14	2009.09.25	克拉斯诺亚尔斯克边疆区、新西伯利亚州、鄂木斯克州、斯维尔德洛夫斯克州、秋明州、车里雅宾斯克州	崔少纯
67	俄罗斯	伊尔库茨克	2006.12.22	2009.12.18	布里亚特共和国、图瓦共和国、哈卡西共和国、伊尔库茨克州、后贝加尔边疆区	李海

续表

序号	国名	驻地	协议日期	开馆日期	领区	2023年在任馆长
68	俄罗斯	符拉迪沃斯托克	1993.04达成设领协议	2005.03.01开馆（领办），2015.09.03协议升格为总领事馆，2017.04.06总领事馆开馆	堪察加边疆区、滨海边疆区、马加丹州、萨哈林州、楚科奇自治区	朴扬帆（女）
69	俄罗斯	喀山	2015.09.03	2018.8.22	巴什科尔托斯坦共和国、马里埃尔共和国、莫尔多瓦共和国、鞑靼斯坦共和国、乌德穆尔特共和国、下诺夫哥罗德州、奥伦堡州、奔萨州、萨马拉州、萨拉托夫州、乌里扬诺夫斯克州、基洛夫州、彼尔姆边疆区、楚瓦什共和国	向波
70	沙特阿拉伯	吉达	1992.08.14	1993.04.25	吉达市、塔伊夫市、麦加省、麦地那省	谭邦林 王奇敏（4月到任）
71	南非	约翰内斯堡	1997.12.30	1999.02.03	豪登省中兰德以南地区、自由州省	唐中东 潘庆江（11月到任）
72	南非	开普敦	1997.12.30	1999.02.01	西开普省、东开普省、北开普省	尤文泽
73	南非	德班	1997.12.30	1999.02.09	夸祖鲁-纳塔尔省	费明星 李志工（4月到任）
74	西班牙	巴塞罗那	1984.11.05	1987.04.06	巴塞罗那省、莱里达省、赫罗纳省、塔拉戈纳省	朱京阳（8月离任）

续表

序号	国名	驻地	协议日期	开馆日期	领区	2023年在任馆长
75	瑞典	哥德堡	1996.07.03	1997.04.07	韦尔姆兰省、斯科耐省、延雪平省、哈兰德省、克鲁努贝里省、布莱金厄省、西约特兰省（2006.01.17双方就重新确认领区达成协议）	顾晖
76	瑞士	苏黎世	1986.06.13	1988.09.15	苏黎世州、圣加伦州、图尔高州、阿尔高州、楚格州、施维茨州、沙夫豪森州、格劳宾登州、格拉鲁斯州、外阿彭策尔州、内阿彭策尔州、卢塞恩州	赵清华 陈昀（女，3月到任）
77	坦桑尼亚	桑给巴尔	1964.04由大使馆改为领事馆	1964.05.24，1999.01.11升格为总领事馆	桑给巴尔地区	张志昇
78	泰国	清迈	1988.07.22	1991.04.10	清迈府、清莱府、夜丰颂府、南奔府、南邦府、帕尧府、难府、帕府、程逸府、彭世洛府、素可泰府、达府	吴志武 陈海平（11月到任）
79	泰国	宋卡	1993.08.26	1994.07.27	宋卡府、春蓬府、拉侬府、素叻他尼府、攀牙府、普吉府、甲米府、洛坤府、董里府、博他伦府、沙敦府、北大年府、也拉府、陶公府	吴冬梅（女）

续表

序号	国名	驻地	协议日期	开馆日期	领区	2023年在任馆长
80	泰国	孔敬	2012.04.17	2012.10.23	孔敬府、呵叻府、乌隆府、廊开府、那空帕侬府、沙功那空府、乌汶府、四色菊府、素林府、武里南府、穆达汉府、玛哈拉沙堪府、猜也蓬府、黎府、加拉信府、汶甘府、益梭通府、黎逸府、依布兰普府、安那乍愣府	廖俊云 刘红梅（女，8月到任）
81	土耳其	伊斯坦布尔	1984.10.02	1985.07.26	伊斯坦布尔省、泰吉尔达省、科贾埃省、布尔萨省、巴勒克埃希省、恰纳卡莱省、马尼萨省、艾迪尔内省、克拉克雷利省、亚洛瓦省	魏晓东（6月到任）
82	乌克兰	敖德萨	2005.06.14	2011.11.29（自2022.05起，领区相关工作由驻乌使馆代管）	敖德萨州、尼古拉耶夫州、赫尔松州、基洛沃格勒州、扎波罗热州、顿涅茨克州、克里米亚自治共和国、塞瓦斯托波尔直辖市	（空缺）
83	阿联酋	迪拜	1988.03.14	1989.02.14	迪拜、沙迦、阿治曼、乌姆盖万、哈伊马角、富查伊拉	李旭航
84	英国	曼彻斯特	1984.04.17	1986.06.30	大曼彻斯特、泰恩-威尔郡、兰开夏郡、北约克郡、南约克郡、默西塞德郡、西约克郡、达勒姆郡、德比郡、坎布里亚郡、诺森伯兰郡、柴郡、东约克郡	唐锐（7月到任）
85	英国	爱丁堡	1996.09.02	1997.11.04	苏格兰	张飙（4月到任）
86	英国	贝尔法斯特	2014.02.21	2015.06.08	北爱尔兰	张美芳（女）

附　录

续表

序号	国名	驻地	协议日期	开馆日期	领区	2023年在任馆长
87	美国	旧金山	1979.08.24	1979.12.13	加利福尼亚州北部48个县、俄勒冈州、华盛顿州、阿拉斯加州、内华达州	张建敏
88	美国	纽约	1981.06.16	1981.12.12	纽约州、新泽西州、康涅狄格州、马萨诸塞州、新罕布什尔州、宾夕法尼亚州、佛蒙特州、缅因州、俄亥俄州、罗得岛州	黄屏
89	美国	芝加哥	1981.06.16	1985.07.26	伊利诺伊州、印第安纳州、威斯康星州、密歇根州、密苏里州、堪萨斯州、艾奥瓦州、明尼苏达州、科罗拉多州	赵建
90	美国	洛杉矶	1981.06.16	1988.03.02	夏威夷州及美属太平洋岛屿、亚利桑那州、新墨西哥州、加利福尼亚州南部10个县	郭少春（2月到任）
91	越南	胡志明市	1992.11.22	1993.05.28	胡志明市、芹苴市、庆和省、宁顺省、同奈省、平顺省、平阳省、巴地-头顿省、隆安省、前江省、槟椥省、永隆省、茶荣省、后江省、薄辽省、金瓯省	魏华祥
92	越南	岘港	2016.06.27	2017.10.13	岘港市、广南省、广义省、承天-顺化省、平定省、富安省	董碧幽（女）

（2）领事馆

序号	国名	驻地	开馆日期	领区	2023年在任馆长
1	法国	帕皮提（塔希提）	2007.09.12	法属波利尼西亚	田立晓

续表

序号	国名	驻地	开馆日期	领区	2023年在任馆长
2	菲律宾	拉瓦格	2007.04.11	科迪勒拉行政区（阿布拉省、阿帕尧省、本格特省、伊富高省、卡林加省、高山省）、第一地区（北伊罗戈省、南伊罗戈省、拉允隆省、班诗兰省）和第二地区（巴坦省、卡加延省、伊莎贝拉省、新比斯开省、基里诺省）	任发强

（3）领事办公室

序号	所在国	所在地	所属馆	开馆年份
1	柬埔寨	暹粒	中国驻柬埔寨大使馆	2017
2	柬埔寨	西哈努克	中国驻柬埔寨大使馆	2021
3	泰国	普吉	中国驻宋卡总领事馆	2014

2. 外国在中国内地设立领事机构一览表

（按国名汉语拼音顺序排列）

（1）总领事馆

序号	国名	驻地	领区	协议日期	开馆日期
1	阿尔巴尼亚	广州	广东、福建、广西、湖南、江西	2019.02.02	未开馆
2	阿根廷	广州	广东、福建、海南、广西	1988.05.16	2009.07.21
3	阿根廷	上海	上海、江苏、浙江、安徽	1995.10.04	2000.05.25
4	阿根廷	成都	四川、重庆、贵州、云南、陕西	2022.11.23	未开馆
5	阿联酋	上海	上海、浙江、江苏、安徽、福建	2008.09.19	2009.07.06
6	阿联酋	广州	广东、海南、广西	2015.06.03	2016.06.15
7	埃及	上海	上海、江苏、浙江、安徽	1983.03.11	1999.05.01
8	埃塞俄比亚	广州	广东、湖南、福建、江西、海南、广西	2009.05.31	暂时闭馆
9	埃塞俄比亚	重庆	重庆、湖北、四川、贵州、云南	2011.09.20	暂时闭馆

续表

序号	国名	驻地	领区	协议日期	开馆日期
10	埃塞俄比亚	上海	上海、江苏、浙江、安徽	2012.03.31	暂时闭馆
11	爱尔兰	上海	上海、江苏、浙江、安徽、江西	2000.01.19	2000.08.01
12	爱沙尼亚	上海	上海、安徽、福建、江苏、江西、浙江	2010.09.06	暂时闭馆
13	安哥拉	广州	广东、福建、海南、广西	2014.09.17	2015.11.06
14	奥地利	上海	上海、江苏、浙江、安徽	1994.06.24	1994.07.15
15	奥地利	广州	广东、海南、湖南、广西	2007.04.06	2007.11.25
16	奥地利	成都	四川、贵州、云南、重庆	2017.12.05	2018.04.11
17	澳大利亚	上海	上海、江苏、浙江、安徽、江西、湖北	1978.09.18	1984.07.02
18	澳大利亚	广州	广东、广西、海南、福建、湖南	1992.05.27	1992.12.09
19	澳大利亚	成都	四川、贵州、云南、重庆	2012.11.08	2013.07.30
20	澳大利亚	沈阳	辽宁、吉林、黑龙江	2017.03.28	2019.04.24
21	巴基斯坦	上海	上海、江苏、浙江、安徽	1996.12.01	2004.12.09
22	巴基斯坦	成都	四川、贵州、云南、重庆	2006.11.24	2007.04.19
23	巴基斯坦	广州	广东、福建、湖南、海南、广西	2007.12.11	2008.06.27
24	巴拿马	上海	上海、浙江、江苏、安徽、江西、湖北	2017.10.09	2018.01.02
25	巴拿马	广州	广东、福建、海南、贵州、湖南、广西	2018.09.27	2019.05.22
26	巴西	广州	广东、海南、福建、广西、贵州、云南、湖南	1991.12.23	2010.04.15
27	巴西	上海	上海、江苏、浙江、安徽、山东	2002.09.30	1994.05.22总领事馆开馆，1999年降格为领事馆，2022.09.30升格为总领事馆
28	巴西	成都	四川、重庆、贵州、云南、陕西	2022.08.10	未开馆
29	白俄罗斯	上海	上海、江苏、安徽、江西、浙江、福建	2008.08.05	2008.12.21
30	白俄罗斯	广州	广东、海南、湖南、云南、贵州、广西	2016.09.29	2017.12.29
31	白俄罗斯	重庆	重庆、甘肃、四川、湖北、陕西、云南	2019.10.29	2021.01.28

续表

序号	国名	驻地	领区	协议日期	开馆日期
32	保加利亚	上海	上海、江苏、浙江、安徽、江西、福建	2005.01.25	2005.08.25
33	比利时	上海	上海、江苏、浙江、安徽	1996.06.10	1996.10.01
34	比利时	广州	广东、云南、海南、福建、广西	2005.10.10	2005.12.20
35	秘鲁	上海	上海、江苏、浙江、安徽、福建、江西	2002.02.20	2002.05.30
36	秘鲁	广州	广东、广西、贵州、海南、云南、湖南	2006.04.13	2013.09.23
37	冰岛	上海	上海、江苏、浙江	2009.09.18	暂时闭馆
38	波兰	上海	上海、江苏、浙江、安徽、福建	1954.04.01	1954.10.22
39	波兰	广州	广东、广西、海南	1987.11.11	1989.07.22
40	波兰	成都	四川、云南、贵州、重庆	2015.04.16	2015.06.18
41	玻利维亚	广州	广东	1987.10.16	暂时闭馆
42	朝鲜	沈阳	辽宁、吉林、黑龙江	1986.02.13	1986.09.06
43	丹麦	上海	上海、江苏、浙江、安徽、江西	1994.03.25	1994.06.20
44	丹麦	广州	广东、广西、福建、海南、贵州、云南	1998.08.04	1998.09.23
45	德国	上海	上海、江苏、浙江、安徽	1979.10.24	1982.10.15
46	德国	广州	广东、广西、福建、海南	1995.07.13	1995.11.07
47	德国	成都	四川、贵州、云南、重庆	2003.12.01	2004.12.05
48	德国	沈阳	辽宁、吉林、黑龙江	2011.11.28	2012.10.12
49	多米尼加	上海	上海、江苏、浙江、安徽、江西	2019.06.24	2023.05.29
50	俄罗斯	上海	上海、江苏、浙江、安徽	1985.06.13	1986.12.15
51	俄罗斯	沈阳	辽宁、吉林	1990.09.25	1991.05.07
52	俄罗斯	广州	广东、福建、海南、云南、江西、广西	2005.10.06	2007.04.05
53	俄罗斯	哈尔滨	黑龙江、内蒙古自治区呼伦贝尔市	2015.09.03	2023.02.01
54	俄罗斯	武汉	湖北、湖南、贵州、四川、重庆	2015.09.03	未开馆
55	厄瓜多尔	上海	上海、江苏、浙江、安徽	1984.05.17	2009.08.10
56	厄瓜多尔	广州	广东、福建、江西、湖南、广西、海南	2009.03.17	2009.09.08
57	法国	上海	上海、江苏、浙江、安徽	1980.10.17	1980.10.21
58	法国	广州	广东、广西、福建、海南	1997.03.12	1997.04.24
59	法国	武汉	湖北、湖南、江西	1998.04.03	1998.10.10
60	法国	成都	四川、云南、贵州、重庆	2005.07.18	2006.11.11

续表

序号	国名	驻地	领区	协议日期	开馆日期
61	法国	沈阳	辽宁、吉林、黑龙江	2007.08.22	2008.10.27
62	菲律宾	厦门	福建、江西	1994.12.08	1995.01.22
63	菲律宾	广州	广东、广西、海南、湖南	1996.11.26	1997.05.23
64	菲律宾	上海	上海、江苏、浙江、安徽、湖北	2001.10.30	2002.04.18
65	菲律宾	重庆	重庆、贵州、云南	2008.08.21	2008.12.30
66	菲律宾	成都	四川	2008.11.25	未开馆
67	斐济	上海	上海、江苏、浙江、安徽	2011.07.11	2014.08.19
68	芬兰	上海	上海、江苏、浙江、安徽、江西	1995.07.06	1995.11.01
69	芬兰	广州	广东、福建、海南、广西、云南	2004.11.01	暂时闭馆
70	刚果（布）	广州	广东、福建、海南、广西	2014.06.04	2014.08.15
71	哥伦比亚	上海	上海、江苏、浙江、安徽、福建、江西	2011.12.22	2012.12.03
72	哥伦比亚	广州	广东、海南、云南、贵州、广西	2013.07.15	2014.12.12
73	哥斯达黎加	上海	上海、江苏、安徽、浙江	2015.02.03	2016.08.22
74	古巴	上海	上海、江苏、浙江、安徽	1989.06.08	1990.09.01
75	古巴	广州	广东、广西、海南	2006.11.08	2007.04.16
76	哈萨克斯坦	上海	上海、江苏、安徽、浙江、江西、福建	2005.03.25	2005.05.15
77	哈萨克斯坦	西安	陕西、湖北、重庆、四川、甘肃、宁夏	2022.09.14	2023.05.19
78	韩国	上海	上海、江苏、浙江、安徽	1992.12.30	1993.06.11
79	韩国	青岛	山东	1993.12.22	1994.09.12
80	韩国	广州	广东、广西、福建、海南	2000.10.08	2001.08.28
81	韩国	沈阳	辽宁、吉林、黑龙江	2002.12.27	领事办公室于1999.07.08开馆，2002.12.27升格为总领事馆
82	韩国	成都	四川、云南、贵州、重庆	2004.01.21	2005.02.26
83	韩国	西安	陕西、甘肃、宁夏	2006.06.13	2007.09.20
84	韩国	武汉	湖北、湖南、江西、河南	2009.09.17	2010.10.25
85	荷兰	上海	上海、江苏、浙江、安徽	1994.08.23	1994.09.12
86	荷兰	广州	广东、广西、福建、海南	1997.04.01	1997.09.15
87	荷兰	重庆	重庆、四川、贵州、云南、陕西	2013.06.11	2013.09.20
88	吉尔吉斯斯坦	广州	广东、福建、江西、湖南、海南、广西	2011.09.14	2014.04.08

续表

序号	国名	驻地	领区	协议日期	开馆日期
89	加拿大	上海	上海、江苏、浙江、安徽、湖北	1980.08.25	1986.04.30
90	加拿大	广州	广东、广西、福建、海南、江西、湖南	1997.11.20	领事馆于1994.09.28开馆，1997.11.20升格为总领事馆
91	加拿大	重庆	重庆、四川、贵州、云南	2011.11.29	领事馆于1998.05.18开馆，2011.11.29升格为总领事馆
92	加纳	广州	广东、福建、海南、广西	2018.07.06	2019.06.26
93	柬埔寨	广州	广东、福建	1997.12.25	1998.07.01
94	柬埔寨	上海	上海、江苏、浙江、安徽	1999.05.28	1999.07.02
95	柬埔寨	昆明	云南、四川、贵州	2003.09.23	2004.02.23
96	柬埔寨	重庆	重庆、湖北、湖南	2004.07.30	2004.12.10
97	柬埔寨	南宁	广西	2005.07.29	2005.10.20（2006.04暂时闭馆，2007.02重新开馆）
98	柬埔寨	西安	陕西、甘肃、宁夏	2015.06.17	2017.01.01
99	柬埔寨	海口	海南	2019.01.23	2019.10.10
100	柬埔寨	济南	山东	2020.10.28	2023.04.06
101	捷克	上海	上海、江苏、浙江、安徽	1987.03.07	1995.01.11
102	卡塔尔	广州	广东、广西、海南、福建	2015.06.30	2015.11.10
103	卡塔尔	上海	上海、江苏、浙江、安徽	2021.07.22	未开馆
104	科特迪瓦	广州	广东、福建、海南、江西、广西	2013.10.16	2014.07.12
105	科威特	上海	上海、浙江、江苏、安徽	2008.01.02	2022.07.01
106	科威特	广州	广东、福建、海南、广西	2008.01.02	2008.02.21
107	老挝	昆明	云南	1991.12.25	1993.04.25
108	老挝	南宁	广西	2009.09.02	2009.10.19
109	老挝	上海	上海、江苏、浙江、安徽	2012.08.14	2013.09.05
110	老挝	广州	广东、福建、海南、江西	2013.08.21	2014.07.09
111	老挝	长沙	湖南、湖北、河南、贵州	2017.08.22	2017.12.23
112	卢森堡	上海	上海、江苏、浙江、安徽、福建	2006.01.23	2006.05.19
113	罗马尼亚	上海	上海、江苏、浙江、安徽	1984.10.10	2000.02.01
114	马耳他	上海	上海、安徽、江苏、浙江	2014.06.30	2014.09.05

续表

序号	国名	驻地	领区	协议日期	开馆日期
115	马拉维	长沙	湖南、福建、江西、湖北、广东、广西、重庆、四川	2023.01.31	2023.06.29
116	马来西亚	广州	广东、福建、海南、江西、湖南	1993.10.18	1993.10.24
117	马来西亚	上海	上海、江苏、浙江、安徽	1999.09.20	1999.12.23
118	马来西亚	昆明	云南、四川、重庆	1999.11.04	2004.03.08
119	马来西亚	南宁	广西、贵州	2014.05.29	2015.06.19
120	马来西亚	西安	陕西、甘肃、宁夏	2015.08.28	2017.10.01
121	马里	广州	广东、福建、海南、广西	2011.06.08	2011.07.18
122	美国	广州	广东、广西、福建、海南	1979.01.31	1979.08.31
123	美国	上海	上海、江苏、浙江、安徽	1979.01.31	1980.04.28
124	美国	沈阳	辽宁、吉林、黑龙江	1980.09.17	1984.05.30
125	美国	武汉	河南、湖北、湖南、江西	1980.09.17	2008.11.20
126	蒙古国	呼和浩特	除呼伦贝尔市、兴安盟、锡林郭勒盟以外其他地区	1989.03.30	1990.07.10
127	蒙古国	上海	上海、江苏、浙江、福建、江西、安徽	2019.03.26	领事代理处于2011.12.12开馆，2019.11.06升格为总领事馆
128	孟加拉国	昆明	云南、广西、重庆、四川、贵州	2011.09.20	2013.05.12
129	缅甸	昆明	云南、贵州	1993.08.19	1993.09.01
130	缅甸	南宁	广西、广东、湖南	2009.10.15	2009.10.20
131	缅甸	重庆	重庆、四川、湖北	2022.02.25	2022.07.12
132	墨西哥	上海	上海、江苏、浙江、安徽	1984.10.10	1993.10.18
133	墨西哥	广州	广东、广西、海南、湖南、福建、江西	2005.08.31	2008.04.25
134	南非	上海	上海、山东、江苏、浙江、安徽、福建、广东	1997.12.30	2002.11.08
135	尼泊尔	拉萨	西藏	1956.09.20，2016.01.11保留总领事馆协议	1958.05.11
136	尼泊尔	广州	广东、广西、福建、海南	2016.06.16	2017.04.25
137	尼泊尔	成都	四川、重庆、贵州	2019.10.10	2021.05.24
138	尼日利亚	上海	上海、江苏、浙江、安徽、福建	2007.10.08	2008.01.16
139	尼日利亚	广州	广东、海南、广西	2014.03.21	2014.07.09
140	挪威	上海	上海、江苏、浙江、安徽、江西	1996.06.28	1996.09.16

续表

序号	国名	驻地	领区	协议日期	开馆日期
141	挪威	广州	广东、福建、海南、广西	2007.12.25	2008.02.18
142	葡萄牙	上海	上海、浙江、江苏、安徽、江西	2005.10.16	2005.12.07
143	葡萄牙	广州	广东、广西、福建、海南、湖南	2016.05.24	2017.07.17
144	日本	上海	上海、江苏、浙江、安徽、江西	1975.08.15	1975.09.02
145	日本	广州	广东、海南、福建、广西	1980.02.01	1980.03.01
146	日本	沈阳	辽宁、黑龙江、吉林	1985.12.03	1986.01.16
147	日本	重庆	重庆、四川、贵州、云南、陕西	2004.12.03	2005.01.01
148	日本	青岛	山东	2008.12.18	2009.01.01
149	瑞典	上海	上海、江苏、浙江、安徽	1996.07.03	1996.09.16
150	瑞典	广州	广东、广西、福建、海南	2002.09.10	暂时闭馆
151	瑞士	上海	上海、江苏、浙江、安徽	1995.02.15	1995.04.26
152	瑞士	广州	广东、福建、海南、广西、湖南、江西	2005.08.05	2005.10.10
153	瑞士	成都	四川、贵州、云南、重庆	2016.08.22	暂时闭馆
154	塞尔维亚	上海	上海、江苏、浙江、安徽、江西、福建	1998.02.11	1998.06.15
155	塞内加尔	广州	广东、福建、广西、海南	2016.06.07	2017.03.06
156	塞舌尔	上海	上海、江苏、浙江、安徽	2013.05.06	2013.11.18
157	沙特阿拉伯	上海	上海、江苏、浙江、福建	1992.08.14	未开馆
158	沙特阿拉伯	广州	广东、广西、海南、福建	2015.09.14	2017.01.01
159	斯里兰卡	上海	上海、安徽、浙江、江苏、湖南	2008.04.18	领事馆于2005.10.01开馆，2008.04.18升格为总领事馆
160	斯里兰卡	广州	广东、福建、江西、海南、广西	2012.01.12	2012.03.27
161	斯洛伐克	上海	上海、江苏、浙江、福建、安徽、江西	2004.07.30	2004.09.01
162	苏丹	广州	广东、江西、福建、湖南、贵州、云南、浙江、广西	2017.01.23	2017.05.15
163	泰国	广州	广东、海南	1988.07.22	1989.02.12
164	泰国	昆明	云南、贵州、湖南	1993.08.26	1994.07.01
165	泰国	上海	上海、江苏、浙江、安徽	1996.03.25	1996.11.12

续表

序号	国名	驻地	领区	协议日期	开馆日期
166	泰国	成都	四川、重庆	2006.05.17	领事办公室于2005.04开馆，2006.05.17升格为总领事馆
167	泰国	厦门	福建、江西	2006.05.17	领事办公室于2005.09开馆，2006.05.17升格为总领事馆
168	泰国	西安	陕西、甘肃、宁夏	2008.05.20	领事办公室于2006.11.28开馆，2008.05.20升格为总领事馆
169	泰国	南宁	广西	2008.05.20	领事办公室于2006.04.07开馆，2008.05.20升格为总领事馆
170	泰国	青岛	山东	2014.03.14	2014.12.02
171	坦桑尼亚	广州	广东、福建、广西、海南	2021.08.26	2022.05.20
172	土耳其	上海	上海、江苏、浙江、安徽	1996.04.15	1997.03.18
173	土耳其	广州	广东、福建、海南、广西	2011.05.23	2012.01.12
174	土耳其	成都	四川、重庆、贵州、云南	2021.06.17	2023.06.13
175	瓦努阿图	上海	上海、江苏、浙江、安徽	2000.10.12	2007.06.25
176	瓦努阿图	广州	广东、广西、福建、海南	2018.11.07	2023.04.27
177	委内瑞拉	上海	上海、浙江、江苏	2005.07.05	2006.01.23
178	委内瑞拉	广州	广东、海南、福建、湖南、江西、广西	2018.04.29	2018.10.26
179	乌干达	广州	广东、福建、广西、海南	2011.07.05	2011.08.15
180	乌克兰	上海	上海、江苏、浙江、安徽、福建、江西	2000.03.02	2002.01.30
181	乌克兰	广州	广东、贵州、海南、湖南、广西	2011.06.20	2012.05.30
182	乌拉圭	上海	上海、江苏、浙江、安徽、江西、湖北	2002.08.26	2003.09.04
183	乌拉圭	广州	广东、福建、湖南、广西、海南、贵州	2017.11.08	2018.08.27
184	乌拉圭	重庆	重庆、四川、云南、陕西、甘肃	2019.06.28	2019.12.20

续表

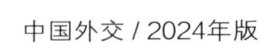

序号	国名	驻地	领区	协议日期	开馆日期
185	乌兹别克斯坦	上海	上海、浙江、江苏、安徽、江西、湖南、福建	2005.07.12	2006.06.20
186	乌兹别克斯坦	广州	广东、福建、湖南、海南、广西	2019.08.29	2020.06.30
187	西班牙	上海	上海、江苏、浙江、安徽、江西	1984.11.15	1999.05.07
188	西班牙	广州	福建、广东、湖南、广西、海南	2007.04.05	2009.06.14
189	西班牙	成都	四川、重庆、贵州、云南	2020.04.27	2021.11.18
190	希腊	上海	上海、江苏、浙江、安徽、江西	2004.02.11	2004.10.16
191	希腊	广州	广东、福建、海南、广西、贵州、湖南、云南	2006.08.14	2007.05.15
192	希腊	成都	四川、湖北、重庆、陕西	2020.02.28	未开馆
193	新加坡	上海	上海、江苏、浙江、安徽	1991.10.25	1996.01.01
194	新加坡	厦门	福建、江西	1995.10.25	1996.01.10
195	新加坡	广州	广东、海南、湖南、贵州、云南、广西	2006.04.13	2006.07.03
196	新加坡	成都	四川、陕西、重庆	2011.02.28	领事办公室于2006.05开馆，2011.02.28升格为总领事馆
197	新西兰	上海	上海、江苏、浙江、安徽	1991.05.09	1992.07.17
198	新西兰	广州	广东、广西、海南、湖南、福建	2007.03.24	2007.04.26
199	新西兰	成都	四川、贵州、云南、重庆	2014.06.11	暂时闭馆
200	匈牙利	上海	上海、浙江、江苏、安徽	2004.04.07	2004.08.16
201	匈牙利	重庆	重庆、四川、云南、贵州、广西、湖南	2010.01.25	2010.02.04
202	匈牙利	广州	广东、江西、福建、海南	2021.07.16	2021.12.01
203	亚美尼亚	广州	广东、海南、湖南、福建、江西、广西	2016.12.15	未开馆
204	伊拉克	广州	广东、福建、广西、海南	2022.07.07	未开馆
205	伊朗	上海	上海、江苏、浙江、安徽	1988.09.26	1989.02.20
206	伊朗	广州	广东、福建、湖南、广西	2011.02.28	2011.12.23
207	以色列	上海	上海、江苏、浙江、安徽、江西	1993.10.08	1994.09.08
208	以色列	广州	广东、福建、海南、广西	2008.09.08	2009.03.22
209	以色列	成都	四川、重庆、贵州、云南	2013.08.23	2014.11.17
210	意大利	上海	上海、江苏、浙江、安徽	1979.11.06	1985.06.21

续表

序号	国名	驻地	领区	协议日期	开馆日期
211	意大利	广州	广东、广西、福建、海南、湖南、江西	1997.11.03	1998.11.04
212	意大利	重庆	重庆、四川、云南、贵州	2013.03.18	2013.12.30
213	印度	上海	上海、江苏、浙江	1991.12.13	1993.01.16
214	印度	广州	广东、福建、湖南、海南、广西、江西	2006.11.21	2007.10.18
215	印度	成都	四川、云南、贵州、重庆	2015.05.15	未开馆
216	印度尼西亚	上海	上海、江苏、浙江、安徽、江西	2002.03.24	2012.03.15
217	印度尼西亚	广州	广东、广西、福建、海南	2002.03.24	2002.12.12
218	英国	上海	上海、江苏、浙江、安徽	1984.04.17	1985.02.11
219	英国	广州	广东、广西、福建、海南、湖南、江西	1996.09.02	1997.01.14
220	英国	重庆	重庆、四川、贵州、云南	1999.04.14	2000.03.01
221	英国	武汉	湖北、河南	2014.02.21	2016.01.29
222	越南	广州	广东	1992.11.22	1993.01.18
223	越南	昆明	云南	2003.10.16	2004.04.30
224	越南	南宁	广西	2003.10.16	2004.05.02
225	越南	上海	上海、江苏、浙江	2010.06.11	领事办公室于2007.11.30开馆，2010.06.11升格为总领事馆
226	赞比亚	广州	广东、福建、广西、海南	2016.06.07	2016.06.28
227	智利	上海	上海、江苏、浙江、安徽	1985.04.29	1996.06.17
228	智利	广州	广东、海南、福建、广西	2010.04.27	2012.12.19
229	智利	成都	四川、重庆、贵州、云南、陕西	2020.09.23	2021.07.08

（2）领事馆

序号	国名	驻地	领区	协议日期	开馆日期
1	马尔代夫	昆明	云南、四川、贵州、重庆、广西	2017.01.25	未开馆
2	蒙古国	二连浩特	锡林郭勒盟	2005.09.12	领事办公室于1996.09开馆，2005.09.12升格为领事馆

续表

序号	国名	驻地	领区	协议日期	开馆日期
3	蒙古国	满洲里	呼伦贝尔市、兴安盟	2020.01.09	2021.10.22
4	墨西哥	重庆	重庆、湖北、四川	2023.07.31	未开馆
5	斯里兰卡	成都	四川、云南、贵州、陕西、重庆	2009.09.28	暂时闭馆
6	斯洛文尼亚	上海	上海、江苏、浙江、安徽	2010.06.17	2010.06.24

（3）领事办公室

序号	国名	驻地	办公室名称	协议日期	开馆日期
1	朝鲜	丹东	朝鲜驻沈阳总领事馆常驻丹东领事办公室	2008.11.18	2009.08.25
2	韩国	大连	韩国驻沈阳总领事馆常驻大连领事办公室	2011.08.09	2012.08.29
3	老挝	景洪	老挝驻昆明总领事馆常驻景洪领事办公室	1998.04.29	2010.08.10
4	日本	大连	日本驻沈阳总领事馆常驻大连领事办公室	1993.01.01	1993.06.15
5	也门	上海	也门驻华大使馆常驻上海领事办公室	2006.01.05	未开馆
6	也门	广州	也门驻华大使馆常驻广州领事办公室	2006.01.05	未开馆

（4）名誉领事

序号	国名	驻地	领区	协议日期	委派日期
1	巴布亚新几内亚	上海	未定	2005.07.15	2020.10.10
2	几内亚	上海	未定	2002.02.25	未委派
3	马尔代夫	上海	上海	2004.09.30	未委派
4	摩纳哥	上海	上海、江苏、浙江、安徽	2000.05.22	2002.01.25
5	摩纳哥	北京	北京	2007.02.13	2008.08.06
6	尼泊尔	上海	未定	2002.07.10	2003.01.16
7	尼日尔	广州	未定	2001.09.21	未委派
8	牙买加	上海	未定	1999.11.15	未委派

3. 外国在中国香港特别行政区设立领事机构一览表

（按国名英文字母顺序排列）

（1）总领事馆

序号	国名	领区	保留（设立）总领事馆协议日期
1	安哥拉	香港	2005.06.28
2	安提瓜和巴布达	香港（可在澳门执行职务）	1998.06.19
3	阿根廷	香港、澳门	1997.01.31 1999.06.17（扩领）
4	澳大利亚	香港（可在澳门执行职务）	1996.09.26 1999.09.08（可在澳门执行职务）
5	奥地利	香港（可在澳门执行职务）	1997.06.20
6	孟加拉国	香港（可在澳门执行职务）	1997.01.29
7	白俄罗斯	香港、澳门	2021.12.28
8	比利时	香港（可在澳门执行职务）	1997.02.03
9	巴西	香港、澳门	1996.11.08 1999.12.15（扩领）
10	文莱	香港、澳门	2006.07.14
11	保加利亚	香港	1997.05.05
12	柬埔寨	香港、澳门	1997.04.16 2002.02.22（扩领）
13	加拿大	香港（可在澳门执行职务）	1996.09.19
14	智利	香港（可在澳门执行职务）	1996.11.06 1998.05.06（可在澳门执行职务）
15	哥伦比亚	香港（可在澳门执行职务）	1996.10.21 1999.12.17（可在澳门执行职务）
16	科摩罗	香港	2019.03.14
17	捷克	香港（可在澳门执行职务）	1997.06.27
18	丹麦	香港（可在澳门执行职务）	1997.06.06
19	多米尼克	香港	2014.08.08
20	多米尼加	香港、澳门	2019.06.20

续表

序号	国名	领区	保留（设立）总领事馆协议日期
21	厄瓜多尔	香港	1997.03.21
22	埃及	香港、澳门	1996.11.11 2000.03.31（扩领）
23	芬兰	香港（可在澳门执行职务）	1996.12.09
24	法国	香港（可在澳门执行职务）	1997.05.15
25	德国	香港（可在澳门执行职务）	1997.06.23
26	希腊	香港（可在澳门执行职务）	1997.03.18 1999.11.18（可在澳门执行职务）
27	匈牙利	香港、澳门	1998.05.19
28	印度	香港（可在澳门执行职务）	1996.11.29
29	印度尼西亚	香港、澳门	1996.12.06 2008.03.17（扩领）
30	伊朗	香港、澳门	1999.07.05 2005.11.28（扩领）
31	爱尔兰	香港、澳门	2014.06.19
32	以色列	香港（可在澳门执行职务）	1997.02.04
33	意大利	香港（可在澳门执行职务）	1997.06.05
34	日本	香港（可在澳门执行职务）	1997.03.29
35	哈萨克斯坦	香港、澳门	2003.07.02
36	科威特	香港、澳门	1999.06.30 2007.02.27（扩领）
37	老挝	香港、澳门	1999.04.30
38	马来西亚	香港（可在澳门执行职务）	1997.05.14
39	墨西哥	香港、澳门	1996.11.22 1999.10.29（扩领）
40	蒙古国	香港、澳门	2011.02.24
41	缅甸	香港、澳门	1997.04.25 2000.06.02（扩领）
42	尼泊尔	香港、澳门	1997.05.20 2001.02.06（扩领）
43	荷兰	香港（可在澳门执行职务）	1996.11.12
44	新西兰	香港（可在澳门执行职务）	1997.01.22
45	尼日利亚	香港（可在澳门执行职务）	1997.04.28

续表

序号	国名	领区	保留（设立）总领事馆协议日期
46	巴基斯坦	香港（可在澳门执行职务）	1996.12.01 1999.06.28（可在澳门执行职务）
47	巴拿马	香港、澳门	2018.11.09
48	秘鲁	香港、澳门	1997.06.23 1999.11.26（扩领）
49	菲律宾	香港	1996.11.26
50	波兰	香港（可在澳门执行职务）	1997.05.19
51	卡塔尔	香港、澳门	2013.07.10
52	韩国	香港（可在澳门执行职务）	1997.04.24
53	罗马尼亚	香港、澳门	2003.08.11
54	俄罗斯	香港（可在澳门执行职务）	1997.06.27
55	沙特阿拉伯	香港、澳门	1998.04.29
56	新加坡	香港、澳门	1997.02.05 2008.01.21（扩领）
57	南非	香港、澳门	1997.12.30 1999.06.07（扩领）
58	西班牙	香港（可在澳门执行职务）	1997.06.18
59	瑞典	香港（可在澳门执行职务）	1996.11.03
60	瑞士	香港（可在澳门执行职务）	1997.04.11
61	泰国	香港（可在澳门执行职务）	1997.04.02
62	土耳其	香港（可在澳门执行职务）	1997.05.08
63	阿联酋	香港	1998.10.29
64	英国	香港（可在澳门执行职务）	1996.09.26 1999.10.29（可在澳门执行职务）
65	美国	香港（可在澳门执行职务）	1997.03.25
66	瓦努阿图	香港、澳门	2015.09.29 2020.09.04（扩领）
67	委内瑞拉	香港、澳门	1996.11.13 1999.10.11（扩领）
68	越南	香港、澳门	1996.12.19 2003.05.16（扩领）
69	津巴布韦	香港、澳门	2008.05.31

续表

（2）名誉领事

序号	国名	领区	保留（委派）名誉领事协议日期
1	阿尔巴尼亚	香港	2003.11.04
2	巴哈马	香港	2008.12.23
3	巴林	香港	2001.04.05
4	巴巴多斯	香港	1997.04.30
5	贝宁	香港	1997.02.28
6	不丹	香港	2004.04.27
7	博茨瓦纳	香港	2006.03.10
8	布隆迪	香港	2006.02.10
9	喀麦隆	香港	1997.06.02
10	中非	香港	2001.09.28
11	刚果（布）	香港	1997.02.26
12	科特迪瓦	香港、澳门	1997.06.02
13	克罗地亚	香港	2002.05.15
14	古巴	香港	1996.12.31
15	塞浦路斯	香港、澳门	1997.02.03
16	吉布提	香港	1997.01.22
17	刚果（金）	香港	1999.12.29
18	赤道几内亚	香港	1997.04.08
19	厄立特里亚	香港、澳门	2005.08.10
20	爱沙尼亚	香港	1998.12.11
21	埃塞俄比亚	香港、澳门	2002.06.18
22	斐济	香港	1997.06.20
23	加蓬	香港	1996.08.22
24	加纳	香港	1997.05.05
25	格林纳达	香港	2006.07.27
26	几内亚	香港	1997.05.05
27	冰岛	香港、澳门	1996.12.17 2009.09.14（扩领）
28	牙买加	香港	1997.05.29
29	约旦	香港	1997.02.03
30	肯尼亚	香港、澳门	2003.12.09
31	拉脱维亚	香港	2002.08.12
32	莱索托	香港	2001.09.05
33	利比里亚	香港	2004.09.07
34	列支敦士登	香港	2012.06.20

续表

序号	国名	领区	保留（委派）名誉领事协议日期
35	立陶宛	香港、澳门	1997.05.29 2008.09.03（扩领）
36	卢森堡	香港	1997.04.23
37	马达加斯加	香港	1997.05.28
38	马尔代夫	香港、澳门	1997.04.15 2009.05.21（扩领）
39	马里	香港	1997.04.22
40	马耳他	香港	1997.04.09
41	毛里求斯	香港	1997.04.14
42	密克罗尼西亚联邦	香港	2011.06.17
43	摩纳哥	香港	1997.05.06
44	摩洛哥	香港、澳门	1996.12.25
45	莫桑比克	香港	1997.05.07
46	纳米比亚	香港、澳门	1997.01.30 2000.08.18（扩领）
47	尼日尔	香港	1999.03.01
48	挪威	香港、澳门	2003.09.10
49	阿曼	香港	1997.04.04
50	巴布亚新几内亚	香港	1996.07.16
51	葡萄牙	香港	2005.01.07
52	卢旺达	香港、澳门	2000.07.26
53	萨摩亚	香港	2004.07.22
54	圣马力诺	香港、澳门	2005.07.05 2010.07.01（扩领）
55	塞内加尔	香港	2009.06.17
56	塞舌尔	香港、澳门	1997.01.03 2009.03.06（扩领）
57	斯洛伐克	香港、澳门	1997.06.19
58	斯洛文尼亚	香港、澳门	1997.06.20 2006.01.12（扩领）
59	斯里兰卡	香港、澳门	1997.05.21 2004.08.04（扩领）
60	苏丹	香港、澳门	2005.12.19 2009.03.10（扩领）
61	苏里南	香港	1997.02.17
62	坦桑尼亚	香港、澳门	1998.04.08

续表

序号	国名	领区	保留（委派）名誉领事协议日期
63	多哥	香港	1996.12.19
64	汤加	香港	2003.01.22
65	特立尼达和多巴哥	香港	1997.03.24
66	突尼斯	香港	1997.05.02
67	乌干达	香港	1999.01.08
68	乌克兰	香港	2003.08.20
69	乌拉圭	香港、澳门	2002.12.23 2003.08.08（扩领）
70	也门	香港	2005.10.24

4. 外国在中国澳门特别行政区设立领事机构一览表

（按国名英文字母顺序排列）

（1）总领事馆

序号	国名	领区	保留（设立）领事馆协议日期
1	安哥拉	澳门	2006.07.26
2	莫桑比克	澳门	2014.03.31
3	菲律宾	澳门	2000.09.25
4	葡萄牙	澳门、香港	1999.07.28 2003.10.15（扩领）

（2）名誉领事

序号	国名	领区	保留（委派）名誉领事协议日期
1	不丹	澳门	2000.01.12
2	佛得角	澳门	2000.10.11
3	爱沙尼亚	澳门	1999.08.25
4	法国	澳门	1999.12.14
5	格林纳达	澳门	2005.04.26
6	几内亚	澳门	1999.05.24
7	几内亚比绍	澳门	1999.11.22
8	马里	澳门	1999.03.18
9	尼日尔	澳门	2002.07.03

续表

序号	国名	领区	保留（委派）名誉领事协议日期
10	秘鲁	澳门	1999.11.26
11	苏里南	澳门	1999.11.16
12	坦桑尼亚	澳门	2020.05.18
13	英国	澳门	1999.10.29

（六）中国与外国互免签证协议（协定）或安排一览表

（按国名汉语拼音顺序排列）

截至2023年12月31日，中华人民共和国与下列国家缔结互免签证协议（协定）或安排。中国公民持所适用的护照前往下列国家短期旅行通常无须事先申请签证。

序号	协议国	互免签证的证件类别	生效日期	备注
1	阿尔巴尼亚	外交、公务护照	1956.08.25	
		公务普通护照、普通护照	2023.03.18	
2	阿尔及利亚	外交、公务护照	2019.03.13	
3	阿富汗	外交护照	2015.07.16	
4	阿根廷	中方外交、公务护照；阿方外交、官员护照	1993.08.14	
5	阿联酋	外交护照	2012.03.21	
		公务、公务普通护照	2016.01.11	
		普通护照	2018.01.16	
6	阿曼	中方外交、公务护照；阿方外交、公务和特别护照	2010.04.16	
7	阿塞拜疆	外交、公务、公务普通护照	1994.02.10	
		团体旅游	1994.05.01	
8	埃及	中方外交、公务护照；埃方外交、特别护照	2007.01.27	
9	埃塞俄比亚	外交、公务、公务普通护照	2015.12.07	
10	爱尔兰	中方外交、公务和公务普通护照（公务和公务普通护照限于随部长级及以上代表团出访者）；爱方外交护照、官员护照（官员护照限于随部长级及以上代表团出访者）	2015.09.23	
		欧盟通行证	2017.01.01	
11	爱沙尼亚	外交护照、欧盟通行证	2017.01.01	见注③
12	安哥拉	外交、公务护照	2015.04.11	

续表

序号	协议国	互免签证的证件类别	生效日期	备注
13	奥地利	外交护照、欧盟通行证	2017.01.01	见注③
14	巴巴多斯	中方外交、公务、公务普通护照；巴方外交、官员护照	2014.08.02	
		普通护照	2017.06.01	
15	巴布亚新几内亚	中方外交、公务、公务普通护照；巴方外交、公务护照	2019.05.02	
16	巴哈马	中方外交、公务、公务普通、普通护照；巴方外交、官员、普通护照	2014.02.12	
17	巴基斯坦	中方外交、公务护照；巴方外交、官员护照	1987.08.16	
		公务普通护照	1988.04.30	
18	巴林	中方外交、公务、公务普通护照；巴方外交、特别护照	2018.10.25	
19	巴拿马	中方外交、公务、公务普通护照；巴方外交、公务护照	2017.10.28	
20	巴西	中方外交、公务护照；巴方外交、官员护照	2004.08.10	
21	白俄罗斯	外交、公务护照；团体旅游	1993.03.01	
		普通护照	2018.08.10	
22	保加利亚	外交、公务护照	2012.04.04	
		欧盟通行证	2017.01.01	见注③
23	北马其顿	中方外交、公务、公务普通护照；北马方外交、公务、标有"公务"字样的普通护照	1994.07.19	
24	贝宁	中方外交、公务、公务普通护照；贝方外交、公务、附有"公务证明"的普通护照	1993.11.06	
25	比利时	外交护照、欧盟通行证	2017.01.01	见注③
26	秘鲁	中方外交、公务护照；秘方外交、特别护照	2004.05.12	
27	冰岛	外交护照	2017.06.01	
28	波兰	外交、公务护照，海员证，机组人员证件	1992.07.27	
		欧盟通行证	2017.01.01	见注③
29	玻利维亚	中方外交、公务护照；玻方外交、官员护照	1987.11.15	
		公务普通护照	2008.01.18	

续表

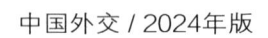

序号	协议国	互免签证的证件类别	生效日期	备注
30	波斯尼亚和黑塞哥维那	中方外交、公务、公务普通护照；波方外交、公务护照	1980.01.09 2017.10.04	见注①
		普通护照	2018.05.29	
31	博茨瓦纳	中方外交、公务、公务普通护照；博方外交、公务、官员护照	2018.12.22	
32	布基纳法索	中方外交、公务、公务普通护照；布方外交、公务护照	2018.11.18	
33	布隆迪	外交、公务、公务普通护照	2014.11.25	
34	朝鲜	外交、公务护照	1956.10.01	
		中方公务普通护照；朝方公务团体护照	1965.01.01	
35	赤道几内亚	中方外交、公务护照；赤方外交、官员护照	2006.01.01	
		中方公务普通护照；赤方特别公务护照	2017.08.06	
36	丹麦	外交护照、欧盟通行证	2017.01.01	见注③
37	德国	外交护照、欧盟通行证	2017.01.01	见注③
38	东帝汶	外交、公务、公务普通护照	2015.06.24	
39	多哥	外交、公务、公务普通护照	2015.05.07	
40	多米尼加	中方外交、公务、公务普通护照；多方外交、官员护照	2021.01.08	
41	多米尼克	中方外交、公务、公务普通护照；多方外交、官员护照	2014.03.29	
		普通护照	2022.09.19	
42	俄罗斯	团体旅游	2000.12.01	
		外交、公务护照，随车、飞机、船执行公务的国际列车车组人员、机组人员、持海员证的船员	2014.04.26	
43	厄瓜多尔	中方外交、公务护照；厄方外交、官员护照	1987.07.11	
		中方公务普通护照；厄方特别护照	1988.12.25	
		普通护照	2016.08.18	
44	厄立特里亚	外交、公务、公务普通护照	2015.04.15	
45	法国	外交护照、欧盟通行证	2017.01.01	见注③

续表

序号	协议国	互免签证的证件类别	生效日期	备注
46	菲律宾	中方外交、公务护照（限临时访问人员）；菲方外交、官员护照（限临时访问人员）	2005.02.28	
47	斐济	外交、公务、公务普通、普通护照	2015.03.14	
48	芬兰	外交护照、欧盟通行证	2017.01.01	见注③
49	佛得角	外交、公务护照	2015.07.11	
50	冈比亚	中方外交、公务、公务普通护照；冈方外交、公务护照	2018.06.10	
51	刚果（布）	外交、公务、公务普通护照	2014.08.07	
52	哥伦比亚	外交护照	1987.11.14	
52	哥伦比亚	中方公务护照；哥方官员护照	1991.11.14	
53	哥斯达黎加	外交、公务护照	2008.01.15	
54	格林纳达	中方外交、公务护照；格方外交、官员护照	2010.01.17	
54	格林纳达	公务普通、普通护照	2015.06.10	
55	格鲁吉亚	外交、公务、公务普通护照；团体旅游	1994.02.03	
56	古巴	中方外交、公务、公务普通护照；古方外交、公务、官员护照	2021.07.16	
57	圭亚那	中方外交、公务、公务普通护照；圭方外交、官员护照	1998.08.19	
58	哈萨克斯坦	外交、公务护照	1994.02.01	
58	哈萨克斯坦	中方公务普通、普通护照，旅行证；哈方普通护照、回国证明	2023.11.10	
59	韩国	外交护照	2013.08.10	
59	韩国	中方公务护照；韩方官员护照	2014.12.25	
60	荷兰	外交护照、欧盟通行证	2017.01.01	见注③
61	黑山	外交、公务护照	2013.03.01	
62	洪都拉斯	中方外交、公务、公务普通护照；洪方外交、官员、公务护照	2023.09.25	
63	吉布提	外交、公务、公务普通护照	2014.12.04	
64	吉尔吉斯斯坦	外交、公务护照	2003.06.14	
65	几内亚	外交、公务、公务普通护照	2017.09.16	
66	加纳	外交、公务护照	2017.03.28	

续表

序号	协议国	互免签证的证件类别	生效日期	备注
67	加蓬	外交、公务、公务普通护照	2016.02.05	
68	柬埔寨	外交、公务护照	2006.09.14	
69	捷克	外交护照、欧盟通行证	2017.01.01	见注③
70	津巴布韦	外交、公务护照	2014.11.12	
71	喀麦隆	外交、公务护照	2017.08.12	
72	卡塔尔	中方外交、公务、公务普通、普通护照；卡方外交、特别、公务、普通护照	2018.12.21	
73	科摩罗	外交、公务、公务普通护照	2016.02.26	
74	科特迪瓦	外交、公务、公务普通护照	2015.12.19	
75	科威特	中方外交、公务、公务普通护照；科方外交、特别护照	2014.10.17	
76	克罗地亚	中方外交、公务护照；克方外交、官员护照	1995.04.09	
		欧盟通行证	2017.01.01	见注③
77	肯尼亚	中方外交、公务护照；肯方外交、官员护照	2014.08.17	
78	拉脱维亚	外交护照、欧盟通行证	2017.01.01	见注③
79	莱索托	中方外交、公务护照；莱方外交、官员护照	2016.08.24	
80	老挝	中方外交、公务、公务普通护照；老方外交、公务、加注有效公务签证的普通护照	1989.11.06	
81	黎巴嫩	中方外交、公务、公务普通护照；黎方外交、特别、公务护照	2023.12.24	
82	立陶宛	外交、公务护照、海员证（随船）	1992.09.14	
		欧盟通行证	2017.01.01	见注③
83	利比里亚	外交护照	2016.02.10	
84	卢森堡	外交护照、欧盟通行证	2017.01.01	见注③
85	卢旺达	中方外交、公务、公务普通护照；卢方外交、公务护照	2018.12.23	
86	罗马尼亚	外交、公务护照	1981.09.16	
		欧盟通行证	2017.01.01	见注③
87	马达加斯加	中方外交、公务护照；马方外交、公务护照	2023.11.04	

续表

序号	协议国	互免签证的证件类别	生效日期	备注
88	马尔代夫	外交、公务护照	1984.11.27	
88	马尔代夫	中方外交、公务、公务普通、普通护照及中华人民共和国旅行证；马方外交、公务、普通护照及马尔代夫共和国临时旅行证件、紧急旅行证件（身份证明书）	2022.05.20	
89	马耳他	外交、公务护照	2008.03.06	
89	马耳他	欧盟通行证	2017.01.01	见注③
90	马来西亚	中方外交、公务护照；马方外交、官员护照	2011.05.18	
91	马里	外交、公务、公务普通护照	2015.05.09	
92	毛里求斯	外交、公务、公务普通、普通护照	2013.10.31	
93	毛里塔尼亚	中方外交、公务、公务普通护照；毛方外交、公务护照	2017.05.15	
94	蒙古国	外交、公务、公务普通护照	1989.04.30	
95	孟加拉国	中方外交、公务、公务普通护照；孟方外交、官员、加注"政府公务"或"免费"字样的普通护照	1989.12.18	
96	缅甸	中方外交、公务护照；缅方外交、官员护照	1998.03.05	
97	摩尔多瓦	中方外交、公务、公务普通护照；摩方外交、公务、加注"公务"字样的普通护照；团体旅游	1993.01.01	
98	摩洛哥	外交、公务护照	2014.03.06	
98	摩洛哥	中方公务普通护照；摩方特别护照	2016.06.09	
99	莫桑比克	外交、公务护照	2016.05.14	
100	墨西哥	中方外交、公务护照；墨方外交、官员护照	1998.01.01	
101	南非	外交护照	2010.11.27	
101	南非	公务护照	2016.03.01	
102	南苏丹	中方外交、公务、公务普通护照；南方外交、特别护照	2019.03.28	
103	尼泊尔	中方外交、公务护照；尼方外交、官员护照	2006.10.16	
104	尼加拉瓜	中方外交、公务、公务普通；尼方外交、官员、公务	2022.07.07	

续表

序号	协议国	互免签证的证件类别	生效日期	备注
105	尼日尔	中方外交、公务、公务普通护照；尼方外交、公务护照	2018.12.15	
106	尼日利亚	外交、公务、公务普通护照	2014.02.01	
107	挪威	外交护照	2018.06.18	
108	葡萄牙	外交护照、欧盟通行证	2017.01.01	见注③
109	瑞典	外交护照、欧盟通行证	2017.01.01	见注③
110	瑞士	外交护照	2016.01.29	
111	萨尔瓦多	外交、公务（官员）、公务普通	2022.10.23	
112	萨摩亚	中方外交、公务护照；萨方外交、官员护照	2011.02.18	
113	塞尔维亚	中方外交、公务、公务普通护照；塞方外交、公务、加注"公务"字样的普通护照	1980.01.09	见注①
		普通护照	2017.01.15	
114	塞拉利昂	中方外交、公务、公务普通护照；塞方外交、公务护照	2018.12.24	
115	塞内加尔	外交、公务、公务普通护照	2014.05.03	
116	塞浦路斯	外交、公务护照	1991.10.02	
		欧盟通行证	2017.01.01	见注③
117	塞舌尔	外交、公务、公务普通、普通护照	2013.06.26	
118	圣多美和普林西比	中方外交、公务、公务普通护照；圣普方外交、特别公务护照	2018.02.03	
119	圣马力诺	外交、公务、普通护照	1985.07.22	
120	斯里兰卡	中方外交、公务、公务普通护照；斯方外交、官员护照	2013.04.18	
121	斯洛伐克	中方外交、公务护照；斯方外交、公务、特别护照	1956.06.01	见注②
		欧盟通行证	2017.01.01	见注③
122	斯洛文尼亚	外交、公务护照	1994.07.01	
		欧盟通行证	2017.01.01	见注③
123	苏丹	中方外交、公务护照；苏方外交、特别、官员护照	1995.10.26	
124	苏里南	外交、公务、公务普通、普通护照	2021.05.01	
125	所罗门群岛	外交、公务（官员）、公务普通护照	2022.11.24	

续表

序号	协议国	互免签证的证件类别	生效日期	备注
126	塔吉克斯坦	中方外交、公务、公务普通护照；塔方外交、公务、加注"公务"字样的普通护照	1993.06.01	
127	泰国	中方外交、公务护照；泰方外交、官员护照	2003.10.18	
128	坦桑尼亚	外交、公务护照	2005.07.11	
129	汤加	中方外交、公务、公务普通护照；汤方外交、官员护照	2012.11.10	
		普通护照	2016.08.19	
130	特立尼达和多巴哥	中方外交、公务护照；特方外交、官员护照	2006.11.23	
131	突尼斯	中方外交、公务护照；突方外交、特别护照	2006.09.29	
132	土耳其	中方外交、公务、公务普通护照；土方外交、公务、特别护照	1989.12.24	
133	土库曼斯坦	中方外交、公务、公务普通护照；土方外交、公务、加注"公务"字样的普通护照；团体旅游	1993.02.01	
134	瓦努阿图	中方外交、公务护照；瓦方外交、官员护照	2020.04.19	
135	委内瑞拉	外交、公务护照、公务普通护照	2014.01.08	
136	文莱	中方外交、公务护照；文方外交、官员护照	2005.06.18	
137	乌克兰	外交、公务护照，海员证	2002.03.31	
138	乌拉圭	中方常驻乌方使领馆人员所持外交、公务护照；乌方常驻中方使领馆人员所持外交、官员护照	1988.11.07	
		外交护照	1994.01.01	
		中方外交、公务、公务普通护照；乌方外交、公务护照	2017.01.07	
139	乌兹别克斯坦	外交护照	2010.07.09	
140	西班牙	外交护照、欧盟通行证	2017.01.01	见注③
141	希腊	外交护照、欧盟通行证	2017.01.01	见注③
142	新加坡	外交、公务、公务普通护照	2011.04.17	

续表

序号	协议国	互免签证的证件类别	生效日期	备注
143	匈牙利	外交、公务护照	1992.05.28	
		欧盟通行证	2017.01.01	见注③
144	牙买加	中方外交、公务护照；牙方外交、官员护照	1995.06.08	
145	亚美尼亚	中方外交、公务、公务普通护照；亚方外交、公务、公务普通、加注"公务"字样的普通护照	1994.08.03	
		普通护照	2020.01.19	
146	伊拉克	外交、特别、公务、公务普通护照	2023.12.19	
147	伊朗	外交、公务护照	1989.07.12	
148	以色列	外交、公务护照	2016.01.17	
149	意大利	外交护照、欧盟通行证	2017.01.01	见注③
150	印度尼西亚	外交、公务护照（限临时访问人员）	2005.11.14	
151	英国	中方外交护照、公务和公务普通护照（公务和公务普通护照限于随部长级及以上代表团出访者）；英方外交护照、官员护照（官员护照限于随部长级及以上代表团出访者）	2007.10.25	
		欧盟通行证	2017.01.01	见注③
152	约旦	中方外交、公务护照；约方外交、公务、特别护照	1993.03.11	
153	越南	外交、公务、公务普通护照	1992.03.15	
154	乍得	中方外交、公务、公务普通护照；乍方外交、公务护照	2019.11.18	
155	智利	中方外交、公务护照；智方外交、官员护照	1986.05.07	

注：

免签入境并不等于可无限期在协定国停留或居住，根据协定要求，持有关护照免签入境后，一般只允许停留不超过30日。持照人如需停留30日以上，按要求应尽快在当地申请办理居留手续。

① 目前适用中国与前南斯拉夫社会主义联邦共和国有关协议。

② 目前适用中国与前捷克斯洛伐克共和国有关协议。

③ 适用《中国与欧盟关于互免持外交护照人员短期停留签证的协定》。

（七）2023年中国参加或签署的多边条约一览表

序号	名称	通过日期与地点	生效日期	中国采取行动情况	备注
1	渔业补贴协定	2022.06.17 日内瓦	尚未生效	2023.06.27 商务部负责人向世界贸易组织总干事交存接受书	适用于香港特区和澳门特区
2	万国邮政联盟组织法第九附加议定书	2016.10.06 伊斯坦布尔	2018.01.01	2016.10.06中国签署条约 2023.06.28全国人民代表大会常务委员会决定批准	适用于香港特区和澳门特区
3	联合国船舶司法出售国际效力公约（又称《北京船舶司法出售公约》）	2023.09.05 北京	尚未生效	2023.09.05 中国签署条约	
4	国际航标组织公约	2020.02.28 吉隆坡	尚未生效	2023.10.24全国人民代表大会常务委员会决定加入	适用于香港特区和澳门特区
5	《联合国海洋法公约》下国家管辖范围以外区域海洋生物多样性的养护和可持续利用协定	2023.06.19 纽约	尚未生效	2023.09.20 中国签署条约	

（八）2023年中国对外缔结的主要双边条约一览表

（以签署日期为序）

序号	名称	签署日期	签署地点（方式）
1	中华人民共和国政府与俄罗斯联邦政府关于合作制作电视节目的协议	2023.03.21	莫斯科
2	中华人民共和国政府和厄瓜多尔共和国政府自由贸易协定	2023.05.11	视频方式签署
3	中华人民共和国政府和挪威王国政府对所得消除双重征税和防止逃避税的协定	2023.05.12	奥斯陆
4	中华人民共和国政府和哈萨克斯坦共和国政府关于互免签证的协定	2023.05.17	西安
5	中华人民共和国政府与土库曼斯坦政府关于海关事务合作与互助的协定	2023.05.18	西安
6	中华人民共和国政府与吉尔吉斯共和国政府关于防止盗窃、盗掘和非法进出境文化财产的协定	2023.05.18	西安
7	中华人民共和国政府和吉尔吉斯共和国内阁关于互设文化中心的协定	2023.05.18	西安
8	中华人民共和国政府和塔吉克斯坦共和国政府关于民用航空器搜寻与援救协议	2023.05.18	西安
9	中华人民共和国政府与洪都拉斯共和国政府文化合作协定	2023.06.12	北京
10	中华人民共和国政府与洪都拉斯共和国政府科学、技术和创新合作协定	2023.06.12	北京
11	中华人民共和国政府与洪都拉斯共和国政府关于互免持外交、官员、公务、公务普通护照人员签证的协定	2023.06.12	北京
12	中华人民共和国政府和巴勒斯坦国政府关于互免持外交护照人员签证的协定	2023.06.14	北京
13	中华人民共和国政府和马达加斯加共和国政府关于互免持外交、公务护照人员签证的协定	2023.07.04	北京

续表

序号	名称	签署日期	签署地点（方式）
14	中华人民共和国政府和尼加拉瓜共和国政府自由贸易协定	2023.08.31	视频方式签署
15	中华人民共和国政府和委内瑞拉玻利瓦尔共和国政府民用航空运输协定	2023.09.13	北京
16	中华人民共和国政府与蒙古国政府关于深化旅游合作的协议	2023.10.17	北京
17	中华人民共和国政府和塞内加尔共和国政府对所得消除双重征税和避免逃避税的协定	2023.10.17	北京
18	中华人民共和国政府和喀麦隆共和国政府对所得消除双重征税和防止逃避税的协定	2023.10.17	北京
19	中华人民共和国政府和塞尔维亚共和国政府关于防止盗窃、盗掘和非法进出境文化财产的协定	2023.10.17	北京
20	中华人民共和国政府和塞尔维亚共和国政府自由贸易协定	2023.10.17	北京
21	中华人民共和国政府和哈萨克斯坦共和国政府关于发展跨里海国际运输线路的协定	2023.10.17	北京
22	中华人民共和国政府和希腊共和国政府航班协定	2023.11.03	北京
23	中华人民共和国政府和哈萨克斯坦共和国政府关于互设文化中心的协定	2023.11.27	阿斯塔纳
24	中华人民共和国政府和土库曼斯坦政府国际道路运输协定	2023.11.29	阿什哈巴德
25	中华人民共和国政府和新加坡共和国政府关于进一步升级《自由贸易协定》的议定书	2023.12.04	北京
26	中华人民共和国政府和安哥拉共和国政府关于促进和相互保护投资的协定	2023.12.06	北京
27	中华人民共和国政府与越南社会主义共和国政府关于共同建设中国坝洒—越南巴刹红河界河公路大桥的协定	2023.12.12	北京/河内
28	中华人民共和国政府与越南社会主义共和国政府海上搜救合作协定	2023.12.12	北京/河内

后 记

《中国外交》由外交部政策规划司主编、外交部各地区业务司撰稿、世界知识出版社出版发行，每年出版一卷，向国内外公开发行。

《中国外交》旨在准确、全面地阐述中国的外交政策和中国对国际形势的最新看法，系统、完整地介绍中国上一年度对外关系及外交实践。

《中国外交》（2024年版）主要介绍2023年的中国外交，同时发行中文版和英文全译本。

《中国外交》（2024年版）共九章。

第一章和第二章主要介绍中国对2023年国际形势的看法和中国的外交工作概况。

第三章主要介绍2023年中国与各建交国家的关系。

第四章主要介绍2023年中国与国际和地区组织的关系以及中国对有关问题的立场及观点。

第五章主要介绍2023年中国外交中的国际安全、军控与防扩散工作。

第六章主要介绍2023年中国外交中的条约法律工作。

第七章主要介绍2023年中国外交中的边界与海

洋工作。

第八章主要介绍2023年中国外交中的新闻和公共外交工作。

第九章主要介绍2023年中国外交中的领事工作。

外交部政策规划司

2024年7月